Koshiki Kata

Roland Habersetzer

Koshiki Kata

Die klassischen Kata des Karatedô

Aus dem Französischen
von Frank Elstner

Palisander

Der Verlag dankt Sven Hensel, Oliver Siegemund (CRB), Conrad Kassebaum, Janett Kühnert und Norbert Wölfel vom Chemnitzer Karateverein, Franz Scheiner, Mitglied des CRB aus Würzburg, und Helmut Götz, Mitglied des CRB aus Weiden, für die fachliche Unterstützung bei der Redaktion.

5. Auflage 2020
Titel der Originalausgabe:
Koshiki no kata – les formes anciennes

Deutsch von Frank Elstner

Umschlaggestaltung: Anja Elstner
Redaktion & Layout: Viola Rott und Frank Elstner
Illustrationen: Roland Habersetzer, Archiv Roland Habersetzer
Fotos: Gabrielle Habersetzer, Archiv Roland Habersetzer
Druck- und Bindearbeiten: Jelgavas tipogrāfija SIA
Printed in Latvia
ISBN 978-3-938305-01-0

www.palisander-verlag.de

Es heißt, ein kluger Mensch behalte die Hälfte dessen, was er vernimmt, und der weise Mensch wisse, welche Hälfte dies zu sein habe …

Ich widme diese Schrift Ogura Tsuneyoshi Sensei und Ôtsuka Tadahiko Sensei, meinen Meistern, die meine Freunde geworden sind. Sie haben es vor nunmehr langer Zeit – und jeder auf seine Weise – vollbracht, mich zu lehren, jene Hälfte zu erkennen, um darin das zu finden, was eine leidenschaftliche Reise ins Herz der wahren Dinge ermöglicht.

R. H.

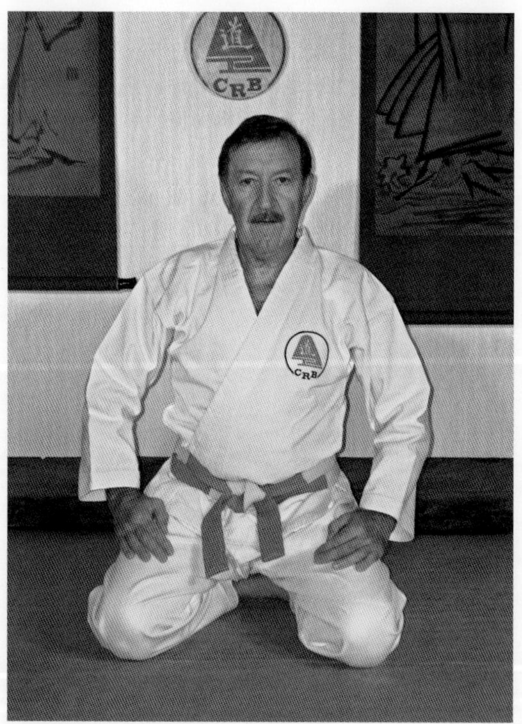

Roland Habersetzer in seinem Dôjô (Saint-Nabor, September 2005)

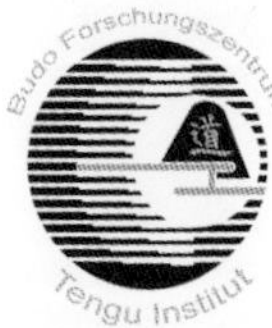

Roland Habersetzer
Centre de Recherche Budo – Institut Tengu (CRB-IT)
7b, rue du Looch
67530 Saint-Nabor (Frankreich)
www.tengu.fr

Deutsche CRB-IT Website:
www.wslang.de/karatecrb/

Der Autor

Sensei Roland Habersetzer, Jahrgang 1942, seit 1974 Leiter des von ihm gegründeten »Centre de Recherche Budo – Institut Tengu« (Budô Kenkyukai – Tengu Gakuin) begann 1957 die Kampfkünste zu erlernen, zunächst Jûdô und schon bald darauf Karate. 1961 wurde er einer der ersten französischen Schwarzgurtträger im Karate. Seither ist er mit Leidenschaft als Lehrer dieser Kampfkunst tätig.

Im Jahre 1968 erschien sein erstes populärwissenschaftliches Buch über die Kampfkünste. Heute besteht sein Werk aus nahezu 80 Büchern, was ihn zum Autor der weltweit bedeutendsten Buchreihe auf diesem Gebiet werden lässt. Seine Bücher, die zum Teil in mehrere Sprachen übersetzt worden sind, gelten in allen frankophonen Ländern als historisches, technisches und pädagogisches Standardwerk. Auch in vielen anderen Ländern besitzen sie hohes Ansehen. Zudem ist Roland Habersetzer Autor von fünf Romanen mit kampfkunstbezogener Handlung und einem Erzählband über die Kriegerkaste im mittelalterlichen Japan.

Durch sein Wirken im Rahmen des CRB, durch zahlreiche Lehrgänge und Seminare auf der ganzen Welt und natürlich auch durch seine technischen Handbücher und historischen Werke leistete er echte Pionierarbeit, damit die traditionellen Werte seiner Kunst nicht verloren gehen. Zwischen 1962 und 2002 unterrichtete er in seinem Dôjô in Straßburg Karate, Kobudô und Taijiquan. Stets umfasste sein Ausbildungskonzept sowohl die Kampftechniken als auch deren kulturellen Hintergrund. Nach wie vor ist er als Budôka sehr aktiv, auch wenn sich seine Lehrtätigkeit inzwischen auf wenige Lehrgänge und Seminare hohen Anspruchs pro Jahr beschränkt.

Nachdem er verschiedene Graduierungen in Frankreich, Japan und China erhalten hatte, wurde Roland Habersetzer im April 2006 in Japan durch Ô-Sensei Ogura Tsuneyoshi der Titel eines Hanshi (9. Dan des Gembuko-Dôjô) sowie der Titel eines Sôke (Meister-Gründer) für seinen eigenen Kampfkunststil »Tengu no michi« (»Weg des Tengu«) verliehen.

Das Ziel seiner Schule des Tengu besteht darin, auf Grundlage des Studiums und des praktischen Vergleichs zahlreicher Formen des Kampfes mit und ohne Waffe zu einem umfassenden und zeitgemäßen Konzept der Selbstverteidigung zu gelangen.

Danksagungen

Der Autor dankt Ôtsuka Tadahiko Sensei und Myazaka Shinji, daß sie es ihm gestattet haben, die Fotos von ihnen, die während ihres Aufenthalts in Straßburg im Oktober 1993 entstanden sind, in dieses Buch aufzunehmen. Besonderer Dank gilt Ôtsuka Sensei für seine wertvolle Hilfe beim Verstehen der Kata Happoren.

Der Autor dankt gleichermaßen Herrn Hilmar Fuchs, 6. Dan, und Herrn Jean-Jacques Graff, 3. Dan, wie auch Herrn François Claudic, der mit dem Autor zusammen auf einer Anzahl Fotografien zur Darstellung der Bunkai-Kumite in diesem Buch zu sehen ist.

Illustrationen

Alle Zeichnungen entstammen der Feder des Autors. Die Fotografien, wenn nicht anders vermerkt, stammen aus den Archiven des Autors oder sind lizenzfrei.

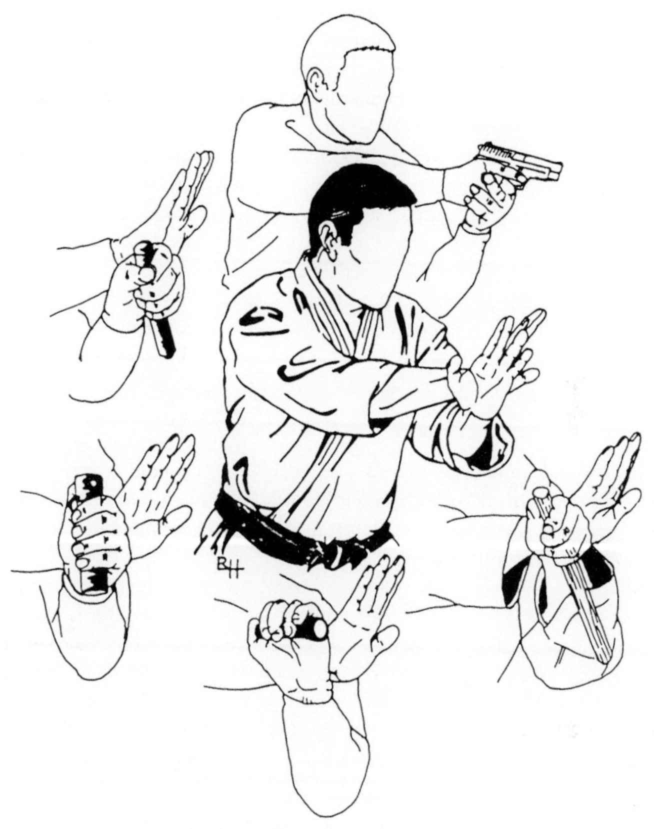

TENGU®

„Der Weg des Tengu" (Tengu no michi) ist für Roland Habersetzer das Abbild einer neuen Bewußtwerdung, eines Willens, einer modernisierten Methode des Budô. Geistige Einstellung und technische Mittel entsprechen dabei den Anforderungen der heutigen Welt.

Karatedô ist die Kunst der Tugendhaften.
Funakoshi Gichin

Der Mensch kämpft durch seinen Geist. Seine Hände und Waffen verlängern lediglich die Reichweite seines Willens, und der größte Irrtum unseres Zeitalters besteht darin, zu glauben, daß die Ausrüstung den Geist ersetzen könne.
Jeff Cooper, American Pistol Institute

Der Schmerz läßt den Mann denken.
Der Gedanke läßt den Mann weise werden.
Die Weisheit läßt das Leben erträglich werden.
Okinawanisches Sprichwort

Jeder ist bemüht, das kennenzulernen, was er noch nicht kennt, aber niemand versucht, das Wissen, welches er bereits besitzt, zu vertiefen.
Zhuangzi

Je größer die Götter, um so freier der Mensch.
Marcel Gauchet in »Le désenchantement du monde«, 1985

Vorwort zur deutschen Ausgabe der Koshiki Kata

Man bezeichnet die alten traditionellen *Kata*, die *Koshiki Kata*, oft als »unendliche Schätze«. Über Generationen hinweg haben Meister sie bis in unsere Tage weitergereicht. Zweifelsohne wurden sie im Laufe der Zeit verändert, aber das Wesentliche dessen, was übermittelt werden sollte, ist erhalten geblieben. Seit ich vor langer Zeit begonnen habe, mich für sie zu interessieren und sie im *Dôjô* zu studieren, habe ich mir die Frage gestellt, wie es möglich sei, daß eine Technik, die dazu bestimmt ist, den Gegner zum Krüppel zu machen oder ihn gar zu töten, als »unendlicher Schatz« bezeichnet wird. Was sollte denn so »wertvoll« sein an jenen Sequenzen von Kampftechniken aus alter Zeit, in denen es letzten Endes um Leben oder Tod geht?

Die Antwort hat sich im Laufe der Zeit ergeben, und dies auf ganz natürliche Weise. Eines Tages hatte ich begriffen, daß diese alten *Kata* keinerlei Geheimnis enthielten, keine verborgene Technik, die wir nicht schon längst kennen. Ich begriff, daß ihr »Wesen« nicht in ihren Techniken bestand, daß ihre »Wahrheit« woanders zu finden war. Daß sie in Wirklichkeit viel mehr waren als simple Anleitungen zum Kämpfen.

Die alten *Kata* unterscheiden sich augenfällig von den modernen, sportlichen und spektakulären Choreographien, die geschaffen wurden, um zu gefallen und um zu blenden. Man muß sich die Zeit nehmen, den *Koshiki Kata* zu »lauschen«, ihre Bewegungen zu absorbieren, sich von ihnen formen zu lassen; man muß ihnen vertrauen. Auf diese Weise wird man am Ende zu einer neuen inneren Haltung gelangen (*Shisei*), zu einem neuen Verhalten (*Seiki*), und dies sowohl im *Dôjô* als auch im täglichen Leben. Die *Koshiki Kata* sind eine Schule, in der Begriffe wie Ehrfurcht, sinnvolles Bemühen, Authentizität, Redlichkeit, Bescheidenheit, Selbstbeherrschung, Toleranz, Gewaltfreiheit, Urteilsvermögen, Mut, Beharrlichkeit, Humanismus, Sinn für Effektivität, der Wille, sich einzubringen und voranzukommen zählen. So viele Anhaltspunkte für ein ganzes Leben voller Herausforderungen, Eigenschaften, die den Menschen zu wirklicher Reife führen. Positive Werte, die aus den *Koshiki Kata* einen »Weg des Menschen« werden lassen.

Diese alten *Kata* stellen ein pädagogisches Konzentrat dar, das einen lehrt, sich selbst zu gestalten und – ein jeder an seinem Platz – nützlich zu sein. Die *Koshiki Kata* können einen Weg weisen, durch den es möglich wird, aufrechten Ganges durchs Leben zu gehen, niemals resigniert aufzugeben und den Willen zu schmieden, damit er allen falschen Glaubenssätzen widerstehen kann, die in der Gesellschaft verbreitet sind. Sie können uns helfen, einen Beitrag zu leisten für eine Welt jenseits der Beliebigkeit.

Wer durch die Schule der *Koshiki Kata* gegangen ist, wird danach streben, daß die Gesellschaft, in der er lebt, ein wenig vernünftiger, ein wenig ausgeglichener wird, damit es in ihr eine Zukunft gibt, in welcher die Schätze der menschlichen Existenz, die uns aus der Vergangenheit überliefert wurden, wieder einen Wert besitzen und fortbestehen können.

Jede *Kata*, die sich von ihren Ursprüngen nicht zu weit entfernt hat, hat das Vermögen, den Praktizierenden »richtiges« Verhalten zu lehren. Damit stellt sie nicht weniger dar als eine Kraft, die jenen weltweiten Tendenzen entgegenwirkt, die den Menschen in verschiedenartigste Abhängigkeiten drängen und ihn schwächlich und stumpfsinnig werden lassen.

Denkt man über den wirklichen Sinn des Weges der Kampfkünste (*Dô*) nach, so offenbart sich, daß er tatsächlich einen Weg zu einer äußerst *wertvollen* inneren Freiheit bedeutet. Und das ist es, was ich nach langen Jahren der Praxis endlich begriffen hatte, und die frischen Farben, die diese Entdeckung in meinen Alltag getragen hat, begleiten mich nun in den Herbst meines Lebens.

Ich wünsche meinen geschätzten Lesern dieser deutschen Ausgabe der »*Koshiki Kata*«, zu derselben Entdeckung zu gelangen, die ihr Leben bereichern wird. Und ich danke dem Palisander Verlag, daß er ihnen dies ermöglicht hat.

Roland Habersetzer
Saint-Nabor, September 2005

Vorbemerkung

In diesem Buch werden die *Koshiki Kata* des *Karatedô*, das heißt, die alten, »klassischen« Formen dieser Kampfkunst behandelt. Um aus der Lektüre dieses Buches praktischen Nutzen ziehen zu können, ist eine solide Kenntnis der modernen *Kata*, wie sie heute in den Hauptrichtungen des Karate (*Shôtôkan ryû, Wadô ryû, Shitô ryû, Gôjû ryû*) praktiziert werden, unbedingt vonnöten. Ich halte es deshalb für wichtig, den Leser darauf hinzuweisen, daß es nur eine Möglichkeit gibt, mit Hilfe dieses Buches auf seinem Weg vorwärtszukommen: Er muß langsam voranstreben und darf nie vergessen, daß eine *Kata*, sei sie nun modern oder klassisch, immer einem bestimmten historischen, geographischen und gesellschaftlichen Kontext entspringt. Für die *Koshiki Kata* gilt dies natürlich in besonderem Maße, und das ist der Grund für die ausführlichen historischen und genealogischen Abhandlungen in diesem Buch.

Nichts entspräche weniger dem Geist dieser Schrift, als lediglich eine oberflächliche Kenntnis einiger neuer Techniken vermitteln zu wollen.

Die Inkunabeln des Karatedô

Mehrere Jahrzehnte leidenschaftlicher Praxis im *Karatedô* liegen heute hinter mir. Ich habe unzählige Dinge erlebt, gesehen und vernommen in der »Welt des *Budô*«, und ich bin auf meinem Weg nicht wenigen Menschen begegnet, deren Verhalten mir unbegreiflich ist. Von Zeit zu Zeit blicke ich zurück, um zu versuchen zu verstehen, um aus Fehlern zu lernen, und um mich erneut von der Leidenschaft ergreifen zu lassen.

Ich erinnere mich gut an das Ende der 50er Jahre, jene Zeit, in der in Frankreich als erstem europäischen Land Karate als neue Kampfkunst entdeckt wurde. In den wenigen *Dôjô* jener Zeit begann man, unermüdlich fünf oder sechs grundlegende *Kata* zu üben, in denen alle Lehren und Botschaften unserer Meister verborgen waren. Schicht um Schicht wurde dieses Wissen freigelegt. Niemand von uns wußte, daß noch weitere *Kata* existierten. Eine Leidenschaft für das Einfache war entfacht worden.

Zehn Jahre später und noch lange Zeit danach wurden die europäischen und amerikanischen Karatevereinigungen durch japanische Experten aller Stile geleitet. Angetrieben durch die beginnende Konkurrenz, begann eine Epoche, die durch einen wahren Heißhunger auf neue *Kata* gekennzeichnet war. Um im Rennen zu bleiben, mußte man so schnell und so viel wie nur möglich lernen. Was zählte, war, vor allen anderen eine bis dahin unbekannte *Kata* erlernt zu haben. Ich erinnere mich, wie ich an den Abenden nach den Lehrgängen fieberhaft und in den kleinsten Einzelheiten die Varianten dieser und jener *Kata* notierte, je nachdem, welcher Experte oder Meister sie gelehrt hatte. Man mußte damals ohne Videoaufzeichnungen zurechtkommen, und so erlernte ich das Zeichnen. Eine Leidenschaft für die Vielheit war entbrannt.

Schließlich, nach etlichen Jahren, hat dieser Durst nach immer mehr zu einem unglaublichen Wirrwarr geführt. Schnell wird man heute des Lernens überdrüssig, lieber entwickelt man eigene Interpretationen, führt kühne Neuerungen ein, entwirft persönliche, spektakuläre *Kata*. Das führt so weit, daß *Kata* zu Musik vorgeführt werden, und ein Publikum, das nicht die leiseste Ahnung von dem hat, was »echt« ist, bejubelt die Show. Die Zeit der Blender, Menschen ohne Verantwortungsgefühl, war gekommen. Aber noch immer existierte eine Vielzahl Karateka, deren Leidenschaft für ihre Kampfkunst nicht erloschen war. Für das Karate-Business und seine Nutznießer spielten diese Praktiker keine Rolle, sie blieben gewissermaßen im Schatten verborgen. Zugunsten ihrer Liebe zur »echten« *Kata* verzichteten diese Karateka auf allen äußeren Schein, wohl wissend, daß das, was am meisten glänzt, am stärksten (ver)blendet. Bescheiden und vorsichtig versuchten sie, zu den Quellen ihrer Kunst vorzudringen. Und so kam es dazu, daß parallel zur Entwicklung der Kampfsportverbände und ihrer »vereinheitlichten *Kata*« eine Rückbesinnung auf die überlieferten (*Koshiki*) *Kata* erfolgte. Eine Rückkehr zu jener Epoche, in der man traditionell »eine *Kata* in drei Jahren«[1] erlernte. Auf diese Weise ist genügend Zeit, daß die Magie der *Kata* sich entfalten kann, durch die sich dem Praktizierenden ihre physische und geistige Botschaft offenbart. Nur so vermochte sich die *Kata* in ein Instrument für seine innere Entwicklung zu verwandeln.

[1] »*Hito kata san nen*«, siehe S. 59.

In all den Jahren meiner Karatepraxis habe ich mich niemals von einer Mode beeinflussen lassen, weder in den Grundlagen noch in der Form der Ausübung. In dem Weg, den die Kunst der »leeren Hand« eröffnet, sah ich stets eine außergewöhnliche Möglichkeit, sich mit Hilfe einer Technik zu bilden. Ich entdeckte hier die Freiheit, die jeder Mensch genießen kann, wenn er nur lernt, seine Energie auf intelligente Weise einzusetzen, ohne daß er dadurch seinem Nächsten Schaden zufügen muß. Und das Wesen des *Karatedô*, seine Seele, das ist die *Kata*[2]. Sie stellt die greifbarste, wenn nicht gar die einzige Form dar, die die Ergründung des eigenen Inneren ermöglicht; sie ist ein Werkzeug zur Selbstgestaltung. Indem der Praktizierende langsam und beharrlich an sich arbeitet und dabei seine Neigung zu gewalttätigem Handeln beherrschen lernt, wird er mit ihrer Hilfe den Zugang zu seinem eigentlichen Selbst erlangen.

Ich habe bereits in anderen Büchern[3] meine Auffassung über die *Kata* und den ihnen innewohnenden Reichtum dargelegt, der jenseits der vielleicht ästhetisch anzusehenden, aber gehaltlosen Bewegungsabläufe, wie sie uns heute häufig präsentiert werden, zu finden ist. An dieser Stelle will ich daher diese Überlegungen nur kurz zusammenfassen: Die *Kata* ist weit mehr als eine Choreographie des Kampfes, weit mehr als eine als Gedächtnisstütze dienende Abfolge von Techniken des Karate. Wird sie im Geiste ihres Schöpfers praktiziert, stellt die *Kata* eine Brücke dar, die durch die alten Meister der Kunst konstruiert wurde. Eine Brücke, deren Elemente aus einer Art Rätseln bestehen, welche diejenigen entmutigen sollen, denen es an Geduld und Urteilsvermögen mangelt. Tatsächlich führt sie aber durch jene Art des Tätigseins, wie sie in allen fernöstlichen Kampfkünsten hoch angesehen ist, zur vielgerühmten Einheit von Körper und Geist. Und dieses Tätigsein besteht gewiß nicht darin, das Ego wachsen zu lassen.

Die Schöpfer der *Kata* haben die darin enthaltenen Bewegungen als Code zusammengestellt, durch den der Geist der *Kata* vermittelt wird. Im Laufe der Zeit verarmten die *Kata*, verblaßte ihr Sinngehalt. Dies lag nicht zuletzt an der mangelnden Sorgfalt jener, die mit ihrer Weitergabe

[2] *Kata* (jpn.): Form, Abfolge von formellen Bewegungen, verschlüsselte Kampfform.

[3] Habersetzer, R.: 39 Karate-Kata – Aus Gôjû ryû, Wadô ryû und Shitô ryû. Chemnitz: Palisander Verlag 2010 und Habersetzer, R.: Shotokan Kata. Paris: Amphora 2004.

betraut waren. Um den ursprünglichen Geist erhalten bzw. wiederentdecken zu können, ist es nötig, respektvoll auf das zurückzugreifen, was vor dem Prozeß der Verarmung bestanden hat. Dies stellt keine leichte Aufgabe dar. Der Forscher sieht sich heute mit geradezu archäologischen Aufgaben konfrontiert, und was er mit viel Geduld zutage fördert, sind oftmals nichts als brüchige Fragmente, angenagt vom Zahn der Zeit. Die Aufgabe, die Gesamtheit des Aufgefundenen zu rekonstruieren, verlangt ein hohes Maß an Vorstellungskraft und Interpretationsvermögen. Was aber zählt, ist die Tatsache, daß die Arbeit, das Puzzle wieder zusammenzusetzen, voranschreitet und daß mehr und mehr Karateka dies zu schätzen wissen.[4] Diese Karateka sind zu der Einsicht gelangt, daß das Bindeglied nicht verloren gehen darf, welches sie mit der Vergangenheit und mit dem tatsächlichen Daseinsgrund eines Kriegerweges (*Budô*) verbindet, der eben nicht im sportlichen Wettstreit liegt. Ihr Anspruch auf diesem Gebiet hat sich im übrigen derart deutlich gezeigt, daß heute selbst die Vereinigungen des Sportkarate sowie die Stilrichtungsverbände darauf mit »*Kata*-Wettkämpfen« reagieren – eine weitere Verirrung im sogenannten modernen Karate.[5] Denjenigen, der den Inhalt vom Behältnis zu unterscheiden weiß, wird dies kaum beeindrucken. Aber natürlich ist selbst solch ein Spektakel, das für ein Publikum von Praktizierenden und Nichtpraktizierenden aufgeführt wird, besser als nichts. Auch wenn es nur den untersten Grad der Wahrnehmung einer *Kata* darstellt, so bedeutet es doch auch ein Überleben, ein Nichtvergessen dieser »Mutterformen« der Kunst der »leeren Hand«. Dies gilt in jedem Fall, selbst heute, wo wir im Multimedia-Zeitalter leben, in dem jedermann sich der Illusion hingeben kann, mit Hilfe von Videoaufzeichnungen seine »Kenntnisse« über okinawanische oder japanische *Kata* oder über chinesische *Tao* aufzustocken. Die Überfülle solchen Materials, mit dem der Markt überschwemmt wird, wirkt sich im Endeffekt sehr nachteilig hinsichtlich des Echten und Gelebten aus, das hierdurch weiter in den Hintergrund gedrängt wird.

---

[4] Paradoxerweise trifft letzteres mehr auf Europa und Amerika als auf Japan zu.

[5] Eine aktuelle Tendenz der Sportkaratevereinigungen besteht darin, die *Kata* zu vereinheitlichen und »offizielle« Versionen davon zu schaffen, um die Bewertung bei Meisterschaften und die Verleihung von Graduierungen zu vereinfachen.

»Eine *Kata* in drei Jahren« ... Sollte der moderne Karateka etwa nicht über die Mittel und Möglichkeiten verfügen, die es ihm erlauben, schneller die Abschnitte der traditionellen Entwicklung durchlaufen zu können? Die wenigen alten Meister, die heute noch auf Okinawa oder in Japan leben, pflegen über solche Ansichten höflich zu lächeln, sie lassen die Leute in ihrem Glauben. Was sollte es nutzen, dagegen anzukämpfen? Die größeren Optimisten glauben, daß die Zeit für das Traditionelle wiederkommen wird. Auch ich glaube daran. Aber der Zugang zu den Quellen wird immer schwieriger.

Die klassische *Kata* verhält sich zum modernen Karate wie der Wiegendruck, die Inkunabeln[6], zum modernen Buch. Die Inkunabeln stellten die ersten, mit größter Sorgfalt gedruckten Texte dar. Jene seltenen jahrhundertealten Exemplare, die den Stürmen der Zeit widerstanden haben, werden heute als Schätze in Museen oder Spezialsammlungen gehütet. Wie groß auch immer die Reize, die Vorteile, die Ästhetik eines modernen Druckerzeugnisses sein mögen, nichts kann die unvergleichliche Ausstrahlung, die Tiefe und die Absicht, kostbares Wissen zu vermitteln, die diesen uralten Dokumenten anhaftet, ersetzen. Man könnte auch von einer besonderen Art des »*Qi*«[7], das von den Inkunabeln ausgeht, sprechen.

Die klassische *Kata* enthält für denjenigen, der versteht und willens ist, dies zu erkennen, den tiefen Sinn der Dinge und des Lebens. Sie ist ein Weg für den Menschen, der unaufhörlich danach strebt, sich zu entwikkeln, zu werden. Es ist sehr wichtig, den Suchenden die Möglichkeit zu eröffnen, die »Inkunabeln« des *Karatedô* zu studieren. Dies ist der wesentliche Grund für die langwierige und umfangreiche Arbeit, die schließlich in diesem Buch mündete. Ich wünsche dem Leser, daß die Lektüre seine Leidenschaft als Karateka neu zu entfachen vermöge, und daß ihm diese Leidenschaft sein Leben lang erhalten bleibe.

---

[6] Inkunabeln: Wiegendrucke, die frühesten, bis zum Jahr 1500 nach dem Verfahren von Johannes Gutenberg hergestellten Erzeugnisse der Buchdruckerkunst. Die Inkunabeln sind wichtig für die Geschichte des Buchdrucks und der spätmittelalterlichen Schrift und spiegeln das geistige Leben des Spätmittelalters wieder. – Brockhaus Enzyklopädie in vierundzwanzig Bänden. Bd. 10. 19. Aufl. Mannheim: F. A. Brockhaus 1989.

[7] *Qi* ist die innere Energie (im Gegensatz zu *Chikara*, der Muskelkraft). Sie wird auch als Lebensenergie bezeichnet.

Zeit der Reife?

Lange Zeit kamen die Karateka der westlichen Länder nur langsam voran, ihre Kenntnisse im Karate blieben elementar, und ihr Wissen über die *Kata* stagnierte in den Anfängen. Damals stürzten sich die Kampfkunstenthusiasten auf die Lehrgänge, die durch japanische Experten abgehalten wurden, von denen die meisten jedoch ihr heißbegehrtes Wissen für gewöhnlich recht knausrig weitergaben. Aber die Möglichkeit, eine neue *Kata* erlernen zu können, in welcher Form auch immer, ließ einen über alle Mängel hinwegsehen. Man nahm es hin, daß die verschiedenen Kampfkunstexperten die gleiche *Kata* teilweise etwas unterschiedlich ausführten, man akzeptierte die Ungenauigkeiten und Fehler, die unter diesen Umständen unvermeidlich waren, und man arrangierte sich damit, daß selbst ein und derselbe Experte mitunter von einem Jahr zum anderen Bewegungsabläufe veränderte. Man wollte endlich Zugang erlangen zu jenen *Kata*, die manchmal als »höhere« bezeichnet werden, weil sie nur den Trägern höherer Dangrade gezeigt wurden. Auf diese Weise glaubte man, das *Karatedô* besser begreifen, zu seiner wahren Wirkung vordringen zu können. Durch diese jugendliche Ungeduld, den verständlichen Heißhunger der neuen Adepten der Kampfkunst, verankerten sich allerdings auch manche Irrtümer und falsche Vorstellungen.

Indem namhafte Experten ihr Wissen bloß häppchenweise vermittelten, banden sie ihre Anhängerschaft immer fester an sich. Sie prägten den *Kata*, die sie lehrten, ihre persönliche Note und originelle Variationen auf und modifizierten sie somit. In der Folge kam es dann zu Spaltungen, die selbst Karateka ein und derselben Stilrichtung voneinander trennten. Die »Alten« werden sich noch lange an die »*Kata*-Schlacht« erinnern. Dieser Kampf wurde auf raffinierte Weise mittels eifersüchtig gehüteter Formen, Exklusivitäten, sorgfältig aufrechterhaltener Unklarheiten und künstlicher Erschwernisse hinsichtlich der *Bunkai* ausgetragen. Mitunter waren die Unterschiede aber auch schlichter Unwissenheit der Experten geschuldet. Solches Nichtwissen verlor allerdings seine Unschuld in dem Augenblick, wo es als angebliches Geheimwissen getarnt wurde. Der Streit der Spezialisten wurde bis heute nicht gänzlich beigelegt. Anhänger und Gegner einer bestimmten Variante verfügen über gleichermaßen gute Argumente, was letzten Endes nur eines beweist: Was immer man über eine *Kata* sagt, wie immer man sie interpretiert, ab einem bestimmten Niveau des Verständnisses bleibt sie stets sie selbst. Dies setzt natürlich voraus, daß gewisse Grundzüge gewahrt bleiben. Hinter Dogmatismus verbirgt sich oftmals nichts weiter als eine fragmentarische Kenntnis der Dinge. Der durchschnittliche Karateka verlor in diesem Streit allzuoft einfach jede Orientierung, und dies gilt nach wie vor.

Dennoch haben sich die Zeiten geändert. Viele Karateka hohen Niveaus aus Europa und Amerika sind mittlerweile nach Japan, an die Quelle ihrer Kunst, gereist und haben von dort vollkommen klare und gut beherrschte Ausführungsformen der *Kata* mitgebracht. Auch sind seit damals zahlreiche Veröffentlichungen erschienen, die jene *Kata* allgemein zugänglich werden ließen, die allzu lange einer Handvoll sich für eine Elite haltender Glückspilze im Umfeld einiger Wissensträger vorbehalten waren. Das ist eine begrüßenswerte Entwicklung, eine Befreiung aus der Abhängigkeit. Die Demokratisierung der *Kata*, aller *Kata* einer Stilrichtung, bedeutete schließlich, daß ein freier Zugang zur authentischen Kultur des *Karatedô* möglich wurde. Niemand mußte sich mehr mit frustrierenden Bruchstükken, mit deformierten Häppchen abspeisen lassen. Die ungerechtfertigten und unbegreiflichen Hemmnisse waren beseitigt. Die großartige Entwicklung des Karate in den letzten Jahren hat einige Riegel aufspringen lassen und einige vorgebliche Dogmen revidiert.

Man kann nun einwenden, daß unter diesen Bedingungen die Gefahr, sich von der Tradition zu entfernen, nur noch größer geworden ist. Besagt doch deren Weisheit, daß nur durch langsames Fortschreiten echtes Wissen entsteht. Damit der Schüler das Wissen korrekt aufnehmen kann, muß es ihm der Meister zum rechten Zeitpunkt vorsichtig und mit Fingerspitzengefühl offenbaren. Dieser Einwand ist voll und ganz berechtigt. Aber einerseits hat sich heute das vertrauliche Lehren im Rahmen einer kleinen Gruppe überlebt oder ist zumindest zur Ausnahme geworden, und andererseits, ob man dies wahrhaben will oder nicht, haben der Einfluß der Massenmedien und der modernen Reise- und Kommunikationsmöglichkeiten einige Regeln des Spiels außer Kraft gesetzt.

Der moderne Karateka kann unmöglich außerhalb seiner Zeit leben, wie es ihm vielleicht vor hundert Jahren noch möglich gewesen wäre. Es ist fruchtlos, auf der Grundlage veralteter Ansichten argumentieren zu wollen. Will der Karateka von heute auf der Höhe seiner Zeit sein, muß er so früh wie möglich die Karten des Spiels kennenlernen, das er beherrschen lernen will, auch wenn er noch nicht weiß, wie sie richtig einzusetzen sind. Warum sollte man denjenigen, die die ersten Stufen im Karate bewältigt haben, nicht die Reife zutrauen, selbst zum richtigen Zeitpunkt das Passende auszuwählen? Dies mag eine Utopie sein. Aber dennoch: Die Zeit der künstlichen Beschränkungen auf dem Gebiet der Kampfkünste ist vorüber. Das *Budô* unserer Epoche ist doch auch – und möglicherweise vor allem – eine Form, individuelle Freiheit zu erlangen, indem man frei und vollkommen über sich selbst – den Körper und den Geist – zu verfügen lernt. Und Freiheit gibt es nur, wenn man zwischen verschiedenen Möglichkeiten wählen kann. Was – hoffentlich – bleibt, sind freiwillige Beschränkungen, die es ermöglichen, ein wirklich tiefgründiges Verständnis zu erlangen. Jeder muß selbst abschätzen, was sich hinter der alten Weisheit, »sich langsam zu beeilen«, verbirgt. Jeder muß lernen, sein eigenes Richtmaß zu finden, seine Etappen abzustecken, seinen Rhythmus zu finden und Hindernisse zu akzeptieren. Dabei sind Beharrlichkeit wie auch Bescheidenheit gefragt. Sind diese Voraussetzungen erfüllt, kann es tatsächlich durchaus sinnvoll sein, sich auf die Intelligenz des Schülers bei dessen Auswahl zu verlassen, und dies zu einem früheren Zeitpunkt, als es einst üblich war.

Die neue Begeisterung für die *Kata* ist eine großartige Sache, an deren Wiederkehr ich immer geglaubt habe, trotz aller Versuchungen, die ein Karate, das auf den Wettkampf oder auf seine spektakulären Aspekte reduziert wurde, darstellte. Ich will jedoch an dieser Stelle nachdrücklich darauf hinweisen, daß ein Buch lediglich die äußere Form vermitteln kann. Kein Wort, kein Bild vermag den wahren Reichtum einer *Kata* darzustellen. Dieser kann nur durch die Praxis entdeckt und erlebt werden. Eine *Kata* zwischen die Seiten eines Buches, ja, selbst in ein Video zu zwängen, ist kaum möglich. So etwas ist bereits bei einer isolierten Einzeltechnik nicht einfach. Die Beschreibung der *Kata* ist nur eine Art »Umkleidung«. Der tatsächliche Inhalt ist eine andere Angelegenheit. Dennoch, eine Umkleidung, die nicht allzu schwer zu »öffnen« ist, ist bereits ein ermutigender Anfang.

Dieses Buch ist als echtes Praxis-Handbuch konzipiert, das den Praktiker bis an die Grenze dessen zu führen vermag, was überhaupt durch Beschreibungen vermittelbar ist. Ich hoffe, daß jene, die es nutzen werden, genügend Erfahrung im Karate angesammelt haben, und daß sie so vernünftig sind zu wissen, daß jeder übermäßige Heißhunger abträglich für das Verinnerlichen der Formen ist. Daß die *Kata* für die Entwicklung des Selbst geschaffen wurden und nicht dafür, Wertschätzung in den Augen anderer zu gewinnen, gilt für die *Koshiki Kata* in besonderem Maße.

Viele von Ihnen werden all dies bereits intuitiv gewußt haben. Lassen Sie sich nicht von den Erscheinungsformen und Versuchungen eines modernen Karate, das mehr und mehr zum Spektakel verkommt, irritieren. Vertrauen Sie darauf, daß nur die *Kata*, die auf hohem Niveau und in vollkommener Selbstlosigkeit praktiziert wird, Sie begreifen lassen wird, was die »Kunst der leeren Hand« tatsächlich bedeutet. Sie werden schließlich unterscheiden lernen, was wirklich zu dieser Kunst gehört und was nicht, und Sie werden erkennen, was unbedingt bewahrt bleiben muß, wenn alles andere vergessen sein wird.

I

Die Koshiki Kata des Karate: Grundlage und Gestalt

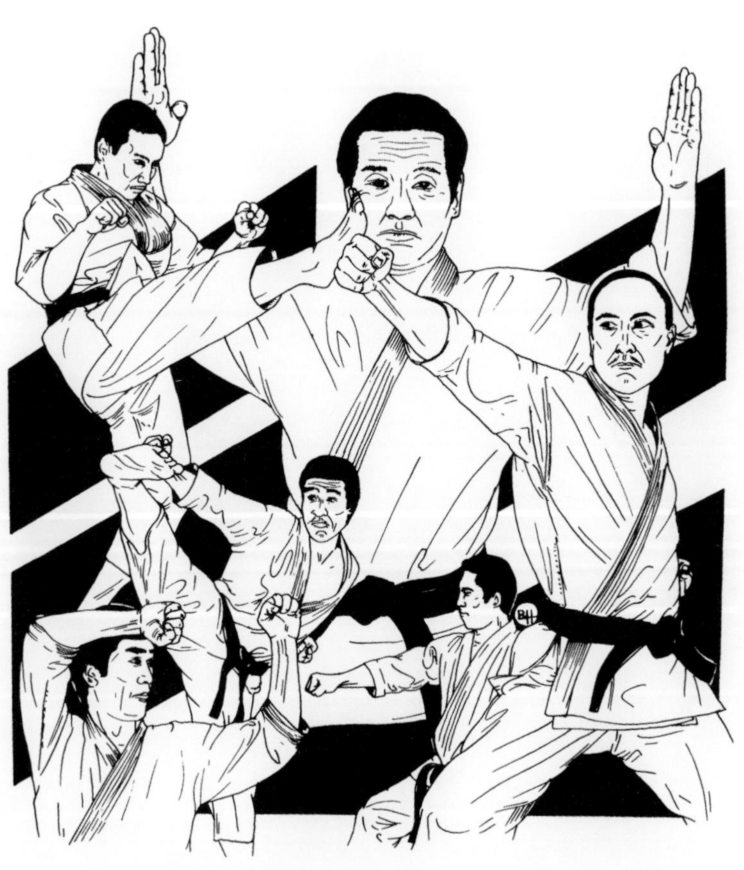

Die klassische Kata und die traditionelle Kata: zwei Ebenen der Erforschung und des Verständnisses

Ich schrieb in einem meiner Bücher[8], daß die *Kata* sowohl im Karate als auch in sämtlichen fernöstlichen Kampfkünsten das ist, »von dem alles ausgeht und zu dem alles eines Tages zurückkehrt«. Die *Kata* ist das erste, womit der Anfänger im Karate beginnt, und sie ist die letzte Form der Praxis, die der Karateka im Alter ausübt. Natürlich ist dies nur eine oberflächliche Beschreibung. Es ist richtiger zu sagen, daß der Anfänger damit beginnt, eine *Kata* zu üben, weil dies eine Aufgabe ist, die in jedem *Dôjô*, das etwas auf sich hält, gestellt wird. Der Anfänger wird noch nicht versuchen, herauszufinden, was genau eine *Kata* eigentlich ist. Er lernt die *Kata*, weil er keine andere Wahl hat, und natürlich auch, weil er jene *Kata* »beherrschen« lernen möchte, die er benötigt, um höhere Graduierungen zu erhalten. Der Graduierte hingegen hat die Wahl. Er praktiziert die *Kata* aus freien Stücken, weil er sie begriffen hat. Der erfahrene, in die Jahre gekommene Karateka übt die *Kata* weiterhin, weil er mit dem, was er tut und dessen Sinn er begriffen hat, verwachsen ist. Und eines Tages ist dies die einzige Form seiner Kunst geworden, die er übt.

Jahre der Praxis, eine lange technische und geistige Entwicklung führen dazu, daß die Wahrnehmung der Dinge, seien sie sichtbar oder unsichtbar, sich wandelt. Ein neues Verständnis der *Kata* bildet sich heraus. Die *Kata* ist nun nicht mehr ein symbolischer Kampf mit mehreren Gegnern nach festen Regeln, die vor langer Zeit unverrückbar festgelegt wurden. So erscheint sie lediglich am Beginn des Weges. Gegenstand dieses Buches ist hingegen die veränderte, gereifte Wahrnehmung der *Kata*, das neue Verständnis, das sich dem Praktiker nach vielen Jahren eröffnet. Solch eine Absicht leuchtet natürlich nicht ohne weiteres ein. Es erscheint zunächst schwer vorstellbar, wie eine »mündliche Tradition«[9] durch die Seiten eines Buches vermittelt werden soll. Hinzu kommt, daß nicht wenige Bestandteile dieser mündlich übermittelten Tradition im 20. Jahrhundert verlo-

[8] Habersetzer, R.: Shotokan Kata. Paris: Amphora 2004.

[9] Auf diese Weise werden die klassischen *Kata* oft bezeichnet. Eine andere Bezeichnung ist »unendliche Schätze«.

rengegangen sind. Die modernen Techniken der Ton- und Bildaufzeichnung sind zu spät gekommen.

Es darf nie vergessen werden, daß die Geschichte jeder *Kata* sich vor dem Hintergrund dreier bedeutender kultureller Umbrüche abspielte. Jeder Umbruch bedeutete einen Verlust an Wissen, sowohl, was die Form der *Kata*, als auch, was ihre Grundlagen anging. Zunächst, vor etwa zwei Jahrhunderten, teilweise aber auch schon eher, erfolgte die Umwandlung des *Tôde*[10] in das *Okinawa te*, das heißt, die chinesischen Nahkampftechniken wurden auf die Insel Okinawa übertragen und an das dort bereits Bestehende angepaßt. Zu Beginn des 20. Jahrhunderts wandelte sich das *Okinawa te* zum *Karatedô*. Dies bedeutete eine erneute Übertragung, verbunden mit neuerlicher technischer und kultureller Verarmung, was diesmal den Verschiedenheiten der Gesellschaftssysteme auf Okinawa und in Japan sowie den unterschiedlichen Mentalitäten und Sichtweisen der Okinawaner und der Japaner geschuldet war. Die dritte Wandlung erfolgte schließlich nach dem Zweiten Weltkrieg, als sich das *Karatedô* zum modernen und sportorientierten Karate entwickelte, was mit einem weitgehenden Schwinden der kriegerischen Zweckbestimmtheit verbunden war. Modifikation, Verlust und Verarmung wurden zum weltweiten Phänomen, das in Japan mit seinem unbändigen Drang nach Modernität und Effizienz seinen Ausgang nahm.

Man zählt rund 60 »klassische« *Kata*, die spätestens im 19. Jahrhundert entstanden sind. Manche von ihnen haben noch immer erkennbare Wurzeln, die anscheinend bis ins 17. Jahrhundert zurückreichen. Es ist nicht unbedingt notwendig, sie alle zu studieren, um erkennen zu können, was sich unter der Oberfläche der *Kata* befindet. Bereits das tiefgründige Erforschen einer einzigen *Kata* mit aller erforderlichen Aufmerksamkeit und Feinfühligkeit kann ausreichen, das »Erwachen« zu bewirken. Auf dieser Erkenntnis beruht auch die alte Weisheit »*Hito kata san nen*« (»drei Jahre für eine *Kata*«) und gleichermaßen der Begriff der *Tokui-Kata*, der bevorzugten *Kata* eines Praktizierenden, die er viele Jahre lang übt und verfeinert. Natürlich kann im Laufe des Lebens eine bevorzugte *Kata* mehrere Male durch eine neue abgelöst werden. Das hängt davon ab, wie sich die

[10] *Tôde*: Chinesisches Boxen oder *Quanfa* oder *Wushu* (fälschlicherweise oft auch Kungfu).

technischen Fertigkeiten des Karateka und seine Fähigkeit, das »Innere« der *Kata* zu erfassen, entwickeln, oder es liegt an seiner körperlichen Eignung für diese und jene Technik, welche sich mit dem Alter ändern kann. Aber ein solcher Wechsel ist weder erforderlich noch unabwendbar. Es ist sehr gut möglich, daß eine am Anfang getroffene gute Wahl dem Karateka ermöglicht, sein ganzes Leben einer oder zwei *Kata* treu zu bleiben. Es gibt nicht wenige Beispiele aus der Vergangenheit, wo ein Meister weitbekannt dafür war, eine bestimmte *Kata* auf beispielhafte Weise zu beherrschen.

In jüngerer Vergangenheit vervielfältigte sich die Zahl der *Kata*, die in einer Schule oder innerhalb einer Stilrichtung praktiziert werden, und es entstanden eigene Varianten überlieferter *Kata*. Das, was wesentlich ist, wurde auf eine Vielzahl von Formen verteilt, die unter dem Aspekt der »inneren Suche« eher nutzlos sind.[11] Das Wahrhaftige ist durch den Schein abgelöst worden; der Wald ist vor lauter Bäumen nicht mehr zu sehen. Diese Situation besteht nun seit über 80 Jahren, seit Funakoshi Gichin Anfang der 20er Jahre nach Japan ging und dort eine erste Zusammenstellung von Techniken des okinawanischen Karate vorstellte. Diese Entscheidung Funakoshis wurde seitens der Meister, die auf der Insel verblieben waren, keineswegs einhellig begrüßt, und sie ist die Ursache dafür, daß mitunter die Gesamtheit des Werkes jenes Mannes, der oft als Vater des modernen Karate angesehen wird, in Frage gestellt wird. Auf jeden Fall bewirkte sie, daß das Verständnis dessen, was authentisches Karate darstellt, sich weitgehend gewandelt hat.

Der sogenannte »zivilisierte« oder »fortschrittliche« Teil der Menschheit im 20. Jahrhundert glaubte daran, daß Reichtum nur aus dem Überfluß kommen könnte. Das führte zum Streben nach immer mehr – und dies so schnell wie möglich. So war man übersättigt und doch auch immer hungrig. Das Gebiet der Kampfkünste bildete hier keine Ausnahme. Einer versuchte den anderen mit seinen Techniken zu übertrumpfen, trügerische Verkürzungen wurden gewählt, Scheinbares zum Wirklichen erklärt, falsche Werte »offiziell« anerkannt. All dies erweckt den Anschein einer Flucht nach vorn durch dichten Nebel. Doch es hat auch dazu geführt,

---

[11] Dieser Problemkreis wurde bereits in Habersetzer, R.: Chi-Kung, la maîtrise de l'énergie interne. Paris: Amphora 1997, erörtert.

daß inzwischen zahlreiche Karateka das Gefühl beschlichen hat, daß sich hinter all dem Wirrwarr noch etwas anderes befinden muß. Sie ahnen, daß ein weniger oberflächliches Praktizieren mit der Zeit weit mehr bewirken kann, als das Ego von Zeit zu Zeit zufriedenzustellen, daß auf diese Weise ein Erfahrungsschatz gewonnen werden kann, der von Dauer ist und der letztendlich eine in jeder Hinsicht höhere Lebensqualität zur Folge hat. Die Frage lautet nun, ob ihre Ausdauer, einen solchen Weg zu beschreiten, ausreichend sein wird.

Zahlreich und entmutigend sind die Hindernisse auf dem Weg des Suchenden. Und etliche, die der Entwicklung des Karate zum Sportspektakel überdrüssig sind, folgen diesem »neuen« Weg auch nur deswegen, weil es derzeit modern erscheint, zu den Quellen zurückzukehren. Das Wissen über den historischen und kulturellen Hintergrund des *Karatedô* ist bei den daran Interessierten und selbst bei vielen Hochgraduierten oft erschreckend gering, und dies trifft sogar auf manchen hochrangigen Karateka in Japan zu. Das stellt ein ernstes Problem dar, denn letztere verdrehen mitunter die Tatsachen und erzählen leichtfertig den größten Unsinn, wodurch sie große Verwirrung stiften. So werden beispielsweise der einen oder anderen *Kata* Eigenschaften zugesprochen, die sie schon aufgrund ihrer Konzeption gar nicht haben kann. Auf diese Weise kann es geschehen, daß eine von ihrem Schöpfer für den Kampf bestimmte *Kata* mit einer *Kata* verwechselt wird, die ausschließlich der Entwicklung der inneren Energie dienen soll. Oder es wird vom kulturellen oder geistigen Niveau eines historischen Meisters der Kampfkünste geredet, ohne daß der Bezug zum kulturellen Niveau seiner Zeit oder seines Umfelds hergestellt wird.[12]

Weitere Verwirrung stiftet das häufige Verwechseln von »klassischen« und »traditionellen« *Kata*. Zwischen beiden gibt es einen feinen, aber sehr bedeutsamen Unterschied. Die klassische *Kata* ist eine Abfolge von Bewegungen und Körperhaltungen, die unwandelbar weitervermittelt wird, aber sie vermittelt nicht immer eine Botschaft (beispielsweise religiöser Natur). Alle *Kata*, in denen eine bestimmte Tradition fortlebt, sind offenkundig alte, klassische Formen. Der umgekehrte Fall gilt hingegen nicht

[12] Hierin drückt sich nichts anderes als die vollkommene Unkenntnis der historischen und kulturellen Zusammenhänge aus.

immer. Man kann nicht über irgendeine *Kata* mit der Begründung, sie sei alt, beliebige Behauptungen aufstellen. Auch treffen bestimmte Dinge nur auf Teile einer *Kata* zu. Finden sich beispielsweise mehr oder weniger deutliche kulturelle, religiöse oder energetische Anhaltspunkte in einem bestimmten Abschnitt einer *Kata*, so wäre es doch vermessen zu behaupten, die gesamte *Kata* sei hierdurch charakterisiert.

Die alten *Kata* sind Botschaften einer Tradition, gewiß auch Träger bedeutender Lehren, die dem modernen Menschen helfen können, die Welt besser zu begreifen und ein besseres Leben zu führen. Aber dieses in ihnen verborgene Wissen offenbart sich erst dem, der dazu »bereit« ist, und dies geschieht dann in Gestalt von flüchtigen Eingebungen, die mehr oder weniger häufig auftreten. Nach und nach stellt sich so eine neue Wirklichkeitssicht ein. Die Bewegungsfolgen und Körperhaltungen einer klassischen *Kata* so genau wie möglich zu kennen und zu üben, führt jedoch nicht zwangsläufig dazu, die zweite Stufe des Verständnisses zu erreichen, das heißt, die traditionelle Botschaft zu erkennen, die in der Bewegungsfolge enthalten ist. Die erste Stufe des Verständnisses der *Kata* – das »äußere« Begreifen – kann die zweite Stufe, das »innere« Begreifen, zur Folge haben, aber dies geschieht nicht von allein. Die beiden Arten, eine *Kata* geistig zu erfassen, sind nicht völlig voneinander unabhängig, sondern stellen parallele Prozesse dar. Beide müssen behutsam und ohne Vorurteile angegangen werden. Die Teile des auf diesem Weg erlangten Wissens sind mit den Scherben eines alten Tongefäßes vergleichbar. Fügt man sie voreilig zusammen, kann es geschehen, daß manche Scherbe verkehrt eingesetzt wird. Und beim vorschnellen Versuch, die alten Farben aufzupolieren, ist schnell das ganze Bild verfälscht.

Es ist ein mühseliges Unterfangen, das Studium der klassischen *Kata* zu beginnen. Es gibt keine wirklich vertrauenswürdigen alten Dokumente über sie, und ihr Weg durch die Zeit stellt einen langen Erosionsprozeß dar. Es lauert die Gefahr falscher Entdeckungen, die neue Irrtümer nach sich ziehen und am Ende den gerade noch sichtbaren Pfad vollkommen vernebeln könnten. Das Risiko, den klassischen *Kata* irreparablen Schaden zuzufügen ist groß, wenn man versucht, sie übereilt aus zerbrechlichen Fragmenten zu rekonstruieren.

Immerhin: noch existieren diese Fragmente, und dies zu zeigen, werde ich in diesem Buch versuchen. Zunächst war es mir jedoch wichtig, vor den Gefahren zu warnen und anzuregen, die Dinge mit Bedacht zu betrachten. Es wäre nicht im Sinne des Autors, wenn jemand dieses Werk in der Absicht verwendete, eine neue Variante einer bestimmten *Kata* zu lernen, um dank ihrer exotischen Couleur für einen Moment vor anderen glänzen zu können.

Klassische Kata des Karatedô – eine Technik des Erweckens

Die *Kata*, die über Generationen hinweg von den Meistern weitervermittelt wurden, stellen eine Art Bildsprache dar. Sie scheinen einfach verständlich zu sein, wenn nicht sogar einfach zu praktizieren. In Wirklichkeit ist ihre Sprache eher dunkel, was sich dem Praktizierenden aber erst allmählich erschließt, und zwar entsprechend seiner Fertigkeit, den »Code« der *Kata* zu entschlüsseln. Die Schöpfer der *Kata* haben zweierlei beabsichtigt. Zum einen sind die *Kata* eine Art Grammatik der Karate-Kampftechniken. Dies ist die erste Ebene der Interpretation, des Begreifens und der Anwendung. Auch hier gibt es natürlich Abstufungen, wie wir später sehen werden, wenn verschiedene *Bunkai* zu ein und derselben Technik dargestellt werden. Zum anderen ist die *Kata* ein Weg der Initiation, ein Leitfaden, der das Bewußtsein zu einem »anderen« Zustand führt, was im *Satori*[13] gipfeln kann, dem inneren Erwachen, dem »dritten Auge«. Das ist der Grund, weshalb es sehr gut möglich ist, eine *Kata* zu »kennen« (und damit zufrieden zu sein) und doch von ihrem Wesen nicht das geringste zu wissen. Das, was man von der *Kata* sieht und die Art, wie man sie meistens ausführt, sind nichts als die Spitze des Eisbergs. Wie jedoch läßt sich der Rest erkunden? Dafür sollen im weiteren einige Anregungen vermittelt werden.

Die klassischen *Kata*[14] haben allesamt eine chinesische *Tao* zum Ursprung.[15] Sie alle tragen – mehr oder weniger deutlich – die Prägung des chinesischen Denkens und des antiken chinesischen Weltbildes. Im alten

[13] *Satori* (jpn.): Erleuchtung.
[14] *Koshiki Kata* (jpn.): Alte bzw. klassische *Kata*.
[15] Die *Tao* ist das chinesische Pendant zur *Kata*. Siehe auch Habersetzer, R.: Tao du Kung-Fu. Paris: Amphora 1989.

China glaubte man, daß die Struktur des Mikrokosmos eine Einheit mit der Struktur des Makrokosmos bildet, und man glaubte, daß jedes Wesen und jedes Ding das augenblickliche Ergebnis eines Gleichgewichts entgegengesetzter Kräfte ist, des *Yang* (positives Element) und des *Yin* (negatives Element). Andere Gegensatzpaare waren das Volle und das Leere, das Licht und der Schatten oder das Offensichtliche und das Verborgene. Die *Tao* und schließlich auch die aus ihr entwickelten *Kata* trugen ebenfalls diese Idee der Dualität, die hinter der Erscheinung steht, in sich: Jedem Angriff entspricht eine Verteidigung, jede Aktion ist mit einer Reaktion verknüpft, jeder sichtbaren Technik wohnt eine nicht offensichtliche Technik (ihre Weiterführung) inne, jede Interpretation trägt mindestens eine weitere, verborgene Bedeutung in sich … Das ist nicht weiter verwunderlich, berücksichtigt man, daß jene Männer (manchmal auch Frauen, wie z. B. im *Wingchun*-Stil des *Wushu*), die diese Kodifizierung der Bewegungsfolgen ersannen, weit über dem durchschnittlichen kulturellen Niveau ihres Zeitalters standen. Unter ihnen waren Gelehrte und Mönche, für die es undenkbar gewesen wäre, nach außen gerichtete Effektivität zu erlangen, ohne zugleich inneres Gleichgewicht zu finden. Die Menschen imitierten die Haltungen zorniger Götter oder kämpfender Tiere, um deren Kraft zu gewinnen. Das traditionelle chinesische Denken, genährt durch religiöse, philosophische und kosmogonische Elemente, führte dazu, daß sie zugleich danach strebten, einen Weg der inneren Suche nach sich selbst zu beschreiten, was später zum Hauptzweck ihres Strebens wurde.

Doch der Lauf der Geschichte sollte dies ändern. Völker fanden sich vor die Notwendigkeit gestellt, gegenüber Eindringlingen um ihr Überleben zu kämpfen. Das kulturelle Umfeld wandelte sich, was dazu führte, daß die Interpretation ein und derselben Bewegung, die äußerlich dieselbe geblieben war, sich änderte. Menschliche Irrtümer schlichen sich ein. Auf diese Weise geschah es, daß im Lauf der Zeit die primäre Bestimmung der *Tao* bzw. *Kata* die Oberhand gewann, ihre Eignung für den Kampf. Im 20. Jahrhundert begann sich diese Tendenz zu verstärken, eine Entwicklung, die neuen Schwung erlangte, als die Kampfkunst auf das Gebiet des Sports übertragen wurde, mitsamt den zwangsläufig damit verbundenen Anpassungen.

Die sekundäre Bestimmung der *Tao* bzw. *Kata* als Mittel der Initiation geriet rasch ins Hintertreffen. Ein Grund hierfür ist darin zu finden, daß

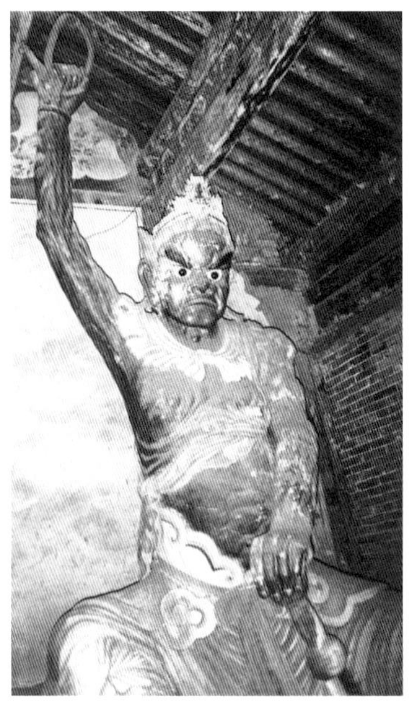
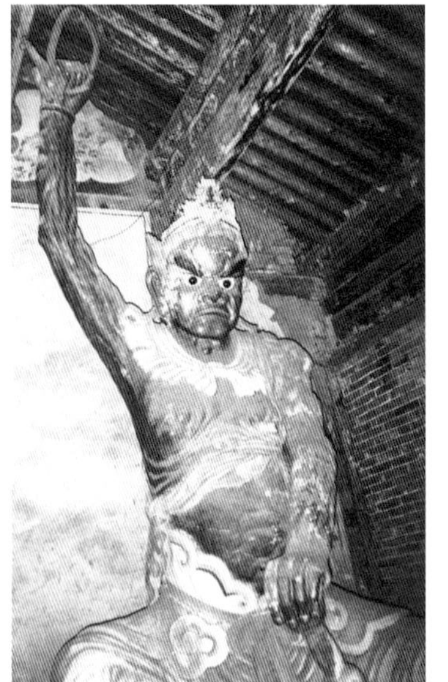

Foto 1

Foto 1 und Grafiken unten: Das Foto zeigt eine im Original farbige Holzstatue im Shanhua-Kloster von Datong und Malereien im Nanshansi-Tempel im Wu-taishan-Gebirge (China).

Die himmlischen Wächter schwenken eine sehr altertümliche Waffe, die Wurfscheibe aus Metall (Messerscheibe), die von den Völkern des alten Indien stammt. Ihre Körperhaltung nimmt bestimmte Bereitschaftshaltungen (*Kamae*) vorweg, die Bestandteil chinesischer *Tao* und alter *Kata* sind. Vergleichbare Statuen findet man bereits in Indien unter den Namen Vajrapani oder Vajradhara, und ihre Bereitschaftshaltungen finden sich in der indischen Kampfkunst *Vajramushti* wieder. Indem man zornige Gottheiten nachahmte, erhoffte man sich, vergleichbare zerstörerische Energien – auf Menschenmaß reduziert – entfesseln zu können.

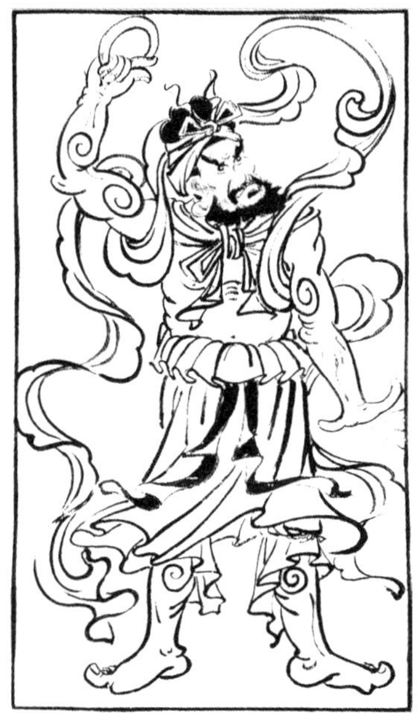

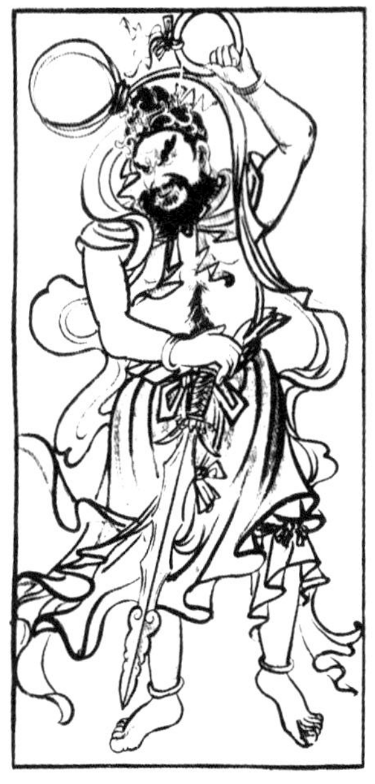

Foto 2: *Kongo rikishi* (Tempelwächter), eine bemalte Holzstatue aus dem Japan des 13. Jahrhunderts (Nationalmuseum von Kyôto). Man findet solche Wächter an den Eingängen buddhistischer Tempel. Sie werden immer paarweise aufgestellt, einer der Wächter repräsentiert dabei das positive Prinzip (*Mushaku rikishi*), und der andere das negative (*Kongo rikishi*). Für gewöhnlich werden sie grün bzw. schwarz bemalt. Neben dem offenkundigen Zurschaustellen von Muskelkraft sollen sie auch die kosmische Energie und den Dualismus der Kräfte *Yin* und *Yang* symbolisieren. Die Ähnlichkeit der Haltungen der alten indischen, chinesischen und japanischen Wächterstatuen (Grafiken S. 30, Fotos 1 und 2) ist bemerkenswert, vor allem, wenn man berücksichtigt, daß sie Jahrhunderte und zudem tausende Kilometer voneinander entfernt entstanden sind. Beachtenswert ist ebenfalls, daß man die Haltung der Statuen auch so interpretieren kann, daß sie die Stellung des Menschen zwischen Himmel und Erde verdeutlichen – eine Hand ist erhoben, die andere weist zum Boden. Somit verkörpern sie bereits den Dualismus zwischen der »Vorderseite« (*Omote*, das Sichtbare) und der Rückseite« (*Ura*, das Interpretierte) in ein und derselben Erscheinungsform.

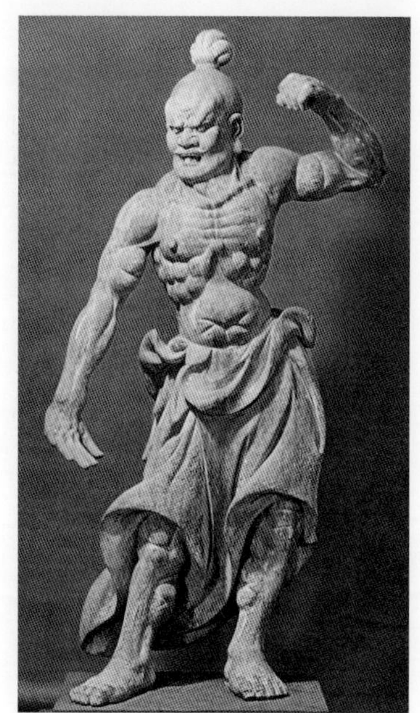

Foto 2

Foto 3: Tôguchi Seikichi *Sensei* (*Shôrei kan*) beim Vorführen der *Kata Seienchin* (*Gôjû ryû*). Die Haltung ist eine menschliche Interpretation eines himmlischen Wächters, wie sie auf den Grafiken auf S. 30 und auf den Fotos 1 und 2 zu sehen sind, und sie kann auf die gleiche Weise gedeutet werden. Die *Koshiki Kata* des *Karatedô* enthalten philosophisch-religiöse Elemente sehr alter Kulturen, auch wenn man sich dessen nicht in jedem Fall bewußt ist.

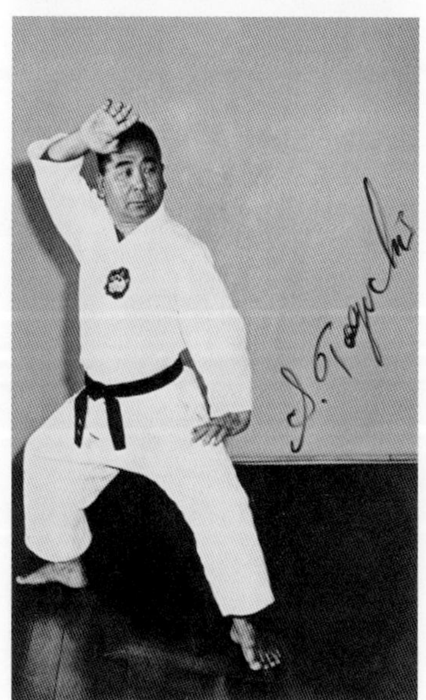

Foto 3

eine solche Bestimmung ungeeignet für die Erziehung von Massen ist, die entweder zu ungebildet oder in ihrer Aufmerksamkeit durch verschiedene Einflüsse zu zerstreut sind. Ein weiterer Grund ist, daß die häufige Weitergabe der Formen durch die Meister an ihre Schüler die in den Bewegungsfolgen verborgene Botschaft rasch verblassen ließ. Meister wie Schüler waren stets Menschen, und nicht immer leitete ein höheres Interesse ihre Taten. Heute ist die Unwissenheit über diese »andere« Seite der *Tao* bzw. *Kata* sehr groß, selbst in China oder Japan. Somit haben wir, die praktizierenden Europäer oder Amerikaner, eine gute Entschuldigung, waren wir doch lange Zeit auf das angewiesen, was uns die zeitgenössischen »Meister« des Ostens als Orientierung für unsere Suche vorgaben. Erst später haben wir erkannt, daß diese Orientierung, von nahem betrachtet, oberflächlich, unbefriedigend oder, schlimmer noch, geradezu armselig war. Unsere Sehnsucht blieb. Tatsächlich nahm ein großer Teil des neuerwachten Interesses für die *Kata* als Weg der inneren Suche im Westen seinen Ausgang. Die Wegbereiter im Fernen Osten, auf solche Weise an ihre Verantwortlichkeit erinnert, waren nicht immer in der Lage, dieser Form der Wißbegierde zu begegnen. Diese Überlegung ist kein Ausdruck fehlender Bescheidenheit oder mangelnden Urteilsvermögens. Sie ist nichts als eine formale Feststellung: Sogar in Japan und in China gibt es nur wenige wahre Meister, die in der Lage sind, derartige Anforderungen zu erfüllen. Hinzu kommt, daß einige von ihnen dies auch gar nicht wünschen. Die Gründe hierfür sind oft nicht schwer zu verstehen: Man darf bezweifeln, daß ihre Bemühungen in der gegenwärtigen Welt der Kampfkünste ein nennenswertes Echo erfahren würden.

Es ist bekannt, daß der Begriff »*Kata*« als »Form« oder »Gußform« übersetzt werden kann. Wer die *Kata* respektiert, kann sich durch sie »formen« lassen, denn die *Kata* ist sehr wohl ein auf den Körper übertragbares Schema. Die in ihr verschlüsselten Bewegungsfolgen, durchdrungen von einem bestimmten Geisteszustand, sind für zwei Arten der »Bildung« vorgesehen: Auf der ersten Ebene dienen sie der äußeren Bildung, der Vorbereitung auf den Kampf; auf der zweiten Ebene dienen sie der inneren Bildung, der Selbstfindung. Die *Kata* mag einfach oder kompliziert wirken, lang oder kurz sein, immer jedoch regt sie das Streben nach Vervollkommnung an. Nur dank dieses Strebens kann man darauf hoffen, daß sich das Ergebnis einstellt, für das man sich letzten Endes den Zwängen der *Kata* fügt. Alles muß ergründet werden: die Automatismen, die Phasen, in denen sich die Kraft konzentriert, und die Rhythmen. Man muß nach vollendeten Bewegungsfolgen und nach einem perfekten Zusammenwirken von Körper und Geist streben. Alles muß daran gesetzt werden, den Körper zu einer vollkommenen Waffe werden zu lassen, aber gleichzeitig muß man lernen und akzeptieren, daß diese Waffe nie zum Einsatz kommen wird. Dieser scheinbare Widerspruch – ein weiteres Beispiel für das dualistische Prinzip – bewirkt mit der Zeit (die hierbei ein wesentlicher Faktor ist) eine Evolution des Geistes. Durch unermüdliches Wiederholen der *Kata* den »Geist zu schmieden«, ist ein Ausdruck, der auf der ersten Ebene eine kriegerische Bedeutung innehat: lernen, mit starkem Geist zu kämpfen. Auf einer zweiten Ebene, die die erste ablösen sollte, geht es um die Suche nach jenem inneren Zustand, der oft als »leerer Geist« charakterisiert wird und der die Quelle der wirklichen Effizienz darstellt, nach der alle Künste des Fernen Ostens streben. Wird eine *Kata* auf höherem Niveau ausgeführt, so muß dies ohne Angriffslust oder Verteidigungsbereitschaft erfolgen, ohne einen bestimmten Seelenzustand, ohne eine bestimmte Absicht, ohne Selbstgefälligkeit, ohne Furcht, einzig und allein mit Kraft und Bestimmtheit, die auf kein Ziel gerichtet sind.

»Leerer Geist« (*Mushin*) bedeutet nicht die Abwesenheit des Geistes, sondern einen bestimmungslosen und dennoch präsenten Geist. Dieser Zustand ist gekennzeichnet durch inneres Gleichgewicht; Energieflüsse werden freigesetzt und mit vollendeter Gelassenheit gesteuert. Hinter diesem scheinbar unbeweglichen Geisteszustand verbirgt sich die wahre Effektivität. Um dies mit einem Bild zu verdeutlichen: Ein Kreisel ist genau dann effektiv (das heißt, er erfüllt den Zweck, für den er geschaffen wurde), wenn seine Achse unbeweglich ist und er sich zugleich mit voller Geschwindigkeit dreht.

Es ist in jedem Fall wichtig, die Arten der *Kata*, die uns überliefert wurden, nicht miteinander zu verwechseln. Eine *Kata* kann im Laufe der Zeit stark modifiziert worden sein. Dennoch wird vom Ursprünglichen noch einiges in ihr enthalten sein. Und ebendies ermöglicht uns zu erkennen, was einst die wahre Natur dieser *Kata* gewesen ist.

Die klassische Kata als verschlüsselte Kampfform

Das kriegerische Element durchdringt jede *Kata*, und es ist ihr offensichtlichstes Merkmal. Dies gilt zumindest für Teilabschnitte, oft aber für die Gesamtheit der Bewegungsfolgen. Der erste Zweck einer *Kata* besteht darin, den Praktizierenden das Kämpfen zu lehren, und dies auf eine sehr pragmatische Weise. Dabei darf jedoch niemals vergessen werden, daß in die *Kata* der Geist, die Erkenntnisse, die Strategien und das technische Rüstzeug der Epoche, in der sie entstanden ist, eingeflossen sind. Manch einer wird sich fragen, was von diesen Kenntnissen heute noch Gültigkeit besitzt. Schließlich verfügen wir gegenwärtig über ein weit umfassenderes Wissen. Wir können Kampfkünste, die aus der ganzen Welt stammen, miteinander vergleichen. Das Ergebnis ist eine völlig neue Kategorisierung der Kampftechniken. Heutzutage kann ein Champion seine Titel gewinnen, ohne daß er sich zugleich mit *Kata* abmüht. Das ist häufig der Fall. Wie steht es nun um die tatsächliche Effektivität der Techniken der *Kata*?

Im *Karatedô* ist die Erscheinungsform einer *Kata* nicht die gleiche wie die des *Kumite*, selbst wenn beide offenkundig über die gleichen Grundlagen und über eine Anzahl gemeinsamer Techniken verfügen. Die *Kata* repräsentiert eine fiktive Situation, in der sich der Kämpfende in einer schier aussichtslosen Lage befindet. Er muß dabei mit mehreren Gegnern kämpfen, die ihn von allen Seiten angreifen. Dies ist eine Situation, in der es um Leben oder Tod geht. Aufgrund der Wiederholungen und der Automatismen der *Kata* gelangt der Praktizierende jedoch oft in einen Zustand, in dem eine Art zweite Natur in ihm erwacht, die es ihm gestattet, eine »Energie der Verzweiflung« zu mobilisieren. Ein aktiver, doch zugleich gelassener Geisteszustand ermöglicht es ihm, diese Energie zu kontrollieren. Aus alledem ergibt sich eine potentielle Wirksamkeit, die jedoch nie tatsächlich überprüft werden kann, da solch eine Situation in der Praxis für gewöhnlich nicht auftritt. Die *Kata* muß perfekt beherrscht werden, aber diese Perfektion dient zu nichts anderem, als den Geist zu »polieren«, indem der Körper trainiert wird. Man begreift nun, daß die öffentliche Vorstellung einer *Kata* zu dem einzigen Zweck, einen Titel bei *Kata*-Meisterschaften zu gewinnen, tatsächlich keinerlei Sinn hat für denjenigen, den Funakoshi Gichin als »Mensch des Weges« bezeichnete.

Das *Kumite* zu Ausbildungszwecken, wie das *Ippon-* oder das *Sambon-Kumite*, ist der *Kata* verwandt, vor allem unter dem Aspekt, daß es der Kontrolle über das Selbst ebenso verpflichtet ist wie diese. Hingegen stellen das freie *Kumite* (Kampf) und – schlimmer noch – das von Schiedsrichtern geregelte *Shiai* (Wettkampf) unmittelbare Konfrontationen dar, bei denen es um die Bestätigung »hier und jetzt« geht, daß einer der Kämpfenden besser sei als der andere. Dieses Ziel ist ebenso präzise wie beschränkt, es ist frei von darüber hinausgehenden Ambitionen. Es geht den Kämpfenden ausschließlich darum, nach den gegebenen technischen Regeln zu gewinnen, und dies im Sinne eines Spiels (auch wenn dieses Spiel durch Gewalt geprägt ist). Das ist der Grund, weshalb *Kumite* und *Kata* nicht wirklich zwei Seiten ein und derselben Medaille darstellen. Es scheint naheliegend zu sein, sich die Frage zu stellen, ob es denn tatsächlich notwendig sei, sich mit den eintönigen Wiederholungen einer *Kata* abzuplagen, um schnell die für den Kampf erforderliche Effektivität zu erlangen. Schließlich scheinen die in der *Kata* enthaltenen Techniken nicht an die Entwicklungen und Abläufe, wie sie in einem modernen sportlichen Wettkampf auftreten, heranzureichen. Doch dies ist in Wirklichkeit ein Trugschluß, der auf einer oberflächlichen Betrachtungsweise der in der *Kata* zu erkennenden Techniken beruht.

Wie bereits weiter vorn erwähnt, bieten alle fernöstlichen[16] Formen der Suche und des Lehrens zwei mögliche Wege: den äußeren Weg (*Omote*[17]) und den inneren Weg (*Ura*[18]). Analog dazu gibt es in den *Koshiki Kata* ein »Behältnis« (die Erscheinung, die sichtbaren Techniken: *Omote waza*) und den »Inhalt« (das Verborgene, die unsichtbaren Techniken: *Ura waza*). Ersteres ist jedoch auf eine Weise konzipiert, daß der Zugang zum »Inhalt« erschwert wird. Die Gründe hierfür sind folgende:

Die *Kata* ist eine Sprache, eine Zeichenfolge, mit der Wissen bewahrt und zum Ausdruck gebracht wird. Dieses System der Lehre und der Übertragung ist gewissermaßen durch einen Code verschlüsselt. Um das zu verstehen, muß man begreifen, daß es sich um gefährliches Wissen han-

---

[16] All dies ist natürlich nicht ausschließlich auf den Fernen Osten beschränkt.

[17] *Omote* (jpn.): Vorderseite, positiv.

[18] *Ura* (jpn.): Rückseite, negativ.

delt. Gefährlich schon allein deshalb, weil es im Kampf wie eine Waffe eingesetzt werden kann, und gefährlicher noch, wenn das Element der Beherrschung des Selbst hinzukommt, sofern es mißbräuchlich eingesetzt wird. Somit erfüllte die Codierung des Wissens den Zweck, es von jenen fernzuhalten, die seiner nicht würdig waren. Es ist nun offenkundig, daß ohne den Code-Schlüssel für etwas, was anscheinend jedermann lernen kann, die klassische *Kata* überholt, unnütz und ineffektiv erscheinen kann. Wozu also Zeit und Energie investieren, um sie zu praktizieren? Derartige Überlegungen führten tatsächlich dazu, daß immer häufiger moderne *Kata* entwickelt werden, denen man eine höhere Effektivität zutraut, nicht zuletzt, weil sie spektakulärer wirken oder technisch »vollständiger«. Dies bedeutet jedoch nichts anderes, als daß bei diesen modernen *Kata* mangels inneren Gehalts (*Ura*) das Äußere (*Omote*) im Vordergrund steht. Man muß wissen, daß in allen Stilrichtungen des Karate die heute praktizierten *Kata* nur noch Schatten ihrer Vorläufer darstellen, gespickt mit Fehlern, Deformationen und Lücken. Die Ursache hierfür können Fallen sein, die die Meister als Prüfung eingebaut haben oder auch Übermittlungsfehler bei der Weitergabe durch die Schüler. Und dies gilt für alle Formen, von welchem der Experten unserer Zeit sie auch immer praktiziert werden.

In erster Linie liegt das an der Intensität, mit der die *Bunkai*[19] studiert werden, und diese Intensität war in früheren Zeiten bedeutend höher. Das *Bunkai* ist ein zum Zweck der Erklärung angefertigtes »Abbild« der *Kata* für das Üben mit Partner, eine vollständige »Gebrauchsanweisung«, die den Umfang der ursprünglichen *Kata* beträchtlich »aufbläht«. Früher, als es noch üblich war, sich während des ganzen Lebens mit zwei oder drei *Kata*, wenn nicht gar nur mit einer einzigen zu befassen, war das zu zweit geübte *Bunkai* von großer Reichhaltigkeit. Es gab zahlreiche Varianten, Weiterführungen, verschiedene strategische Bedeutungen, unterschiedliche Gesichtspunkte, je nachdem, welche Art von Konfrontation betrachtet wurde. Das ging so weit, daß die *Bunkai* nur noch sehr entfernt an die vereinfachten Formen, wie sie in der *Kata* zu finden sind, erinnerten. Heute kann man sich das nur noch schwer vorstellen. Angetrieben durch die Entwicklung und die Rivalität der einzelnen Schulen, vervielfältigte

[19] *Bunkai*: Interpretation der Elemente der *Kata*.

sich die Zahl der *Kata*, und verschiedene *Kata* wurden miteinander kombiniert. Das hatte zur Folge, daß immer weniger Zeit für das Vertiefen der Bewegungselemente in Paaren aufgewendet wurde.

Die Vernachlässigung von etwas derart Fundamentalem ließ zwangsläufig manches in Vergessenheit geraten, und es kam zu Verlusten bei der Übertragung traditioneller Kenntnisse. Die heute vorhandenen Reste der klassischen *Kata* stellen das Endergebnis einer Verarmung dar, die bereits vor langer Zeit ihren Anfang nahm. Es versteht sich von selbst, daß mit fortschreitenden Verlusten hinsichtlich der äußeren Form der klassischen *Kata* auch die traditionelle *Kata* verloren gegangen ist, das heißt, das »hermetische« Doppel der klassischen *Kata*. Diese Verluste traten beim Übergang von einer Generation auf die nächste auf, aber auch durch die Auswanderung von Kampfkunstexperten in alle Teile der Welt. Die Auswanderer lösten sich langsam, aber sicher von ihren Quellen, aus denen sie nun keine neue Kraft mehr schöpfen konnten. Verstärkt wurde diese Tendenz durch den Tod der letzten allgemein anerkannten, respektierten und gefürchteten (!) Meister. Allein schon die äußere Form dessen, was von den *Koshiki Kata* geblieben ist, verrät viel über die Unvollkommenheit der ererbten Formen. Die Bewegungen sind oft auf reine Andeutungen reduziert und lassen realere, vollständigere Bewegungsformen nur noch erahnen. *Bunkai* wirken häufig willkürlich und aus der Luft gegriffen, denn für die Anwendung im wirklichen Kampf sind sie nicht geeignet. Es gibt Techniken, die zwar ästhetisch erscheinen, aber nicht ohne weiteres anwendbar sind, Schrittfolgen, die umgekehrt aufzufassen sind, unvollständige Bewegungen, die nie zu Ende geführt werden, Anfänge von Fährten, die nur angedeutet werden, fehlende Übergänge, … Die technische Ausrichtung der »modernen« *Kata* ist somit aus bestimmten Umständen hervorgegangen, ihre Zweckbestimmung ist das Ergebnis eines Abkommens vom Weg. Sie ist eine kämpferisch-sportliche Ausdrucksform ohne nennenswerten Bezug zu ihrem Vorläufer. Die *Kata* dient heute dazu, etwas zur Schau zu stellen. Sie ist ästhetischer geworden. Der Preis dieser trügerischen Entwicklung ist ein Verlust an äußerer wie an innerer Wirksamkeit.

Verantwortlich für diese Erosion ist das typisch östliche Lehrsystem, das sich als nicht geeignet erwiesen hat, Wissen über eine gewisse Anzahl von Generationen von Meistern hinweg getreu zu übermitteln, und das sich als noch ungeeigneter erwies, als es sich mit den Erfordernissen einer quantitativ schnellen Entwicklung der Kampfkünste konfrontiert sah. Einige der Fallstricke oder Lücken, die man in einer klassischen *Kata*, wie sie heute praktiziert wird, nachweisen kann, wurden absichtlich in die Bewegungsfolgen eingebaut. Derartige »Fehler« beruht auf der Absicht, eine Art Labyrinth zu konstruieren, das einerseits dazu diente, Spione, die von anderen Schulen kamen, zu verwirren, damit sie das Wissen nicht stehlen konnten, und das andererseits die Praktizierenden zu großen Anstrengungen anspornen sollte. Hierdurch sollte verhindert werden, daß jedermann den Zugang zum inneren Wesen der *Kata* finden konnte, ohne es verdient zu haben und ohne bereit zu sein, diese »Wahrheit« ertragen zu können. Andere Fehler entstanden jedoch unabsichtlich, durch unvollkommene Übertragung des Wissens vom Meister auf den Schüler. Der Grund hierfür ist die Gewohnheit der klassischen Meister der traditionellen Kampfkünste in Japan, zwei Nachfolger zu ernennen: einen offiziellen und einen inoffiziellen. Das zeugt, wie wir sehen werden, von einem gewissen strategischen Sinn, aber es verkomplizierte die Angelegenheit ungemein.

Gemäß der Tradition bestimmt ein Meister zu seinen Lebzeiten mindestens zwei seiner engsten Schüler, die nach seinem Tode an die Spitze seiner Schule treten. Einer der Nachfolger wird unter den *Uchi deshi*[20] ausgewählt, er ist der »Erbe im Schatten« (*Kage deshi*). Er wird der weniger bekannte sein, dem jedoch die Gesamtheit der Lehren vermittelt wird, einschließlich der esoterischen[21] Aspekte. Der zweite wird unter den *Soto deshi*[22] des Meisters ausgewählt, und er ist der offizielle Erbe, jener, der, nach außen hin bekannter, für die Entwicklung der Schule verantwortlich sein wird. In diesem durchaus originellen Verfahren spiegelt sich die Koexistenz des Schattens (*Yin*) und des Lichts (*Yang*) wieder, aber in einem anderen Sinn, als man

---

[20] *Uchi* (jpn.): Innen, im Sinne von »im Inneren des Hauses« des Meisters. *Deshi* (jpn.): Schüler.

[21] Der Begriff »esoterisch«, wie er hier und in der Folge verwendet wird, ist als geheimes, verborgenes Wissen zu verstehen, das es durch eigenes Forschen, durch hartnäckige Arbeit an sich selbst, zu enthüllen gilt. Dies sollte nicht mit der Verwendung dieses Begriffes in der sogenannten »esoterischen Literatur« verwechselt werden. – Anm. d. Übers.

[22] *Soto* (jpn.): Außen, im Sinne von »nicht vertraut« mit dem Meister, sondern von außen gekommen, um von seinen Lehren zu profitieren.

vielleicht erwartet hätte: Der Erbe, der im Schatten bleibt, ist in Wahrheit der, welcher das Licht des Wissens empfangen hat. Aber ein solches System führt auch zu einem besonders schnellen Aufsplittern der Stammbäume der Schulen, denn der Prozeß wiederholt sich bei jeder neuen Übertragung des *Menkyo kaiden*, der höchsten zu erreichenden Berechtigung in einer klassischen Kampfkunst, die Lehren einer Schule weiterzugeben. Dieses dokumentierte Recht wurde offiziell auf jeden »in Erscheinung tretenden« Nachfolger übertragen und garantierte, daß sein Träger die Gesamtheit der Techniken der Schule beherrschte. Wie wir gezeigt haben, konnte jedoch nur ein innerer Schüler (*Uchi deshi*) die wahren »Geheimnisse« der *Kata* kennen, das heißt, die Schlüssel für den Code, mit dessen Hilfe sich der verborgene Sinn der *Kata* erschließen ließ. Doch ein *Uchi deshi* wird sein Wissen stets am Rande des offiziellen und lärmenden Lebens der Schule weitervermitteln. Manche *Uchi deshi* starben auch, ohne ihre Kenntnisse weitergegeben zu haben, da sie entweder nicht in der Lage oder nicht willens gewesen sind, die Abstammungslinie im Schatten weiterzuführen.

Diese Methode der Weitergabe von den Geheimnissen einer *Kata* ist nach und nach zum Erliegen gekommen, oder sie kommt gegenwärtig zum Erliegen. In unserer Zeit verwirklicht sich die Dynamik der weltweiten Entwicklung des Karate nicht mehr auf dem Weg »offizieller« Nachfolger. Mehr noch: Es gibt niemanden mehr, der die gegenwärtige Entwicklung kontrolliert, niemand genießt mehr Respekt im klassischen Sinne. Hingegen ist die Zahl der »kleinen« äußeren Schüler allgemein anerkannter Meister, die bereits vor langer Zeit verstorben sind, groß, und sie alle erheben Anspruch auf ein Erbe. Solch ein Anspruch ist im allgemeinen unmöglich zu verifizieren. Oder sie erklären sich einfach selbst zu Meistern, mit dem Recht, *Kata* zu modifizieren oder neue zu schaffen. Wie soll man sich da noch zurechtfinden? Unser Zeitalter gehört nicht mehr den unumstrittenen Meistern. Es scheint heute so viele von ihnen zu geben! Nicht wenige der hochrangigen Karateka von heute haben bedenkenlos alle Spuren zertreten und, ohne sich dessen bewußt zu sein, die Schüssel verloren für ein Verständnis dessen, was sie zu vermitteln vorgeben.

Wo aber findet man heute noch das *Dô* des Karate, den Weg? Er ist nach wie vor im nahezu anonymen Wirken einiger alter Meister zu entdecken, deren Namen nicht einmal in den neuesten bekannten Stammbäumen der

Schulen erscheinen, wonach sie im übrigen auch gar nicht trachten. Diese Meister überlassen es anderen, im blendenden Scheinwerferlicht zu stehen und sich der Bewunderung eines unwissenden Publikums hinzugeben. Sie erteilen kaum noch Unterricht, oder sie vermitteln ihr Wissen so wenigen Schülern, daß die Gefahr besteht, daß diese Männer, authentische lebende Schätze einer praktisch verschwundenen Kunst, aussterben und das echte »Leben« der *Koshiki Kata* mit ins Grab nehmen. Aber auch andere hervorragende Menschen, seien sie bekannt oder unbekannt in der Welt des Karate, haben endlich die Gefahr begriffen. Sie versuchen, hier und da den fatalen Prozeß aufzuhalten, indem sie anderen die Situation bewußtmachen und sie zum Nachdenken anregen. Aber was kann eine Handvoll kompetenter Menschen guten Willens schon ausrichten, wo die Mehrheit der Karateka oft nur vorübergehend einen Sport ausübt und nicht mehr eine Lebenskunst zu verwirklichen sucht? Kaum jemand weiß noch von dem Dualismus des Inneren und des Äußeren bei dem, was er eigentlich tut, ein Dualismus, der sich noch in der Bezeichnung wiederspiegelt, die Funakoshi Gichin im Jahre 1929 wählte, um seine Kunst zu benennen, die er von Okinawa nach Japan gebracht hatte.[23]

Zunächst hieß diese Kunst *Tôde*, wobei *tô* (唐) ein *Kanji* (sinojapanisches Schriftzeichen) ist, das auf okinawanisch *tô* und auf japanisch *kara* ausgesprochen wird und die Dynastie der Tang bezeichnet. In der weiteren sprachlichen Entwicklung weitete sich die Bedeutung des *tô* auf alles, was vom benachbarten chinesischen Festland stammte, aus. *De* (手, jpn. *te*) bedeutet auf okinawanisch Technik, Methode oder Hand. *Tôde* kann demzufolge als »Technik der Tang« oder »Kontinentaltechnik« interpretiert werden. Aus dem okinawanischen Begriff *Tôde* wurde nun der japanische Begriff *Kara te*. Auf japanisch heißt *te* »Hand«, aber auch »Kunst«.

Die Silben *kara* lassen sich auf japanisch auch durch das *Kanji* 空 wiedergeben, was »leer« im physischen Sinne bedeutet, aber das Ideogramm kann auch als *ku* gelesen werden, was »leer« im metaphysischen Sinne bedeutet, womit die Brücke zu *Mushin*, der Leere des Geistes geschlagen wird.[24] Diese

[23] Siehe auch S. 110 f.

[24] Das Konzept des leeren Geistes stammt letztendlich aus Indien. Auf Sanskrit heißt »leerer Geist« *Sunyata*.

Schreibweise war es, die Funakoshi 1929 wählte. Wenn man *kara te* als »leere Hand« interpretieren kann, so kann man es auch als »Kunst des Zustands der Leere des Geistes« interpretieren. Dies hebt alles auf ein gänzlich neues Niveau, und gleiches gilt auch für die Namen der *Kata*. Auch diese lassen sich auf verschiedenen Ebenen des Verständnisses unterschiedlich interpretieren.

Alle Probleme, die sich aus solch einer Komplexität der Zusammenhänge ergeben, haben die Verbände des Sportkarate auf ihre Weise gelöst, indem sie eine Vereinheitlichung jener *Kata* angeordnet haben, die auf den Meisterschaften oder für die Verleihung von Graden vorgeführt werden. Die Bewegung ist damit zum Selbstzweck geworden, was zählt, sind die Kraft, der Effekt und die Ästhetik. Dem Publikum gefällt das natürlich, und das Publikum ist wegen der Dynamik der Entwicklung der Mitgliederzahlen in den Vereinen zu einem wichtigen Faktor geworden. Der Zweck der *Kata* ist kein erzieherischer mehr, sondern die *Kata* soll gefallen, die Mühsal ist durch die Mühelosigkeit abgelöst worden. Selbst die *Kata* aus Okinawa, die den Ruf haben, die getreuesten Überlieferungen der *Koshiki Kata* zu sein, sind nicht unbeeinflußt geblieben von dem internationalen Erfolg, der ihren japanischen Abkömmlingen zuteil wurde. Dadurch, daß sie der Kritik unwissender Beobachter ausgesetzt waren, verloren die »unendlichen Schätze« von ihrem Glanz.

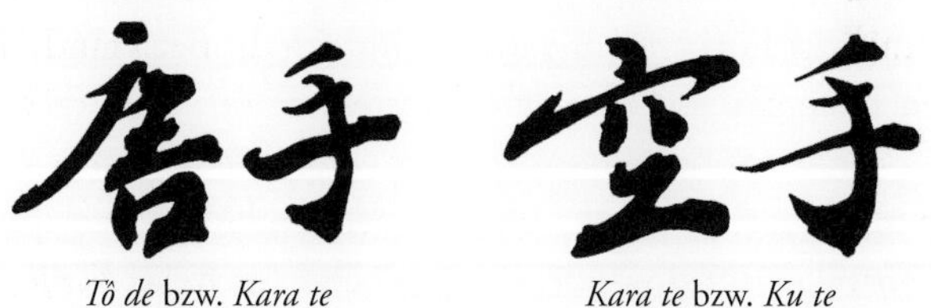

Tô de bzw. *Kara te* | *Kara te* bzw. *Ku te*

Die klassische Kata als Arbeit mit der inneren Energie

Das Wesen der klassischen *Kata* liegt jenseits der einfachen Techniken. Dennoch: Ohne diese Techniken zu meistern, ist der Zugang zum »inneren« Bereich nicht möglich. Auf dieser Ebene besteht der Zweck der *Kata* darin, das »innere Wesen« des Praktizierenden zu befreien. Aber diese Technik des Erweckens kann ihre Wirkung nur entfalten, wenn es gelingt, die inneren Triebe, die des Körpers wie die des Geistes, zu kontrollieren. Es ist wohlbekannt, daß zwischen beiden eine Wechselwirkung besteht; alles, was sich auf die Psyche des Menschen auswirkt, findet seinen Widerhall in der Funktion der Organe und umgekehrt. Die *Koshiki Kata* bilden sowohl das Äußere als auch das Innere und sie bewirken zudem ein wechselseitiges Bilden beider. Sie stellen eine Methode dar, den Körper wie auch den Geist energetisch wieder ins Gleichgewicht zu bringen. Unter diesem Gesichtspunkt sind die *Koshiki Kata* tatsächlich nichts anderes als eine Form des *Qigong*[25]. Dessen Endzweck besteht darin, das Individuum von allen inneren Hemmnissen zu befreien, die seine Energie, seine Lebenskraft, daran hindern, auf natürliche Weise zu zirkulieren. Dies soll ihm gestatten, sich auf geistiger Ebene weiterentwickeln zu können. Hier kommt die im vorigen Abschnitt erläuterte mögliche Lesart *ku* (»leer« im Sinne von »leerem Geist«) des Ideogramms, das für gewöhnlich als *kara* in der Kombination *kara te* interpretiert wird, ins Spiel. Und damit nähern wir uns, zumindest intellektuell, dem Verständnis jener anderen Dimension der *Koshiki Kata*.

In einem meiner Bücher[26] habe ich ausführlich die Beziehungen zwischen der inneren Energie und den Kampfkünsten erörtert und die in früheren Zeiten angewendeten Trainingsmethoden vorgestellt, die über einen komplexen Zyklus dazu führten, die innere Energie, das *Qi*, in physische oder geistige Kraftwellen umzuwandeln. Ich möchte an dieser Stelle nur daran erinnern, daß diese Energieform im Körper zirkuliert, vor allem entlang der als Meridiane bezeichneten Linien. Hierbei fließt sie auch durch die sogenannten Vitalpunkte[27]. Die Spezialisten für Akupunktur unterscheiden 700 derartige Punkte; für die Kampfkünste spielen 108 eine Rolle, davon sind

[25] *Qigong*: Kultivierung des *Qi*, der Lebensenergie, vorrangig durch Atemtechniken.
[26] Habersetzer, R.: Chi-Kung, la maîtrise de l'énergie interne. Paris: Amphora 1997.

36 potentiell tödlich. Da diese Punkte empfindlicher als andere Stellen an der Körperoberfläche des Menschen sind, kann ein auf sie ausgeübter Schlag oder heftiger Druck den Energiefluß stören, ihn stimulieren oder unterbrechen, was nicht ohne Wirkung auf die inneren Organe bleibt. Die alte chinesische Technik des *Dianxue*, aus der sich die japanische *Atemi*-Technik ableitet, besteht aus mit der Hand oder dem bloßen Fuß ausgeführten Schlägen oder Stößen auf die Vitalpunkte. Für diese Schläge oder Stöße bestehen im *Dianxue* bzw. *Atemi* Abstufungen hinsichtlich der Wirkung auf den Körper. Sie können einfachen Schmerz verursachen, Ohnmacht auslösen oder sogar den Tod zur Folge haben. Tatsächlich handelt es sich bei diesen Techniken um eine komplexe Wissenschaft, die die natürlichen tageszeitlichen wie jahreszeitlichen Schwankungen der Energieströme berücksichtigt. Und die traditionellen *Kata* sind ein Ergebnis dieser Wissenschaft.

Zunächst berücksichtigen die Kampfbewegungen die Veränderungen der Energieflüsse im menschlichen Körper, um eine maximale Effektivität bei der Anwendung der Techniken zu erzielen. Daraus leitet sich beispielsweise das *Embusen*[28], d. h., das Richtungsschema einer *Kata*, die Ausrichtungen und die Lage des Anfangs- und des Endpunktes ab. Das gilt auch für den Rhythmus, in der die Techniken einer *Kata* ausgeführt werden. Dieser Rhythmus ist niemals gleichförmig. Die Verlangsamungen, Beschleunigungen oder Rhythmusbrüche in verschiedenen Abschnitten sind präzise Anweisungen, einen bestimmten Rhythmus zu übernehmen. Damit gehen wiederum Veränderungen der Atmung einher.[29] Diese Veränderungen der Intensität beim Erleben der *Kata* sind Teil der Entschlüsselung des Sinnes, der durch die Techniken vermittelt wird. Das ist der Grund, weshalb vor allem ein *Soto deshi* größte Mühe darauf verwendete, die äußere Form der *Kata*, die ihn sein Meister gelehrt hat, genauestens zu imitieren, ohne die geringste Veränderung. Dies war die einzige Möglichkeit für ihn, eines Tages das zu entdecken, was man den »Geist der Techniken« nennen könnte. Das bedeutete schließlich nichts anderes, als sich mit vollkomme-

---

[27] Eine ausführliche Darstellung dieses Konzepts findet sich auch in Habersetzer, R.: Bubishi – An der Quelle des Karatedô. Chemnitz: Palisander Verlag 2014, S. 193 ff.

[28] *Embusen* (jpn.): Die horizontalen Richtungsachsen, entlang derer sich der Ausführende einer *Kata* bewegt.

[29] Siehe Ausführungen auf S. 54 über den Vergleich mit dem »japanischen Garten«.

nem Vertrauen der »Gußform« der Bewegungen anheimzugeben, durch die einst der Schöpfer der *Kata* bestimmte Abfolgen und Zusammenhänge kodiert hatte. Dies wiederum würde eines Tages dazu führen, daß der Praktizierende eine Art körperlichen Widerhall empfindet, eine Vibration an bestimmten Schlüsselstellen, die – durch unvermitteltes, plötzliches, neuartiges Begreifen – das »Erwachen« bewirken soll.

Man kann dieses Phänomen verstehen, wenn man davon ausgeht, daß dabei bestimmte Zonen der Großhirnrinde aktiviert werden, die dem Menschen jene rund 80 % seines Gehirns zugänglich machen, die er während seiner »normalen« Existenz niemals nutzt. Dieses geistige Potential ermöglicht es ihm, plötzlich auf andere Weise die Menschen und die Dinge zu begreifen. Trotz allem ist ein solches Ergebnis niemals garantiert, man muß auch »begnadet« sein. Und es ist gänzlich unmöglich, dorthin zu gelangen, wenn man vom Code der *Kata* nichts weiß oder ihn durcheinanderbringt. Somit verfolgt die traditionelle *Kata*, wenn auch auf andere Weise, die gleichen Absichten wie eine Bewegungsfolge des *Taijiquan*, die im Geiste des *Qigong* entwickelt wurde. Manche Forscher gehen so weit, die fünf Techniken des Schlages mit der Hand mit dem klassischen »Zyklus der fünf Elemente« der taoistischen Weltbeschreibung in Beziehung zu setzen. Das Element »Holz« soll dabei dem *Kakete* (offene, zum Greifen bereite Hand; Hakenhand) entsprechen, das »Feuer« dem *Seiken* (normale Faust), die »Erde« dem *Shotei* (Handballen), das »Metall« dem *Shutô* (Schwerthand) und das »Wasser« dem *Nukite* (Speerhand). Solche Verknüpfungen beruhen allerdings auf sehr subjektiven Interpretationen, und es ist daher nicht möglich, sie zu bestätigen oder zu widerlegen.

Es liegt auf der Hand, daß der Versuch, die tiefere Bedeutung einer *Kata* zu erfahren, unmöglich zu vereinbaren ist mit der Ausbildung einer Masse Praktizierender. Dergleichen kann ausschließlich durch die traditionelle Übertragungskette vom Meister auf den Schüler vermittelt werden, in einer Atmosphäre der Ruhe und des Vertrauens, ohne Hast und ohne äußere Zwänge, wie z. B. Geldsorgen oder Geltungsbedürfnis.

Die klassische *Kata* ist eine technische Konstruktion, die auf hervorragender Kenntnis des menschlichen Körpers beruht. Diese Kenntnis kann auf zwei unterschiedliche, einander entgegengesetzte Weisen verwendet werden – womit wieder der Dualismus ins Spiel kommt. Zum einen, wie wir gesehen haben, geht es darum, die innere Energie effektiv zu mobilisieren und sie auf wirkungsvollste Weise in einem Kampf »auf Leben und Tod« einzusetzen. Ein wesentlich weniger bekannter Aspekt der klassischen *Kata* sind Bewegungen, die der Wiedererlangung von innerer Energie dienen und die die Störungen, die im Verlauf eines Kampfes aufgetreten sein können, neutralisieren sollen. Während eines Kampfes ist es praktisch unvermeidbar, daß mehr oder weniger heftige Schläge und Stöße auf Vitalpunkte, die mehr oder weniger gut abgefedert werden können, empfangen werden. Das kann starke körperliche Beschwerden hervorrufen, besonders dann, wenn es wiederholt geschieht. Wenn zwei Karateka miteinander kämpfen, erfolgen beispielsweise aufgrund der Blocktechniken selbst dann, wenn die Schläge gegen den Körper abgewehrt werden, systematisch Schläge und Stöße gegen Unterarme und Schienbeine. Die Folgen sind nicht immer sofort nachweisbar, zumal vor allem junge, vitale Kämpfer für gewöhnlich Schmerzen nicht allzu große Aufmerksamkeit schenken, obgleich Schmerzen stets ein Warnsignal sind, das uns der Körper gibt. Manchmal, vor allem, wenn es sich um wiederholte Einwirkungen handelt, können jedoch chronische Körperbeschwerden ungeahnten Ausmaßes die Folge sein, wie z. B. Schlafstörungen, Atem- oder Kreislaufbeschwerden, Gewebezerstörung oder innere Verletzungen.

Die Störungen können auch psychischer Natur sein. Ein Mensch mit schwacher Persönlichkeit kann durch die immer wieder erfolgende Konfrontation mit der Gewalt in den Techniken, die für den Kampf erforderlich sind, verwirrt werden. Das kann gefährliches Verhalten, selbst im Alltagsleben, zur Folge haben. Sein Körper und sein Geist sind aus dem Gleichgewicht, und so wird er nie Ruhe finden. Die klassische *Kata* stellt hierfür tatsächlich eine Therapie dar. Oft sind in ihr entsprechende verschlüsselte Bewegungen oder Körperpositionen enthalten. Dies kann auf so subtile Weise der Fall sein, daß man es gar nicht bemerkt. Es handelt sich gewissermaßen um Andeutungen von Bewegungen, deren Zweckbestimmung man nicht erfassen kann, ohne das technische Wissen, über das man verfügt, in Frage zu stellen. Sie existieren deshalb, weil ihnen die Fähigkeit zugesprochen wurde, diesem oder jenem Energiezentrum Energie zuzuführen oder Energie von ihm abzuleiten. Ersteres kann vonnöten sein, wenn ein Energiezentrum entleert ist, letzteres, wenn es mit schädlicher

Energie gefüllt ist. Diese Wirkung soll sich genau dann entfalten, wenn die Aufeinanderfolge der Techniken genau so ausgeführt wird, wie dies vorgesehen ist. Besonders interessant wird diese Art von Kompensation ab einem bestimmten Alter oder einfach für den Karateka, der ein bestimmtes Maß an Reife erreicht hat und auf sehr natürliche Weise das Bedürfnis verspürt, sein *Karatedô* »auf andere Weise« auszuführen.

Man begreift nun, daß viele Karateka irgendwann aufhören, ihre Kampfkunst zu praktizieren, da sie keine weiteren Entwicklungsmöglichkeiten sehen. Und dabei handelt es sich oft um noch junge Karateka voller Lebenskraft. In Japan und auf Okinawa stellte das Alter hingegen nie ein Problem dar. Man lernte dort, daß man in jedem Alter effizient bleiben kann, aber jeweils auf andere Art und Weise. Doch um das zu wissen, muß man etwas über die energetische Rolle der traditionellen *Kata* erfahren haben. Man muß mit ihren subtilen Hinweisen für eine intelligente und den Umständen des jeweiligen Alters angepaßte Haushaltung einer Lebensenergie vertraut sein, die nur Narren freiwillig vergeuden würden. Doch auch hierfür ist der Zugangscode nicht immer offensichtlich, sofern überhaupt noch vorhanden. Viele dieser hinweisenden Bewegungen und Körperhaltungen sind verlorengegangen, als die Übertragungskette vom Meister zum »inneren« Schüler nicht mehr respektiert wurde. Andere Schüler, die der Meister wissentlich über die Zugangsschlüssel in Unkenntnis gelassen hat, waren davon überzeugt, daß diese Bewegungen und Körperhaltungen schlichtweg unnütz waren. Und so haben sie sie einfach weggelassen.

Betrachtet man den Ablauf einiger heute existierender *Kata* genauer, fällt auf, daß mitunter eine bestimmte Passage, die sehr kurz sein kann, in keinem Zusammenhang steht mit dem, was vorher war und dem, was folgt. Ein anderer Abschnitt der *Kata* kann hingegen zu langsam erscheinen, als daß er für die reale Anwendung in einem Kampf geeignet sein könnte. Eine weitere Bewegung kann übertrieben ausgefeilt wirken und auf diese Weise vollständig ungeeignet für die Anwendung. Dies sind Hinweise auf Schlüssel, die noch heute existieren. Es liegt auf der Hand, daß man, wenn man Karate als Sport betreibt, sich solcher Dinge schnell entledigen wird. In der Folge werden die Techniken uniformisiert, damit sie »für jedermann geeignet« sind, Rhythmen werden verändert. Es werden sogar Teile der Bewegungsfolgen durch neue ersetzt, die als Bindeglied für die beibehaltenen

Techniken dienen sollen, einzig zu dem Zweck, daß sie sich besser für den Kampf eignen. Diese Verarmung setzt sich fort in der Massenpraxis.

Die Entschlüsselungsarbeit hinsichtlich der energetischen Aspekte der *Kata*, sofern diese noch möglich ist, ist äußerst langwierig und voller Fallstricke. Es gibt unzählige falsche Fährten, aber auch zahllose glückliche Funde, die ins Konzept passen und diese oder jene These stützen. Alles in allem geht es darum, durch die *Kata* den Geist und damit die Botschaft, die ihr Schöpfer in sie eingebracht hat, wiederzuentdecken. Es sollte am Ende möglich sein, genau dies weiterzuvermitteln, damit die traditionelle *Kata* auch in Zukunft ihre bildende, erzieherische Funktion ausüben kann, deretwegen sie einst geschaffen wurde.

Die klassische Kata als »unendlicher Schatz«

Es ist wichtig zu begreifen, daß eine *Kata*, die nicht »korrekt« im oben beschriebenen Sinne ausgeführt wird, gefährlich werden kann für denjenigen, der mit ihr umgeht. Daran ändert nichts, daß die unwissentlich falsche Ausführung dem Zeitgeist geschuldet ist, was nicht in der Verantwortung des Praktizierenden liegt. Die *Kata* ist gewissermaßen eine Waffe, und es ist immer gefährlich, eine Waffe falsch zu gebrauchen. Es ist nicht so sehr von Bedeutung, wenn eine moderne *Kata* hinsichtlich ihrer externen Bestimmung unwirksam geworden sein sollte. Um sie wieder für den realen Kampf geeignet zu machen, müßte sie dann vielleicht umstrukturiert werden, zumindest teilweise. Viel wichtiger ist die Unkenntnis der inneren Kräfte, die entfesselt werden. Durch diese kann der »esoterische« Aspekt der *Kata* für Körper und Geist des Ausführenden zur Gefahr werden. Ihrem Wesen nach ist die traditionelle *Kata* ein Mittel, das die körperliche und geistige Unversehrtheit dessen, der sie zu nutzen weiß, bewahrt. Sie ist eine Reise mitten ins Herz des Authentischen. Man muß solch eine Reise voll Vertrauen in das, was die alten Meister in die *Kata* eingebracht haben, antreten. Man muß bescheiden und geduldig vorgehen, um nicht eines Tages in Versuchung zu geraten, eine Abkürzung zu nehmen, die in Wahrheit eine endgültige Abkehr vom ursprünglichen Pfad bedeutet. Nur so kann die Reise gefahrlos für sich selbst und für andere unternommen werden. Auch muß man bereit sein, die erforderlichen Mühen auf sich zu nehmen, und man muß nach jener selbstlosen Perfektion streben, die alle echten Meister der Kampfkünste charakterisiert und die aus der Technik eine Kunst werden läßt. Das Ideal der *Kata*, das angestrebt werden sollte, besteht darin, daß man sich auf einen lebenslangen Weg begibt, dessen Ziel im Unendlichen liegt.

Effektiv im Kampf zu sein, ist nur ein geringer Teil des großen Ganzen. Solch eine Effektivität ergibt sich eines Tages auf ganz natürliche Weise, doch hat dies eine eher beiläufige Bedeutung und bedeutet keinesfalls das Ende des Weges. Das ist der Grund, weshalb die *Kata* in ihrer klassischen Form den ganzen Geist des *Karatedô* verkörpert.

Die heutigen Probleme bei der Praxis der *Kata* resultieren aus der fast überall herrschenden Verwirrung hinsichtlich ihrer unterschiedlichen Bedeutungen und Ausführungsarten. Es gibt Kampf-*Kata*, Vorführungs-*Kata*, energetische *Kata* … Natürlich spielt – wenn man die Interessen verschiedener Gruppierungen berücksichtigt – auch Konkurrenzdenken und damit Opposition und Intoleranz eine Rolle, wenn über solche Fragen diskutiert wird. Um der fruchtlosen Polemik zu entrinnen, muß man sich endlich eingestehen, daß die Wahrheit vielfältig ist und daß keine Schule und kein Verband ein Exklusivrecht darauf hat. Ein bestimmter Teil einer *Kata*, wie er in einer Schule praktiziert wird, kann beispielsweise besser verstanden werden, wenn man einen Blick darauf wirft, wie die gleiche Passage in einer anderen Schule ausgeführt wird. Man muß schließlich auch akzeptieren, daß jene, die danach streben, eine *Kata* ästhetisch vollendet nach den Normen einer Wettkampf-Jury auszuführen, ein Recht darauf haben, ebenso, wie man akzeptieren muß, daß auch jene, die eine Abneigung gegen sportliche Wettkämpfe empfinden, ein Recht darauf haben, die *Kata* auf traditionelle Weise zu praktizieren. Tatsächlich werden letztere, die scheinbar danach streben, etwas Nutzloses zu erobern, die ebenso pragmatische wie verführerische Denkweise unserer Zeit kaum teilen. Dennoch sind sie alles andere als Träumer oder Tänzer. Von ihrer Fähigkeit, dem Zeitgeist zu trotzen, hängt das Überleben eines Weges ab, der von Menschen der Vergangenheit auf vollendete Weise gebahnt worden ist, damit den Menschen der Zukunft der Geschmack am Wahrhaftigen erhalten bleibe.

Unklarheiten ergeben sich vor allem auch daraus, daß man den grundlegenden Unterschied zwischen dem traditionellen *Karatedô* und dem modernen Sportkarate noch immer nicht richtig verstanden hat. Die Tatsache, daß die *Kata* Teil der traditionellen Kampfkünste sind, hebt diese aus dem Bereich des Sports heraus, welchem sie noch immer allzu oft zugeordnet werden. Solange die *Koshiki Kata* existieren, werden die Wurzeln der authentischen Kampfkunst bestehen bleiben. Das *Karatedô* besitzt durch die klassischen *Kata* eine Dimension, die das Sportkarate, was auch immer dessen sonstige Verdienste sein mögen, unmöglich erreichen kann.

Die *Koshiki Kata* sind ein Schlüssel zum Wissen, genauso wie andere Wege, die im Fernen Osten getreuer überliefert wurden als in anderen Weltgegenden. Die *Kata* beruhen auf der Meisterung von Körperhaltungen und Bewegungen wie auf der von Tönen. Manchmal ist beides zugleich im Spiel, und dies insbesondere im Zusammenhang mit dem Streben nach harmonischem Atmen. Die *Koshiki Kata* sind mit gewissen heiligen Tänzen alter Zeiten verwandt. Bei diesen Tänzen befand sich der Priester im Zentrum sonderbarer Kraftlinien, was ihn in die Lage versetzte, mit »etwas« zu kommunizieren. Dies wurde möglich, weil der Priester durch den Rhythmus und die Bewegungsformen Zugang zu einer Art ursprünglicher Intelligenz finden konnte, nachdem alle durch den Verstand bedingten Hemmungen verschwunden waren. Und so finden sich in einigen Haltungen der okinawanischen *Kata* interessante Ähnlichkeiten mit dem traditionellen Königstanz der Insel, dem *Ukansen Odori*. Auf diese Weise muß man das alte Konzept der *Kata* als unendlichem Schatz verstehen – die klassische *Kata* als unerschöpfliche Quelle des einzig wahren Reichtums, den ein Mensch sich erhoffen kann.

Jedoch sollte man nun nicht den Fehler begehen, dies alles bedenkenlos zu verallgemeinern. Es ist wenig wahrscheinlich, daß sämtliche okinawanische Fischer und Bauern, die mit ihrer Kampfkunst vertraut waren, über ein esoterisches Wissen verfügten, das jeden von ihnen in einen unerschöpflichen Born der Weisheit verwandelt hätte. Die Okinawaner haben sich im Gegenteil als recht unzugänglich gegenüber dem chinesischen und japanischen Gedankengut, dem Taoismus und dem *Zen*, erwiesen. Daher konnten sich gewisse Konzepte, die die Kampfkünste bereicherten, nur langsam und unter Schwierigkeiten verbreiten.

Man darf nicht vergessen, daß die Sorgen des Großteils der Meister der Vergangenheit zuallererst sehr pragmatischer Natur waren. Es wäre nicht

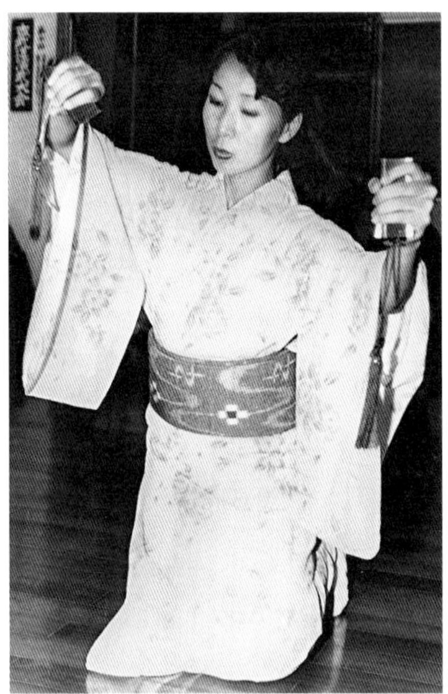
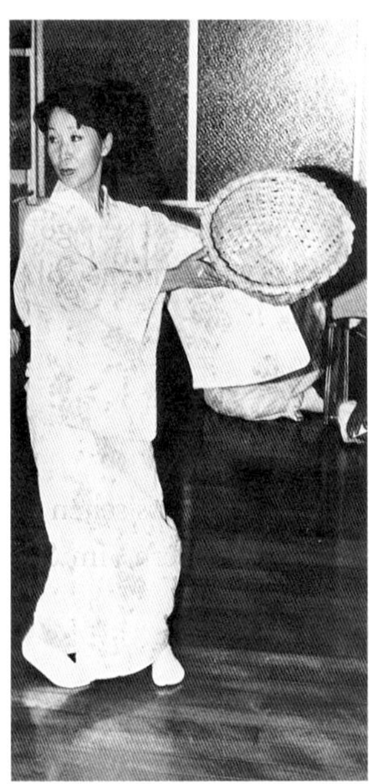

Fotos 4 und 5: Traditioneller königlicher Tanz »*Ukansen Odori*« auf Okinawa. Verschiedene seiner choreographischen Elemente sind auch in die alten *Kata* der Insel eingeflossen. Diese *Kata* sind weit mehr als nur mechanische und technische Kampfsequenzen. Tatsächlich vereinen sie auf harmonische Weise Kraft, Schönheit und Eleganz.

in ihrem Sinne, dem Wort den Vorrang vor der Tat zu geben. Der echte Meister war ein ausgeglichener Mensch und keine Gottheit nach dem Bilde seiner Mitmenschen. Aber die manchmal übertriebenen Mythen, die sich um die alten Meister ranken, je mehr ihre wirkliche Persönlichkeit sich im Nebel der Zeit verliert, lassen manchen, der zum ersten Mal ein *Dôjô* des *Karatedô* betritt, ins Träumen geraten. Die Geschichte hat die Namen der meisten alten Meister, die bereits zu Lebzeiten zur Legende wurden, bewahrt. Leider verloren sie oft an Einfluß auf die weitere Entwicklung ihrer eigenen Kunst, nachdem ihre Schüler sie quasi in Denkmale verwandelt hatten. Für manche, unter ihnen Funakoshi Gichin, stellte der Schritt auf den Sockel des Ruhms die endgültige Falle dar. Nichts eignet sich mehr, einen Meister zu isolieren, als ihn zur lebenden Statue werden zu lassen. Das ist der Preis der Berühmtheit.

Wer von den noch lebenden Kampfkunstexperten kann heute denn noch darauf hoffen, eines Tages der Gruppe der berühmten Wegbereiter, den »Unsterblichen« der Kunst der »leeren Hand«, zugerechnet zu werden, weil er etwas hinterlassen hat, was in den Herzen derer weiterlebt, die sich dereinst noch an ihn erinnern werden? Die Technik dieser alten Meister der Kampfkunst sei »göttlich« gewesen, sagt man. Sie wurden als *Tatsujin* – Experten, außergewöhnliche Menschen – bezeichnet, manche sogar als *Meijin* – »vollkommene« Menschen, die das gewöhnliche Menschsein hinter sich gelassen haben. Ihre offiziellen Nachfolger wie auch ihre Nachfolger »im Schatten« haben uns die Kampfkunst, wie sie heute besteht, übermittelt.

Wenn die klassischen *Kata* teilweise überlebt haben, so ist dies weit mehr den Nachfolgern »im Schatten« zu verdanken als den offiziellen. Es gibt heute nur noch sehr wenige dieser »Schattenmeister« (*Kage shihan*), und es wird sie wohl nicht mehr lange geben. Die künftige Entwicklung der *Koshiki Kata* wird davon abhängen, ob es morgen noch anonyme Meister, die das Wesen des *Karatedô* verkörpern, in den von den ahnungslosen Massen gepriesenen Hierarchien geben wird, die sich mit einer undankbaren Rolle im Schatten begnügen und das Los akzeptieren, anderen den Weg zu bereiten und dennoch schon bald vergessen zu sein. Dies ist eine schwer zu beantwortende Frage.

Auf den folgenden Seiten werde ich versuchen, die verlorene Spur dieser »unendlichen Schätze« zurückzuverfolgen. Das Ergebnis meiner Spurensuche beruht auf langwierigen Forschungen, deren Ergebnisse wieder und wieder mit den Tatsachen verglichen und auf diese Weise verifiziert wurden. Die Geschichte dieser Schätze der Kampfkunst erzählt von bekannten und weniger bekannten Persönlichkeiten. Sie alle waren außergewöhn-

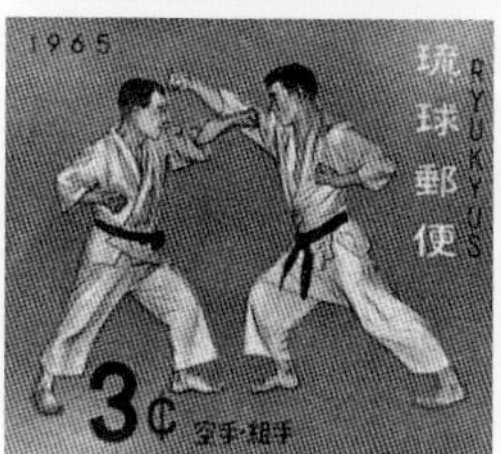

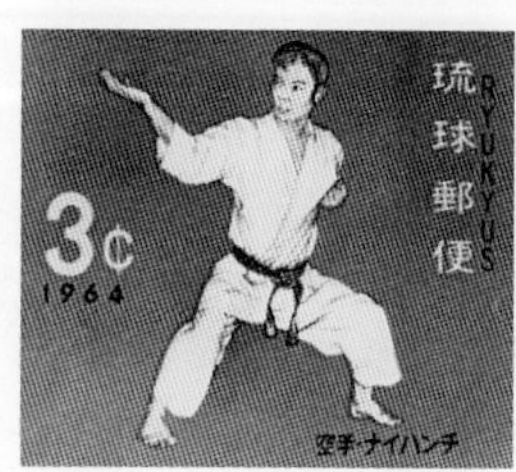

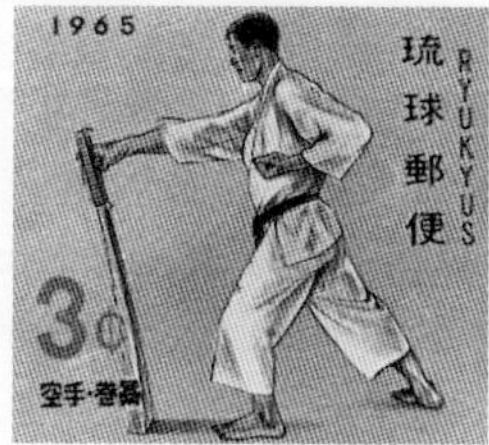

Fotos 6 bis 8: Japanische Briefmarken, die die Herausbildung des *Okinawa te*, der Kampfkunst der Ryûkyû-Inseln, würdigen.

liche Menschen, und die *Koshiki Kata* tragen ihre Prägung.

Eine klassische *Kata* gleicht einem Schatz, denn sie entstammt der Vergangenheit, und ihre Entdeckung vermag ein Leben zu verändern. Sie ist »unendlich«, weil ihr tatsächlicher Gehalt unerschöpflich ist. Man kann jede *Kata*, sei sie klassisch oder modern, auch mit einer zunächst unverständlichen Aneinanderreihung von Buchstaben, Silben, Worten und Satzfragmenten vergleichen. Ihr wahrer Reichtum – die Fähigkeit, ein bestimmtes Gefühl zu wecken – tritt erst dann zutage, wenn sich eines Tages aus den geduldig erlernten Bruchstücken ein Gedicht herauskristallisiert.

Kata: Dô oder Jutsu?

Was für alle Künste gilt, trifft auch für die *Kata* zu: Jenseits der Technik gibt es ein höheres Niveau ihrer Wahrnehmung, das durch Begriffe wie Abstraktion, ästhetisches Bedürfnis, Ideal, Vollendung oder auch Intentionslosigkeit charakterisiert werden kann. Die Motivation zählt mehr als die Verwirklichung. Als Ausdrucksmittel ist die *Kata* Kunst, als Choreographie des Kampfes ist sie Technik. Die *Kata* verkörpert das gesamte Paradoxon des *Budô* – der Gesamtheit der japanischen Kampfkünste. Über den Umweg der Techniken, des *Jutsu*, wo alles darum geht, auf beste Weise und so direkt wie möglich zu siegen, wird nach dem Weg, dem *Dô*, gesucht, der Wissen, Verständnis und Gewaltfreiheit bedeutet.

Es ist allgemein bekannt, daß ein Ende nicht abzusehen ist, wenn man mit der Entschlüsselung einer *Kata* erst einmal begonnen hat. Die *Kata* ist ein wunderbares Abenteuer des tiefen »Selbst«, das erst mit dem Tod endet oder damit, daß der Praktizierende den Weg der Suche wieder verläßt. Es gibt einen Initiationsaspekt der *Kata*, den die Formen der modernen, sportbetonten Massenausbildung nicht kennen. Zunächst ist die *Kata* eine ausgezeichnete und originelle Methode, gleichzeitig gegen mehrere Gegner kämpfen zu lernen. Für viele Karateka wird sie auch niemals mehr sein als ebendies. Sie ist jedoch auch eine Methode, den eigenen Körper beherrschen zu lernen, seine Kräfte wie seine Schwächen, seine Triebe und seine Trägheit. Seit vielen Meistergenerationen stellt dies das klassische Ziel des *Budô* dar. Vor allem aber ist die *Kata* der Weg, über diese erste Stufe der

Beherrschung des Selbst zur Harmonie von Geist und Körper zu gelangen. Doch jenseits dieser primären Bestimmungen stellt die *Kata* auch einen roten Faden dar, der einen dorthin bringen kann, was die Menschen im Osten die »höchste Erkenntnis« nennen.[30]

Die *Kata* ist das wertvollste Erbe, das uns die »Alten« hinterlassen haben, das Alpha und das Omega des *Karatedô*. Sie spielt im *Karatedô* vergleichsweise dieselbe Rolle, die das *Kôan* im *Zen* spielt: einen Prozeß, durch den das methodische, auf Schlußfolgerungen aufbauende Denken zerstört wird. Sie gleicht einem jener Rätsel, aus dem das *Satori* erwachsen kann, ein unvermitteltes Bewußtwerden, die Erleuchtung. Und dies, während man gerade vollständig in intensives Handeln eingetaucht ist, in einem Moment, in dem man es am wenigsten erwartet hätte. Danach wird nichts mehr genauso sein, wie es zuvor gewesen ist, weder das Karate noch die anderen Dinge im Leben. Dennoch ist dieses intuitive, plötzliche Begreifen nur scheinbar ein Ergebnis des Zufalls. Wenn die *Kata* unter ihrem verborgensten Aspekt studiert wird, erweist sie sich als eine Art Erwecker, als Mittel für eine Konditionierung, die diesen »Zufall« herbeiführen kann. Natürlich muß diesem Prozeß ausreichend Zeit eingeräumt werden, damit er sich in der Tiefe entfalten kann. Diese Konditionierung wirkt auf den Geist durch den Grad der Komplexität der Situationen und Techniken. Hierdurch beschleunigt sich das Denken, der Wille wird fokussiert, und die Folge davon ist, daß man instinktiv zu handeln beginnt. Am Ende ist dem Praktizierenden womöglich sogar das ursprünglich erstrebte Ergebnis seiner Bemühungen gleichgültig geworden. Auf körperlicher Ebene erfolgt die Konditionierung durch die *Kata* über den Schwierigkeitsgrad der Techniken und über die Rhythmuswechsel im Ablauf der Bewegungsfolge. Letztere führen dazu, daß Atmung und Herzschlag je nach Situation beschleunigt und verlangsamt werden. Solche unverhofften Rhythmuswechsel unterbrechen wiederum auch den normalen Gedankenfluß, da dieser an die üblichen Lebensumstände angepaßt ist.

Dieser Prozeß erinnert auch an das Prinzip der »japanischen Schritte« in

---

[30] Indem die »kanonische« Form der durch die Tradition vererbten *Kata* respektiert wird, stellt sie auch eine hervorragende energetische Vorbereitung des Körpers dar. Siehe auch Habersetzer, R.: Chi-Kung, la maîtrise de l'énergie interne. Paris: Amphora 1997.

den *Zen*-Gärten. Dadurch, daß die Wegplatten und auch die Steine zum Überqueren der Wasserläufe unterschiedlich weit voneinander angeordnet sind, wird der durch den Garten Wandernde seinen Schritt immer wieder entsprechend beschleunigen oder verlangsamen. Damit beabsichtigt der Meister, der die Anordnung des Gartens ersonnen hat, daß der Seelenzustand des Wanderers sich stets in Harmonie mit der durchquerten Landschaft befindet, was gleichfalls besagten »Zufall« begünstigen soll. Nichts wird einem vorgeschrieben in solch einem Garten, es liegt ganz am Wandernden, das vorgeschlagene Schrittmaß anzunehmen oder sich darüber hinwegzusetzen. Nimmt er jedoch die Gehrhythmen nicht an, wird er den Garten zwar betrachten können, aber er wird ihn nicht »sehen«, er wird nichts »erkennen«. Und so liegt es auch an der Entscheidung des Karateka, ob er die *Kata* nach eigenem Ermessen durchstampft oder durcheilt: Die wirkliche *Kata* wird ihm dabei jedoch stets verschlossen bleiben. Und wenn niemand ihn schon zu Beginn auf diese Gefahr aufmerksam macht, kann es geschehen, daß nach Jahren der Praxis, wenn er bereits glaubt, die *Kata* auf vollendete Weise zu beherrschen, sie sich ihm endgültig entzieht.

Jede Offenbarung ist der Lohn einer ununterbrochenen, ehrlichen und selbstlosen Suche nach Vollkommenheit. Dies gilt für den *Dô* wie für jeden anderen »esoterischen« Weg. Nur wer reinen Herzens ist, kann zum Wesentlichen vordringen. Das sind natürlich nur Worte, doch soll durch sie – bildlich gesprochen – auf den im Wasser verborgenen Teil des Eisbergs hingewiesen werden. Sie sollen die Aufmerksamkeit des Lesers dieses Buches wecken, der diese Seiten zum ersten Mal durchblättert. Was durch das geschriebene Wort mitgeteilt werden kann, hat Grenzen. Den Rest, den bedeutenderen Teil der Wahrheit also, kann man nur selbst entdecken und erleben.

Im alten Okinawa wurde die *Kata* im Verborgenen geübt, denn sie mußte für die Vorbereitung auf den Kampf wirksam bleiben. Man sah sich entschlossenen Gegnern gegenüber, und es war von entscheidender Bedeutung, über Techniken zu verfügen, die der Gegner nicht bereits ausspioniert hatte. Man beschränkte sich auf das Wesentliche. Um das zu erreichen, wurden wenig spektakuläre, von allem Überflüssigen befreite Bewegungsabläufe und Haltungen geübt. Die *Kata* war vor allen Dingen Kampf. Sie war Waffe und innerer Weg, eine technische Grundlage, der eines Tages das Authentische entspringen würde.

Ginge es lediglich um technische Aspekte, den Kampf, oder um sportliche Aspekte, den Wettkampf im Karate, könnte man mit gutem Grund die traditionellen *Kata* links liegen lassen. Denn auf technischer Ebene waren diese *Kata* oft recht beschränkt. So gesehen, ist es gerechtfertigt, neue *Kata* zu schaffen, die technisch gesehen vollständiger sind, da sie neuartige Situationen berücksichtigen, wie z. B. den Straßenkampf mit in Kampfkünsten erfahrenen Gegnern. Solches geschieht vor allem in vielen in den USA praktizierten Stilrichtungen. Doch hierbei handelt es sich um *Karatejutsu*, technisches Karate. Für das *Karatedô*, dem Karate als Weg, als Lebensphilosophie, wäre ein solcher Kompromiß unmöglich. Hier zählt der Gehalt, der Geist. Es geht nicht an, dessen Gefäß, die Form, zu verändern. Das Ziel der *Kata* des *Karatedô* besteht darin, denjenigen, der sie praktiziert, in den gleichen Gefühls- und Geisteszustand zu versetzen wie den Meister, der die *Kata* einst geschaffen hat. Ein Zustand, den der Meister für wert erachtet hat, daß er durch die »Gebärdensprache« der *Kata* weitervermittelt würde. Unter diesem Gesichtspunkt kann das Akzeptieren einer modernen *Kata* nur eines bedeuten: daß man ihrem Schöpfer den Rang eines Meisters in der vollen Bedeutung des Wortes zuerkennt. Von diesem – durchaus möglichen – Ausnahmefall abgesehen, muß man sich strikt an die alten Formen halten. Die *Kata* muß so getreu wie möglich und mit einem Vertrauen, das schon an Naivität grenzt, geübt werden. Die Bedeutung dieser grundlegenden Einstellung für den Praktizierenden kann nicht genug betont werden. Was zählt, ist zu wissen, was man will und was man auf dem Weg dahin bereits erreicht hat.

Die Tatsache, daß die *Kata* zwei unterschiedliche Aspekte vereint, gestattet vielen Lehrenden, sich nicht für die eine oder andere Seite entscheiden zu müssen. Aber sie führt auch zur Verwirrung bei den Lernenden, und das schon oft auf dem Niveau der Weißgurte. So gesehen wäre es wünschenswert, wenn in Zukunft in jedem *Dôjô* klar festgelegt würde, welcher grundlegenden Art die *Kata*, die hier praktiziert werden, angehören. Hierbei darf natürlich nicht aus dem Auge verloren werden, daß ein jeder im Laufe seiner persönlichen Entwicklung eines Tages seine Vorliebe ändern kann. Dies zu akzeptieren, ohne den Betreffenden deshalb zu ächten, verlangt dem Lehrenden eine Toleranz ab, die auf guter Kenntnis der kulturellen Hintergründe dessen, was er lehrt, beruht, selbst wenn er diese vielleicht nicht in vollem Umfang akzeptiert.

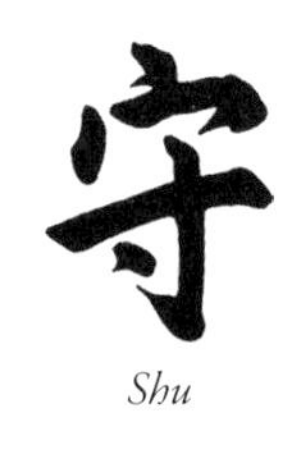

Shu

Im folgenden sollen die drei Stufen zusammengefaßt werden, die den Fortschritt beim Praktizieren der *Kata* charakterisieren. Diese gelten auch für das *Karatedô* als Ganzes.

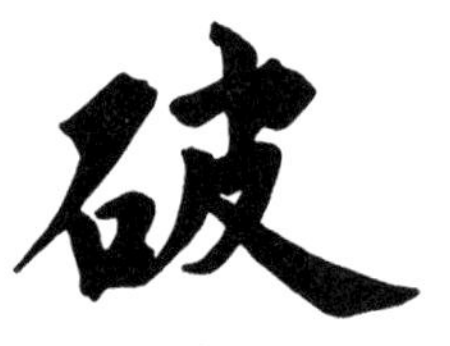

Ha

Erste Stufe: Man konzentriert sich ausschließlich und gewissenhaft auf die Technik. Man handelt. Schnell bemerkt man, daß man vorankommt, was dem eigenen Ego schmeichelt. Dies ist die Stufe des *Shu*, der äußeren Imitation. Es ist die verbreitetste Stufe, selbst für höhergraduierte Karateka.

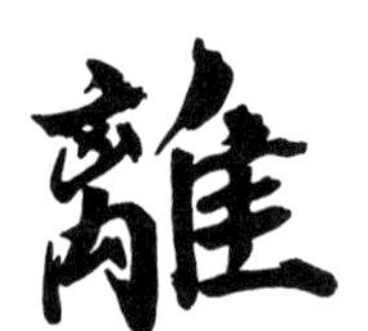

Ri

Zweite Stufe: Man konzentriert sich auf die Technik, indem das Handeln zurückgesetzt wird und indem die den Techniken innewohnenden Möglichkeiten erweitert werden. Äußerlich ist kein Fortschritt mehr sichtbar. Die Form der *Kata* erscheint sehr gelungen, wenn nicht sogar vollendet. Was die innere Entwicklung angeht, so beginnt man tatsächlich, sein Ego zu vergessen. Dies stellt den Beginn der Entkopplung von Körper und Geist dar, die uns einen neuen Eindruck der Freiheit in der codierten Handlungsfolge vermittelt. Die Form wird nicht länger als »Zwangsjacke« empfunden. Dies ist die Stufe des *Ha*, der inneren Schöpfung, die höchste Stufe auf technischem Gebiet. Man hat seinen Meister erreicht, denn man hat nun Zugang zu allem, was dieser an Äußerem in die *Kata* gelegt hat. Die geistige Arbeit, die das Erreichen dieser Stufe voraussetzt, ist ermüdend und belebend zugleich. Das erzielte Ergebnis läßt sich nicht quantifizieren, es ist tatsächlich nicht sichtbar. Nur der Praktizierende selbst weiß, wo er sich nun befindet.

Dritte Stufe: Hierhin gelangt man nur ganz allein. Man denkt überhaupt nicht mehr an die Technik und doch wird sie mit größter Ernsthaftigkeit ausgeübt. Körper und Geist sind voneinander abgekoppelt. Paradoxerweise sagt man auch, daß nun eine Art Vereinigung von Körper und Geist erreicht wird. Man handelt, ohne etwas zu denken. Allenfalls denkt man vielleicht an irgend etwas anderes als an die Handlung. Eine Muskelkontraktion verlangt keine »Kontraktion« im Geist mehr. Man macht eine kraftvolle Bewegung, doch zugleich ist der Geist vollkommen ruhig. Jetzt wird die echte innere Arbeit möglich, die im *Satori* gipfeln kann, dem Erwachen, der »Rückkehr zur kosmischen Einheit« des *Zen*. Der Kampf ist etwas geworden, was sich außerhalb abspielt. Dies ist die Stufe des *Ri*.

Die Stufe des *Ri* erreicht zu haben, bedeutet, daß die innere Entwicklung abgeschlossen, ihr Höhepunkt erreicht ist. Das wirkliche Selbst ist erwacht. Man erlebt die *Kata* auf eine neue und sehr persönliche Weise. Die Freiheit ist wiedergefunden worden, und dies geschah durch codierte Bewegungen, was ein Paradoxon zu sein scheint. Die *Kata* wird gemäß den eigenen Vorstellungen »von innen« neu geschaffen, nachdem es zu einer Art wechselseitiger Durchdringung mit der auferlegten Form gekommen ist. Die *Kata* beginnt wieder zu leben. Auch wenn es nach außen hin nicht so scheint, hat die *Kata* nur noch sehr wenig mit dem zu tun, was man in der ersten Stufe praktizierte. Und erst jetzt ist man in der Lage, seine eigene *Kata* zu schaffen, wie dies einst mit dem Einverständnis und unter Berücksichtigung der Ratschläge des Meisters geschah.

All das ist der Grund, weshalb es nicht möglich ist, auf gerechte Weise die *Kata*, die durch einen unbekannten Karateka vorgeführt werden, dessen Entwicklung man nicht mitverfolgen konnte, einzuschätzen. Dies gilt vor allem für Gürtelprüfungen. Natürlich gibt es immer irgendwelche Kriterien für die Einschätzung, aber sie sind sehr schwierig durch eine Jury zu erfassen, der es ausschließlich darum geht (und die oft leider auch ausschließlich dazu in der Lage ist), den dynamischen und ästhetischen Wert zu beurteilen, also die äußeren Aspekte einer *Kata*. Eine *Kata* durch jemanden beurteilen zu lassen, der den Ausführenden nicht seit längerem kennt, ist nur sehr eingeschränkt möglich. Genaugenommen nur dann, wenn sich der Ausführende auf der ersten Stufe, der Stufe des *Shu* befindet. Auf diesem Niveau ist es jedoch wenig bedeutsam, daß man beim Ausführen der *Kata* beobachtet und beurteilt wird. Man hat in jedem Fall das Gefühl, daß man die *Kata* je nach erreichtem Übungsgrad recht gut beherrscht.

Einige Jahre später wird man sich dessen vielleicht nicht mehr so sicher sein. Zwar ist man dann in der Lage, sie vollendet auszuführen, aber man ist sich möglicher Fehler sehr bewußt und auch der Relativität dessen, was man tut. Noch später, wenn man bereits höhere Graduierungen erreicht hat, wird man keinen Sinn mehr darin sehen, eine *Kata* vorzuführen, um sich dabei beobachten und beurteilen zu lassen. Die *Kata* ist inzwischen zu einer persönlichen Angelegenheit geworden. Entscheidet man sich, sie auszuführen, wird man dies mit absoluter Ernsthaftigkeit tun, ohne damit imponieren oder irgendetwas beweisen zu wollen. Die *Kata* ist nun die Verkörperung von etwas, das man im Innern trägt, und darum wird man sich nur wenig um den Eindruck, den sie auf andere macht, kümmern. Solch eine *Kata* kann vielleicht betrachtet, aber ganz gewiß nicht beurteilt werden, wenn man völlig ehrlich ist. Auf diesem Niveau wirkt die *Kata* befreiend, und ihre Lehren beginnen Früchte zu tragen.

Das Problem besteht nun darin, daß man nur selbst in der Lage ist, diese Entwicklung zu spüren, vor allem, wenn es um die Stufen des *Ha* und des *Ri* geht. Fehlt es einem an Bescheidenheit, so wird dies zu unwiderruflichen Irrtümern bei der Einschätzung der persönlichen Entwicklung führen. Es ist in jedem Fall besser, nichts zu überstürzen. Danach, was die Alten uns durch die *Kata* vermitteln wollten, sollte man in aller Bescheidenheit forschen. Ein solches Erbe vergeudet man nur ein einziges Mal.

All das bedeutet, daß das Forschungsgebiet der *Kata* tatsächlich unendlich ist. Man studiert die *Kata* sein ganzes Leben lang, wobei sich die Art und Weise mit dem Alter und dem Gesundheitszustand des Praktizierenden wandelt. Doch das wirkliche Studium beginnt erst dann, wenn man den Rausch des Kampfes oder des Sportwettkampfes weit hinter sich gelassen hat. Mit der Zeit wird sich auch zeigen, daß dem Praktizierenden eine bestimmte *Kata* besonders ans Herz gewachsen ist. Dies ist die *Tokui-Kata*[31], die Lieblingskata, über die auf den folgenden Seiten noch die Rede sein wird.

Am Ende dieser inneren Entwicklung wird die *Kata* zu einer Tat ohne jede Zweckbestimmung. Sie repräsentiert keine Stufe mehr, sondern einen Zustand. Dies stellt das Ende einer Welt des Scheinbaren dar. Die *Kata*, wie auch die Gesamtheit des *Karatedô*, von dem sie nur ein Teil ist, hat nun ihre höchstmögliche Vollendung und Effizienz erreicht. Jedoch erfüllt sie

---

[31] *Tokui* (jpn.): Favorit; siehe S. 62.

nun keinen Zweck mehr. Dies erinnert an die alte Weisheit aus der japanischen Schwertkampfkunst, die besagt: »Das Schwert ist in seiner Scheide ein Schatz.« Dies ist das höchste »Geheimnis« der *Kata*, des Schmelztiegels der »Nicht-Form«, die letzte Pforte der »Kampfkunst mit der bloßen Hand«.

Das sogenannte moderne Karate benötigt Ausbilder, Pädagogen, Techniker, Kämpfer, selbst Wettkämpfer. Aber noch mehr benötigt es Karateka, die ein hohes technisches Niveau erreicht haben und zugleich geistig in der Lage sind, die höheren Kenntnisse des Karate sorgsam zu bewahren. Denn wenn erst einmal die Gußform zerbrochen ist, wer könnte sie neu erschaffen?

Hito kata san nen

Dieser im alten *Budô* gebräuchliche Ausdruck besagt: »Eine *Kata* in drei Jahren«. Der Sinn ist klar. Man verbrachte drei Jahre damit, eine *Kata* zu studieren, bevor man mit dem Studium der nächsten begann. Aus dem chinesischen *Wushu* ist ebenfalls eine Lebensweisheit überliefert, die besagt, daß man drei Jahre benötigt, um die Körperhaltung zu lernen, weitere drei Jahre, bis man die eigentliche Technik erfaßt hat und schließlich noch einmal drei Jahre, bis man das richtige Gefühl für die Bewegung gewonnen hat. Das sind zweifelsohne absichtlich übertriebene Formeln, die helfen sollen, zu begreifen, daß die oberflächliche Annäherung an eine *Kata* ohne Nutzen ist. Es war früher auch üblich, daß ein großer Experte in seinem ganzen Leben lediglich drei oder vier *Kata* kennenlernte, was mehr als ausreichend war, um das zu finden, was er im Leben finden konnte. Es kann trotzdem durchaus von Vorteil sein, eine große Zahl *Kata* zu kennen. Die *Kata* ergänzen einander, und sie zu vergleichen, hilft, sie zu verstehen. Wie im vorherigen Abschnitt herausgearbeitet wurde, ist es dennoch wichtig, daß man sich einige wenige von ihnen – die *Tokui-Kata* – gründlich erarbeitet, und dies sein ganzes Leben lang.

Man muß nicht alles über jede *Kata* wissen, was im übrigen unmöglich ist. Alles über etwas Bestimmtes zu wissen ist bereits eine sehr anspruchsvolle Aufgabe. Und je schwieriger eine solche Aufgabe, um so größer der Anreiz, sie zu erfüllen.

Kata, der Schlüssel zum Verständnis

Wir haben gesehen, daß die *Kata* ein aus Bewegungen und Körperhaltungen bestehender Code ist. Wer sie nur oberflächlich reproduziert, in ihr nur eine Form sieht, dem wird sie verschlossen bleiben und die Bedeutung ihrer »Zeichen« dunkel. Zu sagen, daß die *Kata* lediglich die Archive einer Kampfkunst darstellen, reicht nicht, um ihre wahre Dimension zu beschreiben.

Man kann eine *Kata* ausführen, ohne sie wirklich zu erleben, ebenso, wie man schauen kann, ohne etwas zu sehen, hören, ohne zu verstehen. In Wirklichkeit jedoch bringt die *Kata* mittels einer bestimmten Körpersprache etwas Wesentliches zum Ausdruck. Sie gestattet uns, etwas in unserem Innern wiederzufinden, etwas tief in uns Verborgenes, eine Einheit von Geist und Körper, die der Mensch verlor, als er das Tierreich verlassen hat. Sie ist nicht nur ein Mittel, durch codierte und aufs Wesentliche beschränkte Haltungen und Bewegungen der Verteidigung und des Angriffs den Körper mit sich selbst in Einklang zu bringen, so daß man sich »wohl in seiner Haut fühlt«. Dadurch, daß sie eine fundamentale Energie freisetzt, die durch das moderne Leben verdeckt wird, bildet sie auch den Zugang zu einem Empfindungsvermögen, das aus einem anderen Zeitalter stammt und das uns ein tieferes Verständnis der Lebewesen sowie der Dinge ermöglicht. Durch sie können wir Zugang finden zum Drama des universellen menschlichen Erbes. In ihr sind Nachahmungen primitiver oder sakraler Szenen ebenso enthalten wie Tierimitationen oder Kriegertänze, die einst Fürsten und Priestern vorbehalten waren. Sie besteht aus Andeutungen, aus flüchtigen Bildern, die aus den Tiefen des Gedächtnisses auftauchen, und aus Rhythmen, die auf etwas anspielen, woran man keinerlei Erinnerung mehr besitzt und das aus der Morgendämmerung der Menschheitsgeschichte zu stammen scheint. Die *Kata* ist eine Geschichte mit Anfang und Ende, sie gleicht einer vielschichtigen Erzählung, die unterschiedliche Lesarten und Interpretationen ermöglicht. Sie enthält unzählige Möglichkeiten, durch ihr schöpferisches Wirken entfalten sich die Gefühle. Sie gleicht damit jener sakralen Musik, die das ganze Wesen des Menschen durchdringt und ihm ermöglicht, Zugang zu dem, was die Eingeweihten als »höchste Wahrheit« bezeichnen, zu finden.

Doch nur wenige der Millionen Karateka auf der Welt haben von dieser authentischen Macht der *Kata* vernommen, die so weit von der bloßen Technik entfernt zu finden ist. Man könnte über die *Kata* das gleiche sagen wie über die sakralen Tänze: Ihre Seele geht verloren, wenn sie in die falschen Hände gerät.

Nicht jeder, der es beabsichtigt, kann die *Kata* entschlüsseln. Es gibt in ihnen zwar so etwas wie einen roten Faden, aber es existieren auch falsche Fährten, die dazu dienen, jene in die Irre zu führen, die nur die Nachahmung kennen, denn diese sollten niemals Zugang zum Wesentlichen finden können. Manchmal glaubt man, man habe alles begriffen, denn der »Code« erscheint plötzlich klar erkennbar, aber im nächsten Augenblick erscheint die *Kata* wieder undurchdringlich. Man muß nun weiterforschen, um vielleicht in einer anderen *Kata* den Schlüssel zu finden, der einem im Begreifen weiterhilft. Jede *Kata* ist von den Alten als ein Mittel, Wissen weiterzuvermitteln, konzipiert worden. Es gab zu ihr auch mündliche Erläuterungen, aber diese sind verloren gegangen. Um die *Kata* dennoch verstehen zu können, muß man geduldig zwischen den Zeilen zu lesen wissen. Denn nur auf diese Weise kann man zu der Erfahrung gelangen, daß die *Kata* nicht nur eine Sprache des Körpers sondern auch des Geistes darstellt. Es ist wahr, daß viele *Kata*, die uns überliefert wurden, Bruchstücke eines Ganzen sind, welches heute unwiederbringlich verloren ist (die alten *Tao* des *Wushu*). Darüber hinaus wurde jedes dieser Fragmente im Lauf der Zeit verändert, entsprechend den Umständen sowie der Rivalitäten und der Verständnisfähigkeit jener, die sie geerbt hatten. Aber das ändert nichts am Wesentlichen. So sehr vom Nebel verhüllt der Pfad auch sein mag, er wird doch für denjenigen, der die Zeichen zu lesen vermag, weiterbestehen. Er muß aber auch bereit sein, die Regeln zu befolgen, deren erste »Ehrfurcht vor dem Wissen« lautet. Und je tiefer man eindringt in das, was man als kollektives Gedächtnis der Zivilisationen ansehen kann, desto mehr gilt diese Regel.

Es reicht nicht aus, die Form zu respektieren. Über diese unwandelbare Grundlage hinaus geht es darum, die Form mit einem bestimmten Zeitmaß auszuführen, in einer bestimmten Art zu atmen, einer bestimmten Art die Kraft einzusetzen. Der Gipfel der Kunst besteht darin, daß man das Gefühl erreicht, die *Kata* zu erschaffen, jede Technik ständig neu zu erfinden, zumindest aber, bei jeder Ausführung zu improvisieren. Die *Kata* auszuführen bedeutet auch jedesmal, sie in Frage zu stellen, denn sie lehrt auch, daß die Wirklichkeit sich stets wandelt; niemals wird eine Abfolge von Bewegungen vollkommen identisch sein mit der vorhergehenden oder der nachfolgenden. Die *Kata* ist eine ständige Neuerschaffung für den Augenblick. Sie ist ein lebendiges Erbe, dessen Wesen man mit folgendem Paradoxon zusammenfassend beschreiben kann: Die *Kata* muß einen die starre Form lehren, die einen Zwang darstellt, damit man am Ende der Entwicklung die Nicht-Form, welche Freiheit bedeutet, entdekken kann, ein Endzweck, der sich in vielen Techniken des Fernen Ostens wiederfindet. Das bedeutet, daß all diese Techniken eine Stimmung erzeugen, die einen »alchimistischen« Prozeß im Innern auslösen kann, der das Individuum aus dem Zustand der Unwissenheit in den Zustand des Wissens erhebt. Noch heute enthalten die traditionellen *Kata* des Karate Elemente, die sich auf ihre alte esoterische Rolle beziehen. Dies gilt auch dann, wenn sie teilweise durch Übereinkünfte zwischen verschiedenen Experten oder Verbänden modifiziert wurden, um einem bestimmten Stil bestimmte Normen aufzuprägen. Niemand ist gezwungen, sich mit diesen archaischen Elementen zu befassen. Aber durch sie bleibt die Spur zum Authentischen erhalten, und damit das Leben der *Kata*.

Tokui-Kata – die Lieblingskata

Jeder Karateka kann eines Tages ein bestimmtes Niveau der Praxis erreichen, auf dem er das Bedürfnis verspürt, der einen oder anderen *Kata* den letzten Schliff zu geben, die er von allen am meisten bevorzugt. Sie »fühlt« sich für ihn besser an als andere, da ihm die in ihr enthaltenen Techniken besonders geeignet für sich erscheinen. Dies ist die *Tokui-Kata*, die Lieblingskata des Karateka. Welche *Kata* dies sein wird, hängt u. a. von seinem Körperbau, seinen geistigen Anlagen, seinem Verständnis seiner Kunst und der Richtung seiner Suche ab. Sein Geschmack kann sich wandeln, wie auch seine Gesamtsicht auf das *Karatedô*, und auch sein Körper wird sich verändern. Zudem erweitert sich während seiner Entwicklung natürlich die Auswahl an *Kata*. Aus all diesen Gründen muß die *Tokui-Kata* nicht unbedingt zeitlebens die gleiche bleiben.

Diese bevorzugte *Kata* wird man intensiver und leidenschaftlicher ergründen als alle anderen. Besonderes Augenmerk wird man auf die Erforschung der Empfindungen, die durch sie hervorgerufen werden, richten. Die ersten Schritte bestehen darin, die Techniken und den Rhythmus der *Kata* korrekt auszuführen. Man wird sie häufiger als alle anderen *Kata*, intensiver, unter verschiedenen Witterungsbedingungen und an unterschiedlichen Orten üben. Man wird die Form der Ausübung variieren, indem man sie in umgekehrter Reihenfolge, mit geschlossenen Augen, mit umgekehrtem Atemrhythmus usw. ausführt.

Man wird zunächst sämtliche offenkundigen, formellen Anwendungen (*Bunkai*) kennenlernen. Doch dabei wird man es nicht belassen. Mit der Zeit wird man auch eine Menge weniger offensichtlicher *Bunkai* aus ihr entwickeln, weit über das elementare Niveau des Verständnisses hinaus. Dies sind die verborgenen Anwendungen der *Kata*, das heißt, Extrapolationen auf Grundlage der vorgegebenen, strengen Form, intuitive Verlängerungen von Techniken oder die Entschlüsselung von symbolischen Bewegungen.

Der Karateka, der dieses Niveau erreicht hat, wird nun verschiedene höchst subtile Gefühle empfinden, wie sie auch die alten Meister, die Väter des heutigen Karate, empfanden. Aus dieser höchsten Subtilität heraus bauten diese Meister absichtlich einige Fehler in den Ablauf der *Kata* ein, wie z. B. überflüssige oder unvollständige Bewegungen, Techniken oder Schritte, die unmöglich in die codierte Form paßten, oder invertierte Rhythmen. Der Zweck dieser Verfälschungen bestand darin zu vereiteln, daß unsichere Schüler oder gar Spione die echten Geheimnisse der Effektivität mißbrauchten. Der Karateka, der diese Verinnerlichungsarbeit, diese Neuerschaffung der *Kata* aus einem starren Schema vollbracht hat, befindet sich nun auf der höchsten Stufe der Vollendung. Nun muß er auch in der Lage sein, jene Fallstricke für die »Unbefugten« zu erkennen.

Wenn man öffentlich nur eine einzige *Kata* vorzustellen hätte, so läge es natürlich nahe, hierfür seine *Tokui-Kata* zu wählen. Schließlich hat man immer und immer wieder daran gearbeitet, sie so vollendet wie möglich auszuführen, und man wird sie zweifelsohne besser beherrschen als alle anderen *Kata*. Doch hat man all dies natürlich nicht vollbracht, um damit Anerkennung zu finden, wie z. B. im Rahmen einer Vorführung oder eines

Kata-Wettkampfes. Auch unter kriegerischem Aspekt betrachtet verbietet es sich, seine Lieblingskata öffentlich vorzustellen. Dies würde immerhin bedeuten, einem Gegner wertvolle Informationen über die kämpferischen Fähigkeiten und die bevorzugten Techniken zu offenbaren und ihn damit auch Schwächen erkennen zu lassen. Das ist der Grund, weshalb einst ein okinawanischer Meister nach dem Vorbild seiner chinesischen Vorgänger seine (wirkliche) Lieblingskata nur sehr selten anderen zeigte und dies stets im engen Kreis seiner absolut vertrauenswürdigen Schüler, der *Uchi deshi*. Letztere wußten solch einen Vertrauensbeweis sehr zu schätzen. Diese Art engen Vertrauensverhältnisses zwischen Meister und Schülern festigte die Bindungen im Innern der Schule.

Bunkai

Jede Bewegung einer *Kata* hat einen bestimmten Sinn, eine bestimmte Auslegung, das *Bunkai*. Das *Bunkai* ist manchmal offensichtlich, manchmal schwer zu erkennen, oft aber auch trügerisch. Dies hängt von der betreffenden Technik, jedoch ebenso von der vorhergehenden und der nachfolgenden ab, denn manches kann erst aus dem Ineinandergreifen der Techniken abgeleitet werden. Natürlich spielt auch der Entwicklungsstand des Praktizierenden, vor allem sein geistiger, eine bedeutende Rolle. Jeder Karateka, der hinreichend lange trainiert, wird sehen, wie seine Erkenntnisfähigkeit sich entwickelt. Bewegungsabläufe, die ihm zunächst unklar sind, werden ihm nach einigen Jahren der Erfahrung und des Nachdenkens völlig folgerichtig erscheinen. Am Anfang muß man sich mit dem auferlegten Schema begnügen, das schnell als rudimentär empfunden wird. Man muß sich ihm durch und durch anpassen, und dies über lange Zeit. Mit der Zeit wird das Schema einem nur noch als Anregung erscheinen, und schließlich wird man sein persönliches *Bunkai* gefunden haben, und dies, ohne die Techniken im mindesten verändert zu haben. Man muß sich daran erinnern, daß die *Kata* auch ein zu lösendes Rätsel darstellt, damit der Geist nie einschlummert, selbst dann nicht, wenn die Bewegungen wieder und wieder ausgeführt werden. Dem authentischen Verständnis stehen aber auch echte Fallstricke im Wege, diese werden sich dem Praktizierenden jedoch erst mit der Zeit offenbaren. Das ist Teil der fernöstlichen Lehrmethode, was unserer westlich geprägten Geisteshaltung übertrieben erscheinen kann. Doch solche Fallen trotz allem aus eigener Kraft enttarnt zu haben, ist für den Praktizierenden ein unübertrefflicher Lohn.

Niemals sollte eine *Kata* ausgeführt werden, ohne daß man dabei – entsprechend dem erreichten Niveau – an ihr *Bunkai* denkt. Man darf dabei aber nicht stehenbleiben. Mit der Zeit verändert sich das *Bunkai*. Es ist auch gut, von Zeit zu Zeit *Bunkai-Kumite* zu üben, um mit einem Partner diesen oder jenen Abschnitt der *Kata* zu wiederholen. Es ist wichtig, sich dabei stets so eng wie möglich an die *Kata* zu halten. Wenn das nicht möglich zu sein scheint, ist es besser, ein anderes *Bunkai* zu wählen, aber unter keinen Umständen darf man sich das Recht herausnehmen, die *Kata* zu modifizieren. Es gibt keine zwei Karate – ein Karate des Kampfes und ein Karate der *Kata*: Für jede Technik gibt es eine praktische und realistische Anwendung. Nie sollte man vergessen, auch danach zu forschen, was sich »hinter« der Technik verbirgt.

II

Auf der Spur der »unendlichen Schätze«

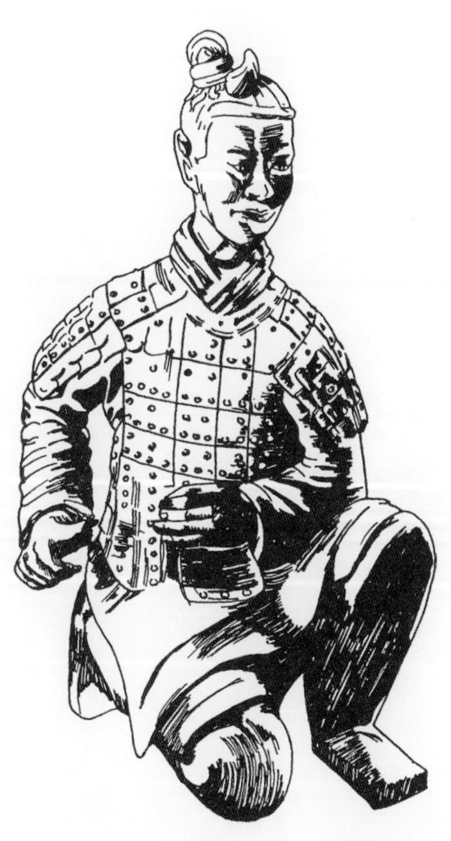

1 China – die Entstehung

Die *Tao* des chinesischen *Wushu* sind der Ursprung der *Kata* des Karate.[32] Diese Bewegungsfolgen für den Kampf mit bloßer Hand oder mit Waffen gelangten auf die Insel Okinawa. Da die chinesischen *Tao* sehr komplex waren, wurden sie auf Okinawa bedeutend vereinfacht, um sie leichter erfaßbar zu machen. Zu Beginn des 20. Jahrhunderts gelangten sie nach Japan, wo sie von neuem an eine andere Epoche und an eine unterschiedliche Mentalität angepaßt wurden. Der gesamte Übertragungsprozeß erstreckte sich insgesamt über mindestens drei Jahrhunderte. Die Gründe dafür, daß die Originalformen nicht streng beibehalten wurden, waren ethnischer, kultureller und politischer Natur, aber auch linguistische Probleme spielten eine Rolle. Die Namen der *Kata* wurden phonetisch transkribiert, die chinesischen Ideogramme wurden teilweise fehlerhaft interpretiert, es traten Verwechslungen auf, z. B. aufgrund von Homonymen[33], Deformationen durch örtliche Dialekte oder unterschiedliche Aussprachen ein und desselben chinesischen Wortes. So wurde beispielsweise aus dem chinesischen Begriff *Kûshankû* auf Okinawa das Wort *Kosokun* und in Japan das Wort *Kankû*. Des weiteren veränderten sich mit der Zeit oftmals die Techniken, weil die jeweiligen Meister jeder Generation die Struktur der ursprünglichen *Kata* ihren grundsätzlichen Auffassungen anpaßten.

Was den esoterischen[34] Sinn der *Kata* angeht, so ging er noch schneller verloren als die ursprünglichen Bewegungsfolgen. Dies geschah zunächst beim Übergang von China nach Okinawa, da das kulturelle Niveau auf der Insel damals niedriger als in China war. Was Japan betrifft, so gibt es zwar gemeinsame Wurzeln mit China hinsichtlich verschiedener religiöser und kultureller Auffassungen, aber im großen und ganzen hat sich die japanische Kultur weitgehend unabhängig von der chinesischen entwickelt. Infolgedessen kam es zu einem erneuten Verlust an esoterischem Gehalt der *Kata*, als sie von Okinawa nach Japan gebracht wurden.

---

[32] Über die Geschichte der *Tao*, siehe Habersetzer, R.: Tao du Kung-Fu. Paris: Amphora 1989.

[33] Homonym: Wort, das ebenso wie ein anderes geschrieben und gesprochen wird, aber eine andere Bedeutung hat. Duden – Das Fremdwörterbuch, Mannheim 2001.

[34] Vgl. Fußnote 21 auf S. 38.

Man bezeichnet als *Koshiki Kata* jene *Kata*, die auf Okinawa zwischen dem 17. und dem Ende des 19. Jahrhunderts ihre Form erhalten haben. Als moderne *Kata* werden jene bezeichnet, die nach 1900 entstanden sind. Hierbei handelt es sich meistens um vereinfachte Formen, die mit dem pädagogischen Ziel einer leichteren Verbreitung des *Karatedô* aus ihren Vorläufern abgeleitet wurden.

1.1 Die kulturellen Wurzeln

Um sich den esoterischen, inneren Aspekten der *Kata* zu nähern, muß man sich dem chinesischen Universumsbegriff zuwenden, der die Gedankenwelt der Völker des Fernen Ostens grundlegend geprägt hat, da das alte »Reich der Mitte« über Jahrhunderte das geistige Zentrum dieses Teils der Welt war. Ich werde hierüber an dieser Stelle nur das anführen, was für das Verständnis der *Koshiki Kata* vonnöten ist.[35]

Der taoistische und buddhistische Hintergrund ist das, was den klassischen *Kata* gemein ist. Dieses kulturelle Gerüst tritt in Erscheinung, sobald man an der Oberfläche zu kratzen beginnt. Es wird sich allerdings einer konkreten Beschreibung entziehen, seine Wahrnehmung ist eher ein Gefühl. Das ist der Grund, weshalb sich die meisten Praktizierenden nicht eingehender damit befassen. Und dennoch ist genau dieses Gefühl der Anfang des Ariadnefadens zum Verständnis der *Kata*. Im folgenden werden nun die Grundprinzipien des taoistisch-buddhistischen Konzepts des Universums dargestellt.

Am Anfang steht die Vorstellung, daß derjenige, der eine *Kata* ausführt, sich in ein universelles Schema einfügt. Die Bewegungen sind der Mikrokosmos, der mit dem Makrokosmos, dem Universum in Zusammenhang steht. Der Praktizierende repräsentiert nun für eine gewissen Zeit eine winzige Parzelle des *Qi*, einer kosmischen Energie, deren Triebkraft er mehr oder weniger gut durch seine Bewegungen steuert. Das ist vor allen Dingen der Grund für die Konzentration auf die Atemtechniken, die nach

[35] Ausführlicher wurde diese Thematik in Habersetzer, R.: Tao du Kung-Fu. Paris: Amphora 1989 und Habersetzer, R.: Tai Ji Quan. Paris: Amphora 1991, behandelt.

dem alten taoistischen Glauben innere alchimistische Prozesse auslösen. Durch diese wird im Menschen eine Energieform in eine andere umgewandelt, und das solange, bis er eins geworden ist mit der universellen Energie. Dies ist das Prinzip der »Sublimierung«, oder der »Nährung des Lebensprinzips«, einer der Aspekte des *Qigong*.

Die großen Prinzipien der klassischen Philosophie des alten China finden sich in dem berühmten *I Ging*, dem Buch der Wandlungen. Dieses Orakelbuch, das vor rund 3000 Jahren entstand, stellt den ersten bekannten Versuch des Menschen dar, seinen eigenen Platz im unermeßlichen Universum zu bestimmen. Es ist von wesentlicher Bedeutung, um die Dinge, die mit dem *Qigong* zu tun haben, verstehen zu können und damit auch wesentlich für die Suche nach der esoterischen Bedeutung der *Kata*. Im *I Ging* ist das *Tao* die universelle Ordnung, die am Anfang aller Dinge steht. Es steht außerhalb von Raum und Zeit, dort, wo das unendlich Große und das unendlich Kleine sich vereinigen. Es ist aber auch möglich, das chinesische Ideogramm *Tao* durch »sich auf einem Weg bewegen, der zum Ursprung führt«, zu deuten. Dies ist die klassische Interpretation des »Weges«, wie sie in allen Kampfkünsten bekannt ist. Hier geht es um den Menschen auf der Suche nach der Wahrheit, dem Wissen. Der chinesische Begriff *Tao* oder der japanische Begriff *Dô* bezeichnen demzufolge gleichermaßen einen Zustand wie ein Voranschreiten. Es ist der Weg der Weisen (*Cheng jen*), der einem auch im Konfuzianismus begegnet. Um diesen Weg beschreiten zu können, bietet der Ferne Osten verschiedene Techniken, die, werden sie erst einmal beherrscht, zu einem »richtigen« Körper führen, in dem die innere Energie frei zirkulieren kann und damit dem Geist ermöglicht, ebenfalls »richtig« zu werden. Welche der Techniken hierfür genutzt wird, ist nicht von Belang. Ob es sich um *Chadô*, den Weg des Tees, *Ikebana*, den Weg der Blumen, oder um *Budô*, den Weg der Kampfkünste handelt, immer ist die Technik gewissermaßen nichts weiter als ein Köder am Angelhaken, der nur den Zweck hat, den Fisch anzulokken. Dieser »Weg des echten Menschen«, der zur »Höchsten Wahrheit« führen soll, ist das *Qigong*. Er besteht in der Kultivierung und der Kontrolle der Vitalenergie, des *Qi*, welches in jedem Individuum schlummert. *Qigong* bedeutet die Beherrschung des Atems durch zwei grundlegende Entwicklungsrichtungen. Die eine Richtung ist das *Waidan*. *Waidan* sind äußere therapeutische Wege; dazu zählen klassische Körperübungen wie die taoistische Gymnastik und die Übungen des Hua Tuo[36], oder das *Shi-pa-lo-han-sho*, die äußere Manipulation des Körpers durch Massage, Abklopfen usw. Die andere Richtung ist das *Neidan*, der Weg des »inneren Elixiers«, der »inneren Alchimie«. Diese Lehren sind die Hauptmethoden der Weisen des Fernen Ostens, und die kriegerischen Anwendungen sind dabei nur ein Aspekt unter anderen.

Die Koexistenz und der regelmäßige Wechsel der Kräfte des *Yin* (oder jpn. *Ura*: das Negative) und des *Yang* (oder jpn. *Omote*: das Positive) führen dazu, daß auf dem Weg des *Tao* eine universelle Dynamik herrscht. Dem Suchenden offenbart sich auf diesem Weg die Wirksamkeit des Prinzips des »Nicht-Tuns« (*Wuwei*, die Kunst des »Tuns durch das Nicht-Tun«). Durch das »Nicht-Tun« entfesselt sich in Wirklichkeit das wahre Potential des »Tuns«. Man stößt in diesem Zusammenhang auch auf den Begriff der »Leere«, *Mu* oder *Ku*, wie man ihn auch in den Schriftzeichen für *Kara te* finden kann. Beschreitet er den Weg des *Tao*, kann der Mensch seine »innere Einheit« verwirklichen, jene des Himmels und der Erde[37]. Durch die Negation des »Ich« kann er sein »Selbst« verwirklichen. Doch worin besteht der Zweck all dessen? Die Antwort ist sehr einfach: Es geht darum, in allem, was man tut, effektiv und auf angemessene Weise zu handeln.

Dieser Begriff der Einheit und der inneren Geradheit – *Shisei*[38] – gelangte zusammen mit anderen kulturellen Elementen in den ersten Jahrhunderten unserer Zeitrechnung von China nach Japan. Und natürlich ist auch das japanische *Budô* von diesem Konzept durchdrungen, denn die Kampfkünste waren von jeher aufs engste mit der japanischen Zivilisation verflochten. Diese Idee vom Menschen und seinem Platz im Universum wird durch eine große Anzahl von Verhaltensweisen entwickelt, deren gemeinsames Zentrum das *Hara gei*, die »Kunst des Bauches« ist. *Hara* gei bedeutet, sich auf das »Meer des Atems« (chinesisch *Qihai*, japanisch *Kikai tanden*) zu konzentrieren, einen immateriellen Punkt, der sich im Innern

---

[36] Hua Tuo: chinesischer Arzt, der zwischen 190 und 265 n. Chr. gelebt haben soll und der ein Bewegungssystem schuf, das auf der Beobachtung verschiedener Tiere beruht.

[37] Himmel, Mensch und Erde bilden die Große Triade im Taoismus.

[38] *Shisei*: (jpn.) Einheit der körperlichen und geistigen Haltung.

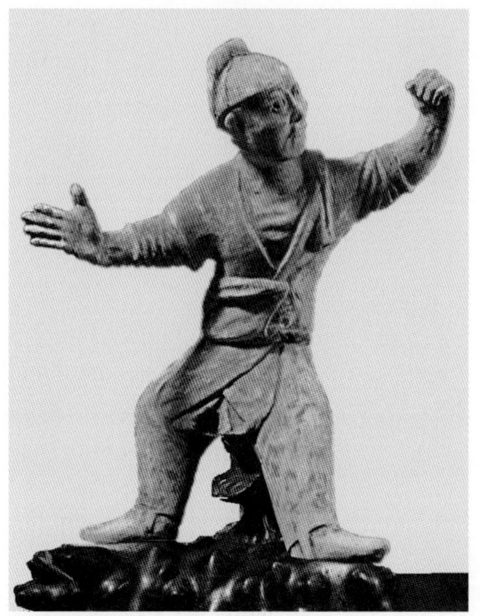

Foto 9

Foto 9: Glasierte Keramikstatue aus dem China der *Tang*-Zeit (618-907). Sie stellt eine Kampf-Bereitschaftshaltung dar, welche jener der japanischen Tempelwächterstatuen (Foto 2, S. 31) erstaunlich ähnelt. Auch hier ist die Rückhand erhoben und die vordere Hand offen.

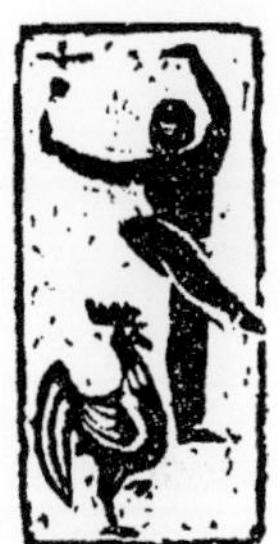

Abbildung: Reproduktion eines Abdrucks in gebranntem Tonziegel aus der gleichen Epoche, mit einer Figur des *Tao*.

des Bauches befindet, ein wenig unterhalb des Nabels. Diese Kunst wird vom »Menschen des Wegs« in seinen Alltag integriert. Dies ist verbunden mit einem außerordentlichen Sinn für Genauigkeit, Disziplin und geistig-physische Koordination, sei es im *Dôjô*, dem Ort, an den er geht, um den Weg der Kampfkunst zu erlernen, oder anderswo.

Es ist nicht überraschend, daß die klassischen *Kata* des *Karatedô* letztendlich *Qigong*-Übungen darstellen, was im übrigen auch für das *Taijiquan* gilt. Sie sind reine Produkte der östlichen Weltanschauung. Hat man dies einmal begriffen, erkennt man, daß ohne ihre philosophischen Wurzeln jegliche aus dem Fernen Osten stammende Kampfkunst zur banalen Technik degradiert wird. Und das gilt am stärksten für die *Kata*, die Verkörperung dieser Kunst.

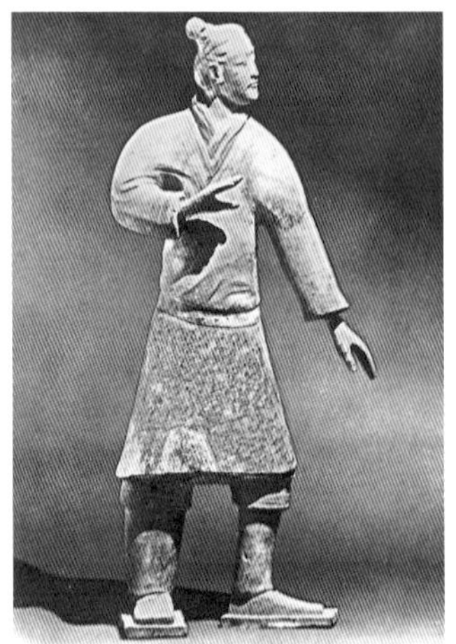
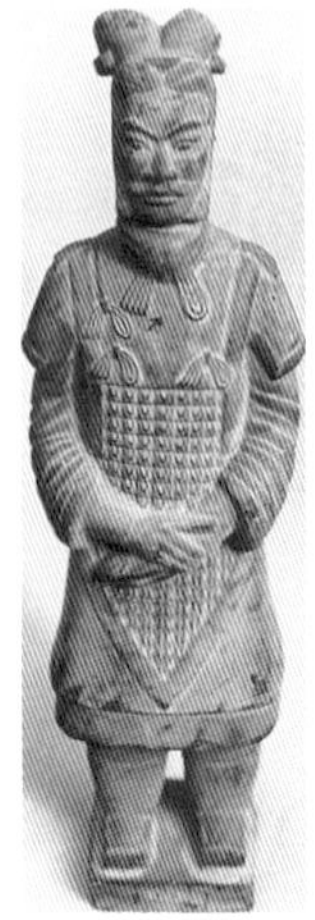
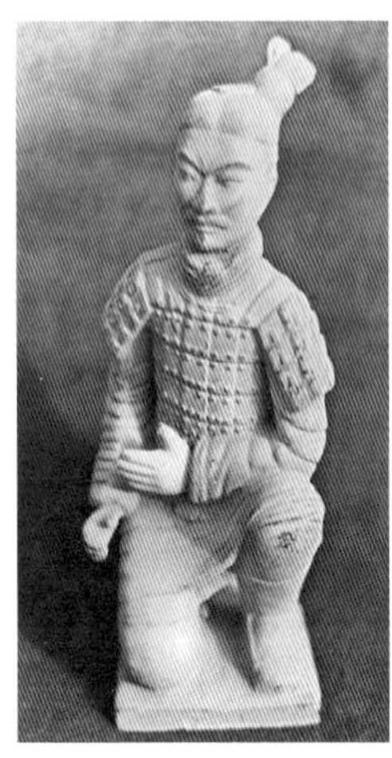

Fotos 10-12: Drei Statuen von Soldaten, die zu der berühmten »Terrakottaarmee« gehören, welche man im Grab des ersten Kaisers von China, Quin Shihuangdi (259 – 210 v. Chr.) gefunden hat. Sie repräsentieren mehr als 2200 Jahre alte Kampfhaltungen. Auf Foto 11 sind vor dem Bauch gekreuzte Hände zu erkennen, was man auf Grundlage verschiedener heute existierender *Kata* auf unterschiedliche Weise interpretieren kann.

1.2 Vom philosophischen Konzept zur Kampfmethode

Man kann sich nun mit Fug und Recht die Frage stellen, wie man von dieser inneren Suche und allen damit verbundenen religiösen, philosophischen und therapeutischen Fragen dahin gelangen konnte, das, was man auf diesem Weg entdeckt hat, für die höchst pragmatischen Zwecke des Kämpfens einzusetzen. Wie konnte das *Qigong* einen solch offensiven Charakter annehmen? Wie war es möglich, daß die innere Energie, nachdem sie erst einmal aktiviert und kontrolliert werden konnte, in eine auf den Gegner gerichtete Schockwelle verwandelt wurde und damit extern angewendet wurde?[39]

[39] Die lange Geschichte der Kampfkünste des Fernen Ostens ist nicht Gegenstand dieses Buches. Ausführlich wird auf diese Thematik in den Werken von R. Habersetzer: »L'épopée de la Main de Fer«, Pygmalion, 1976, und »Kung-Fu originel«, Amphora, Paris, 1985, eingegangen.

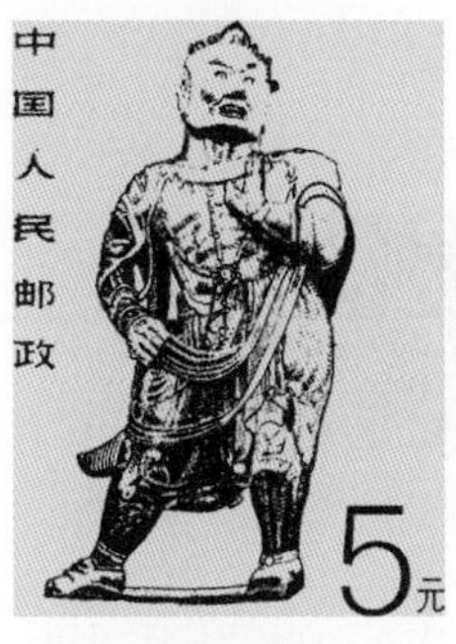

Foto 13: Chinesische Briefmarke, die eine steinerne Kolossalstatue am Eingang zu den buddhistischen Longmen-Grotten (»Drachentor-Grotten«) zeigt.

Im Laufe der Zeit und entsprechend der Natur des Menschen ergab es sich auf natürliche Weise, daß alles, was für sein Inneres genutzt wurde, auch für den äußeren Gebrauch Verwendung fand. Man begriff, daß sich neue Möglichkeiten für das Wirken nach außen ergaben, wenn das Innere gestärkt wurde. Die so erreichte höhere Effektivität (nicht nur) im Kampf oder auch die auf diese Weise gesteigerte Fähigkeit, andere Menschen zu beherrschen, war für nicht wenige eine starke Motivation, diesen neuen Weg ohne Zaudern zu beschreiten. Dies führte so weit, daß sie beim Praktizieren des *Qigong* zu der Erkenntnis kamen, daß es nicht unbedingt notwendig war, sich mit den spirituellen Aspekten zu befassen, um eine weit höhere Effizienz als üblich zu erreichen.

Seither trennten sich die innere Suche und das Streben nach äußerer Effektivität voneinander. Dazu trug in hohem Maße auch die beständige Sorge ums Überleben im alten China bei, das über Jahrhunderte unaufhörlich von schrecklichen Kriegen erschüttert wurde. Und seit sie sich trennten, streben beide Richtungen doch auch wieder nach der ursprünglichen Einheit, durch welche sie sich wiedervereinen könnten, denn die Trennung verursachte ein Gefühl der Unvollständigkeit. Man muß, um das verstehen zu können, nur das moderne Sportkarate betrachten. Selbst große Meister und Medaillengewinner gestehen oft, daß ihr Weg ihnen keine Befriedigung mehr bringt, zumindest keine vollständige. Solch ein Unbehagen stellt sich zumeist ein, wenn der erste Überschwang der Jugend verflogen ist. Doch auch die unbeugsamen Anhänger des streng traditionellen Weges verspüren dieses Unbehagen. Der traditionelle Weg verbietet ihnen jeglichen körperlichen Übereifer, aber sie mögen es gar nicht, wenn jemand zu mutmaßen wagt, daß sie vielleicht im realen Kampf nicht ausreichend effektiv sein könnten. All diese Positionen und Ansichten sind Nahrung für eine nicht enden wollende Debatte.

Es gab bisher in der Geschichte nur ein einziges Beispiel, wo die Beschäftigung mit der inneren Suche Hand in Hand mit dem Training der äußeren Effektivität ging. Dies geschah in der ersten Periode des berühmten chinesischen Shaolinklosters.[40] Dort, auf dem Berg Songshan von Henan, ereignete sich im 5. Jahrhundert unserer Zeitrechnung der bedeutendste Vorstoß der buddhistischen Religion nach China. Das Shaolinkloster befand sich an einer Route, die von Indien ins Zentrum des Reichs der Mitte führte. Ein indischer Mönch namens Bodhidharma (auf chinesisch Damo, auf japanisch Daruma) reiste zu diesem Kloster. Er beherrschte ein System der Körperertüchtigung, das er die dort lebenden Mönche lehrte, die von ihren allzu langen Meditationsübungen schwächlich und anfällig für Krankheiten geworden waren. Dieses System, das »die 18 Hände des Lo-Han« genannt wurde, war vermutlich von ihm selbst aus der indischen Kampfmethode *Vajramushti* entwickelt worden, welche dem aus der Gegend von Madras stammenden Mönch, der von adliger Geburt war, höchstwahrscheinlich bekannt war. Bodhidharmas Körperübungen werden von den Historikern als Ursprung aller chinesischen Systeme des *Waijia* (der äußeren Systeme), d. h., als Ursprung der *Wushu* genannten Kampfmethode angesehen. Das *Wushu* verbreitete sich in der Folge in China und im ganzen südostasiatischen Raum.[41]

Man schreibt Bodhidharma zwei Unterrichtsmethoden zu. Die erste ist das *Yi jin jing* (auf japanisch *Ekkinkyo*), worunter Methoden der Atemkontrolle zu verstehen sind, die den Mönchen helfen sollten, sich während ihrer langen Meditationssitzungen zu konzentrieren. Die zweite ist das *Shui-jin* (auf japanisch *Senzuikyo*), eine vorrangig physische Ausbildung, die Techniken umfaßt, welche dazu bestimmt waren, die Körper

---

[40] Chin. Shaolin, jpn. Shôrinji: Kloster des jungen Waldes.

[41] Eine ausführliche Darstellung der Legende vom Wirken Bodhidharmas im Shaolinkloster und der Geschichte dieses Klosters, der Wiege der Kampfkünste, findet sich in folgenden Werken des Roland Habersetzers: »Découvrir le Kung-Fu«, Budoscope, »Chi-Kung, la maîtrise de l'énergie interne«, Amphora 1997, »Kung-Fu, art et technique«, Amphora 1982 und »Kung-Fu, l'épopée de la main de fer«, Pygmalion 1976.

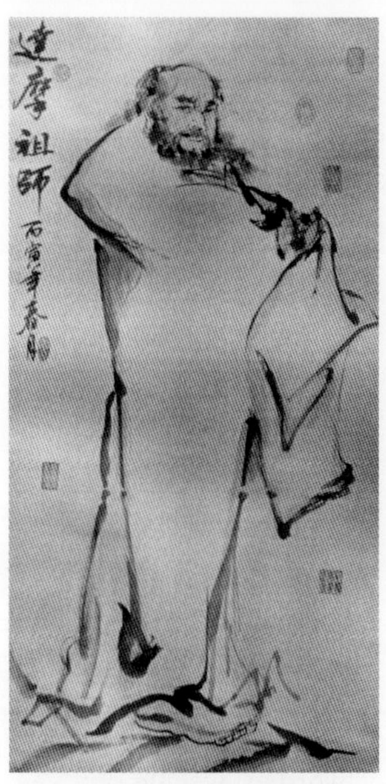

Foto 14

Foto 14: Eine von zahlreichen Darstellungen der Legende, nach welcher Bodhidharma (chinesisch: Da-mo, japanisch: Daruma) den Jangtse-Fluß auf einem Schilfrohr überquerte. Die Ankunft des indischen Mönches in China prägte die Entwicklung der chinesischen und Jahrhunderte später der japanischen Kampfkünste auf entscheidende Weise.

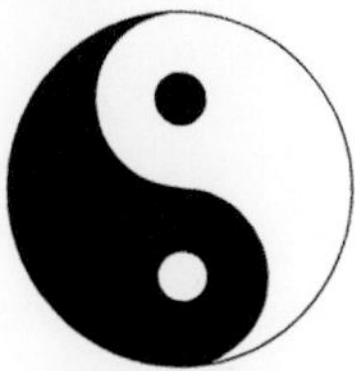

Das chinesische Symbol des *Taiji* symbolisiert das *Yin* und das *Yang* bzw. das Gleichgewicht der Gegensätze. Die *Tao* und später die *Koshiki Kata* sind durchdrungen von philosophischen Erkenntnissen aus uralten Zeiten.

der Mönche zu ertüchtigen und die mitunter als die ersten Techniken zur Selbstverteidigung angesehen werden. Um dies zu verstehen, muß man wissen, daß die isoliert liegenden Klöster oft Opfer von Überfällen durch Räuberbanden waren. Diese Ausbildungsmethoden waren trotz allem nur der Köder, mit dem die Aufmerksamkeit der Mönche für das Wesentliche der Botschaft des weisen Inders gefangen werden sollte. Es ging Bodhidharma um die Verbreitung einer neuen Richtung des Buddhismus, des *Chan*, das in Japan zum *Zen*-Buddhismus wurde, und um eine neue spirituelle Öffnung.

Die Geschichte überliefert uns, daß dank dieses neuen Wissens die Mönche des Shaolinklosters zu gefürchteten Kriegern wurden. Daran konnte auch das endgültige Verschwinden Bodhidharmas, nachdem er neun Jahre lang in einer Höhle meditiert hatte, nichts ändern. Ihr Ruf verbreitete sich schnell selbst jenseits der Berge, in denen das Kloster lag. In den folgenden Jahrhunderten wurden die Unterrichtsmethoden auch in Tochterklöstern des Shaolinklosters, die untereinander enge Beziehungen pflegten, ange-

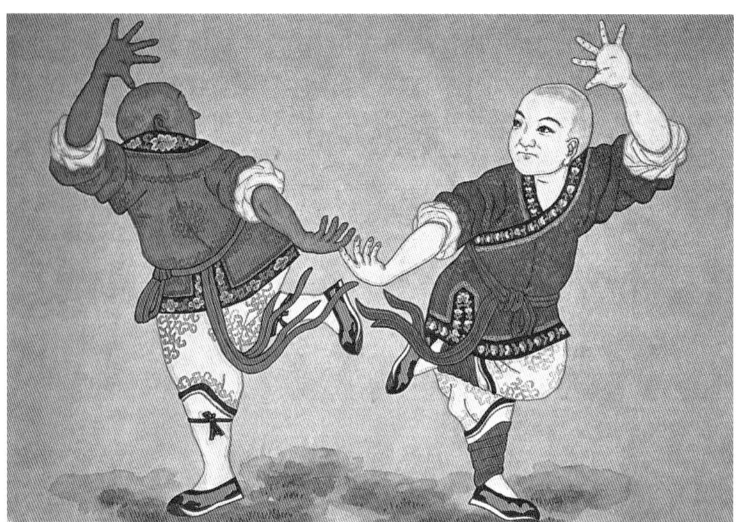

Foto 15

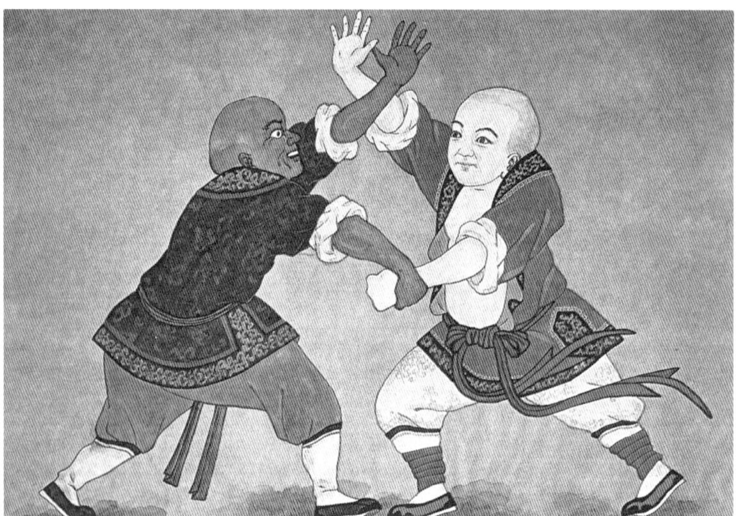

Foto 16

Fotos 15 und 16: Ausschnitte aus einem Fresko aus der Ming-Epoche, im Original farbig. Es befindet sich im Innern der Baiyi-Halle des Shaolin-Klosters und stellt die Mönche von einst bei ihrem Training dar. Die helle Farbe des einen und die dunkle des anderen stellen wahrscheinlich eine Anspielung auf die positive (*Yang*) und negative Kraft (*Yin*), die sich im Gleichgewicht befinden, dar.

wandt. Die Klosterneugründungen erfolgten vor allem in der südchinesischen Provinz Fujian. In der Folge dieser Initialzündung bildeten sich zahlreiche *Wushu*-Stile heraus. Sie alle waren mehr oder weniger durch die ursprüngliche spirituelle Beeinflussung geprägt.

Diese spirituelle Ausrichtung wurde jedoch nicht von allen übernommen, da verschiedene der damit zusammenhängenden Techniken sich in den Kämpfen und Feldzügen jener unbarmherzigen Zeiten, in denen es vor allem um das Überleben ging, nicht bewährten. Es kam sogar wieder zur alten Trennung zwischen inneren und äußeren Systemen, zwischen Philosophie und Kampftechniken, wie sie existiert hatte, als sich lange vor unserer Zeitrechnung die ersten Einzelkampftechniken – *Jiaodi*, *Goti* usw. – herausbildeten. Doch bei einer bestimmten kulturellen Elite, die es selbst in den düstersten Zeiten immer gegeben hat, blieben die Techniken des Zweikampfes echte Kampfkunst. Das heißt, daß das Innere und das Äußere eine Einheit bilden, die es dem Kämpfer gestattet, den Weg der Gewaltfreiheit zu entdecken. Vor allem die Kunst des *Dianxue* (auf kantonesisch *Dimak*, auf japanisch *Atemi*), die Wissenschaft der Vitalpunkttechniken, erreichte ein sehr hohes Niveau. Das *Dianxue* ist eine Synthese aus physischen und physiologischen Kenntnissen – über die Techniken, die Anatomie und den Kreislauf der inneren Energie – und aus spirituellen Kenntnissen – über Philosophie und Religion. Die Effizienz dieser Kampfkunst wurde legendär.[42]

Es bildete sich eine Vielzahl von Kampfstilen heraus, die oftmals auf der Beobachtung des Verhaltens von Tieren beruhte. Heute existieren etwa 400 *Wushu*-Stile. Diese Stile wurden durch Meister (auf chinesisch *Shifu*, auf japanisch *Sensei*) ihren Schüler weitervermittelt. All diese Kampfkunstmethoden bezogen sich auf die alte Kampfkunst des Shaolin (*Shaolin-Wushu*, auf japanisch *Shôrinji kempô*), die als gemeinsamer genealogischer Stamm angesehen wurde. Und bei allen wurde dieselbe Methode des Lehrens und der Übertragung von einer Generation auf die nächste beibehalten. Sie beruhte auf sorgfältig codierten und geordneten Haltungen und Bewegungen des Kampfes, die entweder allein oder mit Partner zu üben waren.

[42] Vgl. Habersetzer, R.: Bubishi – An der Quelle des Karatedô. Chemnitz: Palisander Verlag 2014, S. 217ff.

Dies waren die *Tao* (auf japanisch *Kata*), ein höchst originelles Mittel der Lehre. In jenen weit zurückliegenden Zeiten gab es keine Möglichkeiten, auf effektive Weise die Techniken »festzuhalten«. Und so ging man davon aus, daß der menschliche Körper das beste Gedächtnis habe. Denn, so glaubte man, was der Körper über lange Zeit hinweg korrekt gelernt habe, das, was er mit voller Aufmerksamkeit sein ganzes Leben lang wieder und wieder praktiziere, würde er nie wieder vergessen. Aber natürlich hat jeder Meister stets besonders darauf geachtet, unter seinen Schülern denjenigen ausfindig zu machen, der von allen am besten in der Lage war, das Gelernte zu behalten und zu reproduzieren. Ihn lehrte er die Gesamtheit seines Wissens. Doch dieser auserwählte Schüler, der künftige Meister, mußte im Schatten bleiben, um das Erbe zu bewahren. Sein Geist konnte so auch den tiefen, inneren Sinn der Dinge begreifen. Diese Annahme ist jedenfalls gültig, solange die äußere Form dieser Dinge korrekt erhalten blieb und nicht verändert wurde. Das, was nach außen hin gezeigt wurde, konnte somit immer auch zum geheimen Hintergrund führen (*Gokuhi* und *Okuden*).[43]

Viele der *Wushu*-Stile mit ihren zahllosen *Tao*, deren innerer Reichtum seinesgleichen sucht, verbreiteten sich in weiten Teilen Asiens. Ihre Vertreter reisten in Karawanen, auf Handelsschiffen, als Pilger, Krieger und Piraten (*Wako*). Es waren tatsächlich Piraten, die für gewöhnlich die Südküsten Chinas heimsuchten, welche als erste regelmäßig das langgestreckte Ryûkyû-Archipel, das die südliche Verlängerung der japanischen Inseln darstellt, bereisten und Anfangsgründe des *Wushu* dorthin brachten. Daraus entwickelte sich in der Folge das okinawanische *Tôde*. Aber sie blieben nicht die einzigen Besucher, und glücklicherweise waren unter denen, die weitere Kenntnisse der chinesischen Kampfkünste nach Okinawa brachten, auch Vertreter höherer kultureller Schichten. Auf diese Weise erfuhren die Okinawaner auch von der inneren Botschaft, die in den chinesischen Kampfkünsten und ihren *Tao* enthalten war.

---

[43] *Gokuhi* (jpn.): absolutes Geheimnis. Damit wird ein in den traditionellen japanischen Kampfkünsten (Budô) allgegenwärtiger Begriff bezeichnet, der die verborgenen Lehren (*Okuden*) oder die übermittelten Geheimnisse (*Hiden*) umfaßt. – Habersetzer, R. und G.: Enzyklopädie der Kampfkünste des Fernen Ostens. Chemnitz: Palisander 2019.

Bedenkt man all dies, wird klar, weshalb es so widersinnig ist, aus allen möglichen Teilen moderne *Kata* schaffen zu wollen. Es widerspricht dem, was eine *Kata* laut Definition darstellt. Tatsächlich gibt es heute sowohl Vertreter des Karate als auch des *Wushu*, die sich das Recht nehmen, eigene *Kata* zu kreieren. Sie können dies durchaus aufrichtigen Herzens tun, und die von ihnen zusammengestellten Bewegungsfolgen können sinnvoller erscheinen, aktueller in einer Welt, die sich verändert und in der die Kenntnisse verschiedener Kampfkünste hinsichtlich der Technik zunehmen. Sie können auch spektakulärer oder ästhetischer wirken als die *Koshiki Kata*. Aber letztendlich bleiben es nur Bewegungsfolgen und nichts weiter. Es gibt tatsächlich keinen Grund, sie als *Kata* oder *Tao* zu bezeichnen. Es dennoch zu tun, ist unsinnig. Es zeigt nur, daß man dem Irrtum verfallen ist, daß die Technik an sich die ganze Wahrheit darstellt.

2 Okinawa – die Übertragung

Aufgrund des großen soziokulturellen Unterschieds zwischen dem alten China und Okinawa konnte die Botschaft von den Okinawanern nicht in ihrer Gesamtheit oder nur auf unvollkommene Weise aufgenommen werden. Der erste Transfer der Kampfkunst mit der leeren Hand war somit von einem ersten Verlust begleitet. Das Wissen konnte nur in dem Maße übertragen werden, wie es die lokal herrschenden Bedingungen und die Auffassungskraft der Einwohner zuließen. Dennoch ging es in der Zeit, als dieser erste Transfer stattfand, den ersten Meistern Okinawas hauptsächlich darum, sowohl die äußere Form als auch den inneren Gehalt der *Tao* zu erfassen, und sie gaben sich alle erdenkliche Mühe, dies zu erreichen. Später, als das Wissen von Okinawa nach Japan gebracht wurde, waren die Umstände völlig anders. Okinawa war jahrhundertelang von japanischen Militärs kolonisiert gewesen, und entsprechend groß war der Mangel an Respekt der Japaner gegenüber der okinawanischen Kultur. Die ersten japanischen Meister, die vom herrschenden Hochmut natürlich nicht unbeeinflußt geblieben waren, bemühten sich nach Kräften, die okinawanischen *Koshiki Kata* den japanischen Verhältnissen anzupassen.[44]

2.1 Der Transfer: vom Tôde zum Okinawa te

Die kleine Insel Okinawa[45] erwarb sich in der Geschichte der Kampfkünste den Ruf, ein einzigartiger Schmelztiegel gewesen zu sein, aus dem zahlreiche Kampfkünste mit der bloßen Hand wie auch mit Waffen hervorgegangen sind. Hier entstand der Vorläufer des japanischen Karate, das *Okinawa te*, wie auch das *Kobudô*. Die Insulaner vollbrachten eine originelle Synthese aus verschiedensten Elementen, die in der Hauptsache aus China stammten, aber auch von Inseln des Südpazifiks. Diese Elemente, verbunden mit eigenen Überlegungen und Erkenntnissen, führten zur Herausbildung von Techniken der Selbstverteidigung, die sich unter der

---

[44] Ausführlicher dazu in Abschnitt 3, S. 103 ff.

[45] Oki: (jpn.) Ozean oder groß, Nawa (jpn.): Kette, Band.

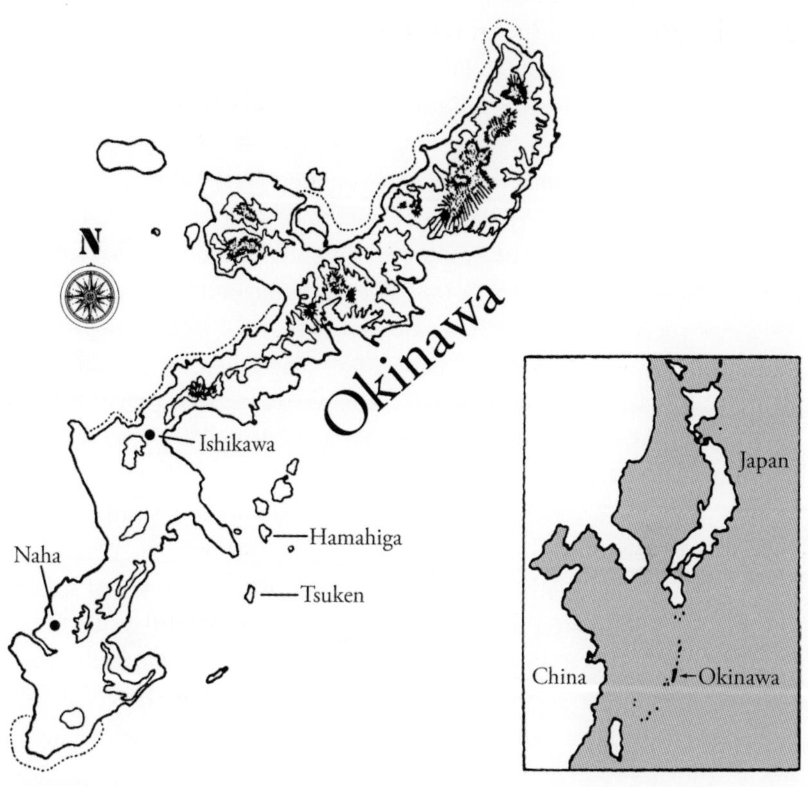

Bevölkerung Okinawas, in der Hauptsache Bauern und Fischer, verbreiteten. Das war der Grund, weshalb sämtliche Eroberer es sehr schwer hatten, dieses harte Volk unter Kontrolle zu bekommen.[46]

An Okinawa führten verschiedene Schiffsrouten vorüber, so daß die Insel zu allen Zeiten unter dem Einfluß zahlreicher kultureller und ökonomischer Strömungen stand, die allesamt ihre Spuren hinterlassen haben. Dominierend war natürlich der Einfluß der beiden mächtigsten Nachbarn, China und Japan. Okinawa fungierte als Umschlagplatz für den chinesischen, den japanischen, den malaysischen und den philippinischen Handel. Die Insel war zudem Schlupfwinkel und Objekt der Begierde für

[46] Siehe Habersetzer, R.: Kobudô 1 – Bô, Sai. Chemnitz: Palisander Verlag 2006 und Habersetzer, R.: Kobudô 2 – Nunchaku, Tonfa, Polizei-Tonfa. Chemnitz: Palisander Verlag 2007.

Piraten aus allen Himmelsrichtungen, sowie ein strategisch wertvoller Ort. Okinawa fügte sich in seine Rolle und lernte sich anzupassen. Auf der Insel entstand ein Nährboden für kulturelle und künstlerische Entwicklungen, aber auch für ein besonders reichhaltiges Kriegerwissen. Neue und originelle Strömungen nahmen in der Folge von hier ihren Ausgang.

Bis zum 13. Jahrhundert war die Bevölkerung in miteinander rivalisierende Klane gespalten, und es bildete sich eine Kriegerkaste heraus, die fortwährend an Stärke gewann und sich beständig aufspaltete. Im Jahre 1372 leistete der König Okinawas, Sato (1350 bis 1395), dem chinesischen Ming-Kaiser Zhu Yuan-Zhang (die Ming-Dynastie herrschte von 1368 bis 1644) den Treueeid, und Okinawa wurde ihm gegenüber tributpflichtig. Hierdurch öffnete sich Okinawa dem kulturellen Einfluß seines großen Nachbarn. Später, Ende des 14. Jahrhunderts, entsandte das China der Ming eine bedeutende Gruppe Handwerker und Künstler auf die Insel, die in alten Dokumenten als »die 36 Familien« bezeichnet werden. Unter diesen Abgesandten müssen sich einige befunden haben, die mit den Techniken des chinesischen Boxens vertraut waren. Hier finden sich die ersten Spuren des *Shaolin Kempô* oder *Quanfa*, die nach Okinawa gelangten. Es gibt aber keinen Grund zu der Annahme, daß diese Kampfkunst damals offiziell durch echte Experten eingeführt wurde. Auch ist nichts von einer Weiterverbreitung dieses Wissens auf der Insel bekannt. Dieser erste, noch leichte Einfluß ereignete sich wahrscheinlich in der kleinen Stadt Kumemura, wo sich der größte Teil der chinesischen Einwanderer niederließ.

König Shô Hashi von Okinawa war der erste, dem es gelang, die drei alten Provinzen Chuzan, Hokuzan und Nanzan zu vereinigen und damit zum ersten Mal ein vereinigtes Reich auf Okinawa zu schaffen. Dies ereignete sich im Jahre 1429. In jener Epoche entwickelten sich auch die großen Dörfer Shuri und Naha zu blühenden Handelsstädten. Hier konnte man alle Erzeugnisse des südostasiatischen Raums finden, aus Japan, China, Indien, Malaysia, Thailand und Arabien. Bald begann auch eine dritte Siedlung, Tomari, sich zu einer Stadt zu entwickeln.[47]

[47] Shuri und Tomari sind heute heute gemeinsam Teil der Großstadt Naha (300 000 Einwohner).

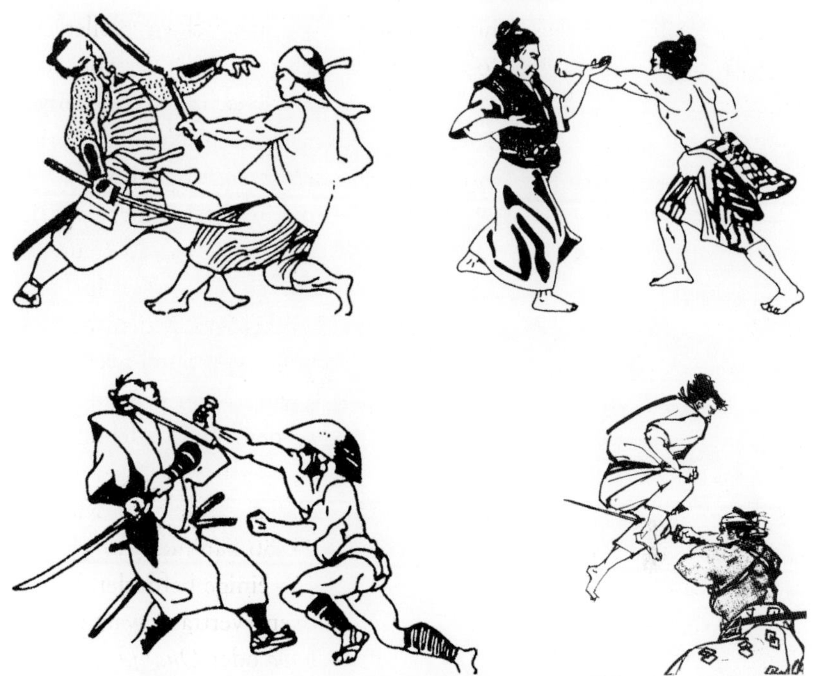

Die Besetzung Okinawas durch japanische Samurai im 17. Jahrhundert stellte eine Herausforderung für die Fischer und Bauern der Insel dar, die in der Folge eigene Synthesen verschiedener Kampfkünste entwickelten, das *Okinawa te* (Kampf mit bloßer Hand) und das *Kobudô* (Kampf mit landwirtschaftlichen Geräten). Beide entwickelten sich gemeinsam und wurden auch durch dieselben Meister unterrichtet.

In jener Periode der Geschichte Okinawas trat ein Ereignis ein, das für die originelle Ausprägung der Kampfkünste auf der Insel verantwortlich wurde. Manche Überlieferungen schreiben es bereits König Shô Hashi (1421-1439) zu, andere verlegen es in die Regierungszeit des Königs Shô Shin (1477-1526). Es handelt sich um die Verkündung eines Verbots, das in der Folge unerwartete Früchte tragen sollte: Aus Furcht vor Aufständen ordneten die Machthaber an, daß sämtliche Waffen jeglicher Art, die auf Okinawa vorhanden waren, abzugeben seien. Sie wurden auf öffentlichen Plätzen eingesammelt und von nun an in streng bewachten Lagern aufbewahrt. Viele Okinawaner ließen sich dadurch nicht im mindesten entmutigen. Zum einen entwickelten sie Kampftechniken mit der bloßen Hand,

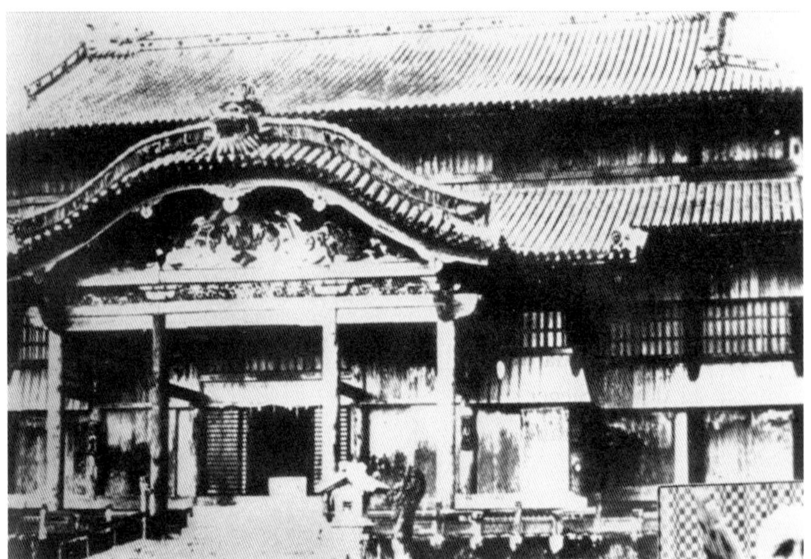

Foto 17

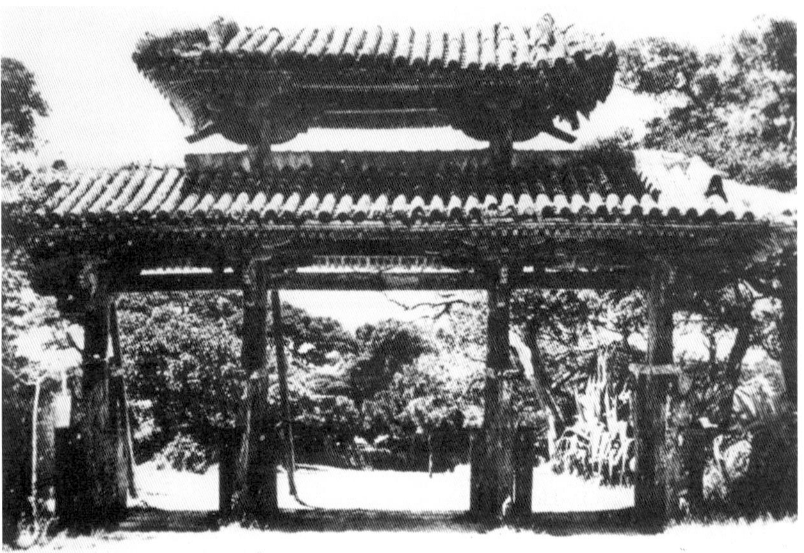

Foto 18

Fotos 17 und 18: Ruinen des Königspalastes von Shuri (Naha) in Okinawa. Das untere Foto zeigt das Eingangsportal des Palastes, Shurei no Mon, vor seiner Restaurierung.

die auf den Elementen des *Wushu* beruhten, wie sie von den Chinesen auf die Insel gebracht worden waren. Zum anderen lernten sie, für den häuslichen Gebrauch gedachte Gegenstände in wirkungsvolle Waffen zu verwandeln, was den Beginn des *Kobudô* darstellt. Auf diese Weise bildeten sich die ersten okinawanischen Kampftechniken heraus, die zu Beginn natürlich noch nicht sehr ausgefeilt waren.

Einen neuen und bedeutend kraftvolleren Impuls erhielt deren Entwicklung zu Beginn des 17. Jahrhunderts. Diese Geschichte ist genauer überliefert als die zuvor beschriebene und durch die Historiker gründlich erforscht. Japan hatte damals gerade einen verheerenden Bürgerkrieg überstanden, als dessen Sieger der Tokugawa-Klan hervorging. Zu den Verlierern zählte der südjapanische Satsuma-Klan. Letzterer war zwar besiegt, aber nicht vernichtet worden. Dem Klan wurde gestattet, die Ryûkyû-Inseln zu erobern. Das war ein geschickter Schachzug der Tokugawa. Zum einen entledigten sie sich auf diese Weise ihrer Feinde und zum anderen würde somit eine Inselgruppe, die bisher unter chinesischer Lehnsherrschaft stand, unter japanische Kontrolle gelangen. Es ist sogar denkbar, daß damit letztendlich ein erneuter Versuch der Eroberung Koreas vom Süden her in die Wege geleitet werden sollte.

Am 5. April 1609 landete die Flotte des Satsuma-Clans mit 3000 Kriegern auf Okinawa, dessen Bevölkerungszahl damals eine halbe Million betrug. Die Insel kam unter das Joch der Familie Satsuma, deren Herrschaft bis zum Jahr 1879 dauerte. Der Shôgun überließ dem Satsuma-Klan die eroberte Insel und setzte Klan-Oberhaupt Iehisa Shimazu als *Tozama daimyô*[48] ein. Unmittelbar nach der Okkupation erließ Shimazu seine ersten Verordnungen. Eine der wichtigsten war die Erneuerung des über 100 Jahre alten generellen Waffenverbots. Hinzu kam diesmal das Verbot jeglicher kriegerischer Praxis. Die japanischen Besatzer beließen es jedoch nicht dabei. Sie konfiszierten

---

[48] *Tozama daimyô* (jpn.): »Herr von außerhalb«. So wurden die großen Vasallen der Tokugawa-Epoche genannt. Einer der bedeutendsten war der aus Kyûshû stammende Iehisa Shimazu, ein Satsuma. Die Clanchefs der Satsuma waren auf Okinawa zwar nahezu unabhängig von den ihnen mißtrauenden Tokugawa, aber sie mußten wie alle *Daimyô* im Edo-Zeitalter jedes zweite Jahr in Edo (Tokio) verbringen und Familienmitglieder quasi als Geiseln des Shôgunats dort lassen. – Habersetzer, R. und G.: Enzyklopädie der Kampfkünste des Fernen Ostens. Chemnitz: Palisander 2019.

alle Gegenstände aus Eisen – Geräte und Werkzeuge –, und sie schleiften die Schmieden. Manche Historiker behaupten, daß der Mangel an Eisen bzw. Eisenerz, mit dem sich die aus Japan vertriebenen Satsuma-Samurai konfrontiert sahen, der wirkliche Grund für die Verbote und für die Konfiszierung aller Metallgegenstände war.

Bald schon entstanden durch den Mangel an Gerätschaften und Werkzeugen grundlegende Versorgungsprobleme. Die Geschichte – oder die Legende – berichtet, daß die Ureinwohner von den Okkupanten das Recht zugestanden bekamen, pro Dorf ein Messer zu besitzen, das auf dem Dorfplatz mit einer schweren Kette gesichert war und durch zwei Soldaten bewacht wurde. Sicher ist, daß die Insulaner erneut der Verordnung die Stirn boten. Ihr Trotz war umso größer, als die Unterdrücker diesmal aus der Fremde stammten. Shimazus Erlaß erweckte von neuem den Widerstandsgeist der Einwohner und ihren Willen, alle zur Verfügung stehenden Mittel zu nutzen. Die Nahkampftechniken für Angriff und Verteidigung erlebten eine Zeit der Blüte, deren Nährboden der Haß auf die japanischen Okkupanten war.

Hier finden wir den Ursprung des heimlichen Trainings. Oft wurde in der Nacht (natürlich ohne hörbaren *Kiai*) an verborgenen Orten geübt, am Ufer von Gewässern beispielsweise, auf von Algen bewachsenen, rutschigen Felsbrocken. Das erklärt übrigens die sehr speziellen Bewegungen der alten *Kata Naihanchi* – sehr kurze Schritte in tiefem Stand, keine Fußstöße.

Auch der Ursprung der Stählung der »natürlichen Waffen« des Körpers ist hier zu entdecken, der Füße, Knie, Ellbogen und Fäuste. Hierfür wurde das *Makiwara* eingesetzt, ein Pfosten, um den herum man geflochtenes Stroh band. Von Zeit zu Zeit überprüfte man das Ergebnis des Trainings, indem verschiedene Materialien mit bloßer Hand zerbrochen wurden – ein Vorläufer des Bruchtests *Tameshi wari*. Das war wichtig, da die potentiellen Gegner, die Samurai, in Rüstungen aus Leder und Metall gekleidet waren.

Hier ist ebenfalls der Ursprung der Codierung von Kampftechniken zu finden. Die Techniken wurden nur vertrauenswürdigen Schülern gezeigt und dies in einer Form, in der sie ohne weiteres nicht zu entschlüsseln waren. Nur die Kenntnis der *Bunkai* vermochte die vorgeführten Techniken tatsächlich zu »aktivieren«. Diese Atmosphäre der Konspiration und des Geheimnisses umgab das *Okinawa te* praktisch bis zum Ende des 19. Jahr-

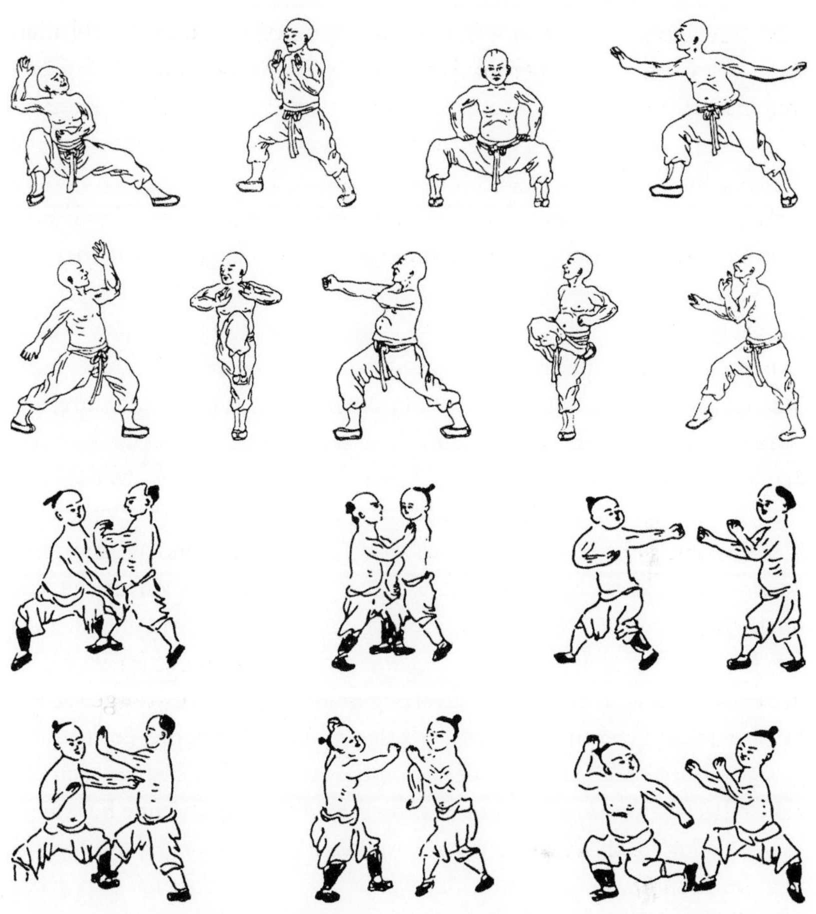

In den oberen zwei Reihen sind Figuren, die chinesische *Tao* praktizieren, abgebildet. Sie entstammen einem alten chinesischen Handbuch. Die unteren beiden Reihen stellen Kämpfer dar, die *Wushu* (japanisch: *Kempô*) praktizieren. Sie entstammen dem berühmten »Bubishi«, der chinesischen Bibel der Kampfkünste (siehe S. 97).

hunderts. Sie erklärt die mündliche Wissensvermittlung und das Mißtrauen gegenüber allen schriftlichen Aufzeichnungen ebenso wie die selektive Ausbildung. Und sie läßt uns die Logik eines Systems begreifen, in dem die echten Schlüssel zum Verständnis einer Technik sorgsam hinter den ersten Stufen der Annäherung an diese Technik verborgen waren. Es ist unmöglich, die *Koshiki Kata* ohne diesen historischen Kontext zu begreifen.

Das *Okinawa te* entstand somit im 17. Jahrhundert. Es ist eine Synthese, in der verschiedene örtliche Techniken und die chinesischen Einflüsse miteinander verschmolzen sind. Die alten okinawanischen Kampftechniken waren zweifellos noch nicht sehr ausgefeilt gewesen, dafür besaßen die chinesischen Techniken einen starken geistigen Hintergrund. Die ersten *Kata* waren gewissermaßen Kopien der *Tao*, wie sie die chinesischen Einwanderer auf die Insel gebracht hatten. Sie wurden so getreu wie möglich auf Grundlage der vorhandenen Kenntnisse erarbeitet. Die historische Situation wirkte beflügelnd auf die Weiterentwicklung des *Okinawa te*. Zweifelsohne dominierte insgesamt der Einfluß der chinesischen Techniken – und damit die Shaolin-Kampfkunst. Und ebenso wie dort versuchte man, Tiere zu imitieren, und man erforschte die Wirksamkeit von Schlägen auf die Vitalpunkte des Körpers. Der geistige Aspekt, wie er dem *Wushu* wesenseigen ist, stand zunächst eher im Hintergrund. Der Grund hierfür liegt in der streng pragmatischen Ausrichtung der sich herausbildenden okinawanischen Kampfkunst auf Effektivität im Nahkampf. Dennoch entwickelte sich auch diese Komponente und wurde schließlich im 19. Jahrhundert zum wichtigsten Element des *Okinawa te*. Damit folgte die Entwicklung mit etwas Verzögerung dem Weg, den die Kampfkünste in ganz Japan genommen hatten, wo sie sich vom *Bugei*, der Technik des Krieges, zum *Budô*, dem Weg der Kampfkunst, entwickelt hatten.

Der Erlaß Shimazus trug noch andere unerwartete Früchte: Die neue Begeisterung für die Kampfkunst erfaßte die Massen, während die Techniken des Kampfes zuvor lediglich von einer kleinen Minderheit praktiziert worden waren.

Das *Okinawa te* knüpfte auf diese Weise an die Tradition der von der kaiserlichen Polizei verfolgten Mönche des Shaolinklosters an. Was die Techniken angeht, so weiß man sehr wenig über diese im Dunkeln liegende Epoche. Es ist nur bekannt, daß sich in jener Zeit Hände und Füße zu furchtbaren Waffen entwickelten, die durchaus die verbotenen metallenen Waffen ersetzen konnten. Die Fingerspitzen wurden so gefährlich wie Dolche, Ellbogen und Knie erlangten die Gewalt von Hämmern, und die ungeschützten Unterarme wurden so widerstandsfähig wie Schwerter. Es ging damals ausschließlich um Schnelligkeit und totale Effektivität, ästhetische Aspekte spielten bei alledem nicht die geringste Rolle. Die Individualisierung der Stile begann erst später.

Mit der Zeit begannen einige der begabteren Okinawaner sich aus der Menge der Praktizierenden dieser Kampfkünste hervorzuheben. Es bildeten sich verschiedene Stilrichtungen heraus, und deren führende Köpfe, die Meister, systematisierten ihre Lehren und räumten der Improvisation immer weniger Platz ein. Mit diesem Reifungsprozeß der Kunst der »leeren Hand« sind einige Namen in besonderem Maße verbunden. Einige von ihnen gehören vielleicht eher dem Reich der Legenden an, andere hingegen sind nachweisbar historische Persönlichkeiten.

Diese Entwicklung nimmt nun im 18. Jahrhundert deutliche Konturen an. Dieselben Namen erscheinen in den Ahnenfolgen aller Stilrichtungen, es liegen bestimmte Daten vor und es gibt nachvollziehbare Zusammenhänge. Einige dieser Persönlichkeiten scheinen keine Nachfolger gefunden zu haben, andere hingegen stehen am Anfang einer Linie oder werden zumindest von heutigen Meistern als ihre Vorgänger benannt. Aber die authentischen Stile, wie sie uns überliefert wurden, mit ihren spezifischen Eigenheiten und ihren endgültig festgelegten *Kata* (auch wenn diese zum Teil bedeutend ältere Elemente beinhalten), bildeten sich genau genommen erst im 19. Jahrhundert heraus. Zu jener Zeit lassen sich deutlich die drei Hauptrichtungen des *Okinawa te* erkennen. Dabei handelt es sich um *Naha te*, *Shuri te* und *Tomari te*, jeweils benannt nach den Städten, in denen sie praktiziert wurden.[49] Allen gemeinsam ist, daß sie in der tausend Jahre alten Tradition der chinesischen Kampfkünste wurzeln, sie alle enthalten »Erbmasse« aus dem chinesischen *Tôde*.

Parallel hierzu vervollkommnete man die Techniken der Urform des *Kobudô*, *Tigua*. Als *Tigua* wurde eine Trainingsform bezeichnet, bei der Ackerbau- oder Fischereigerätschaften des täglichen Gebrauchs verwendet wurden. Solche Geräte waren in den Augen der Polizei der japanischen Besatzer unbedenklich. Aber in Wirklichkeit verwandelten sich diese anscheinend so harmlosen Dinge in gefährliche Waffen, sobald sie sich in den Händen von Kampfkunstexperten befanden. Es spielt dabei keine große Rolle, ob es bei einer eher primitiven Nutzung dieser Waffen blieb oder ob die Experten mit der Zeit einen in höchstem Maße ausgeklügelten Umgang mit ihnen entwickelten. Während in China und Japan der Um-

---

[49] Vgl. Fußnote 47 auf S. 84.

gang mit Waffen stets einer Kriegerelite, die eifersüchtig auf ihr Ansehen bedacht war, vorbehalten blieb, studierten auf Okinawa große Teile der Bevölkerung die neuen Kampftechniken. Nirgendwo sonst gab es eine so intensive wechselseitige Beeinflussung zwischen den Menschen und den ihnen zur Verfügung stehenden Mitteln wie auf dieser Insel.

Okinawa te und *Kobudô* waren Früchte der okinawanischen Zivilisation, zweifelsohne rustikal, aber in ihrer ganz eigenen Weise hochentwickelt. Sie waren Ausdruck der wilden Entschlossenheit eines ganzen Volkes, das nach Unabhängigkeit strebte und das gewohnt war, Problemen, die sich aus schwierigen Lebensumständen ergaben, mit großer Schläue zu begegnen. Um das Mißtrauen der Behörden einzuschläfern, wurden übrigens zahlreiche Bewegungen und Haltungen des *Okinawa te* in die traditionellen Tänze des Landes integriert (siehe S. 49 f.).

2.2 Der Reifeprozeß: die Individualisierung der Stile

Es ist anzunehmen, daß der Wissenstransfer von China nach Okinawa nicht ohne Verluste vonstatten ging. Die ersten chinesischen *Shifu*, die nach Kumemura gekommen waren, haben ihre Lehren vielleicht an die Möglichkeiten, die sich in der neuen Umgebung boten, angepaßt. Es ist auch denkbar, daß die Insulaner nicht alles richtig begriffen haben, was die chinesischen Meister sie lehrten. Das könnte zum einen daran liegen, daß sie – sicherlich nicht aus Mangel an Respekt ihren Lehrern gegenüber – die Lehren der Chinesen nicht in allen Feinheiten aufgenommen haben, aber auch daran, daß nicht genug Zeit war, manches fortgeschrittenere Wissen zu vermitteln.

Die ersten Okinawaner, die Zugang zu Teilen des *Tôde* erlangten, waren nur an der äußeren Form interessiert und paßten diese schnell an ihre Möglichkeiten an. Das lag zum einen an der Notwendigkeit, das erlernte Wissen rasch und direkt gegen die Okkupanten einsetzen zu können, und zum anderen an mangelnder Feinfühligkeit. Diese Vereinfachung hatte eine unerwartete und durchaus positive Folge: Indem sie ihre Schüler mit Hilfe von stilisierten Kampf-Bewegungsfolgen ausbildeten, konnten die chinesischen Lehrer größeres Augenmerk auf fundamentale energetische

Aspekte der einzelnen Techniken legen, auf die Explosion der Kraft, auf den Begriff des *Kime*[50] bei der tatsächlichen Anwendung der Technik. Dieses Wissen wurde von den Insulanern sehr wohl begriffen, die mit großer Zähigkeit das von endlosen Wiederholungen geprägte Training auf sich nahmen.

Man kann alles in allem davon ausgehen, daß erst Mitte des 19. Jahrhunderts das auf Okinawa entwickelte System der *Kata* den einst von den Chinesen vorgeführten *Tao* hinsichtlich des »*Qi*-Flusses«, der »inneren« Ziele, gleichkam. Hierbei spielten einige Okinawaner eine entscheidende Rolle, die nach China reisten, um die Kampfkünste an ihrer Quelle studieren zu können. Solch ein Unterfangen war zu jener Zeit alles andere als gewöhnlich. Zu diesen Pionieren zählten der aus dem kleinen Dorf Chatan stammende Yara, der bereits im 18. Jahrhundert die Reise nach China antrat und, im 19. Jahrhundert, Matsumura Sôkon, Higaonna Kanryô und Uechi Kanbun. Nach mehr oder weniger langen Aufenthalten, die sie regelmäßig in die Okinawa am nächsten liegende Provinz Fujian führten, kehrten diese Männer in ihre Heimat zurück. Ihre Studienreisen brachten ihnen hohes Ansehen ein. Sie führten neues Wissen mit sich, hatten jedoch sehr persönliche Vorstellungen über das entwickelt, was sie gesehen und erlebt hatten. Das ist der Grund, weshalb die Kampf-Bewegungsfolgen, die sie in ihren Schulen lehrten, sich am Ende beträchtlich von dem unterschieden, was in China gelehrt wurde. Die okinawanischen *Kata* sind zwar technisch reichhaltiger als die modernen japanischen *Kata*, im Vergleich zu den chinesischen *Tao*, die ihnen Pate gestanden hatten, sind sie jedoch weniger umfangreich. Dies ist Ausdruck unterschiedlicher Auffassungen, unterschiedlicher Bestrebungen sowie kultureller Unterschiede. Auch die »innere« Dimension der *Tao* wurde nicht immer korrekt auf die *Kata* übertragen. Nicht zuletzt hatte das phonetische Ursachen: Nur wenige Okinawaner konnten lesen und schreiben und somit die chinesischen

---

[50] *Kime* (jpn.): Kurze Fokussierung der Gesamtheit der mentalen und physischen Energie im *Hara* (Zentrum des *Qi* in der Bauchregion, vgl. Fußnote 108, S. 203), oder am Endpunkt eines Schlages oder Stoßes, wenn dieser auf sein Ziel auftrifft. Im Falle eines Kikomi (mehr oder weniger tief eindringender Schlag) tritt diese Energiekonzentration ein wenig hinter dem Aufschlagpunkt auf. – Habersetzer, R. und G.: Enzyklopädie der Kampfkünste des Fernen Ostens. Chemnitz: Palisander 2019.

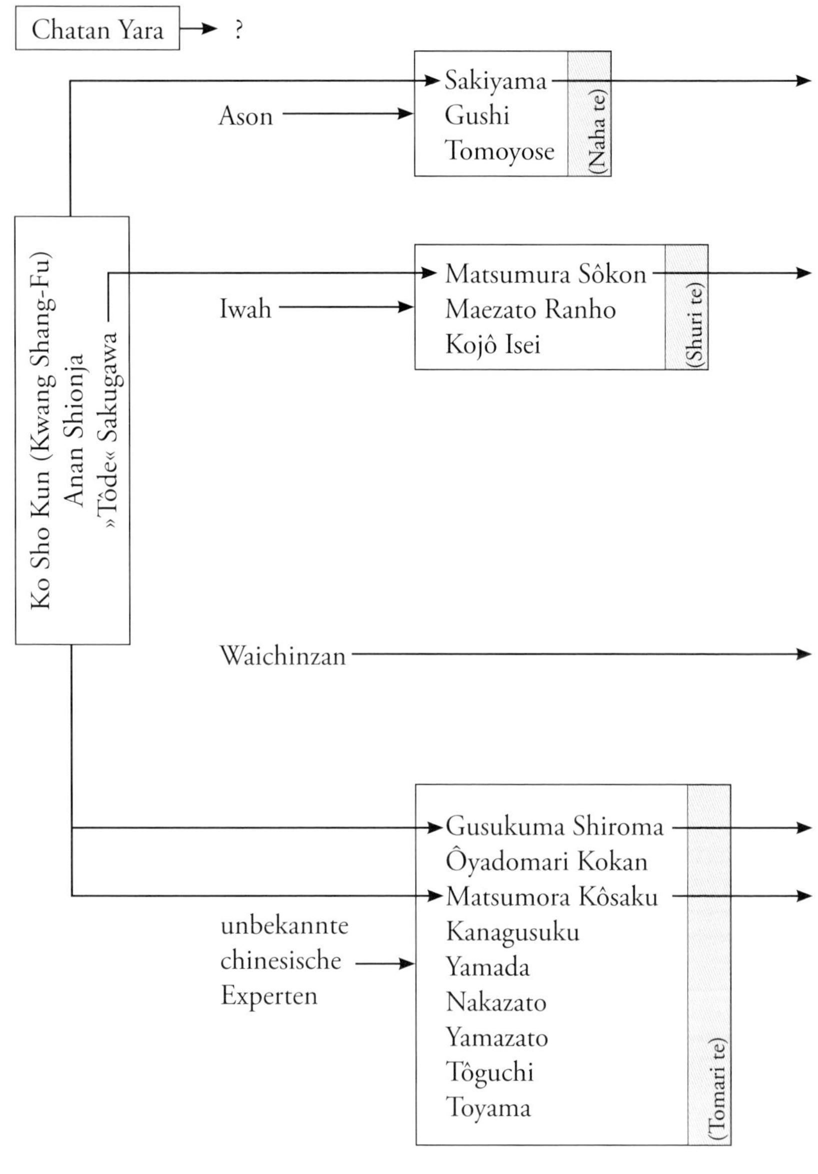

Tabelle 1: Vorläufer und Pioniere

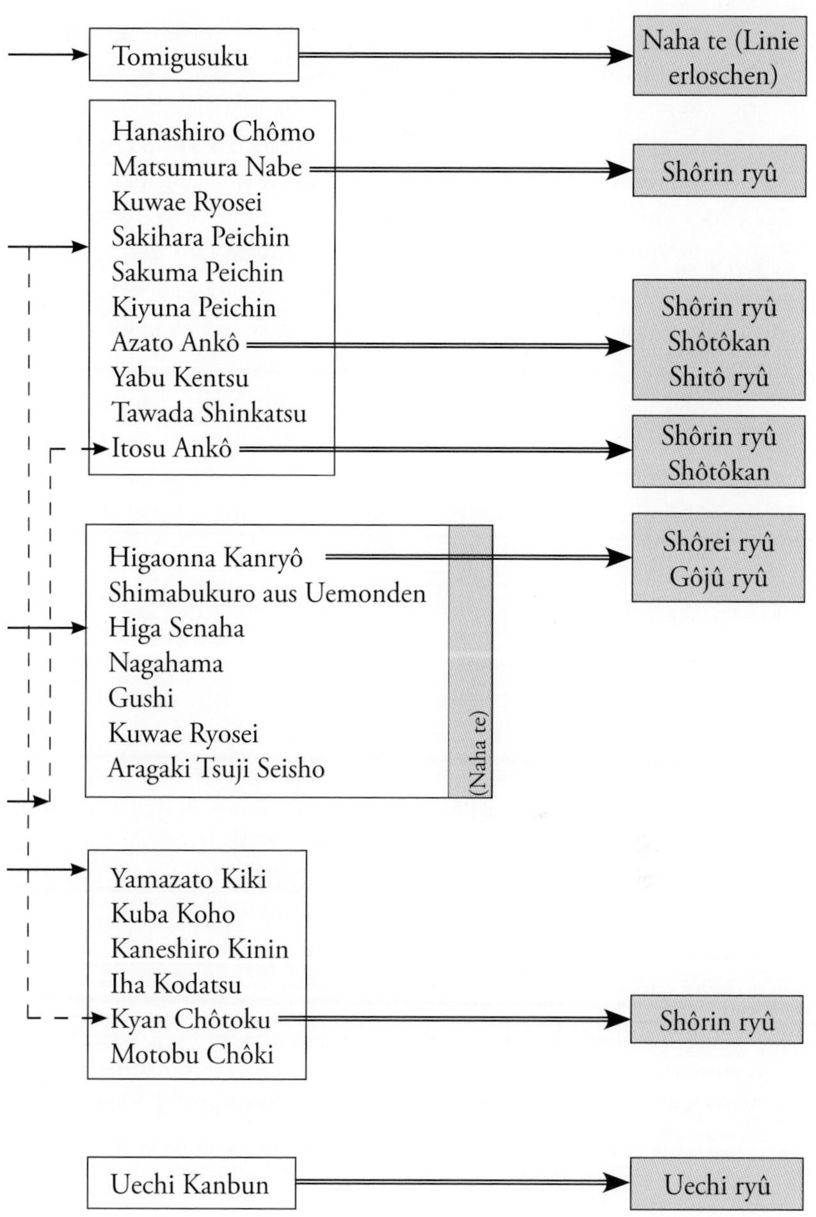
Tomigusuku
Naha te (Linie erloschen)
Hanashiro Chômo
Matsumura Nabe
Kuwae Ryosei
Sakihara Peichin
Sakuma Peichin
Kiyuna Peichin
Azato Ankô
Yabu Kentsu
Tawada Shinkatsu
Itosu Ankô
Shôrin ryû
Shôrin ryû
Shôtôkan
Shitô ryû
Shôrin ryû
Shôtôkan
Higaonna Kanryô
Shimabukuro aus Uemonden
Higa Senaha
Nagahama
Gushi
Kuwae Ryosei
Aragaki Tsuji Seisho
(Naha te)
Shôrei ryû
Gôjû ryû
Yamazato Kiki
Kuba Koho
Kaneshiro Kinin
Iha Kodatsu
Kyan Chôtoku
Motobu Chôki
Shôrin ryû
Uechi Kanbun
Uechi ryû

Ideogramme deuten, mit denen die *Tao* bezeichnet wurden. Somit wurden die Namen – und damit der Sinngehalt – mündlich weitergegeben, was schon allein aufgrund der lokalen Dialekte zu großen Fehldeutungen führte. Die Modifikationen der Form und des Gehalts stellen die erste Serie von Verlusten bei der Übertragung dar.[51] Im Laufe der Zeit vergrößerten sich die Unterschiede noch weiter. Die Meister selbst vergaßen das eine oder andere und fügten dafür manches hinzu. Außerdem entwickelten sie sich mit zunehmenden Alter natürlich geistig und körperlich weiter. Ein und dieselbe *Kata* konnte daher zu verschiedenen Epochen auf unterschiedliche Weise gelehrt werden. Manche Meister behielten eifersüchtig Schlüsselelemente der *Kata* für sich, so daß sie heute unwiederbringlich verloren sind. Diese Teile der *Kata* waren es nämlich, die es ihnen gestatteten, unter allen Umständen die Situation zu beherrschen. Manchmal veränderten sie auch bestimmte Abschnitte einer *Kata*, um beispielsweise ehemalige Schüler, die sie verlassen hatten, zu verwirren. Oder sie bauten Fallstricke und falsche Fährten in die Bewegungsfolgen ein, um jenen, für die die *Kata* nicht bestimmt war, den Zugang zu verwehren.

Im 19. Jahrhundert versuchte man schließlich, eine Synthese auf dem Gebiet der *Kata* herbeizuführen. Die Experten des *Okinawa te* mühten sich nach Kräften, die verstreuten und manchmal nicht zueinander passenden Elemente unter einen Hut zu bringen. Das erwies sich als sehr schwierig, denn es gab schließlich keine schriftlichen Archive, auf die die Meister hätten zurückgreifen können, und die mündliche Überlieferung war unvollständig und oft in sich widersprüchlich. Auch spielte dabei natürlich eine Rolle, daß der Mensch einen natürlichen Hang dazu hat, die Dinge so zu interpretieren, wie es seinen tiefsten Wünschen entspricht. Und so kann man die Ergebnisse ihrer Bemühungen nicht immer als sehr geglückt ansehen, und manchmal wurde sogar das Gegenteil dessen erreicht, was beabsichtigt worden war.

Bis zu Matsumura Sôkon, Vertreter des *Shuri te*, und Matsumora Kôsaku, Vertreter des *Tomari te*, die beide im 19. Jahrhundert lebten, praktizierte jede Kampfkunstschule auf Okinawa ihre eigenen *Kata*. Jeder Kon-

[51] Wie auf den folgenden Seiten gezeigt wird, waren diese Verluste allerdings bedeutend geringer als beim Übergang der *Kata* von Okinawa nach Japan.

takt mit anderen Schulen wurde eifersüchtig vermieden. Aber mit diesen beiden Experten begann die Zeit des Austauschs, der wechselseitigen Anpassungen, der »Plünderungen«. Allmählich wurden manche *Kata* modifiziert, damit sie leichter in das System anderer Schulen eingepaßt werden konnten, oder damit man ihre Integration als Bereicherung eines Stils begründen konnte. Zur bereits bestehenden Verarmung gesellte sich somit vor mehr als 100 Jahren die Verwirrung. Trotz allem war das *Okinawa te* eine sehr reichhaltige Kampfkunst, und das illustrierte Werk »Bubishi«, das zu jener Zeit seine endgültige Form annahm, ist Zeuge dieses Reichtums. Von diesem Dokument existieren noch immer einige Kopien, die eine wertvolle Quelle für die Erforscher der Kampfkünste darstellen.[52] Es wurde nach dem Vorbild eines älteren, gleichnamigen chinesischen Werkes gestaltet, welches in 240 Kapiteln den Stand der Kampf- und Kriegskunst zu Beginn des 17. Jahrhunderts darstellte.[53]

Okinawa, das bis 1879 durch japanische Samurai okkupiert war, glich im 19. Jahrhundert einem brodelnden schöpferischen – oder wiedererschaffenden – Sud, dem die großen Stile entsprangen, auf die sich heute alle bedeutenden Stilrichtungen des modernen Karate auf der ganzen Welt berufen. Damals bildeten sich zwei große Strömungen, das *Shuri te* und das *Naha te* heraus, sowie einige kleinere, die sich aus älteren Stilen entwickelten. Ihre Besonderheiten spiegeln sich aufs deutlichste in ihren *Kata* wider.

Der Vater des *Shuri te* ist »Bushi« Matsumura Sôkon (1800-1896)[54], welcher das *Tôde* unter Leitung von »Tôde« Sakugawa (1733-1815) erlernt hatte, der seinerseits Schüler des chinesischen *Shifu* Kwan Shang-fu[55] gewesen ist. »Bushi« Matsumura war in seiner Zeit der prominenteste aller Kampfkunstexperten auf Okinawa. Seine ans Wunderbare grenzenden körperlichen Fähigkeiten ließen seinen Ruhm bis nach China dringen, wo er sich anscheinend um 1830 selbst einmal aufgehalten hat. Sein Kampf-

---

[52] Habersetzer, R.: Bubishi – An der Quelle des Karatedô. Chemnitz: Palisander Verlag 2014.

[53] Siehe auch S. 89.

[54] Das Geburtsdatum Matsumuras wird von den Historikern unterschiedlich angegeben. Die Daten variieren zwischen 1792 und 1809.

[55] Von Kwan Shang-fus Namen leitet sich die okinawanische Katabezeichnung *Ko so kun* ab, aus der auf japanisch *Kûshankû* (*Kankû*) wurde.

stil wurde in der Umgebung von Shuri vorherrschend, und folgerichtig erhielt er die Bezeichnung *Shuri te*. Unter seinen zahlreichen Schülern gelangten zwei später selbst zu großem Ruhm: Itosu Ankô (1830-1915) und Azato Ankô (1827-1906). Matsumura Sôkon soll die *Kata Patsai* (*Passai, Bassai*) geschaffen haben oder sie zumindest aus einer älteren Langform, die er möglicherweise bei seinem Aufenthalt in China kennengelernt hat, entwickelt haben.

Aus dem *Shuri te* wurde in der Folge das *Shôrin ryû*, dessen *Kata* und Techniken sich durch weite und geschmeidige Schritte, rasche Bewegungen, Sprünge und Ausweichbewegungen auszeichneten. Itosu Ankô bereicherte diesen Stil durch seine persönlichen Forschungen, und er gab das Wesentliche seines Wissens an Funakoshi Gichin weiter. Die *Kata*, die heute noch immer mit dieser Stilrichtung in Verbindung gebracht werden, sind folgende: *Kûshankû* (*Kankû*), *Wanshu* (*Enpi*), *Passai* (*Bassai*), *Chintô* (*Gankaku*), *Useshi* (*Gojûshiho*) *Rôhai* (*Meikyô*), *Chinte*, *Jiin*, *Jion*, *Wankan* (*Matsukaze*) und später auch die *Kata Pinan* (*Heian*).

Aus dem Stamm des *Shuri te* sprossen mehrere Schulen: *Shobayashi ryû* (unter Kyan Chôtoku), *Kobayashi ryû* (unter Chibana Chôshin), *Shôrinji ryû* (unter Nakazato Joen) und *Matsubayashi ryû* (unter Nagamine Shôshin).

Mit dem Ursprung des *Tomari te* verbunden sind die Namen Gusukuma Shinpan, Oyadomari Peichin und Matsumora Kôsaku (1829-1898). Dieser Stil unterscheidet sich nicht allzusehr vom *Shuri te*. Es werden die gleichen *Kata* geübt, zusätzlich gibt es jedoch drei weitere, die aus der Stadt Tomari stammen, *Sôchin*, *Niseishi* (*Nijûshiho*) und *Unsu*. Sie wurden in der Schule von Meister Niigaki entwickelt. Diese Schule steht für die genealogische Linie Yara, Tôguchi, Niigaki und Kyan Chôtoku.

Die Techniken des *Naha te* entstammen dem südchinesischen *Wushu*, bei dem der Schwerpunkt darauf liegt, die oberen Gliedmaßen zum Kampf einzusetzen. Dazu zählen kurze, runde und kraftvolle Fausttechniken, Körperkontakt, statische Positionen, tiefe Fußtritte und die Beherrschung des Atems. *Naha te* ist ein »härterer« Stil als *Shuri te*. Der Stil geht auf Ason, einen chinesischen Experten, der in Kumemura lebte, zurück. Zu seinen Nachfolgern zählte der Okinawaner Sakiyama, aber die Linie endete bereits mit Tomigusuku Oyakata.

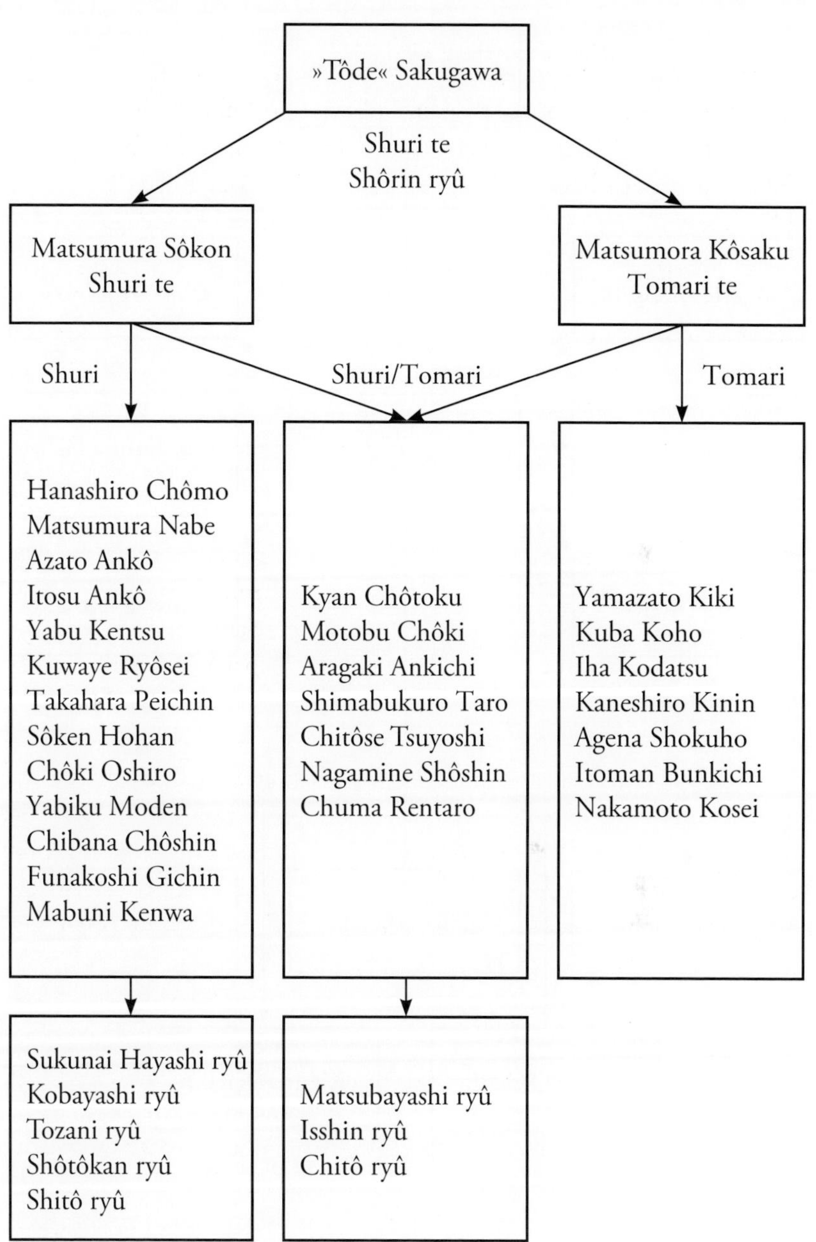
»Tôde« Sakugawa
Shuri te
Shôrin ryû
Matsumura Sôkon
Shuri te
Matsumora Kôsaku
Tomari te
Shuri
Shuri/Tomari
Tomari
Hanashiro Chômo
Matsumura Nabe
Azato Ankô
Itosu Ankô
Yabu Kentsu
Kuwaye Ryôsei
Takahara Peichin
Sôken Hohan
Chôki Oshiro
Yabiku Moden
Chibana Chôshin
Funakoshi Gichin
Mabuni Kenwa
Kyan Chôtoku
Motobu Chôki
Aragaki Ankichi
Shimabukuro Taro
Chitôse Tsuyoshi
Nagamine Shôshin
Chuma Rentaro
Yamazato Kiki
Kuba Koho
Iha Kodatsu
Kaneshiro Kinin
Agena Shokuho
Itoman Bunkichi
Nakamoto Kosei
Sukunai Hayashi ryû
Kobayashi ryû
Tozani ryû
Shôtôkan ryû
Shitô ryû
Matsubayashi ryû
Isshin ryû
Chitô ryû

Tabelle 2

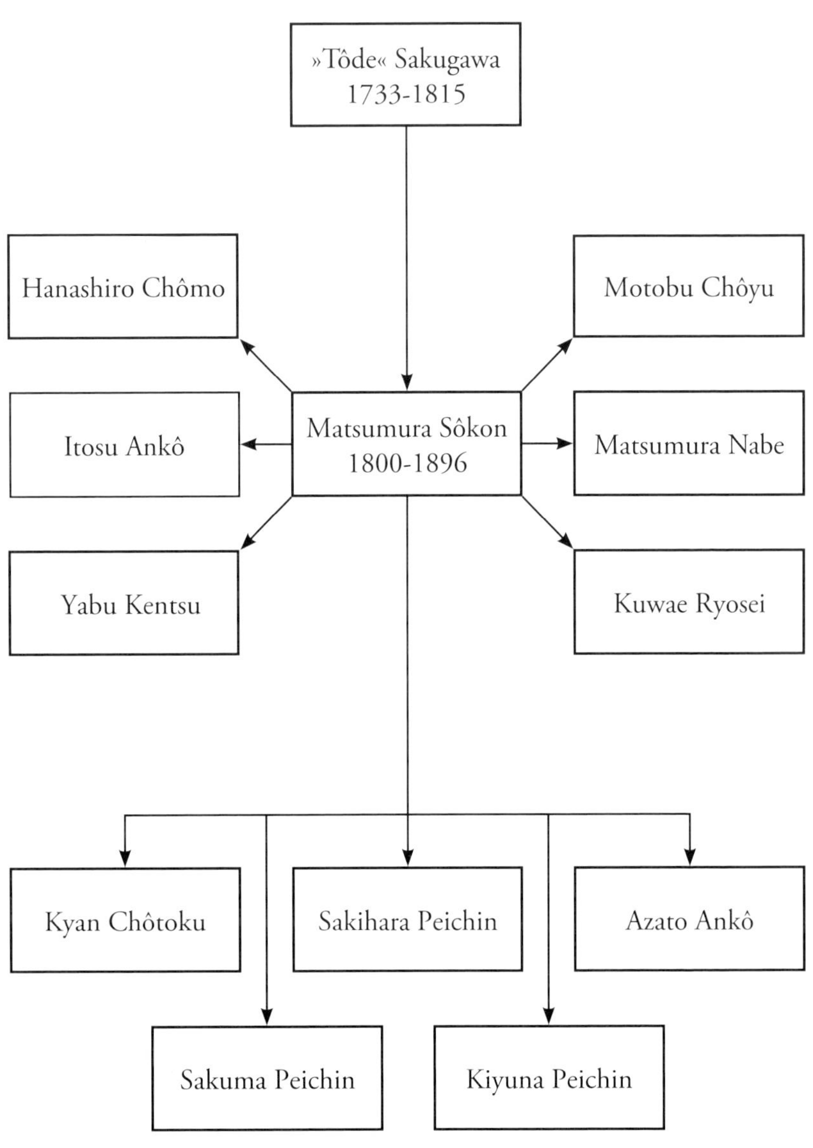
»Tôde« Sakugawa
1733-1815
Hanashiro Chômo
Motobu Chôyu
Itosu Ankô
Matsumura Sôkon
1800-1896
Matsumura Nabe
Yabu Kentsu
Kuwae Ryosei
Kyan Chôtoku
Sakihara Peichin
Azato Ankô
Sakuma Peichin
Kiyuna Peichin

Tabelle 3

Higaonna Kanryô (1853-1916) gelang die Wiederbelebung des *Naha te*, und er bereicherte die Stilrichtung um einige neue *Kata*. Er war zuvor 15 Jahre lang bei einem chinesischen *Shifu* in die Lehre gegangen, dessen Name als Waishinzan oder Woo Lu Chin, aber auch als Ryû Ryûho überliefert ist. Seine Stilrichtung ist ebenfalls unter der Bezeichnung *Shôrei ryû* bekannt. Hieraus sind wiederum der okinawanische und der japanische Stil des *Gôjû ryû* hervorgegangen. Die *Kata*, welche die Meister des *Naha te* hinterlassen haben, sind außerordentlich vielfältig und komplex. Es handelt sich um die *Kata Sanchin*, *Saifa*, *Sanseru*, *Seisan* (*Seishan*, *Hangetsu*), *Seesan*, *Shisoshin*, *Seienchin* (*Saipa*), *Seipai*, *Kururunfa*, *Suparimpei*, *Naihanchi* (*Tekki*). Der chinesische Ursprung dieser *Kata* wird dadurch belegt, daß ihre Bezeichnung mitunter Zahlen beinhaltet, was im Zusammenhang mit esoterischen Konzepten des Buddhismus steht. Beispielsweise bedeutet *Suparimpei* »108«, was für die 108 menschlichen Schwächen steht.[56] *Sanseru* heißt »36«, was ein Drittel von 108 ist oder zweimal 18 (und 18 wiederum heißt *Seipai*).

Auch andere, weniger bekannte Stile bildeten sich schnell heraus. Zu ihnen zählen das *Okinawa kempô* von Nakamura Shigeru, das *Motobu ryû* (das jedoch nichts mit Motobu Chôki zu tun hat) und das *Toon ryû* von Kiyoda Juhatsu.

Das *Uechi ryû* wurde hingegen durch Uechi Kanbun (1877-1948) aus mehreren Stilen synthetisiert, die er direkt in China studiert hatte (siehe S. 157).

Das Niveau, das die geheime Kunst des *Okinawa te* im Zustand der Reife gegen Ende des 19. Jahrhunderts erreicht hatte, soll, wie es heißt, außerordentlich gewesen sein.

Alle *Kata*, die heutzutage praktiziert werden, gehen auf die *Koshiki Kata*, wie sie im *Shuri te*, *Naha te* und *Tomari te* kodifiziert wurden, zurück. Keinerlei Veränderungen haben die *Kata* des *Uechi ryû* erfahren, sie werden noch heute genau so praktiziert, wie der Schöpfer des Stils sie einst gelehrt hat.

---

[56] Auch die Langform des *Yang*-Stils des *Taijiquan* besteht aus 108 Einzelbewegungen.

3 Japan – die Expansion

Im Jahre 1868 begann in Japan die Meiji-Epoche. Dieser neue geschichtliche Abschnitt, der begann, als der junge Mutsuhito den Kaiserthron bestieg, stellte einen Bruch mit der feudalen Vergangenheit des Landes dar. Durch den kaiserlichen Willen wurde Japan ein modernes Land, das fortgeschrittenste des Fernen Ostens. Die Insel Okinawa wurde nun nicht mehr als Kolonie betrachtet, und die militärische Okkupation wurde beendet. Im Jahre 1879 wurde die Insel zu einer Präfektur des Reichs der Aufgehenden Sonne, mit den gleichen Rechten und Pflichten wie alle anderen japanischen Präfekturen. Diese Haltung der japanischen Regierung bewirkte eine erneute Wende in der Entwicklung der »Kunst der leeren Hand«, deren Folgen damals niemand voraussehen konnte, weder in Japan noch auf Okinawa.

3.1 Die Entdeckung und die Initiation

Praktisch von einem Tag auf den anderen war das japanische Volk nicht mehr der Feind der Bevölkerung Okinawas. Zumindest offiziell, tatsächlich benötigten die Okinawaner noch einige Zeit, bis sie verstanden, daß die Feindseligkeiten von Seiten der Japaner beendet waren, und daß sich das Blatt ihrer Geschichte endgültig gewendet hatte.

Für das *Okinawa te* bedeutete dies das Ende der Heimlichkeiten und seiner kriegerischen Nutzung. Die Meister waren nicht länger von den Zwängen der Geheimhaltung besessen. Sie mußten nicht mehr im Verborgenen lehren. Die *Koshiki Kata* stellten nun, da die Zeit des Friedens gekommen war, keine geheimen Waffen mehr dar. Natürlich brauchte es seine Zeit, bis sich dieses neue Bewußtsein herausgebildet hatte, und die Meister veränderten ihre Haltung in Bezug auf alles, was sich außerhalb ihrer Schulen befand, nur langsam. Erst im Jahre 1906 (möglicherweise auch schon 1903) wurde zum ersten Mal auf Okinawa das *Okinawa te* öffentlich vorgeführt. Zu jener Zeit war das, was später zum japanischen Karate werden sollte, in Japan selbst noch völlig unbekannt. Höchstens hatte man davon gehört, was die Samurai in den Zeiten der Besetzung der

Insel erlebt oder erlitten hatten, wenn sie mit Kriegern der bloßen Hand in Berührung gekommen waren. Die dem *Okinawa te* am nächsten kommende japanische Kampfkunst, das *Jûjutsu*, war viel mehr auf Griffe und Würfe ausgerichtet und bedeutend weniger entwickelt, was die Schläge und Stöße mit bloßer Hand und bloßem Fuß anging.[57]

Die okinawanischen Meister zauderten lange, doch mit der Zeit wurden sie nachgiebiger. Sie nahmen nun bereitwilliger eine größere Zahl von Schülern auf oder nahmen an Vorführungen außerhalb der Insel teil, ab 1916 sogar in Japan.

Im Laufe von 20 Jahren wandelte sich die Zielrichtung der »tödlichen Kunst der Ryûkyû-Inseln«. Sie entwickelte sich allmählich von einer Kriegertechnik zu einer erzieherischen Technik, ging vom *Jutsu*, der Technik, zum *Dô*, dem Weg, über. Diese Entwicklung ist nicht das Werk eines einzelnen Mannes, aber es lassen sich einige Meister ausmachen, die sie entscheidend beeinflußt haben, wie beispielsweise Itosu Ankô, der einige grundlegende Überlegungen beisteuerte, auf die wir noch zurückkommen werden.

Was verloren ging, war die Vielfalt der klassischen *Kata*. Deren Techniken waren bislang über Generationen hinweg ausschließlich sorgsam ausgewählten Initiierten vorbehalten gewesen. Sie wurden im Geheimen weitergegeben, und dieser Geheimhaltung verdankten sie, daß sie bewahrt blieben. Sie ein großes Publikum zu lehren, ging zwangsläufig mit einem Verlust an Substanz einher. Diese Art der »Demokratisierung« einer bereits alten Kriegerkultur war möglich geworden, indem ihre Grundkonzepte – entsprechend dem modernen Zeitgeist jener Epoche – profanisiert wurden. Es blieb unausweichlich, daß die *Koshiki Kata* einen Großteil ihrer inneren Substanz verloren. Das Umfeld, aus dem die neuen Schüler der Kampfkunst hervorgingen, war gänzlich unvorbereitet gegenüber diesen Lehren, so daß deren traditioneller Sinn hier nicht auf fruchtbaren Boden fiel.

Aber teilweise war der Verlust auch seitens der Meister gewollt, die nun über das weitere Los des *Okinawa te* bestimmten. Hier kommt nun Itosu Ankô (1832-1916) ins Spiel. Er stellt das unverzichtbare und in mehrerer Hinsicht einzigartige Bindeglied zwischen der Tradition und den

---

[57] Siehe »Découvrir le Jiu-jitsu«, Habersetzer, R.: Amphora, Paris 1989.

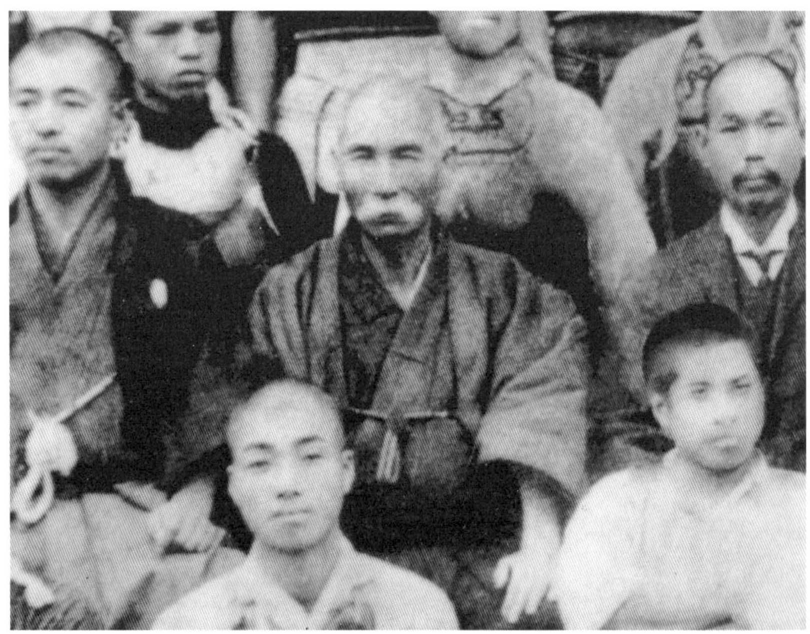

Fotos 19: Itosu Ankô (1831-1915), Bildmitte. Dieses erst 2006 im Archiv von Kinjo Hiroshi (geb. 1919, 9. Dan, Präsident der Internationalen Ryūkyū Karatejutsu Forschungsgesellschaft) entdeckte Foto ist das erste bekannt gewordene Foto von Meister Itosu. Es entstand 1909 oder 1910, als Itosu Ankô seinen Unterricht an der Mittelschule der Präfektur Okinawa in Shuri aufgenommen hatte.

Entwicklungen einer Kampfkunst dar, die sich mit einer modernen Welt konfrontiert sah. Itosu war von frühester Jugend an im *Shuri te* unterwiesen worden, vor allem durch Matsumura Sôkon. Er war ein gefürchteter Kämpfer und schon zu Lebzeiten eine Legende. Außerdem erwies er sich als hervorragender Pädagoge, und er war ein bedeutender Spezialist auf dem Gebiet der *Kata*, in denen er ein Mittel sah, mit dessen Hilfe der Geist über den Körper zu herrschen vermochte. Seinem Wirken ist es zu verdanken, daß zwischen 1900 und 1903 das *Okinawa te* als Bestandteil des Sportunterrichts an den okinawanischen Schulen eingeführt wurde. Er glaubte, daß sich hierdurch bei der neuen Jugend, die das Land brauchte, moralische Stärke entwickeln würde. Aus diesem »Bekehrungseifer« heraus und aufgrund pädagogischer Erwägungen konstruierte er auf der Basis der mit den *Kata Kûshankû* und *Passai* verbundenen Techniken und Empfin-

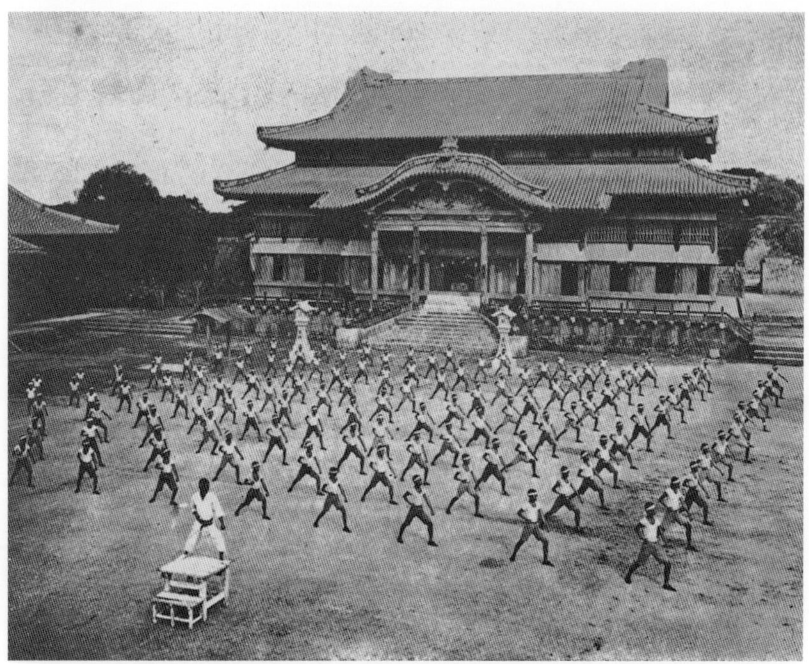

Foto 20: Training von Schülern der Grundschule von Shuri unter der Leitung von Shiroma Shinpan vor dem ehemaligen Königspalast.

dungen die fünf *Pinan-Kata*, die später in Japan zu den *Heian-Kata* wurden. Zu jener Zeit war er bereits über 70 Jahre alt. Seine Absicht bestand darin, Interesse bei der Jugend zu wecken, die zu jener Zeit eher am westlichen Sport begeistert war. Auf diese Weise wollte er von seiner nunmehr unnütz und altmodisch erscheinenden Kunst retten, was zu retten war. Um sie davor zu bewahren, in Vergessenheit zu geraten, profanisierte er sie bewußt. Er verlieh ihr einen sportlichen Deckmantel und betonte den körperertüchtigenden Aspekt gegenüber dem kriegerischen. Sein Kunstgriff bestand darin, daß er in verschiedenen Bewegungsabläufen, die er in die *Kata Pinan* einbaute, die offene Hand der *Koshiki Kata*, die Schwerthand und die Fingerlanze, durch die geschlossene Hand, die Faust, ersetzte. Damit schützte er zum einen den Übenden vor Verletzungsrisiken, und zum anderen erzeugte er auf diese Weise Bewegungen, die dem aus dem Westen stammenden Boxen ähnelten, das zu jener Zeit eine größere Anziehungskraft besaß als die lokalen, traditionellen Kampfkünste. All dies war begleitet von dem Bestreben, die Muskeln besser zu entwickeln und nach außen hin ästhetischer zu wirken. Die *Kata* wurde somit zu einem »Produkt«, das in einem modernen Umfeld hoffähig wurde.

Die Entwicklung der *Kata Pinan* wurde 1905 abgeschlossen, und 1907 wurden sie offiziell in den okinawanischen Schulen eingeführt. Sie waren für die Ausbildung von Massen konzipiert und unter diesem neuen Blickwinkel gut zu begreifen.

Itosu Ankô (Yasutsune), welcher »die heilige Hand des *Shuri te*« genannt wurde, leistete auch bedeutende Beiträge grundlegender Natur zu den alten *Kata Kûshankû*, *Passai* und *Naihanchi*. Aus den ersten beiden leitete er kürzere Formen ab (*Kûshankû shô* und *Passai shô*) und die dritte spaltete er in drei unterschiedliche Formen auf. Er fügte außerdem die von Meister Higaonna stammende *Kata Seisan* seinem *Shuri te* hinzu. In gewissem Maße brach Itosu mit einer jahrhundertealten Tradition. Seine Adaptionen waren jedoch der Preis, der entrichtet werden mußte, damit das, was er als das Wesentliche seiner Kunst begriff, überleben konnte. Den höheren, fortgeschritteneren *Kata* beließ er grundlegende Schlüssel zum Verständnis, so daß es den daran Interessierten zu jenem Zeitpunkt noch immer möglich war, mit ihrer Hilfe an die Tradition der *Koshiki Kata* anzuknüpfen.

Andere, die nach ihm kamen, sowohl auf Okinawa als auch bald in Japan, nahmen sich die gleichen Freiheiten in Bezug auf die letzten verbliebenen traditionellen *Kata*. Doch nicht jeder besaß Itosus Geschick zu verändern, ohne zu zerstören. Viele, die in der Folge gleichfalls berühmt wurden, profitierten direkt von den Lehren Meister Itosus. Zu ihnen zählen Yabu Kentsu, Hanashiro Chômo, Kyan Chôtoku, Moden Yabiku, Chibana Chôshin, Gusukuma Shinpan, Tokuda Anbun, Mabuni Kenwa und Funakoshi Gichin. Seit 1914 und 1915 wechselten sich einige von ihnen (unter anderem Mabuni, Funakoshi, Motobu, Kyan und Gusukuma) bei einer Serie von öffentlichen Vorführungen auf der Insel Okinawa ab. Das war von entscheidender Bedeutung dafür, daß sich 30 Jahre nach Ende der japanischen Okkupation endlich ein scheinbar fast herzlich zu nennendes Verhältnis zwischen den einzelnen Stilrichtungen des *Okinawa te* herausbildete. Doch der Schein trog: Ihre jahrhundertealte Rivalität breitete sich in der Folge auf ganz Japan aus, das einen jungfräulichen Boden für die Entwicklung der »Kunst der leeren Hand« darstellte, jedoch auch für alle damit verbundenen Ambitionen. Das führte zu einer weiteren Verästelung der ursprünglichen *Kata*. Die neue, spektakuläre Wachstumsphase des *Okinawa te*, das schließlich zum Karate werden sollte, brachte große Verwirrung hinsichtlich der *Koshiki Kata* mit sich.

Im Jahre 1916 starb Itosu, und im selben Jahr wurde Funakoshi Gichin offiziell nach Kyôto eingeladen, damit er dort zum ersten Male das *Okinawa te* außerhalb der Insel vorführe. – Allerdings sprechen andere Quellen davon, daß der Schöpfer des *Chitô ryû*, Chitôse Tsuyoshi, dies bereits 1914 oder 1915 getan haben soll. – Für das Publikum war das eine Offenbarung, jedoch nicht für die japanischen Behörden. Bereits 1901 hatte der Schulinspektor Ogawa Shintaro aus der Präfektur Kagoshima an entsprechenden Vorführungen teilgenommen, als er okinawanische Schulen inspizierte. Er verfaßte daraufhin einen sehr positiven Bericht an das japanische Bildungsministerium, was zur Folge hatte, daß das Training des *Okinawa te* in den Schulen ab 1903 zugelassen wurde. Später, im Jahre 1912, ging die Erste Kaiserliche Flotte unter dem Kommando von Admiral Dewa in der Chujo-Bucht vor Anker. Ein Dutzend ausgewählter Offiziere erhielt daraufhin eine Woche lang Gelegenheit, Karate zu studieren. Am 6. März 1921 machte der Thronfolger Hirohito während einer Reise nach Europa Station auf Okinawa. Man veranstaltete für ihn eine Karatevorführung, und der Prinz zeigte sich tief beeindruckt. Die damalige Epoche war dadurch geprägt, daß der japanische Imperialismus eine neue Blütezeit erlebte und der Militarismus sich im Lande voll entfaltete. Die japanischen Führer erblickten nun im Karate jutsu ein ausgezeichnetes Mittel (neben anderen), die japanische Elite zu stärken. Im Jahre 1922 reiste Funakoshi Gichin erneut nach Japan, und diesmal sollte es eine Reise ohne Wiederkehr sein. Im Mai jenes Jahres begab sich Funakoshi Gichin, damals Präsident der okinawanischen Vereinigung zur Förderung der Kampfkünste, Okinawa Shobukai, nach Tokio zu einer Vorführung, die Geschichte schrieb. Im November desselben Jahres veröffentlichte er sein erstes Buch, »Ryû Kyû Kempô Karate«, das erste Werk über dieses Thema, in welchem er den Geist, der hinter seiner Kunst stand, erläuterte. Von nun an wuchs die Popularität dieser aus dem Süden stammenden Kampfkunst beständig, so daß Funakoshi Gichin rasch die Kontrolle über die weitere Entwicklung entglitt.

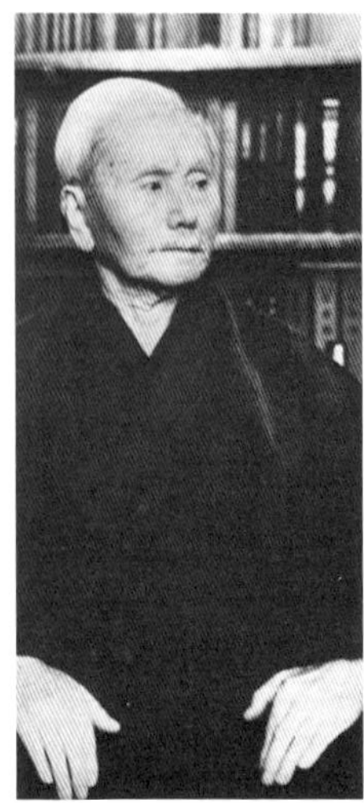

Foto 21: Funakoshi Gichin (1868-1957) wurde zu Beginn der Meiji-Epoche geboren. Er war der einzige Sohn seiner Eltern. Er kam zu früh zur Welt und blieb als Kind schwächlich. Sein Großvater Funakoshi Gifuku lehrte ihn den Geist der Samurai und brachte ihm die schönen Künste nahe. Bereits in jungen Jahren fühlte er seine Berufung. Er vereinigte in sich den Kampfkunst-Techniker, den Hochgebildeten (er schrieb auf chinesisch und auf japanisch) und den Kalligraphen. Diese Universalität bildete die Grundlage der hohen Effektivität, mit der er später in Japan seine Kampfkunst einführte. Nur ein gebildeter Mann, der die geistigen Wurzeln seiner Kunst kannte, konnte in einem Japan, das mit Macht nach Modernität strebte, deren Überleben sichern.
Unten steht ein berühmtes Gedicht, geschrieben von der Hand des Meisters.

Foto 21

Auf die Insel in den südlichen Meeren
gelangte eine ausgezeichnete Kunst.
Sie heißt Karate
Zu meinem großen Bedauern verfiel die Kunst,
und ihre Weitergabe ist zweifelhaft.
Wer wird die große Aufgabe übernehmen,
damit sie wieder aufgebaut wird und überlebt?
Diese Aufgabe will ich übernehmen.
Wer wird es tun, wenn ich es nicht tue?

Ich blicke in den blauen Himmel ...[58]

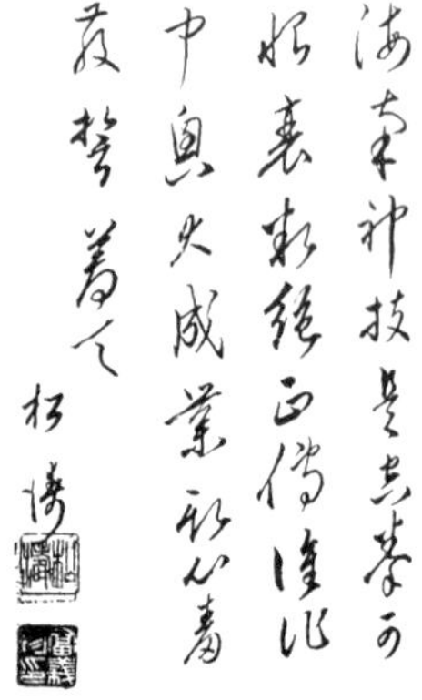

Es ist wichtig zu begreifen, warum gerade Funakoshi von seinesgleichen als offizieller Vertreter des okinawanischen Karate ausgewählt wurde. Die Wahl mußte auf jemanden fallen, der zugleich Botschafter und Techniker war. An hervorragenden Technikern herrschte kein Mangel, aber was die menschlichen Werte betraf, so waren sie unter den Meistern, die zu jener Zeit das Geschehen prägten, nicht auf gleichem Niveau ausgeprägt. Funa-

[58] Aus Funakoshi, G.: Karate-dô – Mein WEG. Heidelberg: Kristkeitz Verlag 1989.

koshi Gichin hingegen war bereits gleichermaßen als Meister der Poesie und der Kalligraphie hervorgetreten, und er war in seinem bürgerlichen Leben Lehrer für das Lesen und Schreiben der japanischen Sprache. Außerdem waren ihm die Bräuche seines Landes ebenso vertraut wie gute gesellschaftliche Umgangsformen.

In der Folge veranstaltete Funakoshi Gichin gemeinsam mit Gima Makoto, der sein Lieblingsschüler werden sollte, zahlreiche Vorführungen in ganz Japan. Seine Aktivitäten wurden immer umfangreicher, und dank seiner, den die Geschichte als Vater des modernen Karate ansieht, verbreiteten sich die wesentlichen Techniken des von Itosu Ankô geschaffenen *Shuri te* in Japan. Dies erwies sich dennoch als nicht einfach. Funakoshi mußte sich während seines ersten Jahres in Japan damit begnügen, im Tokioter Stadtteil Suidobashi in einem Studentenschlafsaal zu nächtigen, wo er ein winziges Zimmer gleich beim Eingang erhielt. Tagsüber kümmerte er sich um die Ordnung im Schlafsaal, abends unterrichtete er seine ersten Schüler im Karate. Sein erster japanischer Schüler war Tanaka Kuniki. Sein Unterricht war kostenlos. Seinen Lebensunterhalt verdiente er sich mühselig dank seiner kalligraphischen Kenntnisse. Einige Zeit später konnte er sich in Meishojuku, einer kleinen Sporthalle, einrichten. Im September 1924 gründete er in Keio den ersten Universitätsclub und 1926 einen zweiten an der Ichiko-Universität. Im Jahre 1927 schlossen sich drei weitere Hochschulen seinen Karateclubs an: die Universitäten von Waseda, Takushoku und Shodai. Es folgte die Universität von Hitotsubashi, später weitere. Eine lawinenartige Entwicklung hatte begonnen: 1930 gab es allein in Tokio bereits ein Dutzend *Dôjô*.

Zu jener Zeit beruhte die Lehrtätigkeit ausschließlich auf den *Kata* und ihren *Bunkai*, und es herrschte das Prinzip: »*Hito kata san nen*« – eine *Kata* in drei Jahren. Aber bereits damals, in der unmittelbaren Umgebung Funakoshi Gichins, waren jugendliche Heißsporne dabei, dem »Weg der leeren Hand« eine andere Richtung zu geben. Sie wollten die Kampfkunst modernisieren, ihr eine sportlichere Ausprägung verleihen. Dem Meister selbst war dies zu Beginn noch nicht bewußt. Seine aus alter Zeit stammende Lehrweise wurde als unzureichend empfunden. Man begann der unaufhörlichen Wiederholung der Techniken müde zu werden, die man niemals im Kampfe erproben durfte. Drei Schüler namens Miki, Bo und

Hirayama begannen 1927 selbständig den freien Angriff (*Ju Kumite*) zu studieren. Als Funakoshi, der diese Form des Karate entschieden ablehnte, davon erfuhr, entschied er sich einfach, in ihrem *Dôjô* keinen Unterricht mehr zu geben. Aber der Erosionsprozeß einer bis dahin intakten Tradition war bereits in Gang gekommen. Ôtsuka Hironori, der künftige Gründer des *Wadô ryû*, hatte mit 29 Jahren den Meistergrad im *Jûjutsu*-Stil *Shindô Yoshin ryû* erworben. Im Jahr darauf, 1922, war er Funakoshis Schüler geworden. Er wurde zu einem seiner bevorzugten Schüler, der ihn häufig bei seinen Vorführungen begleitete. Doch 1929 wandte auch er sich dem Studium des *Kumite* zu, was zu Unstimmigkeiten mit seinem Lehrer führte. Im Jahre 1930 wurde an der Universität von Tokio zum ersten Mal eine Schutzausrüstung, die dem Schwertkampf, *Kendô*, entlehnt war, eingeführt, die einen freien, unkontrollierten Kampf im Karate ermöglichte.

Jene Jahre wurden entscheidend für die weitere Entwicklung. Funakoshi Gichin lebte damals in Koishikawa zusammen mit seinem jüngsten Sohn Yoshitaka (Gigô). Er lehrte ebenfalls in einem *Kendô-Dôjô*, dem *Yushinkan*, das durch Nakayama Hakudô geleitet wurde. Dieses *Dôjô* war größer als alle, die Funakoshi Gichin bisher kennengelernt hatte. In diese Zeit fällt ein außerordentlich cleverer Schachzug des Meisters, der sich als höchst folgenreich erweisen sollte: die Umwandlung der »Kunst der chinesischen Hand« in die »Kunst der leeren Hand«.

Man ist sich im allgemeinen darüber einig, daß Funakoshi Gichin im Jahre 1929 die Entscheidung fällte, die Kampfmethode, die er lehrte, »*Dai Nippon Kempô Karatedô*«, »Methode der Faust und des Weges der leeren Hand Japans« zu nennen. Das rief den Zorn der auf Okinawa verbliebenen Meister hervor, sie fühlten sich durch einen der ihren an Japan verraten! Funakoshi versuchte jedoch, sich mit einem langen Briefwechsel vor den okinawanischen Meistern zu rechtfertigen. Seine Entscheidung stellt gegenüber den Japanern ein diplomatisches Meisterstück dar. Indem er »*kara*« einen neuen Sinn verlieh, den des »*ku*«, der Leere, verwischte er den chinesischen Ursprung. Er stellte damit seine japanischen Gastgeber zufrieden, denn zu jener Zeit war dem japanischen Militarismus alles höchst suspekt, was einen Bezug zu China aufwies, dem Erbfeind. Japan bereitete sich damals sogar auf eine Invasion Chinas vor. Wie also hätte er sich sonst entscheiden sollen? Sein Schachzug führte dazu, daß seine Kampfkunst hinfort die gleiche Anerkennung seitens des nahezu allmächtigen *Butokukai*[59] von Kyôto erfuhr wie *Jûdô*, *Kendô*, *Kyûdô* oder *Aikidô*. Diese offizielle Zulassung, eine Art Qualitätssiegel, stellte für die aus Okinawa stammende Kunst ein Sprungbrett für die Ausbreitung in ganz Japan dar.

Umgekehrt wurde eine Zweigstelle des *Butokukai* auf Okinawa eröffnet. Im dortigen Butokuden wurden nun *Jûdô*, *Kendô* und – unter der Leitung von Miyagi Chôjun – *Shôrei ryû* unterrichtet, das sich schon bald zum *Gôjû ryû* entwickeln sollte.

Doch der Geniestreich Funakoshis war doppelter Natur. Nicht allein wurde »*kara te*« von der »chinesischen Hand« zur »leeren Hand«, sondern zugleich wurde durch die neue Begriffsbildung deutlich darauf hingewiesen, daß der Kampf mit bloßer Hand auch bedeutete, hinsichtlich jeder bösen Absicht »leer« zu bleiben. Damit wurde der philosophische Aspekt der Technik hervorgehoben. Ein solcher Schritt konnte durch eine Organisation in der Tradition des *Budô*, die vom alten Geist des *Bushidô* (Ehrencodex der Samurai) durchdrungen war, ohne weiteres akzeptiert werden.

Man kam auf Okinawa nicht umhin, das außerordentliche diplomatische Geschick Funakoshi Gichins anzuerkennen. Die neue Bezeichnung wurde auf einem Treffen, das am 25. Oktober 1936 in Naha stattfand, als für alle verbindlich anerkannt, nachdem die okinawanischen Meister die Zweckmäßigkeit der begrifflichen Umwandlung diskutiert hatten. Anwesend waren Yabu Kentsu, Kyan Chôtoku, Motobu Chôki, Chibana Chôshin, Shiroma Shinpan, Koyoshi Asatada und Shin Eijo.

Unterdessen war Funakoshi bereits weitergegangen. Um die Aufnahme fremder Techniken durch die Japaner zu erleichtern und um ihre Empfindlichkeiten nicht zu verletzen, veränderte er die Namen der *Koshiki Kata*, die er aus Okinawa mitgebracht hatte und auf denen sich seine Ausbildung gründete. Aber er ging dabei intelligent und mit viel Fingerspitzengefühl vor. Einmal mehr gelang es ihm auf diese Weise, das wesentlichste der Tradition, deren Erbe er war, zu bewahren. Angesichts des vorrangig sportlichen Interesses, mit dem er sich seitens der jungen Universitätsangehörigen Japans konfrontiert sah, suchte Funakoshi nach Wegen, wie er

---

[59] Zentraler Dachverband Japans, in dem die traditionellen Kampfkünste und ihre Oberhäupter vereinigt waren.

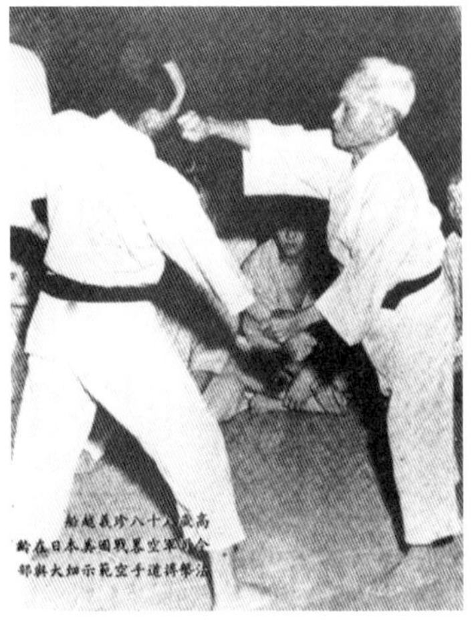

Foto 22

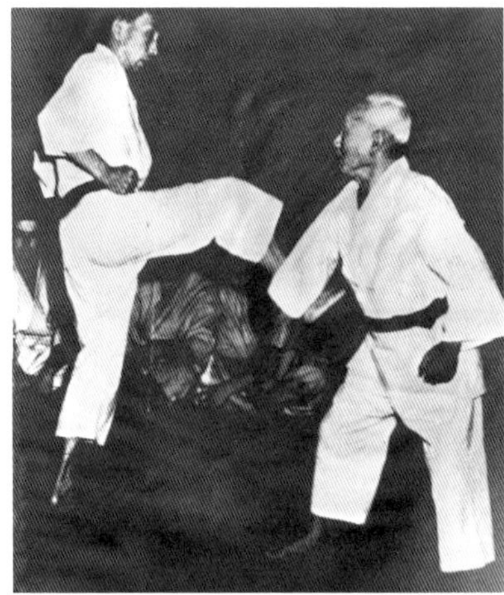

Foto 23

Fotos 22 und 23: Auf diesen Dokumenten ist Funakoshi Gichin bei einer Karatevorführung vor amerikanischen GI zu sehen. Die Fotos entstanden in den letzten Lebensjahren des Meisters. Als *Tori* fungiert Obata *Sensei*, der 1976 im Alter von 72 Jahren verstorben ist.

dennoch die inneren Aspekte seiner Lehren bewahren konnte. Er gab sich größte Mühe bei der Wahl der neuen, japanisierten Namen seiner *Kata*. Diese Namen sollten den Geist der *Kata* zum Ausdruck bringen; eine Art Leitfaden, der eines Tages jenen, die daran interessiert sein würden, den Zugang zum Wesen der *Koshiki Kata* von einst weisen sollte.

Funakoshi mußte sich zwischen zwei grundsätzlichen Konzepten entscheiden. Das eine Konzept war das, was er auf Okinawa gelernt hatte, und das besagte, daß niemand, selbst ein großer Experte nicht, einen alten Stil gemäß seinen eigenen Erfahrungen verändern dürfe (wenn auch Itosu ebendies getan hatte). Das zweite Konzept reifte in ihm im Laufe der Jahre heran. Es beruhte darauf, auf intelligente Weise eine Verschmelzung zwischen den Stilen herbeizuführen, um so einen neuen Aufschwung seiner Kampfkunst zu ermöglichen. Im neuen japanischen Umfeld war es unmöglich, auf alte okinawanische Weise zu unterrichten, und so entschied sich Funakoshi Gichin dafür, das zweite Konzept in die Tat umzusetzen. Noch 1922 nahm er in seinem Werk »Ryûkyû Kempô Karate« Bezug auf knapp 30 *Kata*. Diese *Kata* entstammten dem *Shuri te*, das er bei Itosu und Azato erlernt hatte, dem *Tomari te*, das er bei Matsumura und Niigaki erlernt hatte, und anderen

Systemen. Es handelte sich um die *Kata Gojûshiho, Seisan, Chintô, Chinte, Sôchin, Jiin, Jion, Jitte, Wanshu, Niseishi, Wankuwan, Wandau, Rôhai, Jumu, Wando, Sanseru, Kokan, Unsu*, die beiden *Kûshankû*, die beiden *Passai*, die drei *Naihanchi* und die fünf *Pinan.* Schnell wurde ihm bewußt, daß diese bunt zusammengewürfelte Sammlung nicht geeignet sein würde, ein effektives Ausbildungssystem zu schaffen. Diese Erkenntnis leitete einen Wandel ein, der 1935 zur Veröffentlichung des Werkes »Karatedô Kyohan« führte. Dieses Buch aus der Feder des Schöpfers des *Shôtôkan*-Stils gilt als das fundamentale Werk des *Karatedô.* In ihm werden nur noch 15 *Kata* vorgestellt, die fünf *Heian* (ehemals *Pinan*), die drei *Tekki* (*Naihanchi*), *Bassai dai* (*Passai*), *Kankû dai* (*Kûshankû*), *Hangetsu* (*Seisan*), *Enpi* (*Wanshu*), *Gankaku* (*Chintô*), *Jitte* und *Jion.* Funakoshi Gichin erklärte jedoch, daß er seinen Schülern nicht untersagen würde, zusätzlich alte *Kata* aller Stilrichtungen zu erlernen. Damit respektierte er die Tradition, die besagte, daß ein Schüler nur dann bei einem anderen Meister Unterricht nehmen durfte, wenn sein eigentlicher Meister dies ausdrücklich gestattete.

Aber Funakoshi Gichin kämpfte bereits auf verlorenem Posten, seine Worte fanden kaum noch Gehör. Zu jener Zeit war die japanische Militärkaste wieder an die Macht gelangt, und die Universitäten, vor allem die Universität von Takushoku, bildeten bereits Militär- und Handelsexperten aus, die als Kader für ein »Groß-Asien« unter japanischer Vorherrschaft bestimmt waren. Vor diesem Hintergrund des wiedererblühten japanischen Nationalismus war es den Schülern Funakoshis, die man an ihrer einheitlichen Trainingskleidung erkennen konnte, kaum möglich, Karate auf traditionelle Weise aufzufassen. Ihre Gedankenwelt wurde von Ideen des beruflichen Vorankommens, von erfolgreichen Prüfungen und Abschlüssen geprägt, und so ist es verständlich, daß sie von sportlichem Wettkampf träumten, wie er im *Jûdô* oder im *Kendô* üblich war. Wie hätten sie, die am Anfang ihres Weges standen, in den neuen Namen, die ihr Meister seinen *Kata* verliehen hatte, mehr erkennen sollen als eine äußere Hülle? Sie alle wurden nach und nach auf ihre Weise zu Experten, und schließlich in den Augen mancher zu Meistern. Und dies, obwohl sie niemals Zugang zum inneren Wesen der *Kata* gefunden haben, deren Ablauf sie doch so vollendet beherrschten. Sie fügten dem *Shôtôkan*-System, das Funakoshi ihnen hinterließ, sogar eine Reihe weiterer *Kata* hinzu[60], obwohl sich ihr Wissen hinsichtlich des *Gokuhi*-Aspekts[61] der *Koshiki Kata* nicht weiterentwickelt hatte. Man kann das Unbehagen verstehen, das einige seiner Schüler viele Jahre später befiel, nachdem sie am Ende ihres Lebens auf den höchsten Rängen des *Karatedô* angelangt waren. Dies gilt sogar für Nakayama Masatoshi (1913-1987), den »offiziellen« Erben Funakoshi Gichins an der Spitze der Japanischen Karatevereinigung. Er erreichte den 10. Dan, aber in einem Gespräch mit ihm Nahestehenden, das er kurze Zeit vor seinem Tode führte, erklärte er, daß er trotz seines Erfolges die Verbindung mit den wahren Wurzeln des *Karatedô* verloren hatte.

Nach der Vorstellung der 15 *Kata* des *Shôtôkan* im Buch »Karatedô Kyohan« entwickelte Funakoshi Gichin noch die ersten drei *Taikyoku-Kata* und die *Ten no kata*. Hierbei hatte jedoch sein dritter Sohn Yoshitaka (Gigô) maßgeblichen Anteil. Funakoshi Yoshitaka nahm im Unterricht nach dem Bau des *Shôtôkan-Dôjô*[62] (1935-1936) im Tokioter Stadtteil Meijuro mehr und mehr den Platz seines Vaters ein. Die Beiträge Funakoshi Gichins zu den besagten *Kata* belegen die Reife, die der Okinawaner in seiner Kunst erreicht hatte, und sie offenbaren auch das besondere Augenmerk, das er auf die inneren Aspekte seines *Karatedô* richtete. Mit 70 Jahren überließ er die äußere Entwicklung des »Funakoshi-Stils« Yoshitaka. Dieser, ein leidenschaftlicher Karateka mit Forschergeist, führte verschiedene Neuerungen ein und modifizierte bestimmte Abschnitte der durch seinen Vater festgelegten *Kata*. Die Stellungen wurden tiefer und weiter, die Angriffe wurden aus größerer Entfernung und sehr kraftvoll geführt, wohinter die Idee des einzigen und entscheidenden Schlages, des *Chimei*, des tödlichen Stoßes, stand. Neben dem »alten« *Shôtôkan* Funakoshi Gichins bildete sich immer mehr ein Neo-*Shôtôkan*-Stil heraus, der durch seinen Sohn und dessen junge Freunde geprägt wurde. Die *Kata* entfernten sich bei diesem Prozeß noch ein Stück weiter von ihren Ursprüngen.

---

[60] *Jiin, Sôchin, Chinte, Bassai shô, Kankû shô, Meikyô, Wankan, Nijûshiho, Gojûshiho dai, Gojûshiho shô, Unsu.*

[61] Vgl. Fußnote 43 auf S. 80.

[62] Zunächst bezeichnete der Begriff *Shôtôkan* lediglich das Gebäude, in dem die Schüler Funakoshis trainierten und nicht seinen Stil. *Kan* bedeutet hierbei Örtlichkeit oder *Dôjô*, und unter dem Pseudonym *Shôtô*, was soviel wie »sanfte Wellenbewegungen der Kiefernbäume im Wind« bedeutet, hat Funakoshi Gedichte verfaßt.

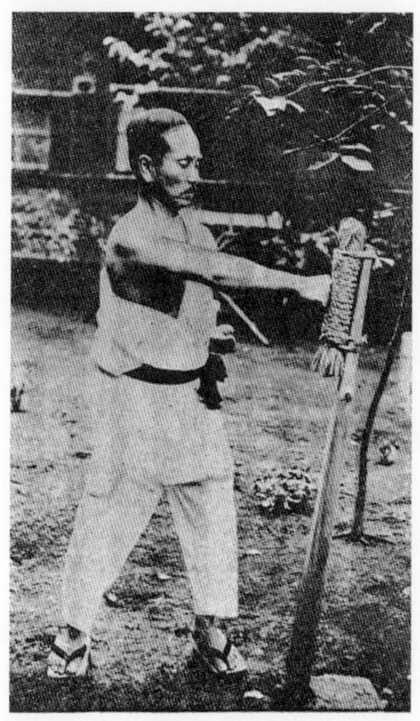

Foto 24

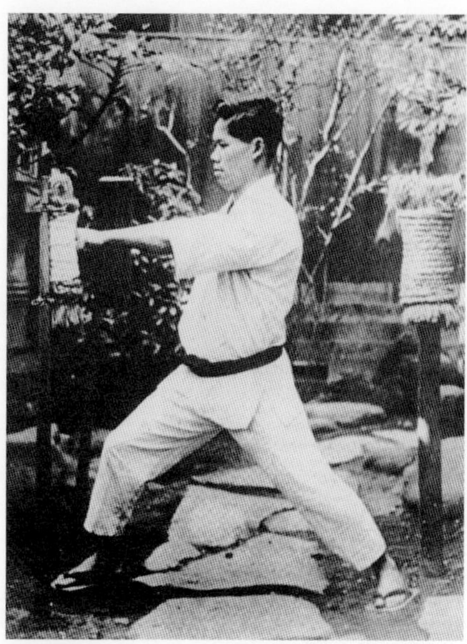

Foto 25

Foto 24: Funakoshi Gichin am *Makiwara*. Das Foto entstand während seiner ersten Jahre als Lehrer in Japan. Man vergleiche seine *Zenkutsu*-Position mit der seines Sohnes (Foto 25).

Fotos 25 und 26: Funakoshi Yoshitaka (1906-1945). Yoshitaka (Gigô) war einer der Söhne Funakoshi Gichins. Er galt als Genie in der Kunst des *Karatedô*. Er entwickelte den *Shôtôkan*-Stil seines Vaters zeit seines kurzen Lebens weiter. Seit seiner Jugend litt er an Tuberkulose. Obgleich er sich zu einem frühen Tod verurteilt wußte, nahm er ein intensives Karatetraining auf sich. Trotz seiner Krankheit, und obgleich er relativ klein von Wuchs war – er maß 1,60 m –, besaß er eine außerordentliche moralische und auch physische Kraft. Im *Kiba dachi* war er nicht von der Stelle zu bewegen; er bevorzugte tiefe Positionen, und oftmals zerbrach er die *Makiwara*, an denen er trainierte. Sein hochbetagter Vater förderte seine Entwicklung. Anfang 1945 starb Funakoshi Yoshitaka an seiner Krankheit und an den durch den Krieg verursachten Entbehrungen. (Fotos: Nakayama Masatoshi und Kodansha International).

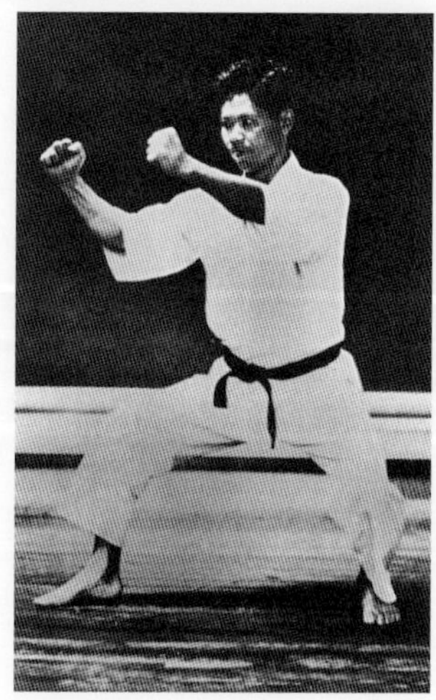

Foto 26

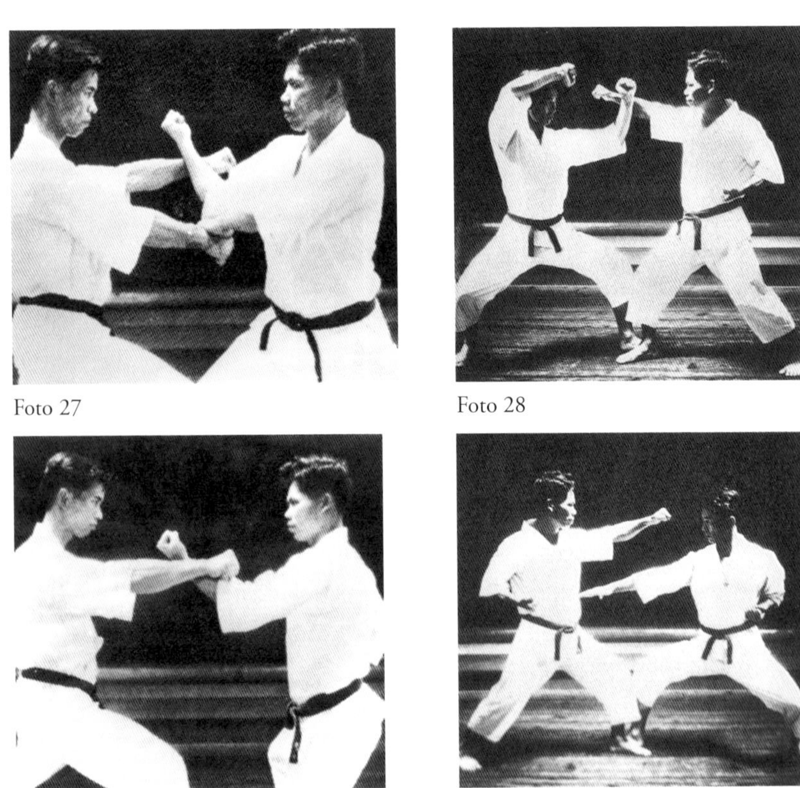

Foto 27

Foto 28

Foto 29

Foto 30

Fotos 27 bis 30: Funakoshi Yoshitaka (rechts im Bild) im *Bunkai-Kumite* mit Egami Shigeru (1912-1981), dem künftigen Oberhaupt des *Shôtôkai Karatedô*. (Fotos: Kodansha International).

Der letzte Beitrag Funakoshi Gichins zum Karate erfolgte auf einem anderen Gebiet. Er vervollkommnete die Ethik seiner Kunst, indem er Elemente aus anderen japanischen Kampfkunstarten (*Budô*) hinzufügte. Er machte Karate zu einer Lebensregel, einer Philosophie, verwandelte es in ein echtes *Dô*, einen Weg zur Vervollkommnung des Menschen. Er bezeichnete beispielsweise das Maßhalten, die Höflichkeit, die Nüchternheit und die Wachheit des Geistes als Attribute des *Karatedô*.

Das *Shôtôkan* wurde über die Jahre zu einer Schule, aus der die künftigen Experten des Karate hervorgingen; nicht wenige der Anfänger, die sich im

Shôtôkan-Dôjô ihre ersten Sporen verdienten, erreichten später die höchsten Ebenen. Auch Ôyama Masutatsu, der spätere Begründer des Kyokushinkai-Stils, lernte dort um 1938 anderthalb Jahre lang Karate. Nach seiner Aussage verließ er das *Dôjô*, als Yoshitaka während eines offiziellen *Shiai* in Osaka von einem Vertreter des *Gôjû-ryû* besiegt wurde. Auch ein anderer berühmter Begründer eines eigenen Stils, Ôtsuka Hironori, studierte acht Jahre lang Funakoshi Gichins *Karatedô* und begleitete den Meister häufig auf öffentlichen oder privaten Vorführungen. Doch 1935 entschloß er sich, seinen eigenen Weg zu gehen. Ôtsuka Hironori praktizierte auch *Jûjutsu* der Schule *Shindô Yoshin ryû*, in der er den Rang eines *Kaiden Shihan* (Meister des höchsten Niveaus) erreicht hatte. Er schuf, nachdem er sich von Funakoshi getrennt hatte, den »Weg des Friedens« (*Wadô ryû*), deren *Kata* den vom frühen Funakoshi überlieferten Formen nahe waren. Das ist der Grund, weshalb die *Kata* des *Wadô ryû* eher denen des alten *Shuri te* von Itosu ähneln als denen des modernen *Shôtôkan*. Vor allem zeichnen sie sich durch höhere Körperhaltungen nach »alter Weise« aus. Ôtsuka brachte jedoch auch eigene Vorstellungen ein, die er aus seinem im *Jûjutsu* erlangten Wissen über den Körpereinsatz schöpfte, und die Begriffe wie Flexibilität und Ausweichbewegungen beinhalteten. Er beschränkte sich in seinem Stil auf relativ wenige *Kata*, denen er im übrigen ihre alten Namen zurückgab: die fünf *Pinan-Kata*, die *Kata Passai*, *Kûshankû*, *Chintô*, *Jion*, die drei *Naihanchi-Kata*, die *Kata Niseishi*, *Rôhai*, *Seishan* und *Wanshu*. Auf dazu recht widersprüchliche Weise ließ Ôtsuka die sportliche Ausrichtung seines Stils zu, wie dies im Japan jener Zeit Mode war, und er entwickelte das *Ju Kumite* (freier Angriff), während Funakoshi darauf beharrte, ausschließlich seine *Kata* lehren zu wollen.

Die Entwicklung, die Funakoshi Gichin ins Leben gerufen hatte, war ihm schnell entglitten. Sein von den Ryûkyû-Inseln eingeführtes *Karatedô* geriet in eine Art Wachstumskrise, sobald es sich im japanischen Umfeld zu entfalten begann. Es herrschte ein enormer Bedarf an Ausbildern, so daß zahlreiche Experten aus Okinawa sich dazu verleiten ließen, nach Japan zu gehen. Unausweichlich hatte das zur Folge, daß sie auch ihre persönlichen Rivalitäten und die Konkurrenz zwischen den einzelnen Stilrichtungen mitbrachten. Zu den bedeutendsten dieser Übersiedler zählten Sawayama Muneyomi (*Kempô*), der 1928 nach Japan kam, und vor allem

Miyagi Chôjun (*Gôjû ryû*) und Mabuni Kenwa (*Shitô ryû*), die 1929 folgten, jedoch ihre eigenen Wege beschritten. Miyagi, der Erbe Higaonnas, begann, seine Kunst an der kaiserlichen Universität von Kyôto zu unterrichten, und ab 1932 lehrte er an der Universität von Osaka. Er kehrte jedoch bereits 1934 Japan für immer den Rücken und reiste zunächst nach Hawaii, bevor er ein Jahr später in seine okinawanische Heimat zurückkehrte, wo er 1953 starb. Sein vorübergehender Aufenthalt in Japan trug dennoch Früchte: Schüler von ihm, unter ihnen Yamaguchi Gôgen, der den Spitznamen »die Katze« trug, entwickelten nach seiner Abreise den japanischen Zweig des *Gôjû ryû*.[63] Dieser Zweig hob sich mit der Zeit immer deutlicher vom durch Miyagi auf Okinawa entwickelten *Gôjû ryû* ab, u. a. gab es verschiedene Abweichungen in den *Kata*. Der okinawanische Zweig des *Gôjû ryû* wurde ebenfalls durch ehemalige Schüler Miyagis weiterentwickelt, wie z. B. Tôguchi Seikichi, Yagi Meitoku, Miyazato Ei'ichi und Higa Seikô.[64]

Mabuni Kenwa, der bei Higaonna und Itosu in die Lehre gegangen war, ließ sich 1930 in Osaka nieder und lehrte dort seinen eigenen Stil, den er *Shitô ryû* nannte. Viele seiner Schüler, die im *Yôshûkan*, seinem *Dôjô* in Osaka, bei ihm studiert hatten, verbreiteten später selbst seine Kampfkunst im südlichen Japan weiter, vor allem in Kyôto und in Kôbe. Die *Kata* Mabunis gingen sowohl aus dem *Naha te* als auch aus dem *Shuri te* hervor. Das heißt, daß es sich bei letzteren um dieselben Ursprungskata handelte, die Funakoshi Gichin aus Okinawa mitbrachte, bevor er sie seinerseits modifizierte. Auch unter den Schülern Mabunis gab es einige, die später zu Ruhm gelangten, wie z. B. Sakagami Ryûsho, der den Stil *Itosukai* gründete, womit er unterstrich, daß seine *Kata* getreu den Formen des von Itosu gelehrten *Shuri te* waren. Auch Hayashi Teruô und Mabunis Sohn Kenei, der in Osaka blieb, wurden berühmte Karatemeister. Ein anderer seiner Söhne, Mabuni Kenzô, entwickelte parallel hierzu einen weiteren Zweig des *Shitô ryû* auf Okinawa.

Selbst der *Uechi*-Stil, der entschieden seine Unabhängigkeit von den großen Stammbäumen des *Okinawa te* bewahrt hatte, gelangte zwischen

---

[63] Myagi Chôjun verlieh 1929 seiner Stilrichtung den Namen *Gôjû ryû*.

[64] Siehe die genealogischen Darstellungen auf den Seiten 142 und 152.

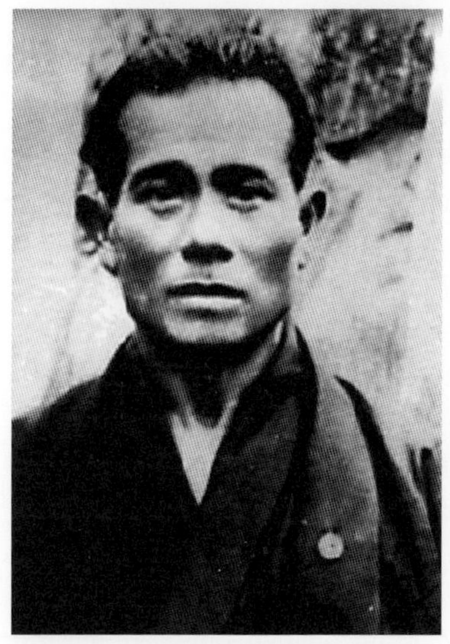

Foto 31

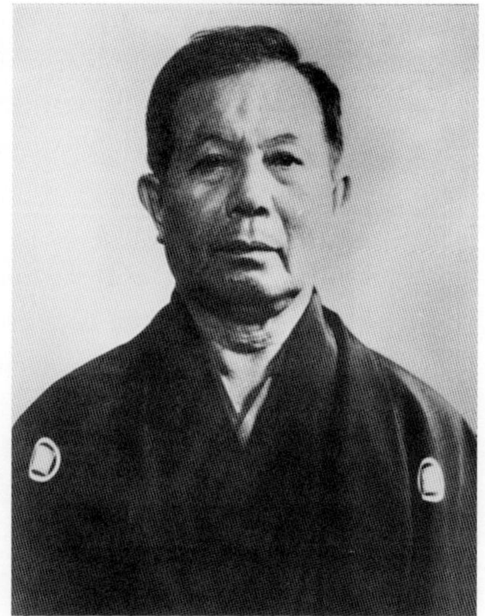

Foto 32

Foto 31: Uechi Kanbun (1877-1948) führte in Okinawa eine Nebenlinie des *Wushu* ein, die sich unabhängig von der durch Higaonna begründeten Linie entwickelte.

Foto 32: Uechi Kanei (1912-1991), der Sohn von Kanbun, blieb dem Werk seines Vaters zeitlebens treu.

den beiden Weltkriegen nach Japan. Uechi Kanbun (1877-1948) hatte 13 Jahre lang die Kunst des *Tôde* in der chinesischen Provinz Fujian studiert. Unter Leitung des *Shifu* Chou Tsu Ho (auf okinawanische Shushiwa) erlangte er Meisterschaft im Stil *Pangai-noon* (*Fwan-ge-nun*). Diese Schule, die an der Schnittstelle zwischen inneren und äußeren Stilen angesiedelt war, wurde im wesentlichen durch die Nachahmung dreier Tierarten inspiriert: Tiger, Kranich und Drache, was dazu führte, daß in diesem Stil zahlreiche Techniken mit offener Hand – als Lanze oder Tatze – enthalten sind. Als Uechi in seine Heimat zurückkehrte, lehnte er es lange Zeit ab, das von ihm in China Gelernte weiterzugeben. Man hatte ihn eingeladen, am Gremium der Lehrer des *Okinawa te* teilzunehmen, aber er hielt sich von den Spannungen und Rivalitäten, die dort herrschten, fern. 1924 entschied er sich, gemeinsam mit seinem Sohn Kanei nach Japan, in den Ort Wakayama, überzusiedeln. Er lebte dort bis zu seiner Rückkehr nach

Okinawa im Jahre 1947. Ein Jahr später starb er. Uechi erteilte in Wakayama Tomoyose Ryûyû, einem bereits in Japan lebenden Landsmann, Unterricht, und ab 1927 bildete er auch seinen Sohn Kanei aus. Dieser trat nach und nach die Nachfolge seines Vaters an und eröffnete im Jahre 1940 eigene *Dôjô* in Osaka und in Hyogo. Doch bereits 1942 kehrte Kanei nach Okinawa zurück. Dort begegnete er Tomoyose Ryûkô, dem Sohn von Kanbun Uechis Schüler Tomoyose Ryûyû, der in Japan geblieben war. Dieser war bereits Experte im *Gôjû ryû* Miyagi Chôjuns. Im Ergebnis dieses Treffens entschied sich Kanei, in einer Vorstadt von Ginowan, Futema, ein *Dôjô* einzurichten. Dieses *Dôjô* ist seither das Weltzentrum (*Hombu Dôjô*) der Schule des *Uechi ryû*, das Kanei auf Grundlage dessen, was er von seinem Vater gelernt hatte, lehrte und weiterentwickelte. Kanei starb am 24. Februar 1991, nachdem er einem seiner Söhne, der gleichfalls den Vornamen Kanei trägt, seine Nachfolge übergeben hatte.

Das *Uechi ryû* blieb stets am Rande der allgemeinen Entwicklung, mit seinen Lehren und seinen eigenständigen *Kata* eine unbeugsame Bastion der traditionellen Kampfkunst. Diese marginale Rolle ist wahrscheinlich der Tatsache zu verdanken, daß dieser Stil sich in den 30er Jahren in Japan kaum verbreitet hat, während andere Stilrichtungen damals aufgrund der allgemeinen Begeisterung für die Kunst der »leeren Hand« große Anhängerschaften fanden. Der Gründer des Stils, Uechi Kanbun, hat lediglich drei klassische *Kata* hinterlassen, *Sanchin*, *Seisan* und *Sanseru*. Bei diesen *Kata* fällt die althergebrachte Ausführung mit offenen Händen ins Auge. Im Gegensatz dazu wird die *Kata Sanchin* in der Form, wie sie von Higaonna ins *Naha te* eingeführt wurde, mit geschlossenen Fäusten ausgeführt. Uechi Kanei fügte dem *Uechi ryû* eigene Schöpfungen hinzu: die *Kata Kanshiwa*, *Daini Seisan*, *Konchin*, *Kankabo*, *Seichin* und *Seirui*. Die Gesamtheit der Lehren des *Uechi ryû* blieb technisch wie geistig dem Wesen der *Koshiki Kata*, wie Uechi Kanbun sie einst aus China mitgebracht hatte, sehr nahe.

Weder Funakoshi, noch Miyagi oder Mabuni gelang es, die Entwicklung ihrer Kunst seit den 30er Jahren des 20. Jahrhunderts weiterzubestimmen. Jene *Kata*, die sie alle in ihren Stilen als *Koshiki Kata* bezeichneten, wurden verwertet, geplündert und ärmer gemacht. Dies alles war eine direkte Folge des Erfolges, der die Meister, die aus Okinawa gekommen waren, wie eine Sturmflut übermannt hatte. Ihre verschiedenen Versuche, diese Fluten zu kanalisieren, scheiterten allesamt. Ihre Autorität reichte nicht aus, und schon bald sahen sie sich in den Fesseln ihres eigenen Erfolges gefangen. Als sie ihr Wissen auf das japanische Umfeld übertrugen, mußten sie, um die Verständnisfähigkeit der Masse ihrer Schüler nicht zu überfordern, vom Inneren (*Gokuhi*) zum Äußeren (*Waza*) übergehen. Es ist anzunehmen, daß sie angesichts der verheerenden Ergebnisse ihrer Bemühungen, die unter ihrer Verantwortung eintraten, und angesichts all der Verstümmelungen, die ihre Kunst erleiden mußte, mitunter verzweifelten. Ihre Bestrebungen, das Heft wieder in die Hand zu nehmen und die Entwicklungsrichtungen selbst zu bestimmen, waren am Ende allesamt vergebens.

Man kennt die Zugeständnisse, die Funakoshi in vorgerücktem Alter machte, als er sich bereiterklärte, seinem Lehrsystem neue *Bunkai* hinzuzufügen, zusätzlich zu den strikten *Bunkai* der *Koshiki Kata*. Diese *Bunkai* gehorchten jedoch dem gleichen Prinzip der Selbstverteidigung und nicht dem der Aggressivität. Auch sie verkörperten den berühmten Grundsatz Funakoshis: »Karate ni sente nashi« (»Es gibt im Karate keinen ersten Angriff.«).

Miyagi Chôjun paßte seine Lehren ebenfalls an die veränderten Umstände an. Er schuf zu diesem Zweck die beiden *Gekisai-Kata* (*Dai ichi* und *Dai ni*), die zum einen verschiedene ausgeprägte Stellungswechsel, wie sie im *Gôjû ryû* typisch sind, beinhalten, jedoch andererseits durch ihre größere Dynamik vor allem junge Menschen begeistern konnten. Weiterhin entwickelte er die *Kata Tenshô*, eine Vereinfachung der Form *Rokkishu*, einer *Tao* der südchinesischen Schule *Tang Lang*, und er entwickelte eine Kurzfassung der alten Higaonna-*Kata Sanchin*.

Mabuni Kenwa seinerseits führte neue *Kata* in seinen Stil *Shitô ryû* ein. Dabei versuchte er, dem allgemeinen Geschmack entgegenzukommen, indem er den Grundmustern der *Koshiki Kata* Veränderungen und größere Vielfalt aufprägte. Dies gilt beispielsweise für die *Kata Joruku*, *Miyojo*, *Aoyagi*, *Shihozuki* und *Nipaipo*.

Von solch einem Abrücken von der Tradition blieb nicht einmal Okinawa verschont. Um 1940 kreierte Nagamine Shôshin, ein Vertreter des *Shôrin ryû*, die beiden *Fukyu-Kata*, die vor allem von Anfängern, die von den Schwierigkeiten der *Pinan-Kata* abgeschreckt wurden, praktiziert werden sollten.

Bei solchen Beispielen, wie sie die größten Meister gaben, ist es nur allzu verständlich, daß diese Entwicklung durch die nachfolgende Generation weitergeführt wurde. Deren Vertreter waren zweifelsohne auf technischem Gebiet hervorragend ausgebildet, jedoch nur ungenügend aufgeklärt über die inneren Elemente der okinawanischen *Koshiki Kata*. Die Übertragungskette dieser alten Formen zerbrach in den 30er Jahren des 20. Jahrhunderts, bereits zu Lebzeiten jener, die wahrscheinlich noch über die inneren Aspekte der klassischen *Kata*, das *Gokuhi*, Bescheid wußten. Einmal zertrennt, entfernten sich die beiden Teile der Kette sehr rasch voneinander, trotz aller späteren verzweifelten Bemühungen Einzelner, dem entgegenzuwirken, sei es in Japan, auf Okinawa oder anderswo.

Trotz alledem gibt es auch positive Aspekte in jener Zeit zu entdecken, als die japanischen Liebhaber der Kampfkünste das Karate für sich entdeckten. Durch den Kontakt mit dem neuen Umfeld, in dem sie sich erfolgreich verbreitete, wurde die Kunst der »leeren Hand« auch durch neue kulturelle Elemente bereichert.

Um dies verstehen zu können, muß man sich folgendes vergegenwärtigen: Bis 1868 konnte sich aufgrund der gegebenen historischen Umstände das *Okinawa te*, von wenigen Ausnahmen abgesehen, nur in einem plebejischen Umfeld entwickeln, in Kreisen also, die sozial im Rang weit unterhalb der herrschenden Aristokratie der japanischen Besatzungsmacht standen. Hinzu kam, daß Krieger auf waffenlose Kampfstile eher verächtlich herabblickten, schließlich war das Schwert die Waffe des Samurai, und ein Samurai pflegte nichts als Verachtung gegenüber unbewaffneten oder allenfalls mit Knüppeln bewaffneten Bauern zu empfinden.

Die Meiji-Restauration setzte all dem ein Ende. Sie brachte den Untergang des traditionellen Kriegertums mit sich und den Aufstieg der Mittelklasse und später der unteren Schichten. Die Budôkünste interessierten nunmehr nur noch jene, die einst zwar großes Verlangen nach ihnen verspürt hatten, aber keinerlei Möglichkeit hatten, Zugang zu ihnen zu erhalten. Die einfachen Leute waren seit langem von Waffen fasziniert gewesen, und dies gilt vor allem für Okinawa, wo sie ihnen jahrhundertelang verboten gewesen waren. Auf ganz natürliche Weise prägten sie ihrer neuen »Waffe«, dem Karate, die Ethik, die bisher den Samurai vorbehalten gewesen war, auf. Gewissermaßen »plünderten« sie bei den Samurai, indem sie kulturelle, religiöse und sogar esoterische Elemente aus deren Tradition übernahmen. All dieses Wissen war ihnen jahrhundertelang vorenthalten worden, nicht zuletzt deshalb, damit sie dem unterprivilegierten Zustand, in dem sie sich befanden, nicht entrinnen konnten. Nun aber übernahmen sie, soweit sie es begreifen konnten, das Samurai-Wissen, und modifizierten es nach ihren Bedürfnissen.

Die Aristokraten hatten, auf Weisung Kaiser Mutsuhitos, jegliches Interesse an kriegerischen Belangen verloren und wandten sich wirtschaftlichen Abenteuern zu – die großen Samurai-Familien gründeten die ersten Unternehmensgruppen Japans, die Zaibatsu. Die Budôkünste verloren ihre sakrale Bedeutung und wurden Gemeingut. Das einfache Volk eroberte die verlassene Festung, nach deren Besitz es allzulange vergeblich getrachtet hatte und bemächtigte sich Teilen des spirituellen Erbes der alten Budôkünste. Die Verbindungen, die zwischen Karate und *Zen*-Buddhismus existieren, stammen vor allem aus dieser Zeit. Dennoch ist es richtiger zu sagen, daß man damals die Verbindung zwischen Körperübungen und Spiritualität wiederentdeckte, denn dieser Zusammenhang hatte während der gesamten Zeit, in der sich die Kampfkünste in China herausbildeten, bestanden. Er war aber bereits zu Beginn der Zeit, da sie ihren Weg nach Okinawa fanden, verloren gegangen, als sie im dortigen bäuerlichen Milieu Fuß faßten.

Somit verband sich sowohl in Japan als auch auf Okinawa im ersten Drittel des 20. Jahrhunderts eine Art moralisches Bewußtsein mit den tödlichen Kampftechniken, die sich bis dahin in einem recht rohen Umfeld entwickelt hatten. Eines muß dabei besonders hervorgehoben werden: Der neue geistige Hintergrund, den die Kampfkunst bei diesem Prozeß erhielt, war, so nützlich er auch sein mochte, tatsächlich nichts als ein dürftiger Ersatz. Er konnte nicht im mindesten die Verluste an chinesischer Spiritualität ersetzen, deren unmittelbare Entäußerung die *Koshiki Kata* gewesen waren. Indem japanischer Geist das chinesische Erbe übernahm, prägte er den Techniken teilweise Auffassungen auf, die sich extrem von der ursprünglichen Konzeption unterschieden. Dies erklärt sich durch die Verschiedenheiten hinsichtlich Mentalität und Religion. Wer eine Brücke schlagen will zwischen dem modernen Karate und jenem, wie es noch zu Beginn des 20. Jahrhunderts bestand, wird diese Tatsachen nicht ignorieren können. Doch indem die Japaner dem Karate ihre Spiritualität, ihre Auffassungen vom klassischen *Budô* aufprägten, gaben sie dem *Okinawa te*, das sich plötzlich mit den Anforderungen der modernen Welt konfrontiert sah, auch eine neue Chance. Auf diese Weise blieb immerhin das Interesse neuer Generationen von Karateka an dem, was sich hinter den Techniken verbarg, erhalten. Damit war auch eine Grundlage dafür geschaffen, daß sich heute mehr und mehr Karateka darum bemühen, die fehlenden Glieder einer Kette, die direkt zu den alten *Meijin* aus Okinawa führt und, darüber hinaus, zu den Techniken des alten chinesischen Boxens, wiederzufinden. Dies gilt nicht zuletzt auch für Japan, wo einige große Experten versuchen, die Geschichte ihrer Kampfkunst zu erforschen, indem sie sich auf Spurensuche nach Okinawa oder auch nach China begeben.

3.2 Wandlungen und Weiterverbreitung

Nach dem Zweiten Weltkrieg entwickelten sich die Dinge sehr schnell. Das japanische Modell des Karate, unvollkommenes Produkt der okinawanischen Lehren, prägte sich deutlich aus und machte auf der ganzen Welt Schule. Lange Zeit sprach man nur widerwillig von den okinawanischen Wurzeln. Kaum jemand dachte noch an jene Okinawaner, denen die japanischen Karateka all ihr Wissen zu verdanken hatten, höchstens noch einige Alte, die sich an ihre Jugendzeit erinnerten. Wer den Krieg überlebt hatte, wandte nun verächtlich den alten Werten den Rücken zu, die ihnen nur Enttäuschungen gebracht hatten, da sie sich in dem großen Krieg mit den USA als wertlos erwiesen hatten. Nur wenige teilten diese neue Geisteshaltung nicht.

Das Jahr 1945 war furchtbar. Nicht allein waren viele der fortgeschrittenen Schüler des Karate im Krieg gefallen, auch das *Shôtôkan*-Gebäude war bei einem Luftangriff zerstört worden. Funakoshi Yoshitaka, der seit seiner Jugend an Tuberkulose gelitten hatte, starb. General Mac Arthur, der Befehlshaber der amerikanischen Truppen, die Japan nach dessen bedingungsloser Kapitulation besetzt hatten, setzte alles, was einer Kampfkunst auch nur ähnlich war, auf den Index. Aus diesem Grund wurde das *Butokukai*[65] geschlossen und das Gebäude durch die 6. US-Armee beschlagnahmt. Doch dank einer List blieb das *Karatedô* von dem Verbot verschont. Es

---

[65] Vgl. Fußnote 59 auf S. 111.

gelang, die Behörden der Besatzungsmacht davon zu überzeugen, daß die *Kata* nichts weiter seien als eine Form traditionellen Tanzes.

Erst 1948 wurde das Verbot der Kampfkünste wieder aufgehoben. Das *Butokukai* durfte 1949 seine Pforten wieder öffnen. Funakoshi Gichin, ungeachtet seines hohen Alters, hatte bereits wieder damit begonnen, an den Universitäten von Keio und Waseda Karateunterricht zu erteilen. Mitunter kamen ganz neuartige Schüler in seine *Dôjô*: Verschiedene amerikanische GI nutzten ihren Aufenthalt in Japan, um am Tokioter *Kôdôkan* Jûdôkurse zu absolvieren, sich in das *Karatedô*, ins *Aikidô* oder ins *Kendô* einführen zu lassen. Diese neue Öffnung der traditionellen Kampfkünste, die soweit ging, daß selbst Ausländer (schlimmer noch: ehemalige Feinde) an der Ausbildung teilnehmen durften, war für das Überleben dieser Künste von entscheidender Bedeutung. In der Folge begann schon bald jene einzigartige Diaspora, die die Kampfkunstexperten aus Japan in die ganze Welt ausschwärmen ließ. Dies waren zunächst Amerikaner und andere Ausländer, die das in Japan Gelernte nun ihrerseits in ihren Heimatländern vermittelten, schließlich aber Japaner, die von ersteren um Unterstützung gebeten wurden. Da die Zeiten schwierig waren, akzeptierten sie es, ihr Land zu verlassen und im Ausland *Karatedô-Dôjô* zu eröffnen. Manche von ihnen kehrten nie wieder in ihre Heimat zurück. Sie entwickelten sich weit entfernt von den Quellen ihrer Kunst weiter. Im Laufe der Zeit vergaßen sie manches, und persönliche Entwicklungen flossen in ihre Praxis ein. So geschah es erneut, daß das, was von den *Koshiki Kata* noch übrig geblieben war, modifiziert wurde.

Seit 1949 sorgte der Elan der letzten *Sempai*, der »alten« Schüler Funakoshi Gichins, für ein Wiederaufleben des Karate. Sie gründeten den Japanischen Karateverband, die JKA.[66] Funakoshi selbst wurde zum Ehrenausbilder ernannt und sein Schüler Obata zum Vorsitzenden. Das neue *Shôtôkan-Dôjô* wurde 1955 im Stadtteil Yotsuya eingerichtet (1964, sieben Jahre nach dem Tod des Meisters, wurde es in das Suidobashi-Viertel verlegt, in die Räumlichkeiten des alten *Kôdôkan*). Tatsächlich bestanden zwischen dem Meister und dem neuen *Dôjô* kaum noch irgendwelche Verbindungen. Er fungierte nur noch als eine Art Markenzeichen, als Symbolfigur, er war ein alter Mann geworden, der zwar respektiert, aber auf technischem Gebiet ignoriert wur-

[66] Auf engl. Japan Karate Association.

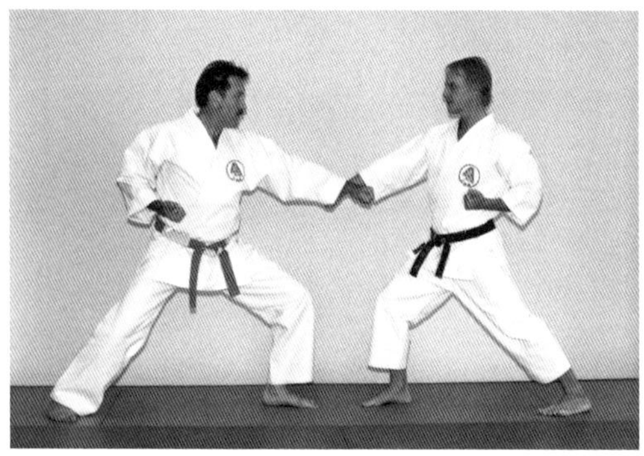

Foto 33

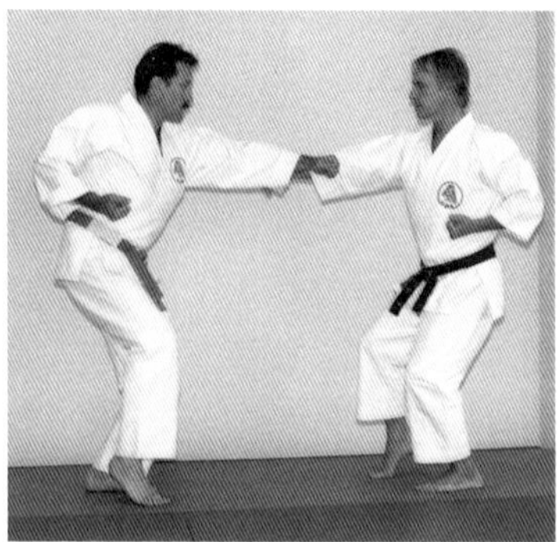

Foto 34

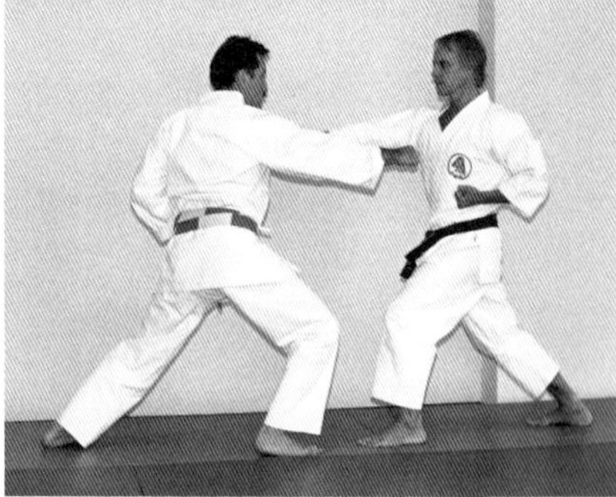

Foto 35

Fotos 33 bis 35: Beispiel für eine recht unwahrscheinliche Kampfsituation (erste Technik der *Kata Heian shôdan*): Ein *Gedan barai* erfolgt, während man nach vorn geht, und es folgt ein Gegenangriff im *Oi zuki* auf *Tori*, der zurückweicht. Es ist unmöglich, die Ausführung der Technik auf diesem Niveau zu akzeptieren. Es stellt sich die Frage nach der Bedeutung. – Fortsetzung: Fotos 36 und 37, S. 127.

de, und dies war ihm sehr wohl bewußt. Von nun an beschränkte sich seine Rolle auf gelegentliche Besuche, was heutzutage nicht wenige Experten, darunter einige mit internationalem Renommee, dazu verleitet, jedem, der es hören will, zu verkünden, sie seien direkte Schüler (*Deshi*) des Meisters. Es bedarf jedoch lediglich einiger Kenntnis der Chronologie der Ereignisse, um zu erkennen, daß diese Behauptungen aus der Luft gegriffen sind. Es ist jedoch interessant, daß viele sich, um ihr eigenes Prestige zu stärken, ohne zu zaudern als Schüler eines Mannes bezeichnen, der am Ende seines Lebens

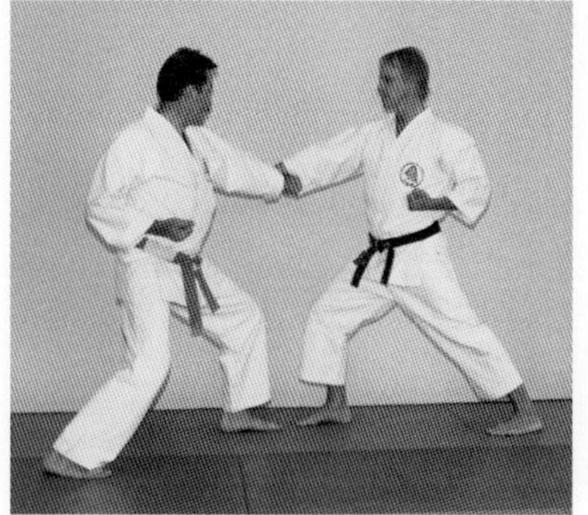

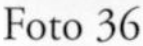
Foto 36

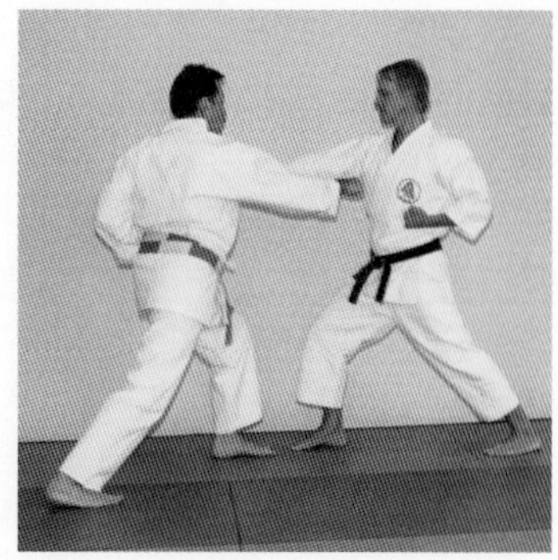

Foto 37

Fotos 36 und 37: Die logische Art und Weise, die in den Fotos 33 bis 35 dargestellten Techniken im Kampf einzusetzen, ist folgende: Es erfolgt ein *Gedan barai*, während man auf einer Achse, die schräg zur Angriffsrichtung verläuft, zurückweicht. Es folgt ein *Gyaku zuki* im Stand. Dies ist die realitätsnahe Anwendung des technischen Prinzips, das dem Beginn der *Kata Heian shôdan* von Itosu zugrunde liegt.

Itosus Kampftechniken sind durch Entschlossenheit geprägt (kein Zurückweichen) und durch höchsten Energieeinsatz. Dies ist eine pädagogische Vorgehensweise, die zu überprüfen sich für den höher Fortgeschrittenen empfiehlt, ohne daß dabei jedoch die *Kata* verändert wird. Auf diese Weise wird man über den Weg eines aufgezwungenen Schemas »seine« *Kata* neu entdecken und damit seine Freiheit finden. Siehe auch S. 56.

praktisch keinerlei Einfluß mehr besaß. Obwohl man einstmals kaum noch Wert auf das legte, was Funakoshi sein Leben lang an Lehren verbreitete, wird man nicht müde, sich um die Legitimität seiner Nachfolge zu streiten.

Die JKA führte ab 1951 den Freikampf, das *Ju Kumite*, in ihren allgemeinen Trainingsplan ein und entwickelte sich zu einer mehr und mehr kommerziellen Organisation. Ihre Experten, dank derer sie sich weltweit ausbreitete, zeichneten sich durch hohe Dynamik und durch eine exzellente Technik aus. Die Einheit der JKA zerbrach bereits zu Lebzeiten Funakoshis, als 1954 niemand anders als ihr Vorsitzender, Obata, die Organisation verließ, um eigene Wege zu beschreiten. Andere folgten ihm, aber diese Austritte sind schon wieder der Beginn einer anderen Geschichte. 1957 fand der erste offizielle *Shiai*[67] statt, der durch Kanazawa Hirokazu gewonnen wurde. Aber Funakoshi Gichin mußte dies nicht mehr mit ansehen: Er war am 26. April

[67] *Shiai*: (jpn.) Wettkampf nach sportlichen Regeln.

1957, im Alter von 88 Jahren gestorben. Mit ihm verschwand in den Augen vieler ein Bremsklotz für eine von nun an entschieden sportliche Entwicklung des Karate. Sein Tod führte auch, wie vorauszusehen war, zu etlichen persönlichen Querelen. Alle Stilrichtungen erlitten im übrigen schnell das gleiche Schicksal wie das *Shôtôkan*, kaum daß die letzten Meister, vor denen man noch Respekt und Furcht empfunden hatte, verstorben waren.

Ein einziger Karatestil blieb von dieser Entwicklung ausgeschlossen: die Schule des *Uechi ryû*, die fest um den Sohn des Gründers geschlossen blieb, der in der okinawanischen Stadt Futema lehrte. Sein *Dôjô* befand sich übrigens in unmittelbarer Nähe zur amerikanischen Luftwaffenbasis, Kadena, von der ihm mehr und mehr Schüler zuströmten. Das ist der Grund dafür, daß das *Uechi ryû* heute eine so große Rolle in den USA spielt, während es anderswo kaum Fuß fassen konnte.

Weitere Entwicklungen sollen an dieser Stelle nicht vorgestellt werden. Es würde den Rahmen dieses Buches, das schließlich die *Kata* in ihren ältesten Formen behandelt, sprengen, sämtliche Verästelungen zu analysieren, die sich im letzten halben Jahrhundert um die großen Karatestile ausgebildet haben.

Die Entwicklung der *Kata* und damit ihre weitere Entfernung von ihren originalen Vorbildern hörte nicht auf, als die Experten des Karate in die ganze Welt ausschwärmten, was das Ende des direkten und privilegierten Unterrichts des Schülers durch den Meister bedeutete. Auch Vergleiche und Analysen, die durch audiovisuelle Techniken möglich wurden, setzten dieser Entwicklung kein Ende. Die Ursachen für die weitere Evolution sind unterschiedlicher Natur. Beispielsweise spielen Unterschiede im Körperbau der Praktizierenden eine Rolle, selbst in Japan, wo Veränderungen der Ernährungsweise zu veränderten Körpergrößen und damit zu veränderten Techniken führten. Auch ästhetische Gründe spielen eine Rolle, beispielsweise bei zur öffentlichen Vorführung gedachten *Kata*. Eine andere Ursache ist die Frage der Effizienz, ein Problem, das stets und ständig diskutiert wird und immer fragwürdig bleibt. Weiterhin geht es um Vereinheitlichungen, damit *Kata* als simple Übungsaufgaben vor einer Jury in vorgegebener Zeit vorgeführt werden können.

Was die Verwandtschaften zwischen modernen japanischen *Kata* und den ursprünglichen okinawanischen *Kata* angeht, so sind diese heute nur noch mehr oder weniger schwach ausgeprägt zu erkennen. Dies betrifft weniger den eigentlichen technischen Ablauf als vor allem die Art der Ausführung, den Rhythmus. Es gibt *Kata*, die sehr dicht bei ihren Vorbildern geblieben sind, wie z. B. die *Pinan* (*Heian*), und es gibt *Kata*, bei deren Entwicklung man sich größere Freiheiten gestattet hat und bei denen selbst das alte Grundgerüst (*Embusen*) schwierig zu erkennen ist. Letzteres trifft beispielsweise auf die *Kata Gankaku* zu, wenn man sie mit der alten *Kata Chintô* des *Shuri te*, aus der sie hervorgegangen ist, vergleicht, oder auch auf die *Kata Meikyô* im Vergleich zur alten *Kata Rôhai*. Von modernen *Kata*, die nach 1950 zusammengestellt wurden, auch wenn bei einigen dieser Schöpfungen Experten von internationalem Renommee am Werk waren, soll hier, da nicht Gegenstand der Thematik dieses Buches, nicht weiter die Rede sein.

Insgesamt gesehen ging der Übergang der *Koshiki Kata* nach Japan mit einem Verlust an Substanz einher, und die Entwicklung nach dem Krieg wirkte in dieselbe Richtung. *Bunkai* wurden modifiziert, um sie (scheinbar) verständlicher werden zu lassen für Praktizierende, denen die Dialektik des Kampfes vertraut war, von der Philosophie der Selbstverteidigung bis zum Sportwettkampf. Damit wurden jedoch die Schlüssel zum Verständnis der Geheimnisse der *Koshiki Kata* verändert, und zwar unwiderruflich. Viele von jenen, die verantwortlich waren für diese Veränderungen, hatten natürlich kein Problem damit, etwas in Vergessenheit geraten zu lassen, von dem sie in Wirklichkeit nie etwas gewußt haben.

Nachdem sie einige Jahrhunderte überdauert hatten, reichte ein halbes Jahrhundert, damit die *Koshiki Kata* verlorengingen. Hier und da gibt es, insgesamt gesehen, natürlich noch einige Bewegungsfolgen, Passagen, Andeutungen in den Bewegungen, die noch daran erinnern. Hierfür werden dann umständliche Erklärungen gesucht, die improvisiert und nicht sehr glaubwürdig erscheinen. Man rettet sich aus der Erklärungsnot, indem man erklärt, daß die *Kata* das eine ist und die Realität des Kampfes etwas anderes. Aus purer Unwissenheit gestaltet man die *Bunkai* härter, damit sie für die erste Stufe des Verständnisses leichter greifbar werden, aber auf diese Weise geht die Möglichkeit flexibler Interpretation verloren, und so verlieren die *Bunkai* einen Großteil ihres Potentials. Die *Kata* werden nun nach ihrer (offensichtlichen) Schwierigkeitsstufe klassifiziert, so daß das Verlangen nach höheren Graduierungen zum Antrieb der Weiterentwick-

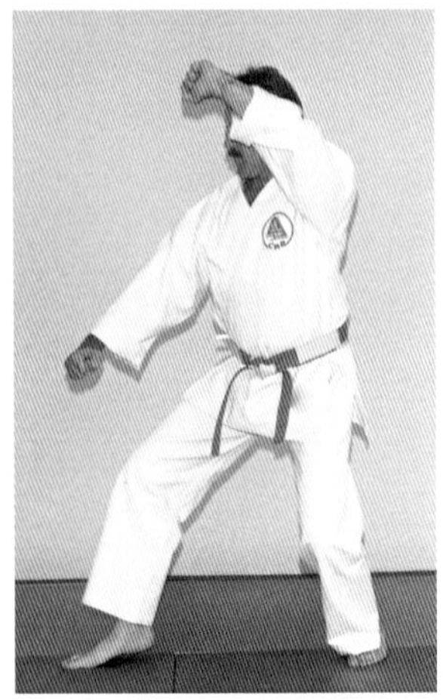

Foto 38

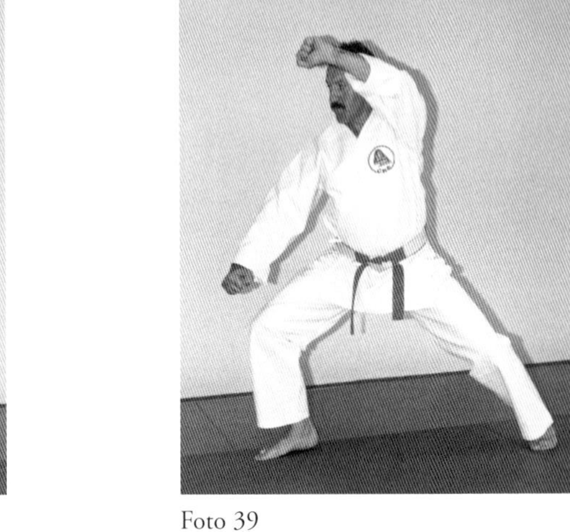

Foto 39

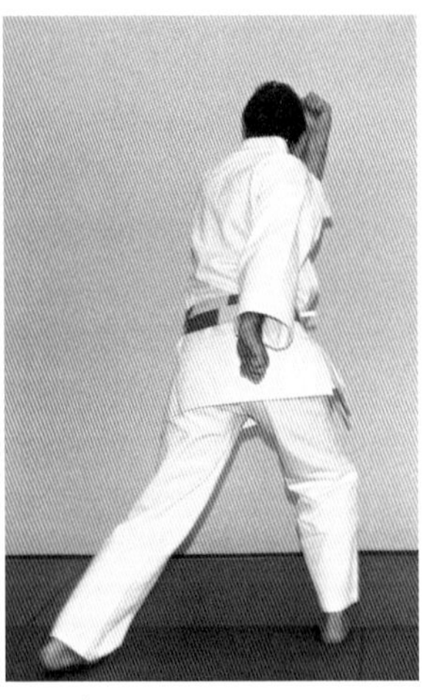

Foto 40

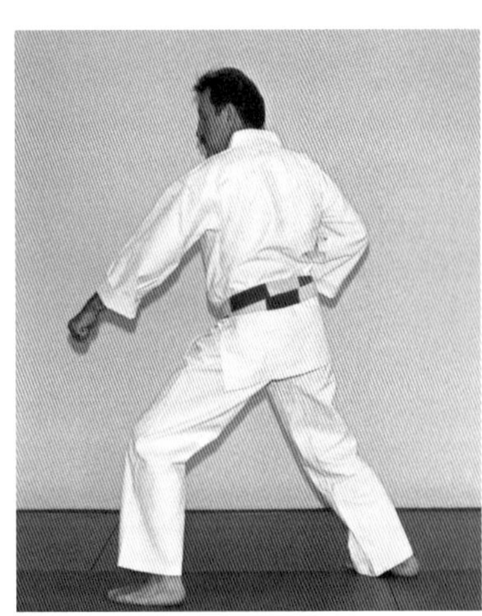

Foto 41

Fotos 38 bis 41: Auf den Fotos 38, 40 und 41 ist ein Ablauf aus der *Kata Tomari no Chintô*, wie sie im *Matsubayashi ryû* überliefert wurde, dargestellt. (Vergleiche auch S. 279, Zeichnungen 33 und 34). Es erfolgt ein doppelter Block im *Nekoashi dachi*, anschließend eine weite Drehung nach links hinten auf dem rechten Fuß, entgegengesetzt zum Uhrzeigersinn. Die Sequenz wird mit einem *Gedan barai* beendet. Doch dies stellt nur die erste Stufe des Verständnisses dar. (Fortsetzung auf Fotos 42 bis 44).

Foto 39: die gleiche doppelte »Abwehr« in offen aggressiver Form (»positiv«) in einem sehr ausgeprägten *Fudo dachi*, wie sie in der *Kata Sôchin* des modernen *Shôtôkan* praktiziert wird.

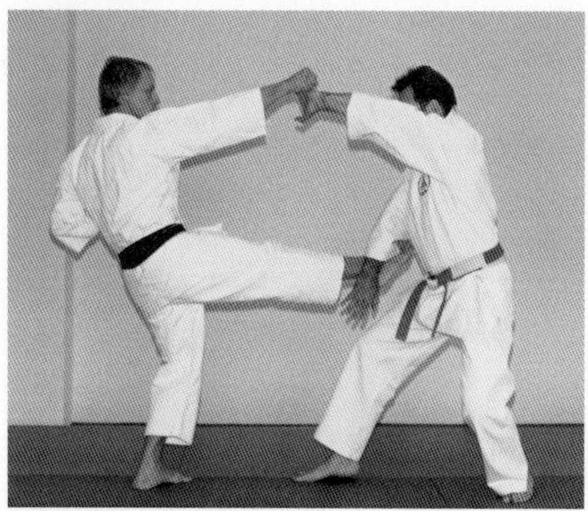

Foto 42

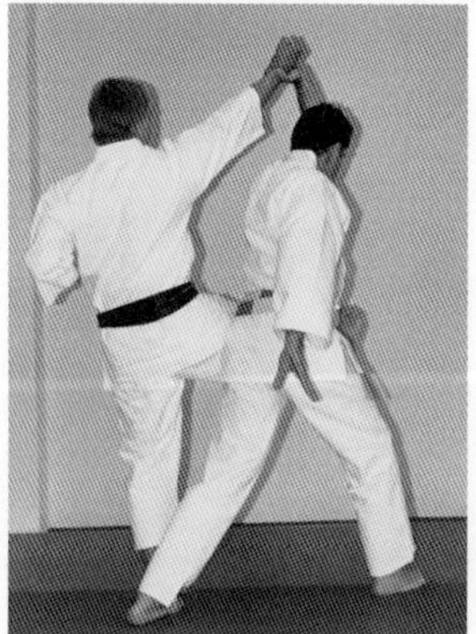

Foto 43

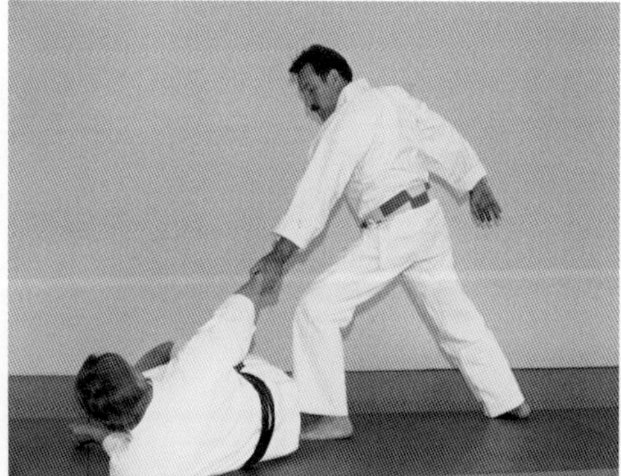

Foto 44

Fotos 42 bis 44: Der realistische Ablauf der Sequenz, wie sie in Fotos 38 bis 41 dargestellt wurde: Ein Wurf beim Gegenangriff auf einen simultanen Angriff mit Faust und Fuß. Die doppelte Abwehr erfolgt ursprünglich mit offenen Händen. *Uke* ergreift *Toris* linkes Handgelenk und wirft diesen am Ende einer Drehung, die es ihm ermöglicht, seinen linken Fuß nahe an *Tori* zu führen, zu Boden. Diese ursprüngliche Idee ist im *Shôtôkan* (*Gankaku*) wie auch im *Wadô ryû* (*Chintô*) vollständig verloren gegangen, wo man den gleichen Doppel-Block (*Manji gamae*) dreimal hintereinander wiederholt. Das einzige in den modernen Versionen der *Kata* erhalten gebliebene Indiz für die Ursprungstechnik ist die weite Drehung nach links hinten während der dritten Wiederholung, während die ersten beiden auf einer Linie ausgeführt werden. Dies stellt ein Beispiel für eine Nivellierung aufgrund eines Nichtverstehens oder einer pädagogisch begründeten Absicht zur Vereinfachung dar. Die ursprüngliche Zweckbestimmung der *Kata* mit ihren subtilen Strategien für den realen Kampf wird dabei in den Hintergrund gedrängt.

lung wird. Man löscht Abschnitte aus den *Kata*, man zieht andere in ihrer Reihenfolge vor, und all dies geschieht aufgrund der Überzeugung, daß eine schnelle und kraftvolle Ausführung einer *Kata*, die der Praktizierende gut gelernt hat, einen hinreichenden Nachweis seiner erlangten »Kenntnisse« über die *Kata* bedeutet.

Auch die *Koshiki Kata* wurden einst für den Unterricht nach ihrem Schwierigkeitsgrad klassifiziert. Dieser Schwierigkeitsgrad bezog sich jedoch sowohl auf die physischen und technischen Schwierigkeiten als auch auf die Möglichkeiten des »inneren« Verständnisses. Daraus ergab sich jenes langsame Voranschreiten voll Vertrauen in den Meister nach dem Prinzip »*Hito kata san nen*« (»drei Jahre für eine *Kata*«). So, wie die *Kata* heute unterrichtet und praktiziert wird, stellt sie in Wahrheit ein Vehikel für das Ego dar und steht damit in Einklang mit den Ambitionen der großen Mehrheit jener, die darin nichts weiter sehen als ein Mittel, um Titel und Ruhm zu erlangen. Vor langer Zeit jedoch fungierte sie als Erziehungsmittel, das die Erforschung des Selbst, des inneren Wesens, ermöglichen sollte. Nur wenige wollen sich heute daran erinnern.

Eine schwierige Situation für jene, die an diesem Aspekt der *Kata* interessiert sind, die aber angesichts einer Tradition, von der nur noch weit verstreute Bruchstücke übrig sind, recht ratlos dastehen. Schließlich ist keine der heutigen *Kata* mehr vollständig, jede ist nur noch ein blasser Widerschein jener *Koshiki Kata*, aus der sie hervorgegangen ist. Allesamt haben sie eine Geschichte der Verzerrungen und Entstellungen hinter sich. Wo, außer in der eigenen Phantasie, sollte man heute noch dem *Gokuhi*[68], den inneren Aspekten der *Koshiki Kata*, begegnen können? Die Antwort lautet: Indem man sich den *Kata*, die man zu kennen glaubt, mit frischem und aufnahmebereitem Geist nähert. Auf diese Weise wird man verschiedene Elemente, hier und da vorhandene Reflektionen und verstreute Andeutungen in ihnen entdecken, die alle Wandlungen überlebt haben. Und man muß sich Zeit dafür nehmen, denn ein allzu stürmisches Vorpreschen in die Vergangenheit wird nur dazu führen, daß einmal mehr die selten gewordenen Spuren verwischt werden, die einem mitunter gestatten, den Weg zu einer Quelle zu finden, die mehr und mehr versiegt.

---

[68] Vgl. Fußnote 43 auf S. 80.

III

Lebendige Tradition

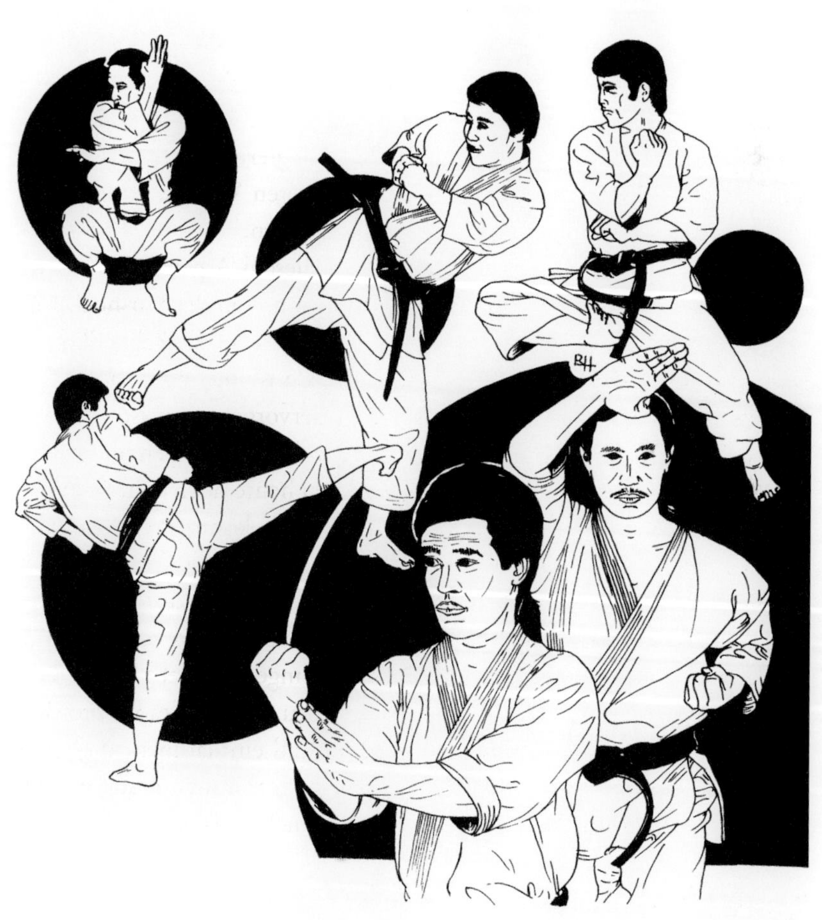

1 Die letzten Meister der letzten traditionellen Schulen

Es wäre ein mühseliges Unterfangen, ein vollständiges Inventar der zahlreichen Stilrichtungen anzulegen, die sich in den letzten 50 Jahren aus den alten, traditionellen Kampfkunststilen entwickelt haben. Die meisten von ihnen sind zudem gänzlich uninteressant hinsichtlich der *Kata*, auf denen ihr Lehrsystem beruht. Man findet hier praktisch überhaupt nichts mehr von den *Koshiki Kata*. Dagegen findet man in dieser Hinsicht überzeugendere Versionen bei einigen wenigen Schulen, die hiervon eine Ausnahme bilden. Jene werden von den letzten Meistern geleitet, die tatsächlich in der Lage sind, Nachforschungen auf dem Gebiet der *Koshiki Kata* anzustellen. Es gibt sie sowohl auf Okinawa als auch in Japan. Es sind nicht in jedem Fall die ältesten unter den Meistern, aber ihr *Karatedô*-Lehrsystem, die Positionen, die sie vertreten, oder ihre Forschungen sind anerkannte Garanten für ihre Seriosität. Wenn noch irgend etwas von den

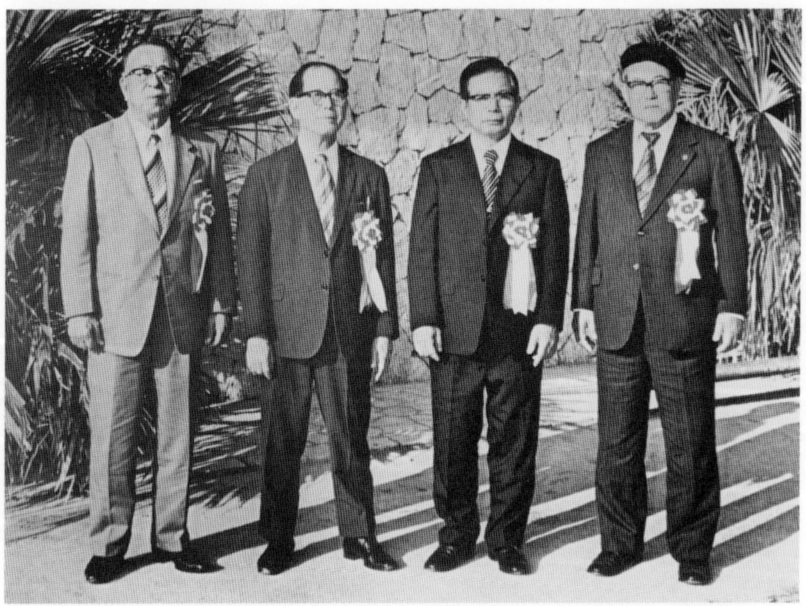

Foto 45: Die vier letzten Träger des 10. Dan im *Karatedô* auf Okinawa, fotografiert im Jahre 1977. Von links nach rechts: Higa Yûchoku (siehe S. 147), Nagamine Shôshin (siehe S. 136), Uechi Kanei (siehe S. 157) und Yagi Meitoku (siehe S. 156). (Foto: Uechi).

»unendlichen Schätzen« gerettet werden kann, so werden künftige Generationen es diesen Meistern verdanken. Sie sind die letzten Hüter der Tradition, oftmals Erben der allergrößten Meister, und heute beginnt man endlich, ihre Botschaft wahrzunehmen. Ihr Kampf für das Überleben des wahren Wesens ihrer Kunst erfolgt jedoch spät, und es gibt dabei kein gemeinsames Vorgehen.

1.1 Okinawa: die letzten Hüter der Tradition

Auf der Insel Okinawa, der Wiege des modernen Karate, gibt es noch immer Vertreter der großen Stilrichtungen, die zu Beginn des 20. Jahrhunderts bestanden. Doch inzwischen sind sie zersplittert, und es haben sich über 30 verschiedene Schulen herausgebildet, von denen jede behauptet, allein im Besitz der Wahrheit zu sein. Im folgenden werden die bedeutendsten dieser Schulen vorgestellt.

1.1.1 Der Zweig des Shôrin ryû

»Shôrin« ist die okinawanische Lesart für »Shaolin« und bedeutet demzufolge »kleiner Wald«, eine Referenz zum berühmten chinesischen Kloster, das als Ausgangspunkt aller Kampfkünste gilt. Die entsprechenden chinesischen Ideogramme werden in anderen Regionen Okinawas auch als *Shôrei* gelesen. *Shôrin ryû* stammt unmittelbar vom *Shuri te* ab, wobei teilweise Beiträge des *Tomari te* zu erkennen sind. Die japanischen Stile *Shôtôkan ryû*, *Wadô ryû*, *Shitô ryû* und *Itosu ryû* sind hieraus hervorgegangen. Es gibt heute verschiedene Schulen des *Shôrin ryû*:

Matsubayashi ryû

Diese Schule wurde bis zu seinem Tod im Jahre 1997 durch Nagamine Shôshin, 10. Dan, geleitet. Die praktizierten *Kata* sind folgende: zwei *Fukyu*, fünf *Pinan*, drei *Naihanchi*, *Ananko*, *Wankan*, *Rôhai*, *Wanshu*, *Pas-*

sai, *Gojûshiho*, *Chintô* und *Kûshankû*. All diese *Kata* werden im vierten Teil dieses Buches ausführlich vorgestellt.

Nagamine wurde im Jahre 1907 in Tomari geboren. Er begann im Alter von 17 Jahren aus gesundheitlichen Gründen Karate zu lernen. Sein erster Lehrer war Kuba Chôjin (1885-1969, sein okinawanischer Name lautete Chibana Chôshin). Mit 19 Jahren, als er bereits an Kräften gewonnen hatte, begann er bei Shimabukuru Tarô in Shuri zu lernen. Dessen Empfehlung öffnete den Weg, gleichzeitig bei Aragaki Ankichi (1899-1927) Unterricht nehmen zu können, der ein Schüler von Gusukuma, von Hanashiro und von Kyan Chôtoku war. Aragaki war sehr stark, und von ihm stammt die Technik des *Tsumazaki geri*, des Fußstoßes mit den Zehenspitzen. Nagamine, der zu jener Zeit 20 war, lernte sehr viel vom acht Jahre älteren Aragaki, vor allem auf dem Gebiet des *Okinawa te*, das integraler Bestandteil der okinawanischen Kultur war. Aragaki beherrschte im übrigen auch ausgezeichnet den alten okinawanischen Tanz »Odori«. Kurzzeitig konnte Nagamine auch bei Iha Kodatsu lernen, der ein direkter Schüler von Matsumora Kôsaku war. Nach seinem Militärdienst bei einer Einheit der japanischen Artillerie, die in der Mandschurei stationiert war, kehrte er in seine Heimat zurück, um in den Dienst der Polizei zu treten.

Zwischen 1931 und 1935 war Kyan Chôtoku (1870-1945; er wurde auch Shan Migwa, »der schmaläugige Kleine« genannt) sein Lehrmeister. Jener, der in der Meiji-Ära geboren war, die das Ende des Feudalwesens in Japan, kühne soziale Reformen und eine wirtschaftliche Revolution bedeutete, erlebte sowohl den unaufhaltsamen Aufstieg Japans zum modernen Land, als auch den Krieg, der das Land auf ebenso spektakuläre Weise ruinierte. Man sagt, daß Kyan Chôtoku von höchsten Adelskreisen abstammte, man betrachtete ihn sogar als Nachkommen König Shôseis vom Königreich Ryûkyû. Bereits sein Vater, Kyan Chofu, war ein fähiger Karateka gewesen. Kyan Chôtoku begann mit acht Jahren, bei den *Shuri-te*-Meistern Matsumura Sôkon und Itosu Ankô sowie beim *Naha-te*-Meister Oyadomari Peichin zu lernen. Seine Spezialität bestand in Ausweichmanövern und im *Irimi*, einer Aktion, bei der der Angriff des Gegners durch Kontern durcheinandergebracht wird, indem dessen Angriffsenergie gegen ihn selbst eingesetzt wird, und schließlich in einem berühmt gewordenen Fußtritt mit Doppelsprung. Er zeichnete sich auch durch die vollendete

Beherrschung der *Kata Seisan* aus, die er perfektionierte.[69] Ebenso vollendet beherrschte er die *Kata Kûshankû*, *Passai* und *Chintô*. Er nutzte sehr häufig das *Makiwara*[70] für seine Praxis. Die Stärke seines »*Qi*« soll unerhört gewesen sein, selbst als hagerer alter Mann konnte er sich noch mit Leichtigkeit einer Gruppe Ganoven erwehren, die versucht hatten, ihm auf der Straße von Shuri nach Naha Geld abzupressen. Diese Schlüsselfigur in der Genealogie des *Karatedô* war ebenfalls ein bedeutender Kenner der alten *Bunkai*, und er war hochgebildet und kannte die großen Klassiker der chinesischen Kultur. Dies erklärt seine intelligente Trainingskonzeption und seine große Zurückhaltung in der offiziellen Hierarchie. Ohne Zweifel war Kyan ein Schüler im »Schatten« gewesen, ein Kettenglied einer verborgenen, internen Abstammungslinie, die weit in die Zeit zurückreichte. Sein Einfluß auf Nagamine wurde prägend. Zuvor hatte er übrigens bereits Chibana Chôshin, Chitose Tsuyoshi und Shimabukuru Eizo unterrichtet.

1936 begegnete Nagamine während eines Aufenthalts in Tokio Motobu Chôki (1871-1944), der aufgrund seiner enormen Beweglichkeit und seiner Gewandtheit bei Sprungtechniken den Spitznamen »Motobu zaru« (»Motobu, der Affe«) trug. Motobu Chôki war ebenfalls eine außergewöhnliche Persönlichkeit und bereits zu seinen Lebzeiten eine wahre Legende. Er war von Natur aus sehr stark und hatte außerordentlich breite Schultern. Vergleichsweise hoch von Wuchs, glichen seine Fäuste und Füße mächtigen Keulen. Bescheidenheit zählte nicht zu seinen Stärken, und so brüstete er sich damit, der größte lebende Kämpfer zu sein. Und er war jederzeit bereit, dies zu beweisen, wenn es jemand zu bezweifeln wagte. Motobu war ein wahrer Schrecken von einem Menschen, der tatsächlich nur ein einziges Mal in seinem Leben besiegt wurde. Diesen Sieg trug sein Sempai[71], Yabu Kentsu, nach einem unerbittlichen Kampf davon, worunter aber ihre ausgezeichnete Beziehung zueinander nicht litt. Motobu war im Februar 1871 in Shuri als dritter Sohn einer alten Familie geboren worden, in deren Besitz sich bereits etliche »Geheimnisse« des

---

[69] Die *Seisan* waren die ersten grundlegenden *Kata*, die von allen Meistern gelehrt wurden, bevor Anfang des 20. Jahrhunderts die *Pinan Kata* entstanden.

[70] *Makiwara*: traditionell mit Reisstroh umwickelter Schlagpfosten, der zur Stählung der natürlichen Waffen des Menschen, seiner Hände, Füße und Ellbogen, eingesetzt wird.

[71] *Sempai*: (jpn.) ältester Schüler eines *Dôjô*.

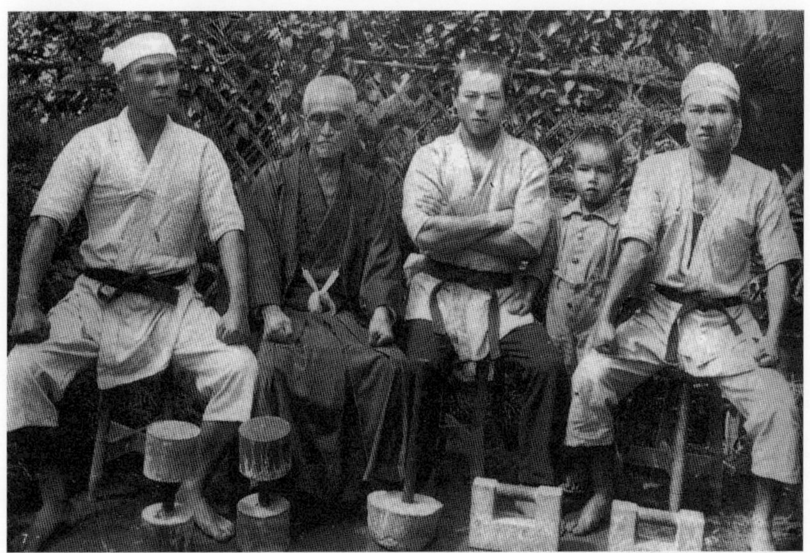

Foto 46: Nakazato Joen (links) an der Seite seines Meisters Kyan Chôtoku (im *Hakama*). Rechts ist Yagi Meitoku zu sehen. Vorn im Bild befinden sich einige rustikale Geräte für das Muskeltraining (*Chikara ishi*). Die Aufnahme entstand im Jahre 1941.

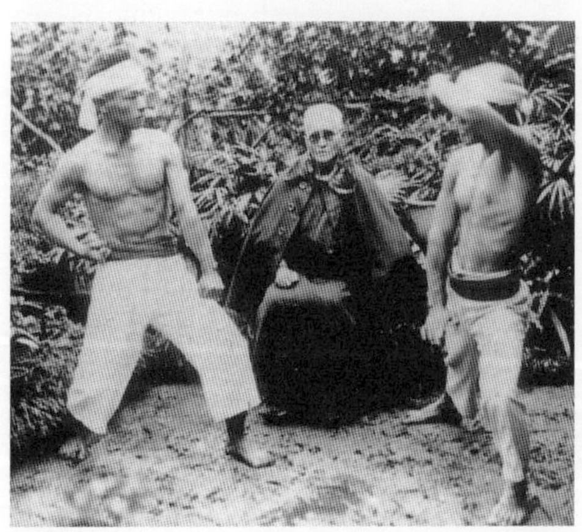

Foto 47

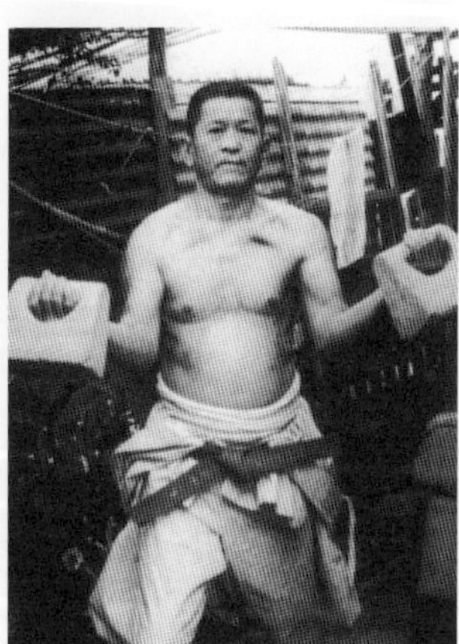

Foto 48

Foto 47: Kyan Chôtoku beobachtet eine *Kumite*-Praxis seiner Schüler.

Foto 48: Tanrenho – traditionelles Training mit *Chikara ishi*.

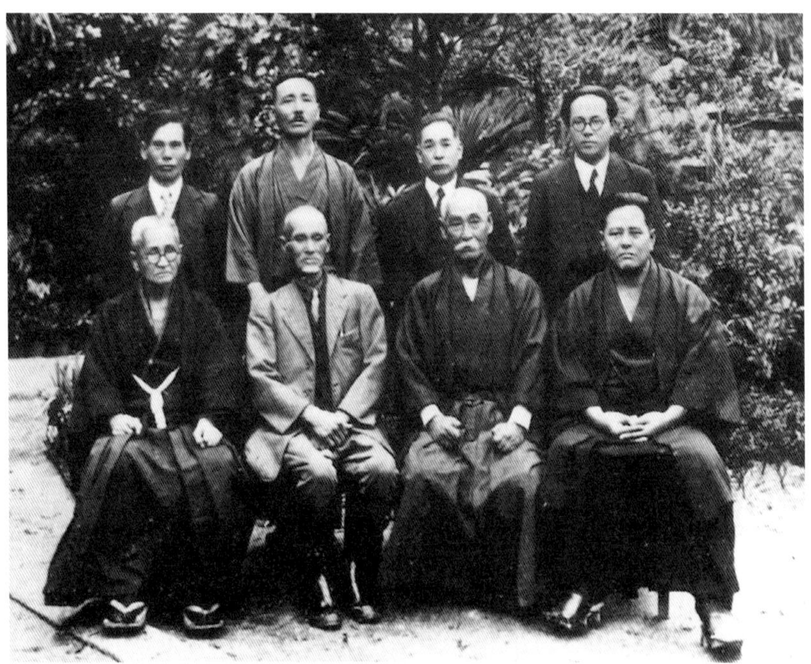

Foto 49: Gruppenfoto der Meister des Okinawa te aus dem Jahre 1936. Stehend von links nach rechts: Gusukuma Shinpan, Maeshiro Choryo, Chibana Chôshin und Nakazone Genwa. Sitzend von links nach rechts: Kyan Chôtoku, Yabu Kentsu, Hanashiro Chômo und Miyagi Chôjun.

Tôde befanden. Nachdem er den Entschluß gefaßt hatte, der stärkste Mann Okinawas werden zu wollen, intensivierte er sein Training, vor allem am *Makiwara* und mit Gewichten. Er nutzte auch jede Prügelei, um sich zu üben, und offensichtlich provozierte er sie häufig zu diesem Zweck. Die damaligen *Sensei*, denen man von ihm erzählte, wollten von ihm wegen seines aggressiven Temperaments nichts wissen. Ein einziger unter ihnen, Matsumora Kôsaku aus Tomari, der beeindruckt von seinem Lernwillen war, lehrte ihn die *Kata Naihanchi* und *Passai*, aber er war nie dazu bereit, ihm die Techniken des *Kumite* zu zeigen. Man sagt, daß es Motobu Chôki dennoch gelang, sie Matsumora gewissermaßen zu stehlen, indem er ihn nachts heimlich durch Lücken in den hölzernen Wänden des *Dôjô* beobachtete. Später erhielt er auch Unterricht bei Tokumine und Itosu. Die Lieblingsstellung Motobus war *Naihanchi dachi*. Aus dieser äußerst stabi-

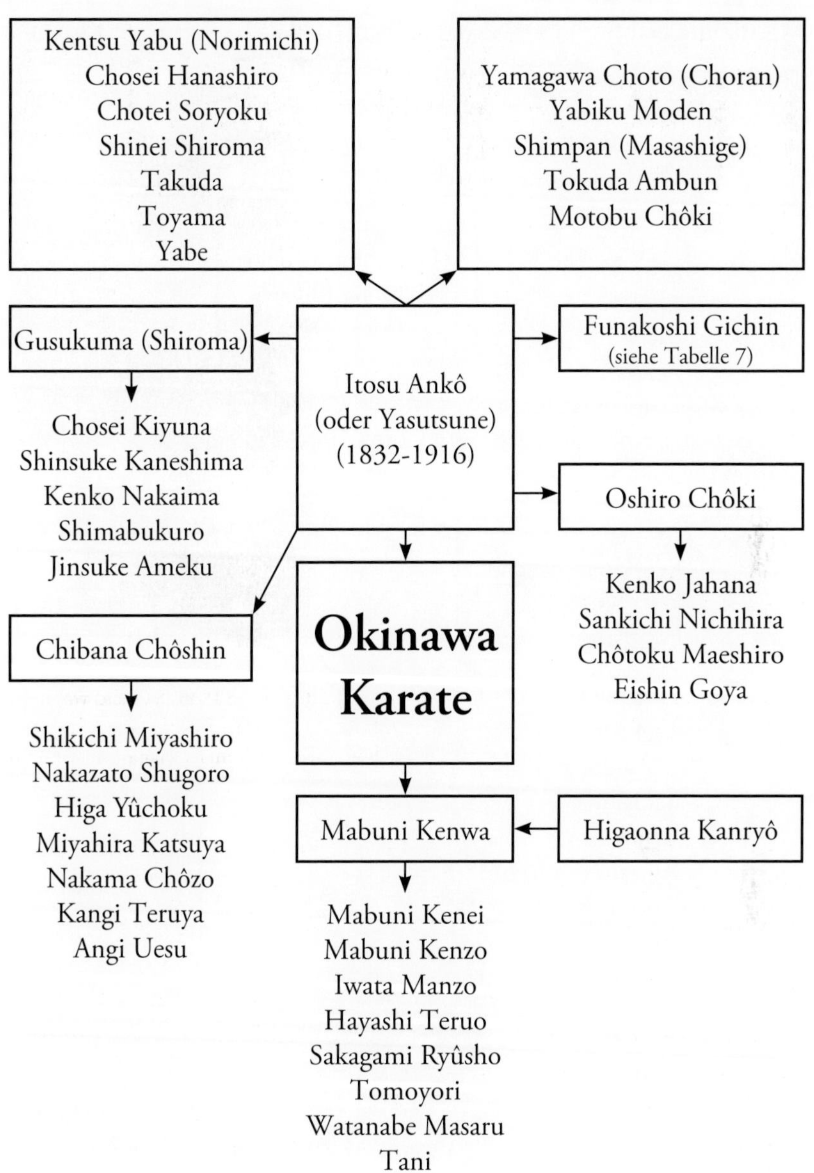

Tabelle 4: *Shuri te / Shôrin ryû / Shitô ryû*

Matsumura Nabe → Sôken Hohan(1889-1973) → Kise Fuji

Tabelle 5: *Shuri te / Shôrin ryû*

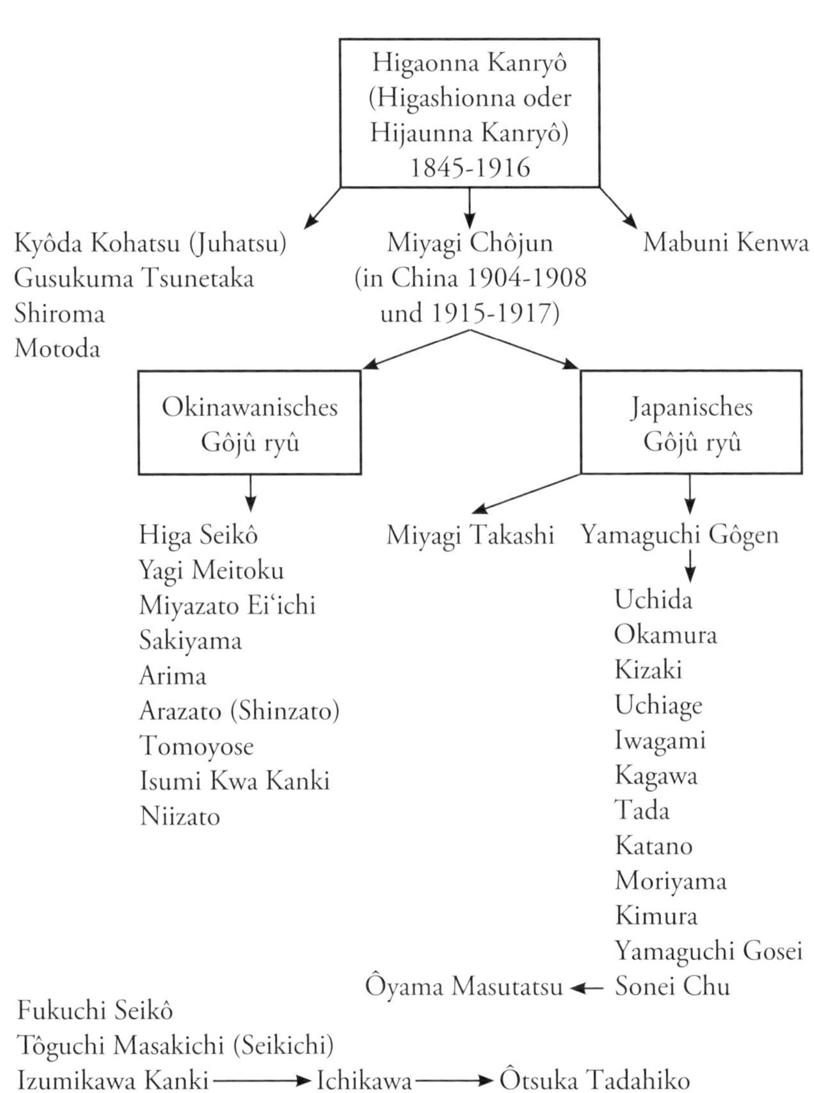

Tabelle 6: *Naha te / Shôrei ryû / Gôjû ryû*

len Stellung heraus konnte er große Gewalt in seine Fauststöße legen, die er vorzugsweise gegen den Kopf seines Gegners führte. Unbeweglich und fest wie ein Fels, konnte kein Stoß ihn erschüttern, selbst wenn es gelang, ihn zu treffen. Er war in jedem Fall einer der furchterregendsten Karateexperten seiner Zeit, und sein Name stand weit oben auf der Liste jener, die durch die okinawanischen Behörden als geeignet angesehen wurden, nach dem Ende des Ersten Weltkrieges Karate in Japan einzuführen. Wie man weiß, war jedoch der letztendlich dazu Auserwählte Funakoshi Gichin. Das ist nicht überraschend, denn selbst wenn, wie behauptet wurde, Motobu leistungsfähiger war als Funakoshi, so gab es genügend Argumente, die gegen die Wahl Motobus sprachen: Er war ungeduldig und cholerisch, er litt an chronischer Selbstüberhebung (am Ende seines Lebens erkannte er sich selbst den 11. Dan zu), sein Charakter war ungeschliffen, seine Unhöflichkeit notorisch und er lehnte hochmütig alles ab, was nicht von ihm selbst stammte.

Bedenkt man, wie lange sich die ursprüngliche Prägung des Karate durch den Meistergründer in den Köpfen der Praktizierenden festsetzte, so ist die Frage durchaus interessant, welche Entwicklung wohl die Kunst des Karate genommen hätte, wenn anstelle des hochgebildeten und im Lehren erfahrenen Funakoshi jener vierschrötige Rohling nach Japan entsandt worden wäre, der mit zerzausten Haaren auf die Straße zu gehen pflegte, der mitunter mit den Händen aß und nicht wußte, wie man auf ordentliche Weise Tee aus der Tasse trank. Wie dem auch sei, auch Motobu Chôki begab sich in eigener Regie nach Japan. Im Jahre 1921 weilte er in Osaka, wo er sich großen Ruhm erwarb, als er sich – im Alter von 50 Jahren – der Herausforderung eines westlichen Boxmeisters stellte und den Kampf gewann. Dieses Ereignis fand einen unglaublichen Widerhall, und noch Jahre später wurde darüber in der japanischen Zeitschrift »Kingu« berichtet. Als er älter wurde, wandelte sich sein Charakter. Seine Aggressivität verlor sich, und er wandte sich dem Geist des *Karatedô* zu. 1936 ging er nach Okinawa zurück und begann bei Yabu Kentsu mit dem Studium der alten, klassischen Formen der Kampfkunst. Motobus Kampfstil war sehr wirklichkeitsnah, sehr effektiv im Nahkampf, vor allem durch den »Drachenfauststoß« (Faust, bei der die Finger im ersten Glied eingebeugt sind), mit dem er ohne weiteres ein *Makiwara* zerschmettern konnte. Motobu Chôki starb am 2. Septem-

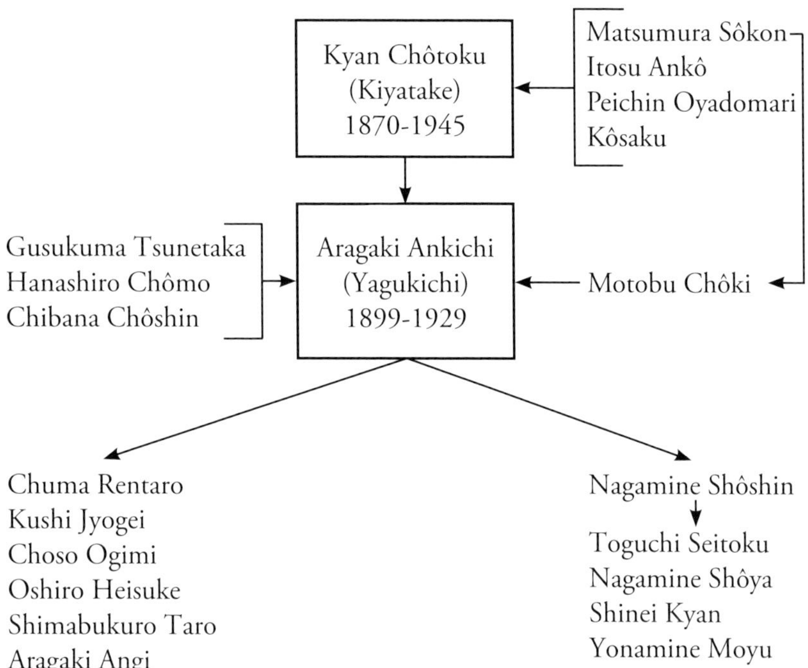

Tabelle 7: *Tomari te / Shôrin ryû*

ber 1944, ohne eine Schule zurückgelassen zu haben. Tatsächlich hat der Stil *Motobu ryû*, der seinen Namen von Uehara Seikichi (siehe unten) erhalten hatte, nichts mit ihm zu tun. Uehara war bei Motobu Chôyû, dem ältesten Bruder von Chôki, in die Lehre gegangen.

Obgleich in seinem Charakter und seinen Ansichten sehr widersprüchlich, hinterließ Motobu Chôki dennoch einen starken Eindruck bei jenen, denen es mehr oder weniger gelang, seinen Karatestil zu erlernen. Zu diesen Schülern zählten neben Nagamine Shôshin auch Konishi Yasuhiro, Yamada Tatsuo, Ninomoya, Nakama Chôzo, Uejima und Ôtsuka Hironori.

Mit 35 Jahren wurde Nagamine zum *Renshi* (Karateausbilder) ernannt. Er besaß damals den 3. Dan im *Kendô*. 1953 trat er von seinem Posten als Polizeivorsteher zurück und eröffnete in Naha ein eigenes *Dôjô*, das »*Kôdôkan Karatedô Kobujutsu dôjô*«, wo er in der Folge seinen eigenen Stil

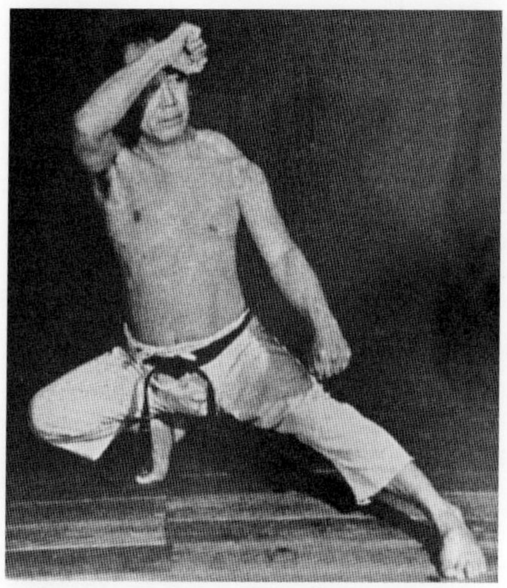

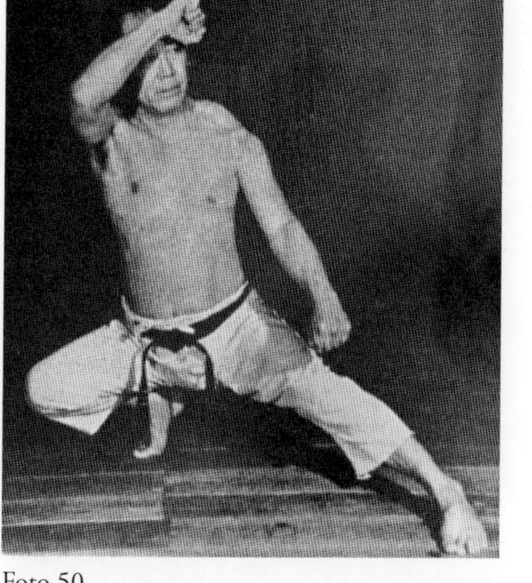

Foto 50

Foto 51

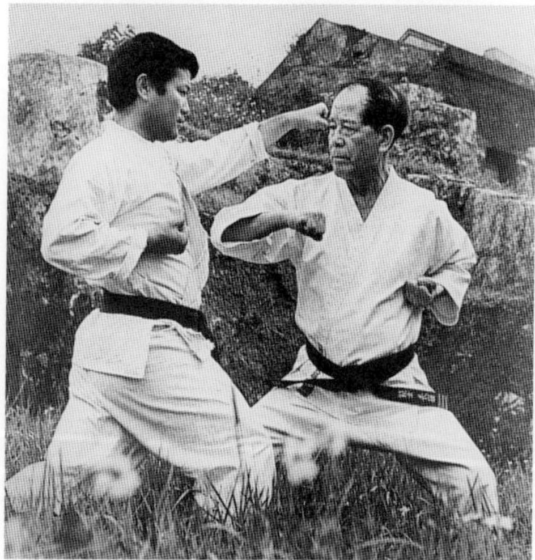

Foto 52

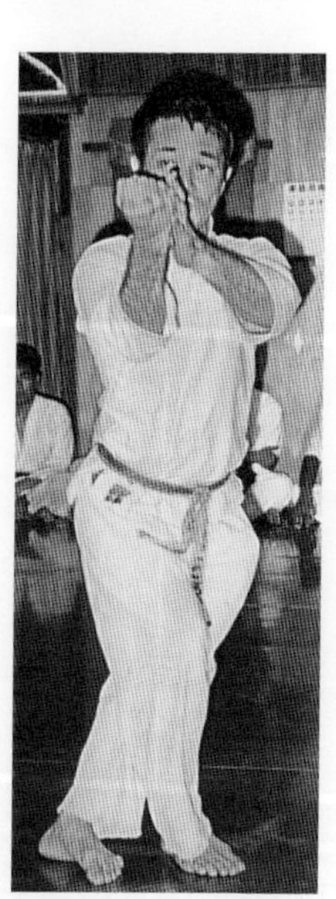

Foto 53

Fotos 50 bis 52: Nagamine Shôshin, *Shihan* des Stils *Matsubayashi Shôrin ryû* von Okinawa. Auf Foto 50 ist er mit der Technik *Ura gamae* aus der *Kata Kûshankû* (siehe S. 247 ff.) zu sehen, und auf Foto 52 im *Bunkai-Kumite* mit seinem Sohn Takayuki.

Foto 53: Nagamine Takayuki *Sensei*, der bereits zu Lebzeiten seines Vaters dessen Nachfolge angetreten hatte, beim Vorführen der *Kata Passai* (siehe S. 254 ff.). Das Foto entstand 1984.

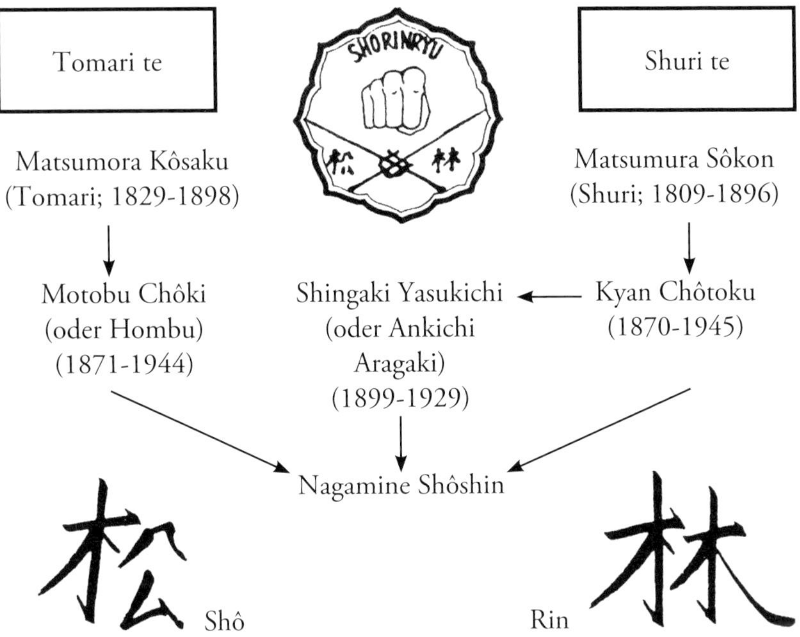

Tabelle 8: *Shôrin ryû / Matsubayashi ryû*

weiterentwickelte, den *Matsubayashi ryû*. Gegründet hatte er diese Stilrichtung bereits um 1947. Mit dem Namen wollte er die beiden Meister Matsumura und Matsumora ehren, als deren direkten Nachfahren in der 3. Generation er sich betrachtete. Zugleich spielt er jedoch auf das Shaolin an (jpn. *Shôrinji*) denn die Schriftzeichen *Matsu* bzw. *Shô* stehen für Kiefer und Hayashi bzw. Rin für Wald. Nagamine Shôshin, bis zu seinem Tod Präsident der Okinawanischen *Shôrin-ryû*-Karatevereinigung und des Weltverbandes des *Matsubayashi ryû Karatedô*, blieb bis zuletzt in seinem *Dôjô* in Naha, selbst als er die Verantwortung für die Ausbildung in die Hände seines Sohnes Takayoshi legte. Im hohen Alter verdiente er mehr als je zuvor den Spitznamen, den ihm einst als Halbwüchsigen seine Kameraden im *Dôjô* verliehen hatten: »Chippaii Matsu«, der zähe Kiefernbaum.

Kobayashi ryû

Dieser Stil wurde bis zu seinem Tod im November 1994 von Higa Yûchoku, 10. Dan, geleitet. Die *Kata* des *Kobayashi ryû* sind die fünf *Pinan*, drei *Naihanchi*, zwei *Passai*, zwei *Kûshankû*, *Chintô*, *Chinte*, *Jitte*, *Unsu*, *Jion*, *Sôchin*, *Sesan* und *Gojûshiho*. Der Name »Kobayashi« ist eine weitere okinawanische Transkription des chinesischen Begriffes »Shaolin« (»kleiner Wald«).

Der Stil wurde 1920 durch Chibana Chôshin[72] (1885-1969) gegründet. Im Alter von 15 Jahren nahm ihn der große Meister Itosu in die Lehre, und er blieb 15 Jahre lang, bis zu Itosus Tod, dessen Schüler. Mit 35 Jahren eröffnete Chibana sein erstes *Dôjô* in Shuri, später eines in Naha. Man sagt, daß sein Wissen so bedeutend war, daß zahlreiche japanische Karateschüler seinetwegen nach Okinawa reisten und bei ihrer Rückkehr in die Heimat seinen Stil dort verbreiteten. Er war der erste Vorsitzende des *Okinawa Karatedô Renmei*, welches er 1956 gründete. Aber bereits 1961 trat er von diesem Posten zurück und gründete die Organisation *Okinawa Shôrin ryû Karate Kyokai*, der er bis zu seinem Tod vorstand. Im Jahre 1957 verlieh ihm das *Butokukai* in Japan den Titel *Hanshi*, die größte Ehre, die Japaner einem *Budôka* erweisen können. Seine wichtigsten Schüler waren Higa Yûchoku, Miyahira Katsuya und Nakazato Shugoro, ein äußerer Schüler, der sein offizieller Nachfolger wurde. Sein Schüler im »Schatten« war jedoch Ochiro, der wiederum die Ausbildung von Kinjô Hiroshi (auf Okinawa unter dem Namen Kanagusuku bekannt) übernahm, welcher die *Kata Shihozuki* und *Shihogeri* aus der *Kata Seisan* entwickelte.

Higa Yûchoku war ein anderer »innerer« Schüler Chibanas. Im Jahre 1993, im Alter von 83 Jahren, leitete er noch immer ein kleines *Dôjô* in Naha, das »Koyodokan«. Seine Anfänge ähneln denen Nagamine Shôshins. Er wurde am 8. Februar 1910 in Naha geboren. Sein Vater schickte ihn, als er 16 war, zu Shiroma Jiro in die Lehre, der ein Meister des *Shuri te* war, damit sein Sohn kräftiger würde. Während der folgenden fünf Jahre lernte er ausschließlich *Kata*. 1933 starb Shiroma. Higa trainierte eine Zeitlang für sich allein, bis er schließlich Shinzato Jin'an, einen Vertreter

[72] Er wurde auch unter dem Namen Kuba Chôjin bekannt.

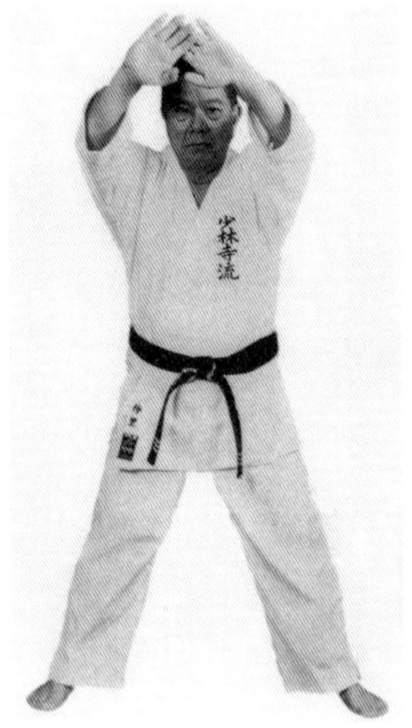

Foto 54

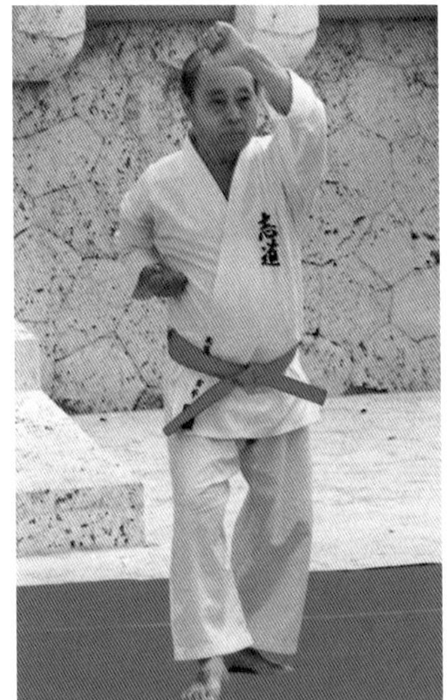

Foto 55

Foto 54: Nakazato Joen *Sensei* (*Shôrinji ryû*) bei der *Kûshankû no kata*.
Foto 55: Miyahira Katsuya *Sensei* bei der *Patsai no kata*.

des *Gôjû ryû*, kennenlernte. Er war zu jener Zeit 23 Jahre alt. Sechs Jahre später begann er selbst, *Shuri te* zu unterrichten. Im Jahre 1943 schloß er schließlich Bekanntschaft mit Chibana Chôshin, bei dem er jene *Kata* lernte, die er bis zu seinem Tode im Jahre 1994 im Rahmen seines *Shôrin ryû Koyodokan Shinko Kai* praktizierte.

Gleich Nagamine Shôshin setzte Higa Yûchoku zeitlebens all seine Kräfte dafür ein, das traditionelle *Karatedô* zu verteidigen, und wie jener schätzte er die sportliche Entwicklung des Karate in Japan gering, welche die Gestalt und damit auch das Wesen der *Koshiki Kata* entstellt hat.

Im vierten Teil des Buches werden aus dem *Kobayashi ryû* die *Kata Matsumura no Passai*, *Chibana no Passai*, *Chibana no Kûshankû* und *Jion* vorgestellt.

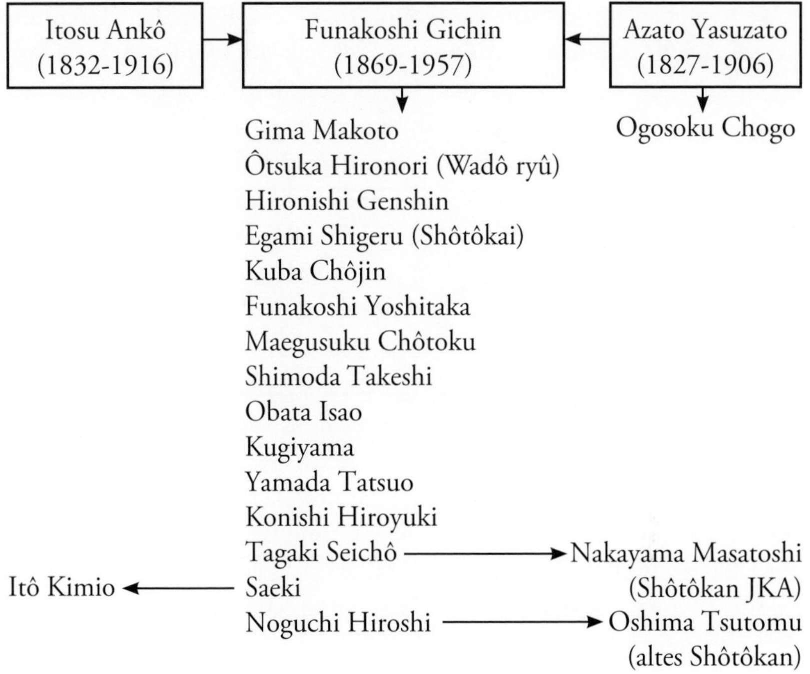

Tabelle 9: *Shuri te / Shôrin ryû / Shôtôkan / Shôtôkai / Wadô ryû*

Weitere Schulen des Shôrin ryû

Die Schule des *Sukunai Hayashi ryû* wurde durch Sôken Hohan (1889-1973) gegründet, der seinerseits Schüler von Matsumura Nabe war. Seine Nachfolger sind Kise Fusei (Fuji) und Shimabukuru Eizo (siehe weiter unten). Die hier praktizierten *Kata* sind zwei *Naihanchi*, *Hakutsuru*, zwei *Pinan*, *Chintô*, *Gojûshiho*, *Kûshankû*, *Seisan* und drei *Rôhai*.

Die Schule des *Shôrinkan Shôrin ryû* wurde durch Nakazato Shugoro (geb. 1921) gegründet, der Schüler Chibanas war. Folgende *Kata* werden in seiner Schule praktiziert: drei *Fukyu*, drei *Naihanchi*, fünf *Pinan*, zwei *Passai*, zwei *Kûshankû*, *Chintô*, *Gojûshiho*.

Shimabukuro Tatsuo (1908-1975), Schüler von Miyagi, Kyan und Motobu, gründete die Schule des *Isshin ryû*.

Weitere Schulen des *Shôrin ryû* sind *Tozani ryû* (Gründer: Kanashiro Kensei, Schüler Chibanas), *Matsumura Shôrin ryû* (Gründer: Aragaki Seiki), *Chubu Shôrin ryû* (Gründer: Kochi Katsuhide), *Ryûkyû Shôrin ryû* (Gründer: Inamine Seijin) und *Okinawa Shôrin ryû* (Gründer Miyahira Katsuya).

Uehara Seikichi (1904-2004) gründete die Schule des *Motobu ryû*. Hierbei handelt es sich in Wirklichkeit um eine eigenständige, vollständige Kampfkunst, deren Ursprung 13 Generationen in die Vergangenheit zurückreicht. Ihr Ahnherr ist Motobu Chohe, ein Vorfahr von Motobu Chôki, wobei letzterer niemals Zugang zu jener Familien-Kampfkunst fand, da sie in jeder Generation ausschließlich dem erstgeborenen Sohn vermittelt wurde. Der Stil wurde auch *Go Ten te* genannt, »die Hand des Palastes«, da Mitglieder der Königsfamilie des Königreichs Ryûkyû darin ausgebildet worden waren. Motobu Chôyû brach mit der Tradition, als er Uehara als Schüler aufnahm, einen »Fremden«. Der Grund lag darin, daß in den Jahren 1870 bis 1880 das japanische Feudalsystem abgeschafft wurde und die Familie Motobu auseinanderbrach. Die Technik des *Motobu ryû* ist der des *Aiki jutsu* sehr nahe (sie umfaßt viele Wurftechniken), und sie enthält besondere *Kata*. Das *Motobu ryû* wird vervollständigt durch ein umfassendes *Kobujutsu*-Programm (Waffentechniken: u. a. *Bo*, *Tanto*, *Sai*, *Nicho Kama*, *Yari*, *Tonfa*, *Kai Nunchaku*). Aus diesem Grund wird diese Kampfkunst auch als *Motobu ryû Bujutsu* bezeichnet.

Die Schule des *Chitô ryû* wurde durch Chitôse Tsuyoshi[73] (1898-1984) gegründet, der im übrigen 30 Jahre lang als Gynäkologe tätig war. Sein erster Kampfkunstlehrer war Aragaki Ankichi, später erhielt er Unterricht von Funakoshi, Miyagi und Motobu. Die praktizierten *Kata* stammen aus dem *Naha te* (*Seisan*, *Niseishi*, *Sanseru*, *Sanchin* sowie eine *Kata Sôchin*, die sich sehr stark von ihrem Namensvetter aus dem *Shôtôkan* unterscheidet) und aus dem *Shuri te* (*Passai*, *Chintô*, zwei *Rôhai*, *Tenshin*, *Kûshankû* und *Ryûsan*).

Die Schule des *Toyama ryû* wurde durch Toyama Kanken (1888-1966) gegründet. Toyama war kurze Zeit Schüler von Higaonna Kanryô und ging dann bei Itosu Ankô in Shuri in die Lehre. Später trainierte er bei

[73] Sein »richtiger« Name lautete Chinen oder Chinen Gua.

Chibana Chôshin. Sein Verdienst ist es, im Jahre 1946 den ersten Versuch unternommen zu haben, das okinawanische und das japanische Karate unter die Schirmherrschaft einer gemeinsamen Vereinigung, dem Gesamtjapanischen *Karatedô*-Verband, zu stellen.[74] Zu seinen Schülern gehörten Onishi Eizo, der den Stil des *Kohei kan* gründete, Hanaue Toshi, Gründer des *Shûdôkan*, und Shimabukuru Eizo (geb. 1925), dem er bereits im Alter von 34 Jahren den 10. Dan verlieh. Shimabukuru lernte ebenfalls bei Miyagi, Motobu und Kyan Chôtoku; die Kunst des *Kobudô* erlernte er bei Taira Shinken. Er wurde zum Vorsitzenden des *Shobayashi*-Zweiges des *Shôrin ryû* ernannt, kurze Zeit, bevor Kyan, der die Grundlagen dieses Stils geschaffen hatte, starb.

Nakazato (Joen) Tsunenobu (geb. 1922) gründete in den 50er Jahren die Schule des *Shôrinji ryû* (Shaolin-Stil). Er wurde mit 13 Jahren Schüler von Kyan Chôtoku und blieb ihm bis zu dessen Tod treu. Nach dem Tode seines Meisters beschloß er, nichts an dessen Unterrichtssystem zu ändern, und somit sind die *Kata*, die er unterrichtet, getreue Abbilder der *Kata* Kyans: *Ananku*, *Seisan*, *Naihanchi*, *Wanshu*, *Passai*, *Gojûshiho*, *Chintô* und *Kûshankû*. Sein Schüler Tamotsu Isamu aus Kagoshima führte den Stil in Japan ein.

1.1.2 Der Zweig des Naha te

Diese Form des Karate, deren Techniken wesentlich an die Stile des südchinesischen *Wushu* (Provinz Fujian) angelehnt sind, besteht aus zwei Hauptrichtungen, *Gôjû ryû* und *Uechi ryû*. Das *Gôjû ryû* hat sowohl auf Okinawa als auch in Japan zahlreiche Varianten ausgebildet, während das *Uechi ryû* bis vor sehr kurzer Zeit beispielhaft für seine einheitliche Ausprägung unter der Leitung des Nachkommen des Stilgründers war.

---

[74] Auf engl.: All Japan Karatedô Association.

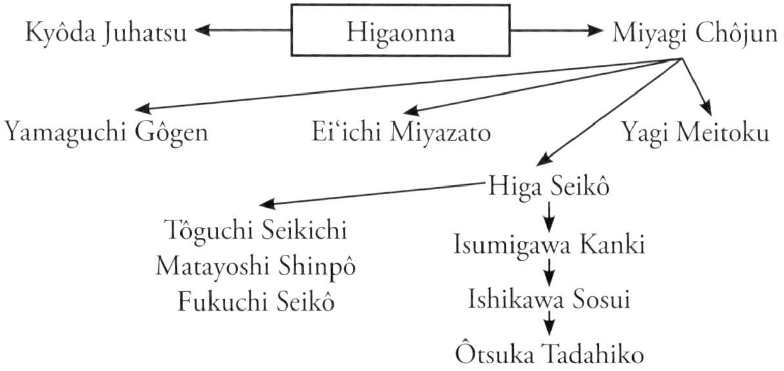

Tabelle 10: Die Nachfolger Higaonnas (nach Ogura Tsuneyoshi)

Gôjû ryû

Wie weiter vorn dargelegt wurde (siehe S. 98), ist die erste Linie des alten *Naha te*, die von Ason, einem chinesischen Kampfkunstexperten, begründet worden war, mit Tomigusuku Oyakata erloschen. Die zweite Linie hingegen, an deren Ursprung ein anderer chinesischer Experte, Waishinzan, steht, überdauerte, was der starken Persönlichkeit seines Schülers Higaonna Kanryô[75], eines Zeitgenossen Itosus, zu verdanken war. Higaonna wurde gemäß den meisten Quellen 1840 oder 1845 geboren, einige wenige Quellen sprechen auch von 1853. Higaonna besaß einen starken, stämmigen Körper, aber er war für okinawanische Verhältnisse recht groß.

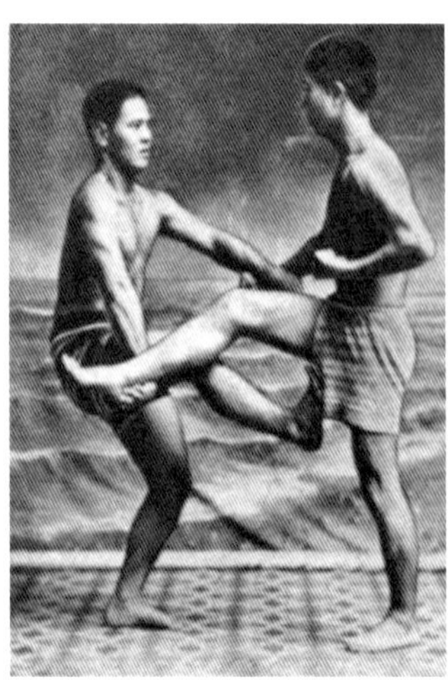

Foto 56: Miyagi Chôjun (links) in jungen Jahren beim Training einer Verteidigungstechnik mit Kyôda Juhatsu, dem *Uchi deshi* Higaonnas.

[75] Auch Higashionna genannt; in seiner Kindheit nannte man ihn Machu.

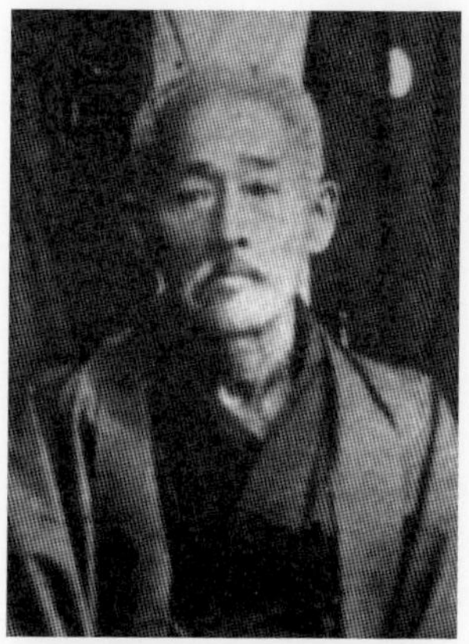

Foto 57: Higaonna (1845-1916)

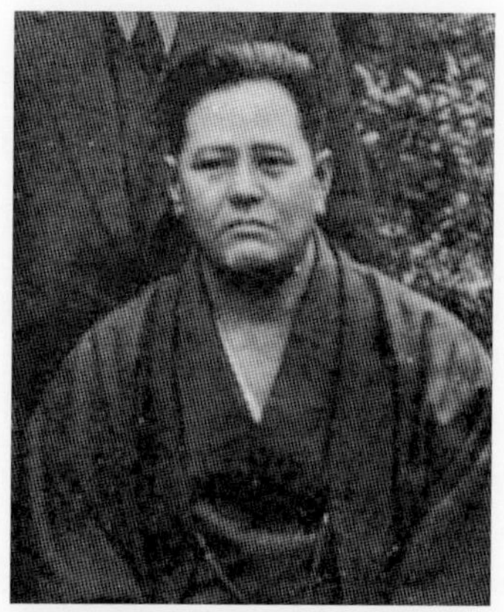

Foto 58: Miyagi Chôjun (1888-1953)

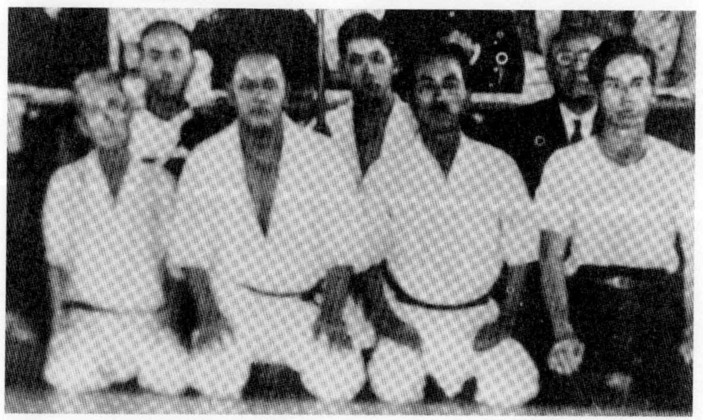

Foto 59: Dieses Dokument zeigt von links nach rechts in der vorderen Reihe Kyan Chôtoku, Miyagi Chôjun, Kyôda Juhatsu und Gusukuma Shinpan. Die beiden Nachfolger Higaonnas, der offizielle wie der Nachfolger im Schatten, sind hier Seite an Seite zu sehen. (Foto: Katsumi Murakami).

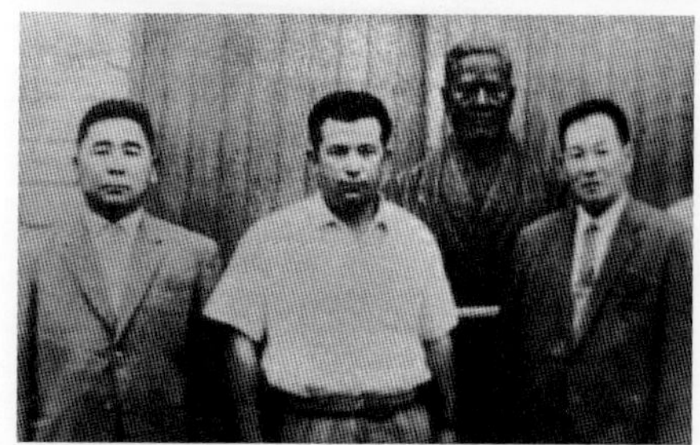

Foto 60: Miyagi Chôjun war der Erbe der Lehren Meister Higaonnas. 1929 gründete er das *Gôjû ryû*. – Das Foto zeigt drei Schüler Miyagis, die vor der Büste ihres Lehrmeisters stehen. Von links nach rechts: Tôguchi Seikichi, Miyazato Ei'ichi und Yagi Meitoku.

Bereits zu Lebzeiten war er zur Legende geworden. Wie einst Yara und später Matsumura Sôkon, reiste Higaonna nach China, um die Kampfkünste zu studieren, und das von ihm dort erlangte Wissen war verantwortlich für die entschiedene Ausrichtung, die das *Okinawa te* in der Folge nahm.

Mit 15 Jahren begann er, bei Meister Aragaki Kandeunchu aus Kumemura das *Okinawa te* zu erlernen. Dieser Meister hatte bereits das chinesische Boxen (*Wushu*) in der südchinesischen Provinz Fujian studiert. Nachdem Higaonna über eine solide technische Basis verfügte, wollte er mehr über die chinesischen Techniken, das *Tôde*, und die ihm zugrunde liegende Philosophie wissen. Mit 22 Jahren fand er Arbeit als Seemann auf der Dschunke »Shinko sen«, die einem chinesischen Teehändler gehörte. Durch seine Arbeit konnte er viele Male zwischen Fujian und seiner Heimatinsel hin- und herreisen.[76] Während einer dieser Reisen kam er schließlich in Kontakt mit dem chinesischen *Kempô*, möglicherweise durch Vermittlung seines Arbeitgebers, der große Stücke auf ihn hielt. Von diesem Tag an sollte sich sein Leben ändern. Meister Ryû Ryûko nahm ihn etwa 15 Jahre lang (bzw. je nach den unterschiedlichen Überlieferungen 10 bis 20 Jahre) bei sich als seinen Schüler auf, und er durfte ihn auf dessen Reisen durch ganz China begleiten. Dabei kam er in Kontakt mit zahlreichen *Wushu*-Schulen. Higaonna hat niemals die Schätze vergessen, die ihm auf diesem Gebiet offenbart worden waren. Seine Fortschritte im *Kempô* waren so bedeutend, daß er schließlich zum ersten Stellvertreter des Meisters ernannt wurde, wobei er den Meistertitel »To-on-nah von den Ryûkyû-Inseln« erhielt.

Als er im Alter von 35 Jahren nach Okinawa zurückkehrte, erwarb er sich schon bald einen guten Ruf als Kämpfer. Tatsächlich unterschieden sich die Techniken, die er damals praktizierte, sehr von jenen, die Sakugawa und Matsumura hinterlassen hatten, und als er sein erstes *Dôjô* in Naha eröffnete, unterrichtete er dort eine persönliche Synthese, in welcher er Elemente des *Kempô* (vor allem entspanntere chinesische Techniken) mit

[76] Es wird auch überliefert, daß sein Schiff einst von Piraten, *Wako*, geentert wurde, von denen es damals in jenem Seegebiet nur so wimmelte, und daß der junge Higaonna aus dieser Erfahrung heraus den Entschluß gefaßt haben soll, sein Studium der Kampfkünste fortzusetzen.

Elementen der okinawanischen Variante des alten *Tôde*[77] verknüpfte. In der Folge einer Privatvorführung vor König Shô Tei wurde er aufgefordert, seinen Stil der Königsfamilie beizubringen. Er verlieh der von ihm geschaffenen Stilrichtung den Namen *Naha te*.

Es ist bekannt, daß die Techniken Meister Higaonnas im wesentlichen auf der Stellung *Sanchin dachi* beruhten. Er soll über eine unglaubliche statische Kraft verfügt haben. Seine Schüler haben versucht, ihn mit einem um den Hals geschlungenen Gürtel oder auch mit Hilfe von Stricken, die sie ihm um die Knöchel banden, fortzuziehen, aber es gelang ihnen nie, ihn aus seiner Position zu verrücken. Im übrigen praktizierte er die alte *Kata Sanchin* mit geschlossenen Fäusten, während sie in ihrer Originalform, wie sie beispielsweise im *Uechi ryû* bewahrt worden ist, mit offenen Händen praktiziert wird. Higaonna soll aus China, wo er auch weiterhin Kontakt mit anderen Meistern des *Wushu*, vor allem aus dem Hung-Stil, pflegte, auch die *Tao Yepatlinpa*[78] mitgebracht haben, die zur *Kata Sûpârinpai* wurde. Auf pädagogischem Gebiet war Higaonnas Lehrmethode bereits sehr modern, weil er sich offen dem Gruppenunterricht zugewandt hatte. Damit brach er mit der damals vorherrschenden Tradition des Einzelunterrichts, die bis dahin verhindert hatte, daß Karate sich in großem Maßstab verbreiteten konnte. Meister Higaonna unterrichtete bis zum Ende seines Lebens in zahlreichen *Dôjô* der Polizei wie auch in Schulen, womit er die Tätigkeit seines Freundes Itosu unterstützte. Er starb 1915, kurz bevor auch Itosu starb.

Higaonna hatte mehrere direkte Schüler. Zu ihnen zählten Kyôda Juhatsu, Shiroma Koki (auch Gusukuma Tsunetaka), Mabuni Kenwa und Miyagi Chôjun, der sein offizieller Nachfolger wurde. Kyôda Juhatsu (1887-1968) wurde 1934 zum Chefausbilder für Karate im Dai Nippon Butoku Kai ernannt, und er nannte seine Stilrichtung *Toon ryû* (eine Referenz auf das erste Schriftzeichen im Namen Higaonnas). Er wurde als innerer Schüler des Meisters angesehen.

Miyagi Chôjun (1888-1953; sein okinawanischer Name war Myagusuku) hat Higaonnas Stil kodifiziert und ihm verschiedenes hinzugefügt. Im

[77] Die Techniken des chinesischen *Tôde* waren in Okinawa insbesondere dem von den Chinesen verschiedenen Körperbau der Insulaner angepaßt worden.

[78] *Yepatlinpa* = 108 Schritte.

Jahre 1929 gründete er den *Gôjû ryû* (siehe auch S. 167 f.). Im selben Jahr wurde Yagi Meitoku Chefausbilder in Miyagis *Dôjô*.

Yagi wurde im März 1912 in Naha geboren. Er entstammte einer Familie, die einst bereits vom Unterricht der chinesischen »36 Familien«[79] profitiert hatte, die im Jahre 1393 auf Geheiß des Kaisers von China nach Kumemura gekommen waren.[80] Er war 14 Jahre alt, als sein Großvater ihn mit Miyagi bekannt machte. Er hielt dem Meister die Treue und arbeitete mit anderen seiner Schüler zusammen, die die traditionelle Botschaft des Meisters bewahren wollten: Higa Seikô (1898-1966), Shinzato, Miyazato Ei'ichi und Tôguchi Seikichi. 1963, zehn Jahre nach dem Tode Miyagis, bot dessen Witwe Yagi den *Keikogi*[81] und den Gürtel seines Meisters an. Yagi Meitoku, Träger des 10. Dan, kam bis ins höchste Alter täglich in sein *Dôjô* in Naha, obgleich während der letzten Jahre seines Lebens seine Söhne Meitetsu und Meitatsu die offiziellen Verpflichtungen im *Dôjô* übernommen hatten. Bis zu seinem Tod im Jahre 2003 wich er nicht von seiner Überzeugung ab, daß das traditionelle Karate eine dem Sportkarate überlegene Kunst darstelle.

Miyagis Schüler Miyazato Ei'ichi (1922-1999) studierte bei seinem Meister von 1938 bis zu dessen Tod im Jahre 1953. In der Folge gründete er das Jundôkan (»das Haus, in dem den Spuren des Vaters gefolgt wird«), um hier das Erbe des traditionellen *Gôjû ryû* weiterzuvermitteln. Auch er bildete einige hervorragende Schüler aus, wie z. B. Chinen Teruo und Higaonna Morio (geb. 1938), der sein eigenes System des *Gôjû ryû* entwikkelte, welches er mit Erfolg weltweit verbreiten konnte.

Tôguchi Seikichi (1917-1998), der ebenfalls bei Miyagi und seinem Schüler Higa studiert hatte, gründete den Stil *Shôrei kan* mit einem Zweig in Koza, einem auf Okinawa und einem in Tokio.

Jeder dieser Männer versuchte auf seine Weise und im Rahmen seiner jeweiligen Organisation, die reinen und lauteren Lehren Miyagi Chôjuns zu bewahren.

---

[79] Vgl. dazu S. 84.

[80] Zu seinen Vorfahren gehörte Okyata Jana (Teido Jana), ein Vertrauter des Königs von Okinawa, der 1609 bei der Invasion des Shimazu-Klans mit letzterem verhandelte.

[81] *Keikogi* (jpn.): Kampfkunst-Trainingskleidung.

Uechi ryû

Wie auf Seite 118 f. berichtet wurde, hatte sich auch Uechi Kanbun (1877-1948) nach China begeben, um die Kunst des *Tôde* direkt an ihrer Quelle studieren zu können. Sein Aufenthalt in China dauerte von 1897 bis 1910. China spielte zu jener Zeit für die Anhänger des waffenlosen Kampfes die gleiche Rolle, wie heute Japan in der westlichen Welt für die Anhänger der Budôkünste spielt. Der von Uechi Kanbun gegründete Stil blieb bis zum Tod seines Sohnes Kanei im Jahre 1991 bemerkenswert einheitlich. Die 16 *Dôjô* des *Uechi ryû* auf Okinawa folgten allesamt den Trainingsrichtlinien des *Hombu dôjô* (zentrales *Dôjô*) von Futema. Das gleiche gilt für etwa ein Dutzend Länder, darunter Großbritannien, vor allem aber die USA, wo der Stil in den 60er Jahren des 20. Jahrhunderts durch George Mattson eingeführt wurde. Die Einheitlichkeit ging auch nicht verloren, als der Stil sich in den 80er Jahren langsam gegenüber dem Sportwettkampf zu öffnen begann. Aber die Zeiten haben sich geändert: Inzwischen ist das *Uechi ryû* in zwei Richtungen gespalten. Eine hat den ursprünglichen Namen beibehalten, die andere nennt sich Pangai noon, welches der Name jenes chinesischen Stils ist, den Uechi Kanbun einst erlernte.

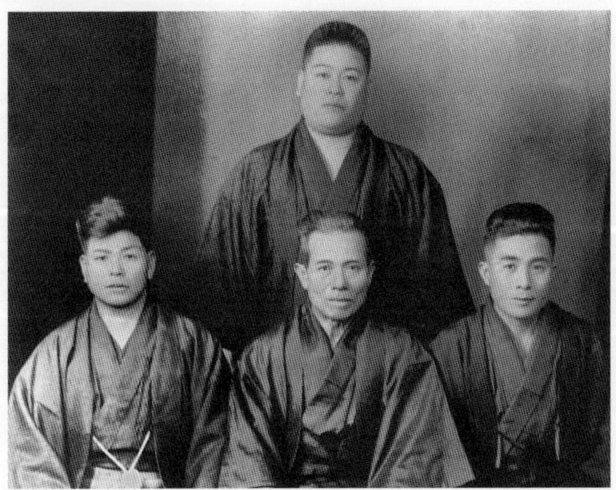

Foto 61: Uechi Kanbun sitzend in der Mitte. Zu seiner Rechten Tomoyose Ryûyû. Die Aufnahme ist 1937 entstanden.

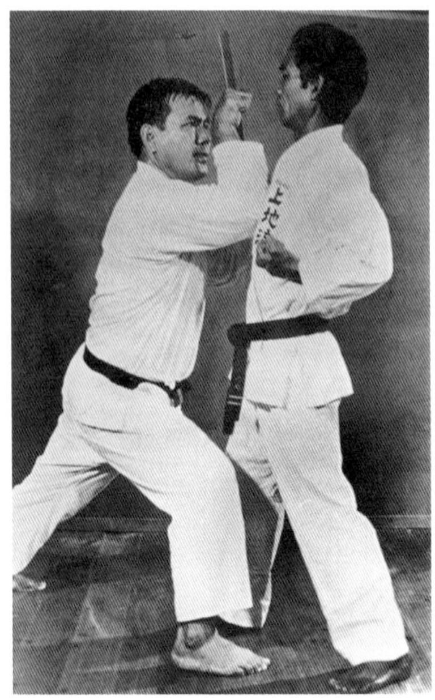

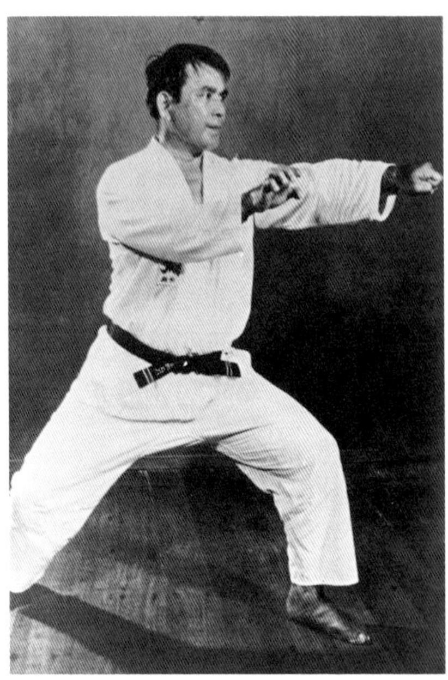

Fotos 62 und 63: *Bunkai-Kumite* des *Uechi ryû*. In diesem Stil gibt es noch eine große Vielfalt an Techniken mit der offenen Hand, im Gegensatz zu den großen modernen Stilen des Karate. Foto 63 zeigt eine Technik, bei der simultan eine Hand nach dem Gegner greift und die andere Hand einen Gegenangriff mit der Einknöchelfaust ausführt.

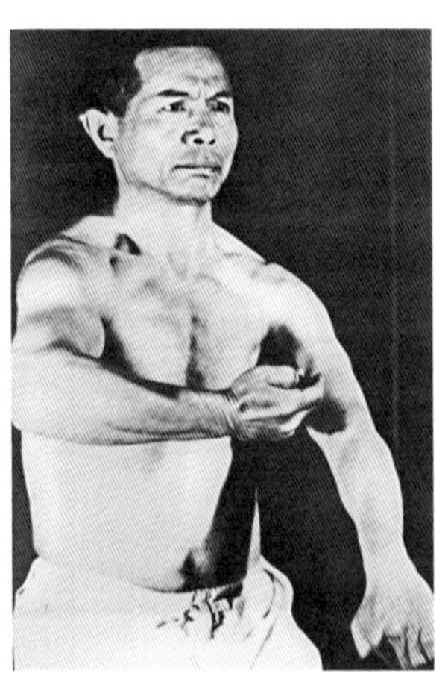

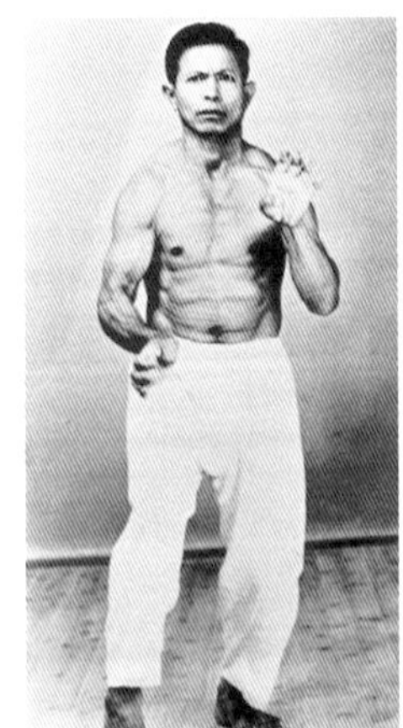

Fotos 64 und 65: Uechi Kanei im Jahre 1961.

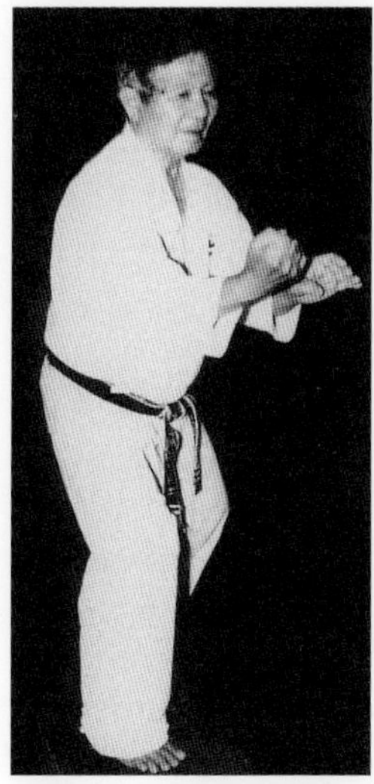

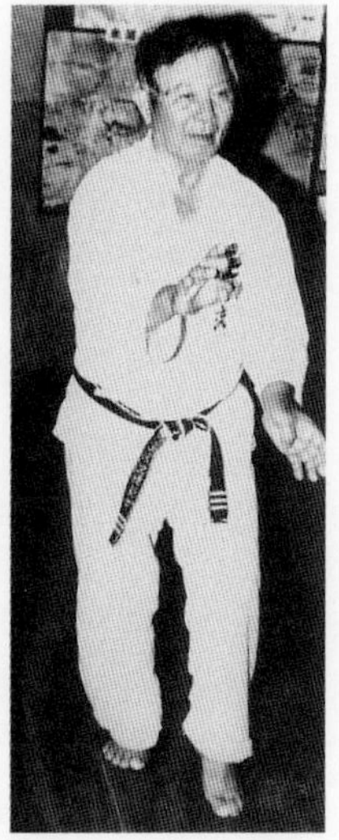

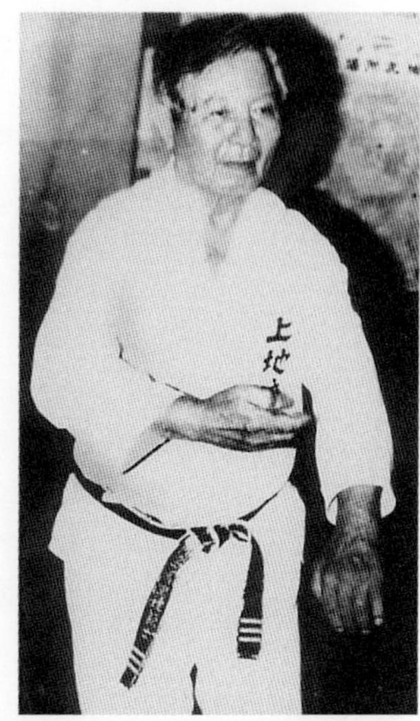

Fotos 66 bis 68: Uechi Kanei in seinem *Hombu-Dôjô* in Futema, Okinawa. Die Aufnahmen entstanden 1984.

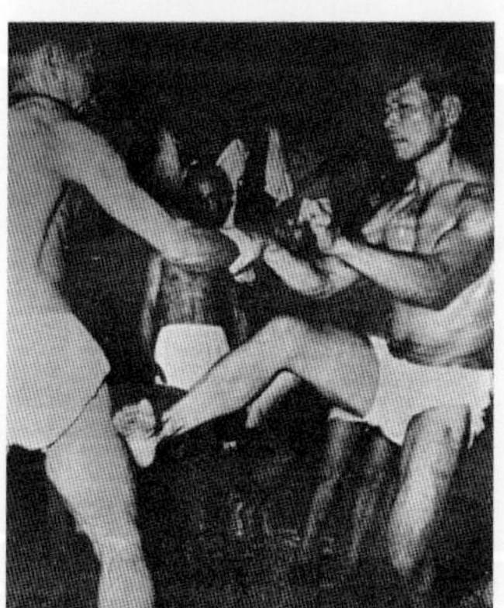

Foto 69

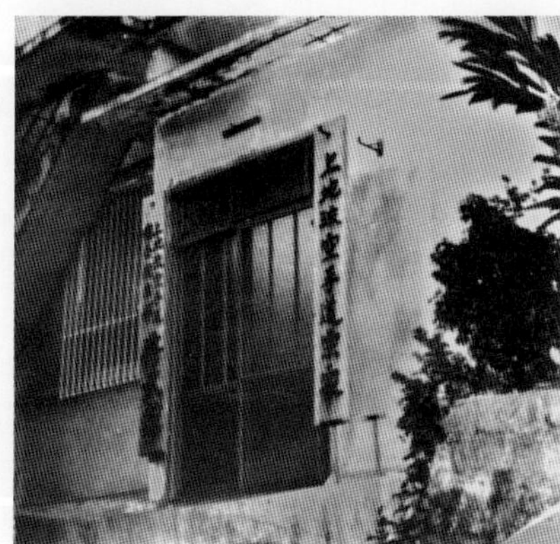

Foto 70

Foto 69: Training im *Dôjô* des *Uechi ryû*. In den 30er Jahren, als diese Aufnahme entstand, gab es noch keine Karate-Gi.

Foto 70: Uechi Kaneis *Hombu-Dôjô*.

1.2 Japan: die letzten Erben

In den 20er und 30er Jahren des 20. Jahrhunderts waren etliche Meister aus Okinawa nach Japan übergesiedelt, um hier ihre Auffassungen von der Kunst der »leeren Hand« zu verbreiten. Die Spuren ihres Wirkens sind zahlreich und noch immer gut erkennbar. Natürlich blieben die *Kata*, die seit der Zeit der ersten Generation japanischer Schüler weitervermittelt wurden, nicht gänzlich unverändert. Rivalitäten zwischen gewissen Persönlichkeiten wie auch zwischen einzelnen Stilrichtungen und verschiedene zufällige Einflüsse bei deren Entwicklung konnten nicht ohne Folgen bleiben. Es ist aber eine bemerkenswerte Tatsache, daß die heute noch lebenden Vertreter jener Generation, die als erste Japaner bei den Meistern aus Okinawa in die Lehre gegangen waren, zu jeder Zeit höflich und respektvoll miteinander umgegangen sind. Dies sollte sich erst bei den nachfolgenden Generationen ändern.

Der Zweite Weltkrieg stellte, von einigen wenigen Ausnahmen abgesehen, einen tiefen Einschnitt bei der Übertragung des *Karatedô* nach Japan dar. Die neuen Generationen der Karateka gingen mit einer anderen Geisteshaltung in die *Dôjô* als ihre Vorgänger. In ihren Augen bedeutete die militärische Niederlage von 1945 ein Scheitern der traditionellen Werte. Sie sahen keinen Anlaß mehr, an diese Werte zu glauben. Die letzten wahren Erben der okinawanischen Kampfkunst gingen förmlich unter in der Masse der Anhänger eines modernen und sportlichen Karate, dessen Anspruch und dessen Möglichkeiten vergleichsweise beschränkt sind. Dies gilt insbesondere für Japan, wo diese Entwicklung ihren Anfang genommen hat. Es ist jedoch abzusehen, daß nach dem Tod der letzten unumstrittenen Meister aus Okinawa das Ursprungsland des *Karatedô* unweigerlich dieser Tendenz folgen wird. Um dies zu erkennen, reicht es, die jüngste Entwicklung des *Uechi ryû* zu betrachten, wie sie eintrat, nachdem der Sohn des Begründers des Stils gestorben war.

In Japan haben sich die Entwicklungsrichtungen des Karate vervielfältigt, und jede hat ihre eigenen Tendenzen, ihre eigenen Interpretationen und ihre eigenen Wahrheiten. Im folgenden wird versucht, in diesem Dschungel der Stilrichtungen und der echten oder falschen Meister, im Wirrwarr der immer schwieriger zu verifizierenden Genealogien einige Bastionen ausfindig zu machen, die noch immer vom Hauch authentischer Traditionen umweht werden.

1.2.1 Shôtôkan

Auf S. 107 ff. wurden die Anfänge dieses Karatestils unter Funakoshi Gichin dargestellt. Funakoshi bildete zahlreiche Schüler aus, vor allem in der Zeit vor dem Zweiten Weltkrieg. Nach 1945 wurde die Lehrtätigkeit von den Schülern der ersten Generation übernommen, und die neuen Schüler bekamen den Meister nur noch zu wenigen Gelegenheiten aus der Ferne zu Gesicht. Zu den bedeutendsten direkten Schülern Funakoshis in Japan zählten Gima Makoto, Shimoda Takeshi, Ôtsuka Hironori, Hironoshi Genshin (welcher Kase Taiji ausbildete), Egami Shigeru (*Sempai*[82] von Oshima Tsutomu und von Harada Mitsusuke), Obata Isao, Konishi Hiroyuki (1893-1983), Takagi Seichô (*Sempai* von Nakayama Masatoshi, Nishiyama und Okazaki) sowie Hiroshi und Noguchi. Es gab viele andere, die sich eine Zeitlang dem *Shôtôkan* widmeten, deren Entwicklung sie jedoch schließlich eine andere Richtung einschlagen ließ. Dies gilt beispielsweise für den nicht weniger berühmten Ôyama Masutatsu, der 1938 zu Funakoshi kam und länger als ein Jahr bei ihm lernte, bevor er sich dem *Gôjû ryû* zuwandte, das nach seinem Dafürhalten effizienter war. Später gründete er den *Kyokushin*-Stil, in dem die Betonung auf der Wirklichkeitsnähe im Kampf liegt, was im Gegensatz zu dem Begriff der Beherrschung steht, den die Alten vertreten haben.

Was ist der Saat Gichin Funakoshis entsprossen?

Die Linie des alten Shôtôkan

Es ist bekannt, daß Funakoshi Gichin niemals Techniken in der Art gelehrt hat, wie sie heute oft auf überspitzte Weise ausgeführt werden. Dies gilt u. a. für die tiefen, weiten Stellungen oder übertrieben lange Angriffe. Es ist denkbar, daß er das moderne *Shôtôkan* in jener oftmals athletischen Ausrichtung, in der es heute fast überall praktiziert wird, kaum wiedererkennen würde. Modernes *Shôtôkan* wird sehr kraftvoll, mit außerordentlichem Energieeinsatz praktiziert. Jungen Karateka gefällt das, aber es ist schwierig, diese Art der Praxis durchzuhalten, wenn man älter wird und

[82] Vgl. Fußnote 71, S. 138.

der Körper die damit einhergehenden Spannungen nicht mehr ohne Schädigungen aushalten kann.

Einzelne Experten – der bekannteste unter ihnen ist Oshima Tsutomu –, versuchten hingegen, Funakoshis Originalstil treu zu bleiben, wie er ihn praktizierte, als er sich im Alter von 53 Jahren in Japan niederließ. Die *Kata* werden von ihnen in ihrer »orthodoxen«, klassischen Gestalt praktiziert, in der sie im »Karatedô Kyohan«, jenem Werk, das der Meister 1935 veröffentlichte, beschrieben und teilweise auch bildlich dargestellt wurden. Das Buch wurde 1972 mit neuen Illustrationen versehen wieder aufgelegt.

Die Linie des modernen Shôtôkan

Diese Stilrichtung wurde seit 1949 durch den Japanischen Karateverband (JKA) entwickelt. Obata Isao (1904-1976), der erste Vorsitzende des Verbandes, war zurückgetreten (vgl. S. 127), weil er die Entwicklung des *Shôtôkan* zum Sport und zum Wettkampf nicht mittragen wollte, wie sie die jüngeren Mitglieder des Verbandes mit Entschiedenheit betrieben. Seine Nachfolger waren Nishiyama Hidetaka (1928-2008), der Leiter eines internationalen Verbandes mit Sitz in den USA wurde, und Nakayama Masatoshi (1913-1987), der als direkter Nachfolger Funakoshi Gichins auftrat. Aus dem JKA gingen sehr große Kampfkunstexperten hervor, gefürchtete Kämpfer, wie z. B. Kase, Enoeda, Shirai, Shoji oder Okazaki, um nur die ältesten zu erwähnen. Die *Kata*, die von ihnen popularisiert wurden, entsprachen sehr genau den durch das JKA festgelegten Formen. Der Einfluß, den diese Richtung des *Shôtôkan* seit den 60er Jahren des 20. Jahrhunderts besitzt, ist so enorm, daß diese *Kata* wahrscheinlich die weltweit am häufigsten praktizierten Formen sind. Daß die Entwicklung in den 60er Jahren begann, liegt daran, daß in jener Zeit die Experten des JKA in viele Länder gingen und dort mit großem Bekehrungseifer ihren Stil verbreiteten. Diese *Kata* sind kraftvoll und ästhetisch, aber hinsichtlich des Geistes, der hinter ihnen steht (sportliche Kriterien als Maßstab bei der Ausführung) entfernen sie sich immer weiter von ihren technischen und geistigen Ursprüngen.[83]

[83] Siehe Pflüger, A.: 27 Shotokan Katas. Niedernhausen: Falken Verlag 2001.

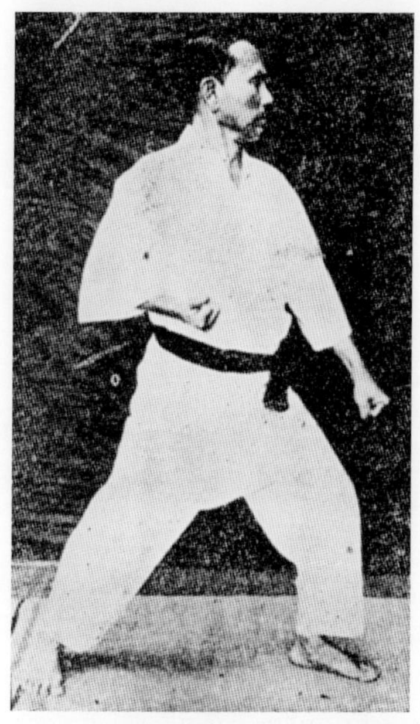

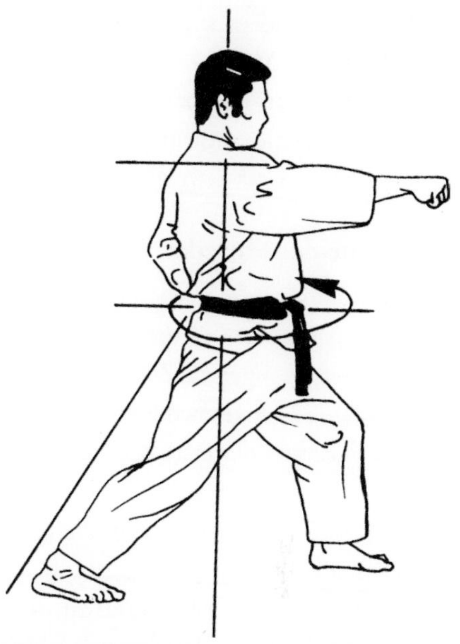

Foto 71: Das *Shôtôkan* von Funakoshi Gichin (links) hat sich mit seinen jungen japanischen Schülern weiterentwickelt. Sie »übertrieben« die Techniken, die sie von Funakoshi gelernt hatten, bis sie die ursprüngliche Kunst der Verteidigung in ein Mittel zum Angriff auf mittlere bis große Distanz umgewandelt hatten. Doch die übertriebenen Bewegungen und Stellungen haben dazu geführt, daß der Körper neuen physischen Belastungen ausgesetzt ist, die es erforderlich machen, daß Gelenke und Muskeln stärker entwickelt werden müssen. Auf diese Weise wurde aus einer Lebenskunst eine Sportart, und dieses neue Bild des Karate prägte natürlich auch seine *Kata*.

Kanazawa Hirokazu (geb. 1931), der in die Geschichte des Karate einging, als er 1957 die ersten Meisterschaften in Japan gegen seinen *Dôjô*-Kameraden Enoeda gewann, ist aus dem JKA ausgetreten, um seinen eigenen internationalen Verband zu gründen, *Shôtôkan* Karate International (SKI), durch welchen er den Geist des traditionellen *Shôtôkan* besser verteidigen möchte. Seine *Kata* ähneln denen des JKA, in welchem er eine Zeitlang als Chefausbilder fungierte, sehr stark, doch ist das Bestreben nach Authentizität in ihnen deutlicher. Dies gilt vor allem auf dem Gebiet der *Bunkai*. Gemäß der Tradition kann nur ein *Meijin*[84] eine neue *Kata* schaffen. Es

[84] Ein *Meijin* ist ein »vollendeter« Mensch, der zur Wahrheit (*Kensho* oder *Satori*) gelangt ist.

ist denkbar, daß dies auf Hirokasu Kanazawa zutrifft, der der Liste der 21 klassischen *Shôtôkan-Kata* eine persönliche Kreation, die *Gankaku shô* hinzugefügt hat, deren technische und mentale Komponenten sich wirkungsvoll auf die traditionellen Lehren beziehen.

Die Linie des Shiseikai

Dieser japanische Karateverband wurde durch einen der letzten Zeugen eines untergegangenen Zeitalters, Gima Makoto (Shinkin) (1896-1989), gegründet. Als er dem damals 55jährigen Funakoshi begegnete, zählte er 27 Jahre. Er war der erste Karateka, dem Funakoshi Gichin den schwarzen Gürtel verlieh.[85] Ihre erste gemeinsame Vorführung fand im *Kôdôkan* von Kanô Jigorô (*Jûdô*) statt, zahlreiche andere folgten. Gima, der gleichfalls aus Okinawa stammte, war zuvor bereits bei Itosu und bei Yabu Kentsu in die Lehre gegangen. Man kann annehmen, daß Gima, der in der offiziellen Abstammungslinie des *Shôtôkan* stets eine sehr diskrete Rolle spielte, ein innerer Schüler Funakoshis war, während Nakayama als äußerer Schüler den Platz des offiziellen Nachfolgers einnahm. Gima Makoto hat keinen offiziellen Nachfolger hinterlassen.

1.2.2 Shôtôkai

Shôtôkai[86] war zunächst eine Vereinigung, bevor es sich zum Stil entwikkelte. Diese Vereinigung wurde 1949 durch die engsten Schüler Funakoshis – Obata, Egami, Noguchi, Hironishi – ins Leben gerufen, um ihren Meister materiell unterstützen zu können. Erst 1958 wurde das *Shôtôkai* zum Karatestil, geprägt durch Egami Shigeru (1912-1981). Er hatte die Absicht, den Lehren Funakoshis so nahe wie möglich zu bleiben, den er bereits 1932 kennengelernt hatte, als er Student an der Universität von Waseda wurde. Später arbeitete er auch sehr eng mit Funakoshi Yoshitaka

[85] Funakoshi führte den »Dan« im Jahre 1926 ein.
[86] Kai (jpn.): Vereinigung, Verband.

zusammen. Um den Ideen seines Meisters treu zu bleiben, lehnte er selbst die Idee des Wettkampfes im Karate ab, womit er sich klar von den im JKA unter Nakayama und Nishiyama vorherrschenden Tendenzen distanzierte. Sein Stil zeichnet sich u. a. dadurch aus, daß durch Entspanntheit in den Bewegungen die Effektivität der Techniken erhöht werden soll. Wenngleich die *Kata* des *Shôtôkai* auch hinsichtlich der Bewegungsabläufe ihren *Shôtôkan*-Pendants gleichen, so wirken sie doch viel flüssiger, und es gibt keine erkennbaren Unterbrechungen im Bewegungsfluß, kein betontes *Kime*. Ihre Stellungen sind sehr tief und sehr breit. Die Auffassungen Egamis vom Kampf beinhalten die Suche nach der Harmonie zwischen zwei Partnern und nicht das Streben nach Überlegenheit gegenüber einem Gegner. Am Ende seines Lebens reduzierte sich seine Lehre auf diese fundamentale Idee der Harmonie zwischen den Wesen, eine Entwicklung zum Mystischen, die an jene von Ueshiba *Sensei* im *Aikidô* erinnert. Sein engster Schüler war Aoki, der die Bewegung *Shintaidô* begründet hat. Murakami und Harada Mitsusuke sind zwei weitere Meister, die aus dem *Shôtôkai* hervorgegangen sind. Da auch Oshima Tsutomu mit Egami zusammengearbeitet hat, finden sich in dessen *Shôtôkan*-Stil zahlreiche Ähnlichkeiten mit dem *Shôtôkai*, nicht zuletzt auf dem Gebiet der *Kata*.

1.2.3 Wadô ryû

Auf S. 110 wurde berichtet, daß Ôtsuka Hironori (1892-1982), der bereits im Alter von 29 Jahren *Shihan* (Meister) des *Yoshin ryû* wurde und der einer der herausragenden Schüler Funakoshis war, ab 1928 einen anderen Weg einschlug als sein Meister. In seine Karatepraxis ließ er Kenntnisse aus dem *Jûjutsu* einfließen, wie auch sein Wissen auf medizinischem Gebiet (Biegsamkeit, Ausweichbewegungen, Beweglichkeit, Hebel und Würfe). Im Jahre 1935 gründete er offiziell die Stilrichtung des *Wadô ryû*.[87] Seine *Kata*[88] erhielten wieder ihre ursprünglichen Namen zurück, und sie sind

[87] *Wa* (jpn.): Frieden, Harmonie.

[88] Vgl. Habersetzer, R.: 39 Karate-Kata – Aus Gôjû ryû, Wadô ryû und Shitô ryû. Chemnitz: Palisander Verlag 2010. In diesem Buch werden 17 *Kata* des *Wadô ryû* dargestellt.

sehr stark an die alten Formen, die Funakoshi aus Okinawa mitgebracht hatte, angelehnt. Sein Sohn Jiro, der 1934 geboren wurde, trat seine Nachfolge an und folgte seiner orthodoxen Lehrweise. Nach dem Tode seines Vaters übernahm er sogar dessen Vornamen, Hironori. Einer der besten Schüler seines Vaters, Suzuki Tatsuo, gründete einen eigenständigen Zweig des *Wadô ryû*.

1.2.4 Shitô ryû

Mabuni Kenwa (1889-1952) wurde 1903 Itosus Schüler, und 1908 wurde Higaonna sein Lehrmeister. Als Erbe sowohl des *Shuri te* als auch des *Naha te* schuf er um das Jahr 1930 seinen persönlichen Stil, den er zunächst *Hanko ryû* und schließlich *Shitô ryû* nannte. Der Begriff *Shitô* symbolisiert das Andenken an seine beiden Meister. *Shi* ist die japanische Lesart des Ideogramms, welches auf okinawanisch als *Ito* interpretiert wird, und *To* ist das japanische Äquivalent für den okinawanischen Begriff Higa. Mabuni Kenwa hatte sich in Osaka niedergelassen. Von hier verbreitete sich sein Stil in den Regionen um Kyôto und Kôbe. Er kodifizierte seine Methode und seine *Kata* in dem 1934 erschienenen Werk »Kôbô Jizai Goshinjutsu Karate Kempô«. Er hinterließ zahlreiche Erben seiner Kampfkunst, zwischen denen jedoch nicht immer Eintracht herrschte. Aus diesem Grund gibt es heute mehrere Varianten der von Mabuni Kenwa zusammengestellten *Kata*, zu denen in jüngerer Vergangenheit weitere Neuschöpfungen hinzugekommen sind, wie die *Kata* Shihozuku oder auch die *Kata Juroku*, *Nipaipo* und *Hanenko*. Zu den Erben des Meisters zählen auch sein Sohn Kenzo (1927-2005; Okinawa), sein bekannterer Sohn Kenei[89] (Japan), Iwata Manzo (Japan), Hayashi Teruô und Sakagami Ryûsho, von dem später noch die Rede sein wird.

Ein weiterer Schüler Mabunis, Tani Chojirô, gründete 1950 seinen eigenen, wettkampforientierten Stil, *Shukokai* (der zunächst *Tani ha Shitô ryû* hieß). Einer von dessen Schülern wiederum, Nambu Yoshinao, entwickel-

[89] Mabuni Kenei (geb. 1918) ist das gegenwärtige Oberhaupt des *Shitô ryû*. Siehe auch Mabuni, K.: Leere Hand – Vom Wesen des Budô-Karate. Chemnitz: Palisander 2007.

te aus dem *Shukokai* einen neuen Zweig, *Sankukai*. Später gab er diesen Stil wieder auf, um den Stil des *Nambu dô* zu gründen, dessen *Kata* relativ weit von den ursprünglichen *Shitô-Kata* entfernt sind.

1.2.5 Itosu ryû

Diese Schule ging aus Mabunis *Shitô ryû* hervor und wurde durch einen seiner engsten Schüler gegründet, Sakagami Ryûsho (1915-1993), der damit die Absicht verfolgte, mit seinen *Kata* möglichst nahe an den ursprünglichen von Itosu gelehrten Formen zu bleiben. Er kodifizierte die *Kata* seiner Stilrichtung in seinem Werk »Karatedô Kata Taikan«. Seine Lehrmethode wird von seinem Sohn Sadaaki weitergeführt. Sie ist im übrigen auch im *Kobudô* nicht unbekannt, da der große Meister dieses Stils, Taira Shinken, durch Mabuni Kenwa, bei dem er Karate und *Kobudô* studierte, mit Sakagami Ryûsho bekannt gemacht wurde.

1.2.6 Gôjû ryû

Miyagi Chôjun, der den *Gôjû ryû* 1929 gegründet hatte (siehe auch S. 152 ff.) hinterließ zwei große Linien, in denen sein Erbe weiterlebt. Eine der Linien bildete sich auf Okinawa aus, wohin Miyagi Chôjun nach relativ kurzem Aufenthalt in Japan (1929-1934) und einem Lehraufenthalt auf Hawaii im Jahre 1935 zurückgekehrt war, die zweite Linie wurde in Japan durch seine dortigen Schüler weiterentwickelt.[90]

Das Gôjûkai

Zu den japanischen Schülern Miyagis zählte Yamaguchi Gôgen (1909-1989), der aufgrund seiner raubkatzenhaften Haltungen, seiner Entspanntheit, seiner Schnelligkeit und nicht zuletzt auch deswegen, weil er eine aus-

[90] Vgl. Habersetzer, R.: 39 Karate-Kata – Aus Gôjû ryû, Wadô ryû und Shitô ryû. Chemnitz: Palisander Verlag 2010. In diesem Buch werden alle zwölf *Kata* des *Gôjû ryû* dargestellt.

geprägte Vorliebe für die Position *Nekoashi dachi* besaß, den Spitznamen »die Katze« trug. Er lernte seinen Meister im Jahre 1932 kennen, dessen direkte Nachfolge er später antrat. Yamaguchi Gôgen, eine Galionsfigur des japanischen Karate, verstand sich auch auf öffentlichkeitswirksames Auftreten – beispielsweise machte er die *Kata Sanchin* bekannt, indem er sie mit bloßem Oberkörper unter einem Wasserfall am Berg Kuruma vorführte – und er besaß einen guten Geschäftssinn. Er wurde zu einem der bedeutendsten Gestalter bei der Erneuerung des Karate nach Abzug der amerikanischen Besatzungstruppen. 1950 gründete er das »Gesamtjapanische Karatedô Gôjû dai«, später legte er gemeinsam mit Ôtsuka Hironori, Nakayama und Iwata die Fundamente der »Gesamtjapanischen Karatedô-Föderation«[91].

Yamaguchis Stil, wie auch seine *Kata*, sind recht speziell und stark durch mystische Einflüsse geprägt. Er schuf sogar eine eigene Variante der alten *Shintô*-Religion, das *Gôjû Shintô*, in welcher Naturkräfte und Götter – die »Kami« – verehrt wurden. Er war auch berühmt für sein asketisches Leben, seine meditative Kraft und dafür, daß er die Haare nach Art der alten *Shintô*-Priester und der ersten Samurai lang trug. Seine Söhne Gosei (in den USA), Gosen und Goshi haben sein geistiges Erbe angetreten.

Das Gôjûkensha

Ôtsuka Tadahiko (1940-2012) begann im Alter von 15 Jahren im *Sosuikan* von Meister Ichikawa Sosui die Kampfkunst des *Gôjû ryû* zu erlernen. 1965 eröffnete er sein eigenes *Dôjô* in Tokio, das Seishinkan, das 1970 in *Gôjûkensha* umgetauft wurde. Er war der Leiter einer unabhängigen Gruppierung, die sich zugleich dem *Gôjû ryû* und dem *Taijiquan* verschrieben hat. Die Kunst des *Taijiquan* hat Ôtsuka bei dem in Japan lebenden chinesischen Meister Yang Ming Shi erlernt. Parallel dazu studierte er die inneren chinesischen Schulen des *Baguaquan* und des *Xingyiquan* bei Meister O Ju Kin auf Taiwan. Ôtsuka Tadahiko war bekannt für seine unermüdliche und umfangreiche Forschung hinsichtlich der Quellen des *Karatedô* auf Okinawa und in China. Zu dieser Thematik hat er zahlreiche Veröffentlichungen verfaßt. Von

---

[91] Vgl. Fußnote 74, S. 151.

ihm stammt auch eine umfassende Studie zum Bubishi.[92] Von seinen häufigen Aufenthalten in China hat Meister Ôtsuka ebenfalls eine bis dato außerhalb Chinas unbekannte *Kata*, die *Happoren no kata*, mitgebracht (siehe S. 374 ff.), welche älter als die *Kata Sanchin* und *Tenshô* zu sein scheint, allerdings nicht durch Miyagi weitergegeben wurde.[93] Er war einer der seltenen Erben der Kunst der »leeren Hand«, die in der Lage waren, die Spuren einer authentischen Tradition ausfindig zu machen, um dieser neues Leben einzuflößen und sie an die zeitgenössische Welt der Kampfkünste anzupassen.

1.2.7 Letzte Vertreter einer Tradition

Auf den ersten Blick scheint es, als gäbe es noch zahlreiche Vertreter der alten Tradition der Kampfkünste in Japan. Doch eine genauere Prüfung offenbart, daß der Augenschein trügt und die Wirklichkeit völlig anders aussieht.

Jene, die im Gegensatz zu allen anderen ihre Lehren nach der Tradition auf Grundlage der klassischen *Kata* ausrichten, sehen sich angesichts der alles überflutenden Woge des Sportkarate zusehends isoliert. Dies gilt selbst für Leiter von anerkannten und respektierten Linien. Viele Schulen sind wegen ihrer traditionellen Ausrichtung vollkommen an den Rand gedrängt worden. Daß sie noch immer überleben können, ist einigen Meistern zu verdanken, die oftmals leider schon hochbetagt sind. Folgende Schulen sind hierbei besonders hervorzuheben:

Die Schule des *Gensei ryû* wurde im Jahre 1953 durch Shukumine Seiken (1925-2001) gegründet. Der Name ist aus den Begriffen *gen* (grundlegende, göttliche, höhere Werte) und *sei* (Regel, Ordnung) zusammengesetzt.

Die Schule des *Seidô ryû*, die durch Nakamura Tadashi (geb. 1942) gegründet wurde, integriert die Lehren des *Zen*-Buddhismus in die Kampfkünste.

Die Schule des *Shindô shizen ryû* wurde 1934 durch Konishi Yasuhiro (1893-1983) gegründet, der Karate bei Funakoshi Gichin und *Aikidô* bei Ueshiba Morihei erlernte.

---

[92] Vgl. Habersetzer, R.: Bubishi – An der Quelle des Karatedô. Chemnitz: Palisander Verlag 2014.

[93] Ebd., S. 257 ff.

Die Schule des *Gembukai* wurde durch Ogura Tsuneyoshi[94] in Kofu gegründet. Meister Ogura, dessen wichtigste Lehrer Gima Makoto, ein Meisterschüler Funakoshis, und Yamaguchi Gôgen waren, schuf eine neue Version der *Kata Fukyu*, um den Kanon der klassischen *Kata* in ihrer alten Gestalt zu vervollständigen. Seine Lehrtätigkeit wird durch seine beiden Söhne weitergeführt werden.

Es gibt ein immenses Erbe, dem ein jeder das seine entnehmen wird …
Maurice Magre, »Das Blut von Toulouse«

1.3 Fazit

Es ist praktisch unmöglich, sämtliche Verzweigungen der Kunst der »leeren Hand«, wie sie sich bis heute ausgebildet haben, bis in die letzten Einzelheiten zu erörtern. Entscheidend ist jedoch, daß mit der großen Auswanderbewegung der Kampfkunstexperten, die nach dem Zweiten Weltkrieg einsetzte, das Ende der *Koshiki Kata* eingeläutet wurde.

Es bedeutete einen Schock, als die relativ isolierte Insel Okinawa sich durch die Meiji-Restauration[95] plötzlich mit der modernen Welt konfrontiert sah. Es galten auf einmal andere Vorstellungen von Zeit und Entfernung. Die alten Motivationen wirkten nicht mehr, neues Gedankengut vermengte sich mit alten Auffassungen. Von diesen Veränderungen konnten der Geist und die Techniken des ursprünglichen Karate nicht verschont bleiben. Darüber hinaus kam es 1945 zum großen militärischen Debakel Japans. Das wiederum hatte zur Folge, daß immer häufiger und allerorts mit der Tradition gebrochen wurde. Die alten Werte hatten sich im Krieg

---

[94] Ogura Tsuneyoshi (1928-2007) war auch ein *Shintô*-Priester. Er hat einige Zeit bei den Yamabushi verbracht und wurde durch sie in das *Shingon* eingeführt, eine esoterische Strömung des Buddhismus. Er war zudem ein herausragender Kalligraph, und er verfügte über ein unerschöpfliches Wissen über die Geschichte und die Techniken der Kunst der »leeren Hand«; unter anderem verwaltete er einen Teil der Archive von Mabuni Kenwa. 1973 wurde er der letzte Lehrer des Autors, R. Habersetzer, dem er im Jahre 2006 den 9. Dan, Shihan, verlieh. – Habersetzer, R. und G.: Enzyklopädie der Kampfkünste. Chemnitz: Palisander 2019.

[95] Vgl. S. 102 und 122.

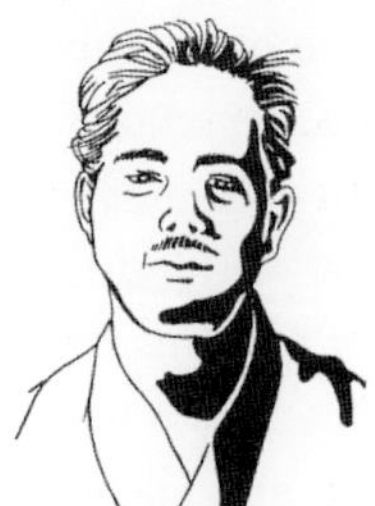 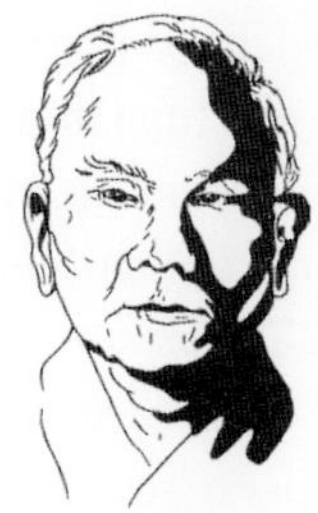 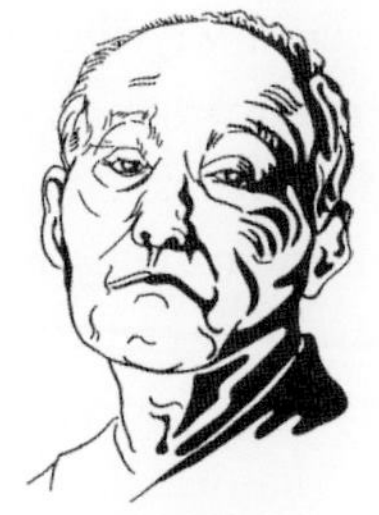 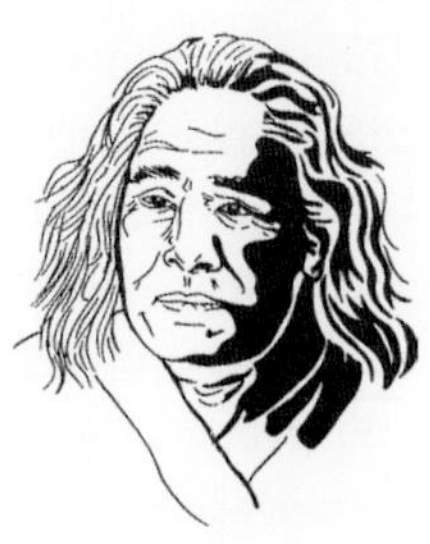

Gründer bzw. bedeutende Vertreter der vier großen Stilrichtungen des modernen Karate, von links nach rechts: Mabuni Kenwa (*Shitô ryû*), Funakoshi Gichin (*Shôtôkan ryû*), Ôtsuka Hironori (*Wadô ryû*), Yamaguchi Gôgen (*Gôjû ryû*).

als wenig effizient erwiesen, und daher wandte man sich enttäuscht von ihnen ab. Das *Karatedô* und seine klassischen *Kata* entgingen dieser Tendenz, alles in Frage zu stellen, nicht. Die Entwicklung auf Okinawa wurde beschleunigt, als massenhaft Fremde auf die Insel kamen. Diese letzten Eindringlinge läuteten das Ende der Tradition ein, die bis dahin auf Okinawa entschieden verteidigt worden war.

Die Geschichte der »Unsterblichen mit bloßen Händen« erlischt von nun an langsam, aber unaufhaltsam. Es wäre sicher nicht sehr schwer, und es stellt mitunter eine Versuchung dar, mit den Legenden, die sich um ihre Personen ranken, »aufzuräumen«. Doch wem würde es schon nutzen, wenn sich herausstellt, daß manche der unerhörten Großtaten dieser Meister nichts als Märchen sind? Niemand wird je verhindern, daß die Mythen sich höher aufschwingen als die kühnsten Vögel. Außerdem haben Mythen oft die Kraft, Menschen zu Taten zu bewegen. Und das allein zählt. Die Sehnsucht des Menschen nach dem Wunderbaren hat das alte Wissen in verschiedene Verkleidungen gehüllt. Es kommt aber heute darauf an, den Kern der Botschaft zu bewahren, unabhängig von seiner Hülle. Diese Botschaft hat einst den Menschen dazu gebracht, den Weg, das *Dô*, zu beschreiten.

Man spricht heute gern von einer universellen Zivilisation, zu welcher sich die Menschheit bilden solle. In diesem Zusammenhang ist die Frage, ob die ursprüngliche Kunst der »leeren Hand« in Vergessenheit gerät oder bewahrt werden kann, nicht mehr nur für Okinawa, Japan oder den Fernen Osten von Bedeutung. Das *Okinawa te* war das Produkt einer Kultur, deren Wurzeln ebenso vielfältig wie weitreichend in zeitlichem wie räumlichem Sinne waren. Ihre Ursprünge lagen in China und auf der Insel selbst. Letzten Endes stand diese Kunst – mehr noch als die mit ihr verbundenen Techniken – direkt mit dem zivilisatorischen Nährboden in Verbindung, der der gesamten Menschheit gemeinsam ist. Sie ist Teil des gemeinsamen kulturellen Erbes, aus welchem der Mensch bei der Suche nach sich selbst immer wieder schöpfen kann. Die Geschichte schreitet fort, aber die Mechanismen bleiben dieselben, denn der Mensch bleibt stets er selbst, mit seinen ewigen Stärken und Schwächen, seinen Geheimnissen und seinen Fragen.

Vielleicht wird man sich eines Tages der Tatsache bewußt, daß es für jene Meister von einst, die wirklich ihren Meistertitel verdienten, nicht wichtig war, Massen von Karateka auszubilden. Vielleicht begreift man auch, daß sich ihre nachhaltige Bedeutung nicht daran mißt, welche Popularität dieser oder jener Stil hat. Denn das Wesentliche in ihrem Werk bestand darin, in ihrem Umfeld jene ausfindig zu machen, die es weiterführen konnten, nachdem ihnen das Wesen der Kampfkunst offenbart wurde. Aus diesem Grund besteht zwischen den okinawanischen *Meijin*[96], ihren japanischen Erben und all jenen, die sich als Führer auf dem Weg einer sehr langen Entwicklung verstehen, eine kontinuierliche Verbindung.

---

[96] Vgl. Fußnote 84 auf S. 163.

2 Die Kata: letzte Spuren eines verlorenen Pfades

Die Tabelle auf der gegenüberliegenden Seite stellt die Herkunft der *Kata* und ihre Präsenz in den großen modernen Stilen des Karate dar. Auf den folgenden Seiten soll dargelegt werden, in welchem Maße die aktuellen Formen von den ursprünglichen abweichen.

2.1 Passai, Kûshankû, Tekki: die große Trilogie

2.1.1 Passai (Patsai, Bassai)

Diese Form soll die älteste der okinawanischen *Kata* sein. Schenkt man gewissen mündlichen Überlieferungen Glauben, stammt sie aus dem 14. Jahrhundert. Offensichtlich ist in jedem Fall, daß es sich um eine der allerersten klassischen Formen handelt, die auf der Insel eingeführt wurden. Ihre ersten verifizierbaren Spuren lassen sich jedoch erst um das Jahr 1830 nachweisen. Diese *Kata* war einst Bestandteil der Praxis des *Tôde*.

Man kann im Namen der *Kata* zwei Hinweise physischer (taktischer) Natur finden, und zwar die Begriffe *pa* (durchdringen, zerstören) und *sai* (die Festung). *Patsai* läßt sich demzufolge als »die Befestigung brechen« oder »in die Festung dringen« interpretieren, in dem Sinne, daß der Kreis aus mehreren Gegnern durchbrochen wird, die aus sehr kurzer Distanz angreifen. Technisch gesehen ist damit die Anwendung dieser Form klar bestimmt. Hierin liegt der Grund für die schnellen, kurzen, kraftvollen Bewegungen, die Kehrtwendungen am Ort, die Schlagkraft ihrer Techniken.

Auf anderer Ebene hingegen geht es um die inneren Empfindungen, die mit dieser *Kata* verbunden sein müssen. Zum einen ist eine starke, durchdringende, unerschütterliche Geisteshaltung vonnöten, um die Umzingelung zu durchbrechen. Sie ist der Ursprung der Wucht der ersten Bewegung der *Kata*, ein verstärkter Block aus der Stellung *Kosa dachi*, die aus der alten Stellung *To bo* des *Wushu* abgeleitet wurde, der Position des »gestohlenen Fußes« (ein Fuß ist hinter dem anderen verborgen). Diese Eingangstechnik »explodierte« übrigens früher mit einem ersten *Kiai*. Zum anderen geht es auch darum, einen Geist zu entwickeln, der stark genug ist, die »Pforten der Wahrnehmung«[97] zu durchbrechen, damit wir zum Wissen gelangen können; die inneren Hemmungen unserer Psyche und die Beschränkungen, die unser begriffliches, methodisches Denken bewirkt, müssen zum Zerbersten gebracht werden.

Die *Passai no kata* enthält ein sehr reiches Kampfschema, und man findet darin auch Elemente nichtvisueller Wahrnehmung, wie sie für den nächtlichen Kampf erforderlich sind. Dies wird beispielsweise in der Schlußtechnik der suchenden Hand, dem *Sagurite no gamae*, die auf sehr langsame Weise ausgeführt wird (dies stellt einen der möglichen *Bunkai* dar), deutlich. Die Dynamik dieser *Kata* stammt aus einem starken Schub innerer Energie auf Ebene des dritten Lendenwirbels, hinter dem Vitalpunkt *Tanden* (auf chin. auch *Dantian* oder *Chihai*, »Meer des Atems«), dem »unteren Zinnoberfeld«.[98] Diese aufrechterhaltene Spannung verleiht den Schritten und Bewegungen eine große Stabilität. Die *Passai no kata* ist ein vollendetes Abbild der Suche nach der Einheit zwischen Körper und Geist und steht damit für ein fundamentales Streben, das die alten chinesischen *Shifu* in ihre ersten *Tao* integriert haben.

Man findet bereits von Anfang an zwei recht unterschiedliche Formen dieser *Kata*, die beide von chinesischen Quellen abstammen (siehe Tabelle), ohne daß es aber möglich ist, sie konkreten *Tao* zuzuordnen. Wahrscheinlich wurden die beiden Versionen der *Passai no kata* separat voneinander auf Okinawa eingeführt, sie entwickelten sich auch in zwei verschiedenen Linien, von Erbe zu Erbe und Interpretation zu Interpretation.

Oyadomari no Passai (Tomari te)

Diese Version der *Passai* ist zweifelsohne die älteste und somit die ihrer chinesischen Ursprungsform nächste. Sie ist Bestandteil der Stilrichtung des *Tomari te*. Ihr Schöpfer war ein aus China stammender Experte südchine-

---

[97] Die Formulierung »Pforten der Wahrnehmung« (engl.: doors of perception) stammt von dem englischen Dichter, Maler und Mystiker William Blake (1757-1827). – Anm. d. Übers.

[98] Das untere Zinnoberfeld (chin. *Dantian*, jpn. *Tanden* oder *Hara*), ist nach der taoistischen Lehre das energetische (*Ki*) Zentrum des Menschen. Es befindet sich wenige Zentimeter unterhalb des Nabels. – Anm. d. Übers.

Herkunft	Kata	Gôjû ryû	Kobayashi ryû	Matsubayashi ryû	Shitô ryû	Shôrin ryû	Shôtôkan Funakoshi	Shôtôkan J.K.A.	Uechi ryû	Wadô ryû
Tomari te (Niigaki)	Niseishi (Nijûshiho)				•			•		•
	Unsu		•		•			•		
	Sôchin		•		•			•		
Shuri te und Tomari te	Kûshankû (Kankû)		•	•	•	•	•	•		•
	Passai (Bassai)		•	•	•	•	•	•		•
	Wankan (Matsukase)			•	•			•		
	Chintô (Gan Kaku)		•	•	•	•	•	•		•
	Jitte				•	•	•	•		
	Jion		•		•	•	•			•
	Useishi (Gojûshiho)		•	•	•	•		•		
	Rôhai (Meikyô)			•	•			•		•
	Wanshu (Enpi)			•	•		•	•		•
	Chinte		•		•			•		
	Jiin				•			•		
Naha te	Sanchin	•			•				•	
	Saifa	•			•					
	Sanseru	•			•				•	
	Seisan (Seishan, Hangetsu)	•	•		•		•	•	•	•
	Shisochin	•			•					
	Seienchin (Saipa)	•			•					
	Seipai	•			•					
	Kururunfa	•			•					
	Sûpârinpai	•			•					
	Naihanchi (Tekki)		•	•	•	•	•	•		•

Tabelle 11: Das Überleben der klassischen Kata in den großen modernen Stilrichtungen

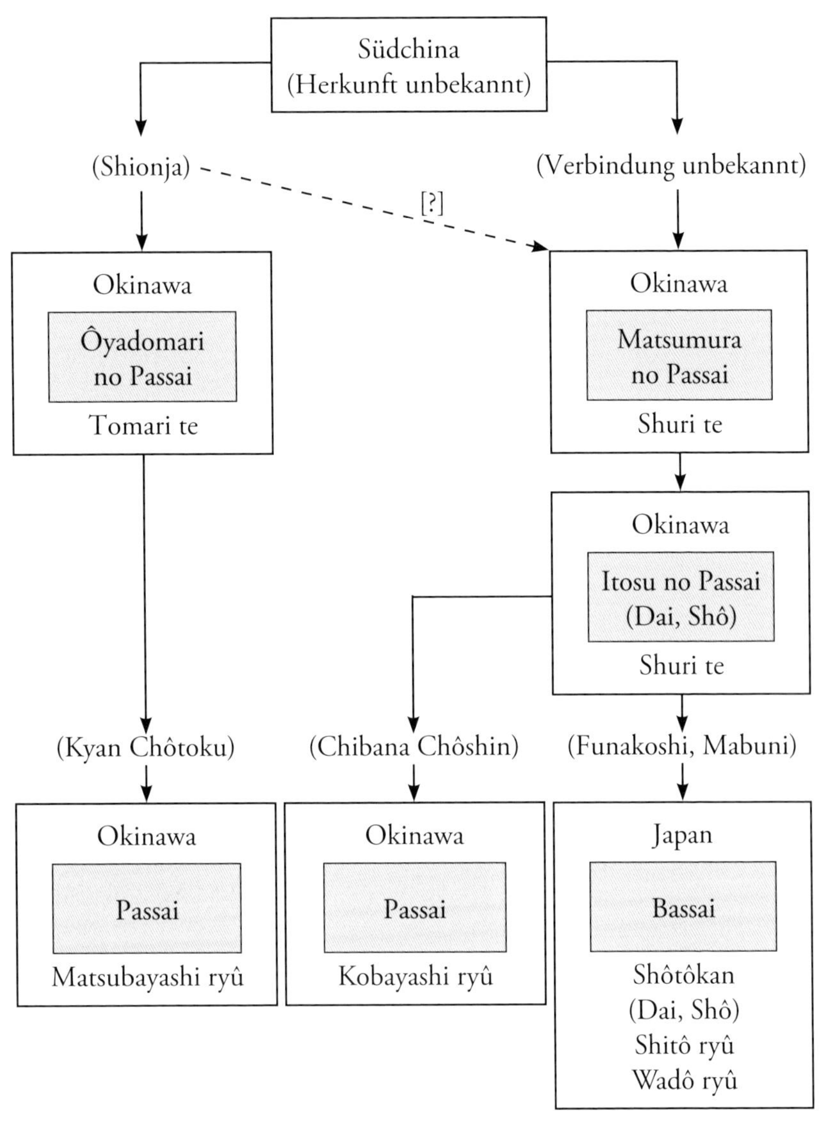

Tabelle 12: Übertragungsweg der *Passai no kata*

sischer Stile, Shionja, der die *Kata* im 19. Jahrhundert Oyadomari Peichin und einigen anderen Experten des *Tomari te* lehrte. Die *Kata* entwickelte sich zunächst in zwei parallelen Zweigen dieser Stilrichtung, bis es Kyan Chôtoku (1870-1945) gelang, beide Zweige wieder zu vereinigen. Sein Schüler Nagamine Shôshin führte den vereinigten Stil unter der Bezeichnung *Matsubayashi ryû* weiter. In diesem Stil gibt es trotzdem noch eine weitere Variante der *Passai*, die *Ishimine no Passai.* Für die beiden Zweige kann man folgende Übertragungskette der *Kata Passai* annehmen:

1. Shionja – Gusukuma Shinpan – Yamada – Kanagusuku – Oyadomari – Matsumora Kôsaku – Kyan Chôtoku.
2. Shionja – Tôguchi – Niigaki – Kyan Chôtoku.

Der Ablauf der *Oyadomari no Passai* wird auf S. 254 bis 258 dargestellt.

Matsumura no Passai (Shuri te)

Hier handelt es sich um eine zeitgenössische, aber recht andersartige Variante der zuvor vorgestellten *Kata.* Es ist nicht bekannt, auf welche Weise die Bewegungsform von China nach Okinawa zu Matsumura Sôkon (1800-1896) gelangte. Es kann sich um einen unbekannten chinesischen Experten handeln, der nach Okinawa kam, es ist aber auch möglich, daß Matsumura sie von seinem eigenen Aufenthalt in China um 1830, über den man jedoch nichts genaueres weiß, mitbrachte. Denkbar ist hingegen auch, daß es sich um eine ausspionierte Form der *Tao* von Shionja handelt. Jedenfalls scheint diese Version der *Kata* durch Matsumura zusammengestellt worden zu sein, dessen *Tokui-Kata* (Lieblingskata) sie wurde. Der Grund, warum diese Variante der *Passai* auf Okinawa die größte Verbreitung gefunden hat, ist in der Persönlichkeit des Meisters zu finden. Matsumura zählt zu den Tragsäulen des *Tôde* auf Okinawa in dessen heroischer Epoche. Durch seine zahlreichen Großtaten beim Kämpfen war er schon zu seinen Lebzeiten eine Legende, und er ist zweifelsohne der erste Experte, der die Fundamente eines authentischen *Okinawa te* legte.

Aus dieser Form entwickelte sich die *Kata Itosu no Passai.* Itosu Ankô (1832-1916) gehörte zu den zahlreichen Schülern Matsumuras. Er wurde gegen Ende des 19. Jahrhunderts zu einer Galionsfigur der Kunst der »leeren Hand«, und man nannte ihn »die heilige Hand des *Shuri te*«. Er leistete einen bedeutenden Beitrag zur Forschung und Wiederherstellung der klassischen *Kata*. In etliche Techniken ließ er seine persönliche Interpretation einfließen. Dies gilt auch für die älteste okinawanische *Kata*. Seine Version der *Passai*, die er von Matsumura gelernt hatte, ist jene, die wenig später durch Funakoshi und Mabuni nach Japan gelangte und dort zur Grundlage der aktuellen Formen wurde, wie man sie in den Stilen des *Shôtôkan*, *Wadô ryû* und *Shitô ryû* findet. Itosu hinterließ von dieser *Kata* eine lange (*Passai dai*) und eine kurze (*Passai shô*) Form, die er aus ersterer ableitete. In die kurze Form baute er subtile Zusätze ein, die im Zusammenhang mit dem *Ma*, der Distanz, stehen. Einige der zahlreichen Schüler Itosus, die auf Okinawa geblieben sind, nahmen kleinere Veränderungen an Itosus Formen vor, ohne jedoch die Gesamtkomposition anzutasten. Die ihrem Ursprung getreueste Variante der *Itosu no Passai* findet sich in der Stilrichtung des *Kobayashi ryû*. Sie heißt dort *Chibana no Passai*.

Man kann alles in allem feststellen, daß die wesentlichen der mit der originalen »Festungskata« verbundenen Empfindungen in ihren aktuellen Formen erhalten geblieben ist. Dies ist ein seltener Umstand, der hervorgehoben werden muß. Somit stellt die *Passai no kata* selbst in ihrer modernen Form eine Brücke zwischen der Vergangenheit und der Gegenwart dar.

Der Ablauf der *Matsumura no Passai* wird auf S. 295 bis 302 dargestellt, und der Ablauf der *Chibana no Passai* auf S. 303 bis 307.

2.1.2 Kûshankû (Kankû)

Zu den Abgesandten, die China im Jahre 1756 zur Verbesserung der Handelsbeziehungen in die okinawanische Ortschaft Kumemura entsandt hatte, gehörte ein chinesischer Experte des nördlichen Shaolinstils (Stil des ersten Shaolin-Klosters) namens Kwan Shang Fu (Ku Shan Ku)[99]. Dieser *Shifu* hielt sich wahrscheinlich zwischen 1756 und 1762 auf Okinawa auf.

[99] Die phonetische Transkription des chinesischen Namens lautete Kosokun, daraus wurde Ku Shan Ku.

Der Name der *Kata* bezieht sich also einfach auf den Mann, der sie nach Okinawa brachte. Wie bereits dargelegt wurde (S. 112 ff.), mußte Funakoshi Gichin, als er Karate in Japan einführte, die Namen der *Kata* japanisieren, um sie für die Japaner der nationalistischen 30er Jahre akzeptabel erscheinen zu lassen. Er nannte die *Kata* aus diesem Grund in *Kankû* um, was eine doppelte Interpretation zuläßt, je nachdem, auf welche Weise man Ku deutet. Dieses Ideogramm kann sowohl als »den Himmel betrachten« oder aber als »die ursprüngliche Leere betrachten« gelesen werden. Das war eine recht raffinierte Methode, um auf einen Geisteszustand zu verweisen und somit eine Spur zu legen, die an die interne Ausrichtung der *Koshiki Kata* erinnert. Tatsächlich wird behauptet, daß Kwan Shang Fu auch ein praktizierender Taoist war, was Funakoshis Interpretation erklären könnte (siehe auch S. 70 ff., wo die taoistischen Auffassungen vom Universum dargelegt werden).

Die Kampfsequenz, welche die *Kata Kûshankû* darstellt, ist ein Beispiel für das nordchinesische *Wushu.* Sie besteht aus zahlreichen Beintechniken, ausholenden Bewegungen und gesprungenen Fußtritten. Bereits die Eröffnung repräsentiert den Charakter der *Kata.* Man findet sie gleichermaßen in der *Koshiki no Passai* (S. 254 ff.), in der *Kûshankû* des *Wadô ryû* und, geringfügig modifiziert, in der *Naihanchi shôdan* des *Wadô ryû* wieder, doch sind in letzterer die Daumen eingewinkelt und der Blick bleibt nach vorn gerichtet. Daraus läßt sich schlußfolgern, daß diese Bewegung eine allgemeine und alte Bedeutung besitzt, die nicht notwendigerweise mit dieser oder jener *Kata* zusammenhängen muß. Diese Bedeutung ist wahrscheinlich energetischer Natur, und man kann sie auf folgende Weise interpretieren:

Zu Beginn bilden die Hände ein Dreieck, die Daumen und Zeigefinger berühren einander. Dieses Dreieck befindet sich ein wenig vor der Bauchregion, vor dem *Tanden*-Punkt, dem »unteren Zinnoberfeld«, wo sich die innere Energie konzentriert. Es steht für das Gleichgewicht zwischen Himmel, Mensch und Erde. Man atmet nun ein, indem man langsam das Handdreieck gegen den Himmel hebt, die Arme sind dabei angespannt und die Hände befinden sich jetzt auf der vertikalen Mittelachse des Körpers. Der Blick, der zuerst horizontal ausgerichtet war, folgt dem Dreieck der Hände. Man absorbiert auf diese Weise die Energie, die aus dem »Zentrum« und aus der Erde aufsteigt, um der Energie des Himmels zu begeg-

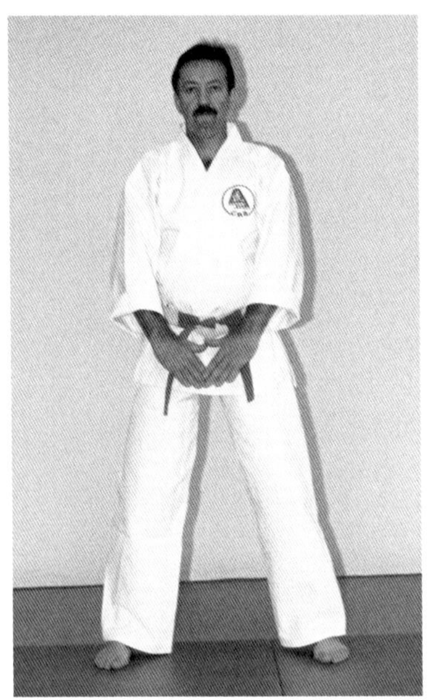

Foto 72

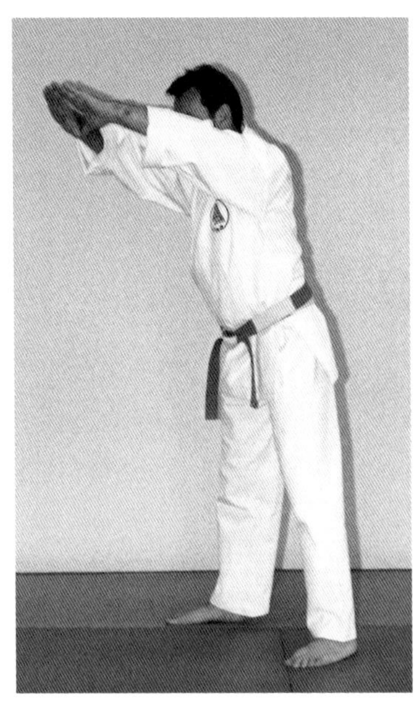

Foto 73

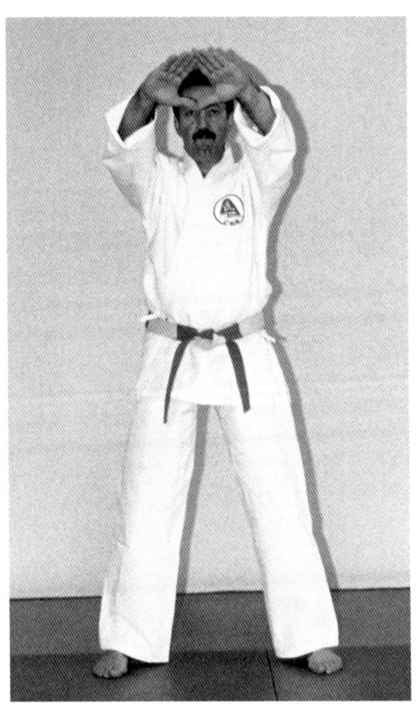

Foto 74

Fotos 72 bis 74: Die klassische Eröffnungsbewegung der alten *Kûshankû Kata*. Die Frage nach der Bedeutung kann auf vielfältige Weise beantwortet werden. Die Bewegung kann symbolisch aufgefaßt werden, als Streben nach Harmonie zwischen Himmel und Erde oder als Betrachtung der »ursprünglichen Leere«. Sie kann pragmatisch gedeutet werden, als Verteidigung gegen einen Griff von hinten oder als Schutz gegen blendendes Licht. Sie kann jedoch auch eine Spur darstellen, die auf eine alte Quelle hinweist, z. B. auf eine Bewegung der *Tao* des »betrunkenen Mannes«. Die modernen Varianten der *Kata*, *Kankû* im *Shôtôkan* und *Kûshankû* im *Wadô ryû*, haben die Bewegung abgeschwächt, die Haltung ist sehr aufrecht, der Oberkörper wird nicht gebeugt. Die Spur der »wahren« *Kata* ist noch vorhanden, aber sie ist blasser geworden.

nen und so beide am Kulminationspunkt der Bewegung in Einklang miteinander zu bringen. Dieser Anschauung entspringt im übrigen auch die Idee vom »Gruß der aufgehenden Sonne«. Anschließend atmet man aus, während die Hände kreisbogenförmig voneinander getrennt werden (im *Shôtôkan* ist dies eine schnelle Bewegung, während sie im *Wadô ryû* ebenso langsam ist), sie werden weiterhin im Kreisbogen abgesenkt, bis sie einander von neuem vor der Bauchregion berühren. Die rechte Handkante, die das *Yang* symbolisiert, schlägt nun gegen die offene linke Handfläche, welche das *Yin* symbolisiert. Dabei wird, während man zugleich zu Ende ausatmet, ein Stoß empfunden, der aus der Wirbelsäule kommt. Wenn man gewillt ist, den esoterischen Sinn dieser Eröffnungssequenz vollständig zu respektieren, so muß man sie mit dem Gesicht nach Osten ausführen und stets in der Zeit zwischen Sonnenaufgang und Erreichen des Zenits.

Die Interpretation des Begriffes *Kankû* als »die ursprüngliche Leere betrachten« hat also ihren Sinn. Man kann aber auch ganz einfach »den Himmel betrachten« oder die leeren Hände erheben (frei von Waffen wie auch von schlechten Absichten), um einen ernsthaften und gewaltfreien Geist wiederzuspiegeln. Es gibt schließlich noch einen weitaus pragmatischeren Sinn dieser Bewegungsfolge, wie sie auf alte Art praktiziert wurde. Dies trifft sowohl auf die durch Itosu überlieferte *Kata* zu (siehe S. 282 ff.) als auch auf die alte *Passai*. Und zwar kann man sich, indem man sich ein Stück nach vorn beugt, dem Versuch eines Griffs von hinten entziehen. Diese Interpretation verdeckt jedoch nicht die esoterische Bedeutung des *Bunkai*. Man muß sogar feststellen, daß Funakoshi Gichin in der modernen Form der *Kankû* noch stärkere Betonung auf den esoterischen Aspekt gelegt hat, indem der Körper bei der Eingangsbewegung aufrecht bleibt und ein Stoß auf den *Tanden* wirkt.

Tatsächlich gibt es in manchen »aktualisierten« *Kata* Spuren, die das tiefste Wesen der alten Botschaften offenbaren, um so mehr, als sie manchmal auch noch besonders hervorgehoben sind. Mitunter sind sie so offenkundig, daß man sie letztendlich gar nicht mehr wahrnimmt. Indem die alten Meister solche Elemente in die *Kata* einbauten, wollten sie den Praktizierenden motivieren, selbst zu erkennen, was die *Omote*-Seite und was die *Ura*-Seite in der überlieferten Botschaft ist, das Offensichtliche und das Verborgene.

Die durch *Shifu* Kwan Shang Fu gelehrte *Tao* wurde gleich der *Kata Passai* auf Okinawa in zwei verschiedenen Linien weitervermittelt.

Kuniyoshi no Kûshankû (Tomari te)

Auf Okinawa ist noch immer die Erinnerung an Chatan Yara (Yara Kita) lebendig, der zu Beginn des 18. Jahrhunderts in dem kleinen Dorf Chatan lebte. Er hinterließ die *Kobudô-Kata Chatan Yara no Sai.*[100] In der Geschichte des *Okinawa te* ist er dennoch eine Randerscheinung, ein isolierter Pionier der Kampfkünste, der zwar ohne Zweifel Nachfolger hinterlassen hat, jedoch nicht wie andere Kampfkunstexperten einen eigenständigen Stil gegründet hat. Yara verbrachte ca. 20 Jahre in Südchina, in der Provinz Fujian, wo er Arbeit gefunden hatte. Bei seiner Rückkehr nach Okinawa verfügte er über ein profundes Wissen auf dem Gebiet des chinesischen *Wushu*, das er bei dem chinesischen *Shifu* Kwan Shang Fu (auch Wong Chung-yoh wird in diesem Zusammenhang erwähnt) erlernte. Der *Shifu* machte ihn zum inneren Schüler (*Uchi deshi*). Darüber hinaus wurde Yara sein Nachfolger im Schatten (*Kage deshi*), scheint aber zugleich auch dessen offizieller Nachfolger gewesen zu sein. All dies war äußerst ungewöhnlich bei einem Ausländer. Yara bekam daher Einblicke in den Begriff der »inneren Kraft« (*Qi*, jpn. *Ki*), ein Begriff, der zum Eckstein der einzelnen Kampfsysteme wurde, die sich in der Folge auf der Insel herausbildeten. Insbesondere die *Kata*, in denen Atemtechniken eine besondere Rolle spielen, verdanken diesem Konzept ihre Existenz. Es war also Yara, der die Kenntnis vom tieferen Wesen der Kampfkünste nach Okinawa brachte. Diese Saat ging rasch auf, woran Yara bedeutenden Anteil hatte, indem er seine Kunst unter seinen Mitbürgern verbreitete, damit sie davon beim Widerstand gegen die japanischen Invasoren profitieren konnten. Vielleicht war es sogar Yara, der Kwan Shang Fu (Kûshankû) einlud, nach Okinawa zu kommen, um selbst auf der Insel Unterricht zu geben. Fest steht, daß Kûshankû auf Okinawa zwischen 1756 und 1762 jenen Schüler unterrichtete, den man »Tôde« Sakugawa nannte und den die Japaner als »Bushi« (»Krieger«) Sakugawa bezeichneten. Sakugawa (1733-1815) war zu jener Zeit bereits Experte auf dem Gebiet der Kampfkünste, wie sie damals auf der Insel praktiziert wurden. Er hinterließ im Gegensatz zu Yara eine lange Linie von Schülern (siehe unten).

---

[100] Siehe Habersetzer, R.: Kobudô 1 – Bô, Sai. Chemnitz: Palisander Verlag 2006.

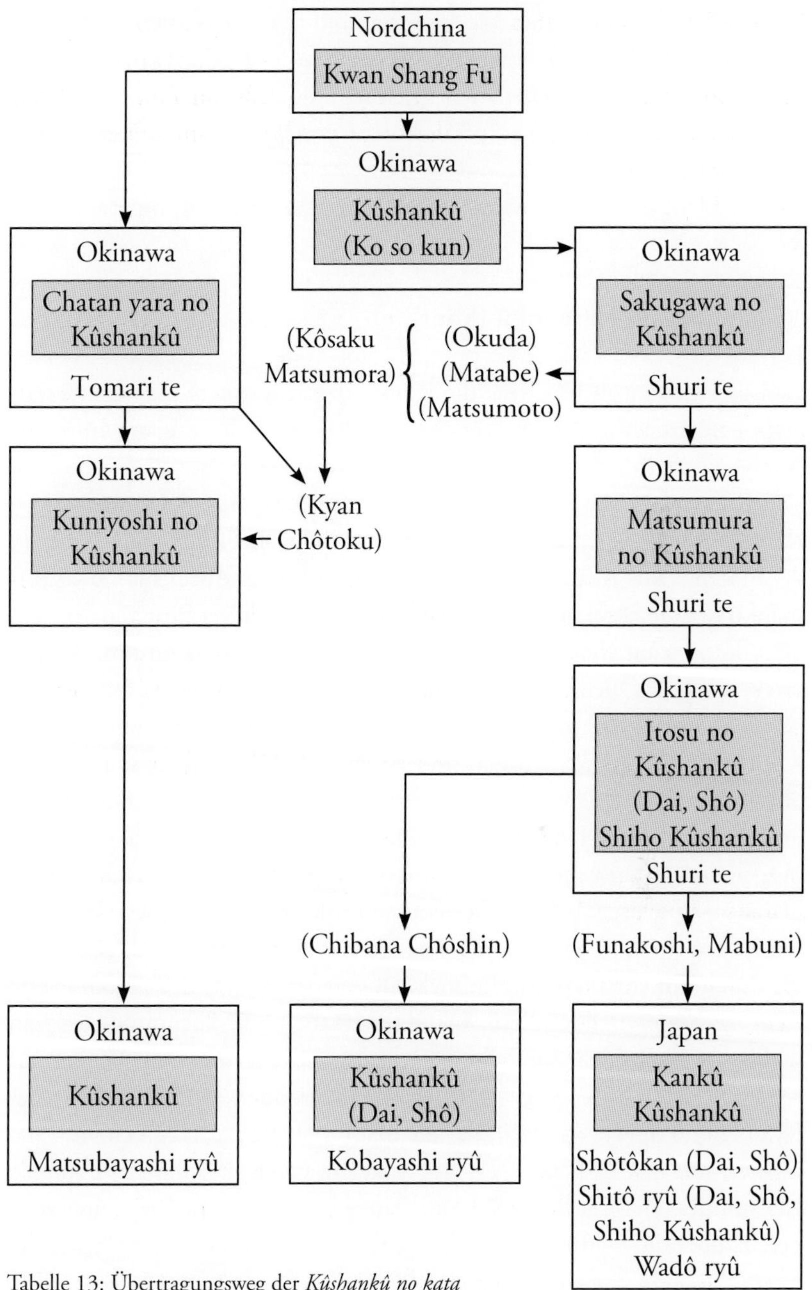

Tabelle 13: Übertragungsweg der *Kûshankû no kata*

Yara blieb der *Kata* seines Meisters treu und überlieferte sie unverändert an Kyan Chôtoku (Kyatake). Die *Chatan Yara no Kûshankû* wurde nunmehr als *Kuniyoshi no Kûshankû* bezeichnet, und diese alte Form wurde bis zu Nagamine Shôshins Kampfkunststil *Matsubayashi ryû* weitergegeben (siehe Tabelle 13).

Der Ablauf dieser *Kata* wird auf den Seiten 247 bis 253 vorgestellt.

Matsumura no Kûshankû (Shuri te)

Yara, der lange Zeit in China die Künste des *Xingyiquan* und des *Baguaquan* studiert hatte, besaß, wie oben dargelegt wurde, Zugang zum »inneren« Wissen und war damit den anderen Experten des *Tôde*, wie z. B. Sakugawa aus Shuri, weit voraus. Letzterer kam mit der chinesischen Kampfkunst zuerst durch die Lehren von Takahara Peichin in Kontakt, der in dem Dorf Akata lebte. Danach ging er für rund sechs Jahre zu Kûshankû in die Lehre, bis jener im Jahre 1762 nach China zurückkehrte. Im Gegensatz zu Yara hatte er nie Gelegenheit, die chinesischen Kampfkünste direkt an ihrer Quelle zu studieren. Seine Sicht der Dinge war demzufolge auch eine andere und sein Verständnis insgesamt oberflächlicher. Sein kulturelles Niveau war gröber, und zudem konzentrierte er sich auf die physischen Aspekte. Somit mußte er zu anderen Interpretationen der *Kata* und ihrer *Bunkai* gelangen, deren höhere Bedeutungen ihm vielleicht nie mitgeteilt worden waren. Vor allem entgingen ihm die zahlreichen Feinheiten der präzisen Vitalpunkttechniken, und er ersetzte diese Wissenslücke hinsichtlich der Techniken stets durch brachiale Gewalt. Er lehrte die durch ihn vor allem in Hinblick auf den geistigen Gehalt modifizierte *Kata Kûshankû* drei Schülern, Okuda, Makabe und Matsumoto, der sein wirklicher Nachfolger (im Schatten) wurde. Danach ging sein Wissen auf Matsumora Kôsaku (1829-1898) aus Tomari über, und jener lehrte es Kyan Chôtoku (1870-1945), der die ursprüngliche Form beibehielt.

Am Ende seines Lebens erteilte Sakugawa jedoch auch dem jungen Matsumura Sôkon (1800-1896) aus Shuri Unterricht. Es war weiter vorn bereits über die Synthesearbeit die Rede, die letzterer auf dem Gebiet des *Shuri te* leistete sowie über seine Rolle, die er bei der Weitergabe der *Kata*

Passai spielte. Von Matsumura Sôkon (nicht zu verwechseln mit Matsumora Kôsaku) ausgehend, entwickelte sich die *Kata Kûshankû* in drei verschiedene Richtungen weiter:

Über Matsumura Nabe (Enkel von Matsumura Sôkon, er lebte von 1860 bis 1930) gelangte sie an Sôken Hohan (1889-1973). Die kaum veränderte *Kata* ging in den Stil des *Sukunai Hayashi ryû* ein.

Über Azato Ankô (1827-1906) kam sie auf Funakoshi Gichin.

Itosu Ankô (1830-1915), ein Freund Azatos, veränderte die *Kata* wesentlich. Er paßte sie seinen Gewohnheiten und seinen Lehrmethoden an. Er lehrte seine Version Funakoshi (*Shôtôkan*), aber vor allem Mabuni Kenwa (*Shitô ryû*) und Chibana Chôshin (*Kobayashi ryû*).

Die dem Original am nächsten kommende Form der *Kata Kûshankû* (*Kuniyoshi no Kûshankû*) findet sich demzufolge im durch Kyan Chôtokus Schüler Nagamine Shôshin gegründeten *Matsubayashi ryû*. Eine andere Schule, das *Gensei ryû*, die auf der Grundlage der Lehren Ishimines gegründet wurde, behauptet, daß ihre Version der *Kata* (*Kosokun dai*) der ursprünglichen Form sehr treu ist. Sie soll durch Soko Kishimoto vermittelt worden sein. Die kurze Form (*Kosokun shô*) dieses Stils stellt dennoch eine eigene Version dar.

Am erfolgreichsten von allen *Kûshankû*-Versionen wurde die *Itosu no Kûshankû*. Wie bereits erörtert wurde (siehe S. 104 f.), wandelte Itosu Ankô viele *Kata* aus pädagogischen Gründen um. Seine *Kûshankû dai* ist der entsprechenden *Koshiki Kata* sehr nahe. Um seinen persönlichen Auffassungen freien Lauf zu lassen, schuf er jedoch parallel dazu die *Kûshankû shô* (eine kurze Version) und die *Shiho Kûshankû*, für die er Elemente der beiden anderen Versionen verwendete. Letztere *Kata* findet sich in Mabunis *Shitô ryû* wieder, doch ist sie heute nur wenig bekannt. Diese Arbeit Itosus diente auch als Grundlage bei der Schaffung der fünf *Pinan-Kata*, die eigens für Lernzwecke zusammengestellt wurden. Funakoshi übernahm diese fünf *Kata* unter der Bezeichnung *Heian-Kata*. Im übrigen erachtete er Itosus *Dai*-Variante als grundlegend. Wie oben bereits erläutert wurde, benannte er aus »diplomatischen« Gründen Itosus *Kûshankû* in *Kankû* um.

Ôtsuka Hironori (*Wadô ryû*) behielt von den Lehren Funakoshis lediglich diese von Itosu stammende Form bei (im *Wadô ryû* gibt es keine Kurzform dieser *Kata*), und er verlieh ihr wieder ihren alten okinawanischen Namen *Kûshankû*.

Die den Fassungen Itosus treuesten Formen finden sich jedoch in der Linie von Chibana Chôshin (1885-1969), eines seiner Schüler, in dessen Stilrichtung *Kobayashi ryû*. Die kurze Form (*shô*) wurde zur Lieblingskata (*Tokui-Kata)* von Chibana (bekannt als *Chibana no Kûshankû*), der im übrigen auch die *Shiho Kûshankû* lehrte. Die *Chibana no Kûshankû* wird heute in der von Higa Yûchoku (1910-1994) gegründeten Schule gelehrt.

Nach Japan gelangte die *Kata Kûshankû* also durch Vermittlung Itosus, der sie Funakoshi Gichin und Mabuni beigebracht hatte. Doch ihre Entwicklung war damit nicht zu Ende, sie wandelte sich mit dem *Shôtôkan*. An dieser Stelle muß auf die fundamentale Rolle eingegangen werden, die Funakoshi Yoshitaka (Gigô), der Sohn des Meisters, spielte. Zunächst eine wohlbekannte Geschichte: Eines Tages traf Yoshitaka, begleitet von anderen Schülern seines Vaters, auf eine Gruppe von Schülern Miyagi Chôjuns vom *Gôjû ryû*. In dem Kampf, der sich daraufhin entspann, wurden Yoshitaka und seine Begleiter allesamt auf wenig rühmliche Weise besiegt. Aus der Wut über diese Niederlage heraus stellte sich Yoshitaka die Frage, ob denn die alten *Kata* des *Shuri te* überhaupt ausreichend effektiv waren. Das Ergebnis seiner Überlegungen war, daß er ein neues, modernes Konzept der *Kata* entwickelte, wobei er dynamischere, weitreichendere Bewegungen integrierte und systematisch nach optimaler Kraftentfaltung (*Kime*) strebte. Man kann daher sagen, daß das *Naha te* über das *Gôjû ryû* die Herausbildung des modernen *Shôtôkan* beeinflußt hat. Beispielsweise ersetzte Yoshitaka am Ende der *Kankû shô* zwei aufeinanderfolgende Techniken mit *Shutô uke* durch einen *Mikazu geri*, auf den am Ende eines Sprunges ein *Ushiro geri* folgt. Trotz allem gab er darauf acht, daß man sich bei der Ausführung seiner modifizierten *Kata* an denselben Stellen wiederfand wie bei der *Kata* seines Vaters, das heißt, er respektierte das Grundschema und den Rhythmus. Die Entwicklung der *Kankû* in ihren zwei Formen wurde schließlich durch Nakayama Masatoshi (1913-1987) im Rahmen des JKA vollendet. Doch die durch Funakoshi überlieferte Eingangsbewegung wurde trotz allem niemals abgeändert.

Der Ablauf der *Itosu no Kûshankû* wird auf den Seiten 282 bis 288 dargestellt und der der *Chibana no Kûshankû* (*shô*) auf den Seiten 342 bis 352.

2.1.3 Naihanchi (Tekki)

Es gibt heute drei *Naihanchi-Kata* (im *Shôtôkan* als *Tekki* bezeichnet): *Shôdan, Nidan* und *Sandan*. Zu Beginn, vor 150 Jahren, gab es nur eine einzige, die jedoch mehr als 100 Techniken in sich vereinigte. Das Schicksal dieser *Kata* ist ungewöhnlich. Sie steht am Anfang der Linie des *Shôrei ryû* und wurde demzufolge zu einem der Ecksteine der Lehre, wie sie für das *Naha te* der ersten Generation charakteristisch war.

Die erste Version der *Kata* des »Eisernen Reiters« (*Tekki*) entstammt dem südchinesischen Stil *Nampa* (»Boot des Südens«). Nach Okinawa gelangte sie durch den chinesischen *Shifu* Ason. Er nannte sie *Naihan chin*, wobei sich der Begriff des *Chin* auf die Kunst des Angriffs auf Vitalpunkte, das *Dianxue*, bezog.[101] Dies unterstreicht die kriegerische Ausrichtung und das Streben nach Effizienz bei den alten Bewegungsfolgen. Asons *Kata* bildete zweifelsohne die Grundlage der ersten Linie des *Naha te*, die von Ason über Tomoyose, Gushi, Sakiyama bis zu Tomigusuku ging. Doch hier endete die Übertragung der authentischen chinesischen *Kata*. Und damit gingen auch rasch ihre auf Effektivität im Kampf ausgerichteten Bestandteile verloren.

Zunächst fand die *Kata* auch Eingang in die zweite Linie des *Naha te*, die durch Higaonna Kanryô (1853-1916) begründet wurde (siehe S. 101). Er übernahm sie unter dem Namen *Koshiki Naihanchi* in sein Lehrsystem. Sie wurde in dieser Stilrichtung jedoch nicht beibehalten und ging dafür in das Lehrsystem von Itosus *Shuri te* ein, ebenso wie in Matsumora Kôsakus *Tomari te*, das heißt, in den Zweig des *Shôrin ryû*. Das ist um so überraschender, als man weiß, daß die Richtungen *Shôrei* (*Naha te*) und *Shôrin* (*Shuri te*) in direkter Konkurrenz zueinander standen und daß es mehr als nur Reibereien zwischen den Vertretern beider Stile gab. So wird beispielsweise berichtet, daß Meister Itosu (*Shuri te*) eines Tages eine Herausforderung zum Kampf durch Tomoyose (*Naha te*) annehmen mußte, und daß er ihm in diesem Kampf einen Arm brach. Wie dem auch

[101] Man findet den Begriff des *Chin* gleichermaßen in den Namen der *Kata Sôchin, Sanchin, Shisochin* und auch in *Chinte* oder *Chintô*, ohne daß dem heutzutage irgendjemand Beachtung schenkt.

sei, Itosu überlieferte die *Naihanchi-Kata*, vor allem an Funakoshi Gichin, während Matsumora seine Form der *Naihanchi* Motobu Chôki beibrachte. Aus pädagogischen Gründen spaltete Itosu zu Beginn des 20. Jahrhunderts die *Kata* in drei unabhängige Teile auf, die noch heute in der Praxis zahlreicher japanischer Kampfkunst-Schulen zu finden sind, wenn auch in verschiedenen Varianten. In Japan wurden sie durch Funakoshi Gichin eingeführt, der sie aus Rücksicht auf den japanischen Nationalismus der 30er Jahre in *Tekki* umbenannte.

Die Übertragung der *Kata Naihanchi* ging mit einer Verarmung hinsichtlich des wahren »Wissens«, wie es in der ursprünglichen Gestalt kodifiziert war, einher. Gewiß ist die Ausrichtung der *Kata* noch immer deutlich auf einen Nahkampf, der sich in beschränktem Raum abwickelt, bezogen.[102] Doch die ganz besondere Art und Weise, sich von der Stelle zu bewegen, die noch immer diese Form charakterisiert, ist nur noch ein Schatten ihres Ursprungs. Der eigentliche Sinn der *Kata* ist verloren gegangen. Die ursprüngliche chinesische *Kata* war für den frontalen Kampf bestimmt gewesen, während zahlreiche der modernen Entwicklungen allzu großes Gewicht auf laterale Fortbewegung (*Yoko sashi dachi*) und auf Unterstützung seitlicher Techniken (*Yoko ichimonji*) legen, wie sie heute typisch für die *Kata* sind. Diese Tendenz wird im modernen *Shôtôkan* der Zeit nach Funakoshi noch weitergetrieben, wo man beim Unterricht der *Tekki* darauf besteht, die Position *Kiba dachi* (jene des »Reiters«) noch mehr zu verbreitern, während das alte chinesische Pendant dieser Position, *Ma bo*, weniger tief war. Diese breitere und tiefere Stellung wirkt sich vorteilhaft auf die Wahrnehmung des Schwerpunkts (*Hara*), auf die Muskelspannung der Beine und die Gesamtstabilität der Stellung aus. Das Problem besteht jedoch darin, daß mit der Änderung der äußeren Form unausweichlich fundamentale Veränderungen hinsichtlich des Gleichgewichts und damit der Atmung und des Flusses der inneren Energie verbunden sind. Oder mit anderen Worten: All das, was einst, als die *Kata* in China zusammengestellt wurde, dafür bestimmt war, im Inneren der *Kata* »erfahren« zu werden, hat sich durch die modernen Modifikationen verändert.

---

[102] Früher wurde die *Kata* aus diesem Grund in engen Hausfluren oder auch auf durch Algenbewuchs rutschigen Steinen im Fluß geübt.

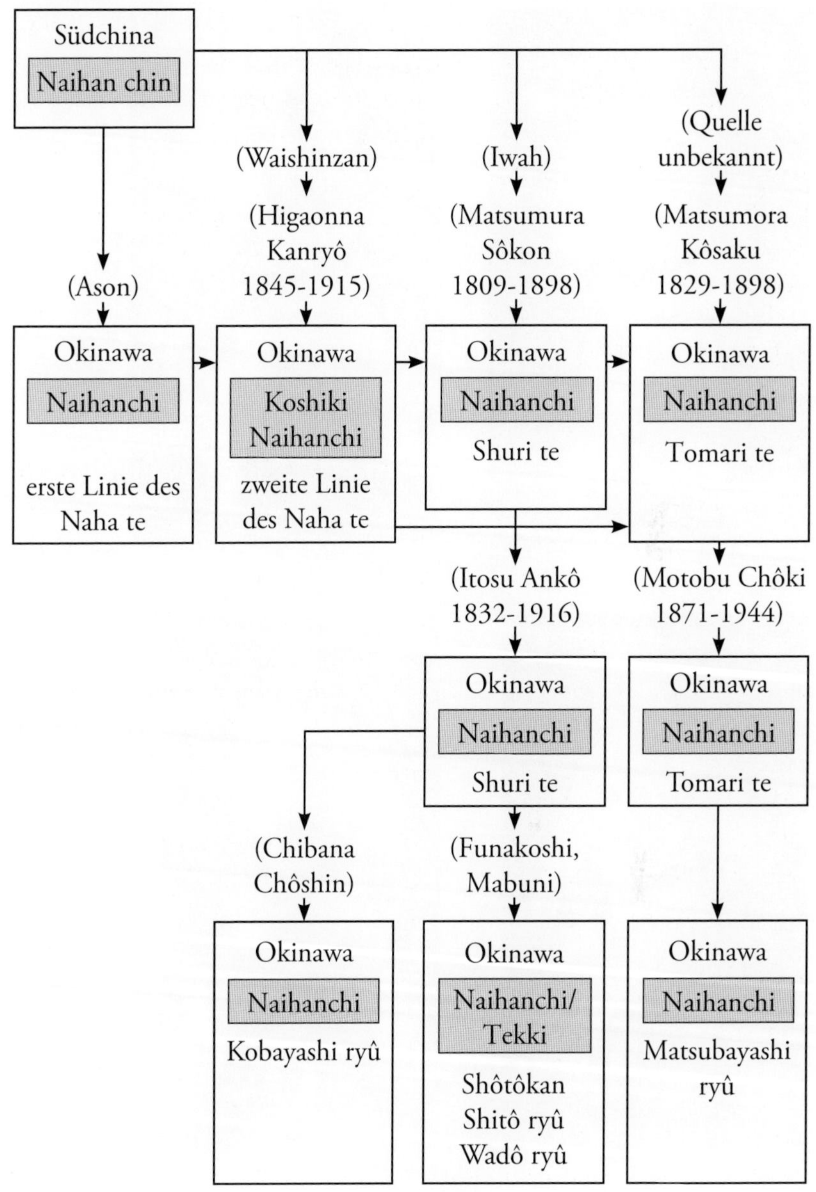

Tabelle 14: Übertragungsweg der *Naihanchi no kata*

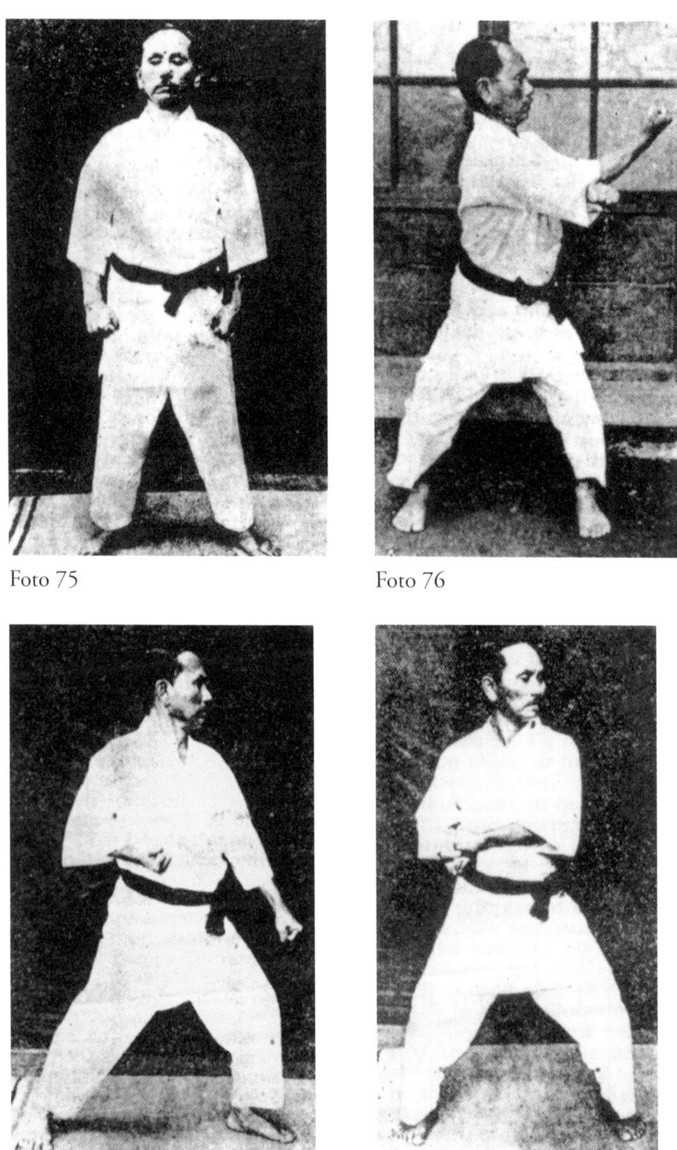

Foto 75

Foto 76

Foto 77

Foto 78

Fotos 75 bis 78: Funakoshi Gichin bei der Vorführung einer *Kata*. Man erkennt die kraftvolle Haltung der Hüften, aber die Stellungen sind weit davon entfernt, so ausgeprägt zu sein, wie im heutigen *Shôtôkan*-Karate.

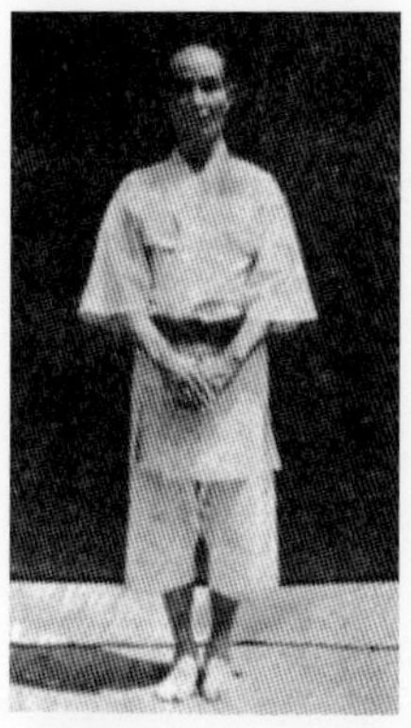
Foto 80

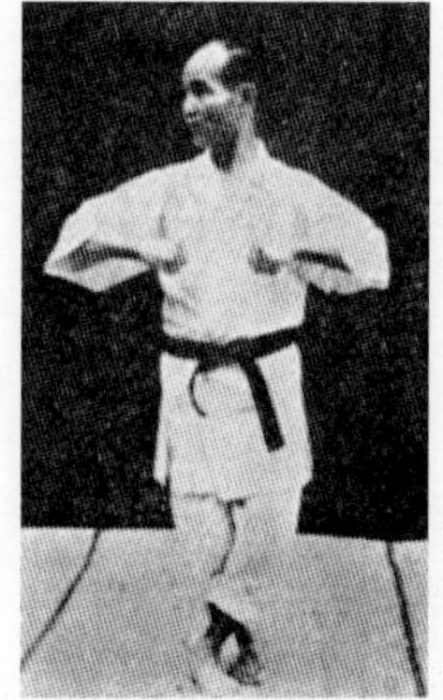
Foto 79

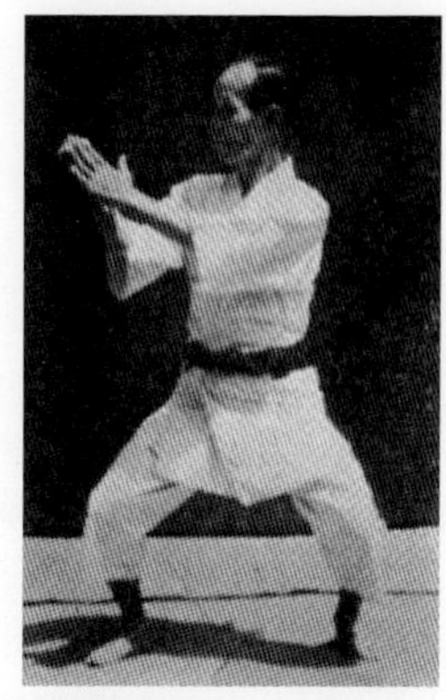
Foto 81

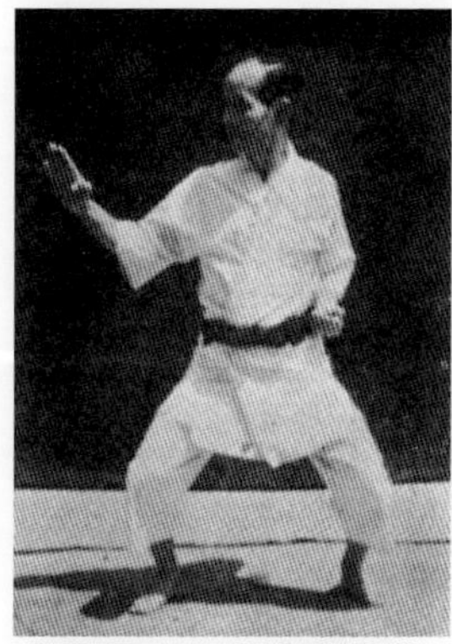
Foto 82

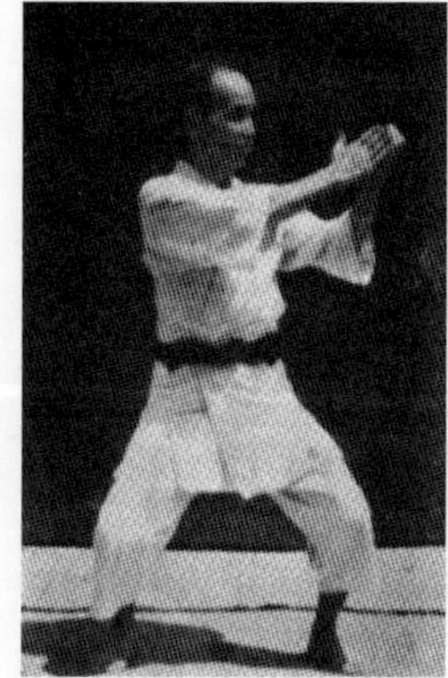
Foto 83

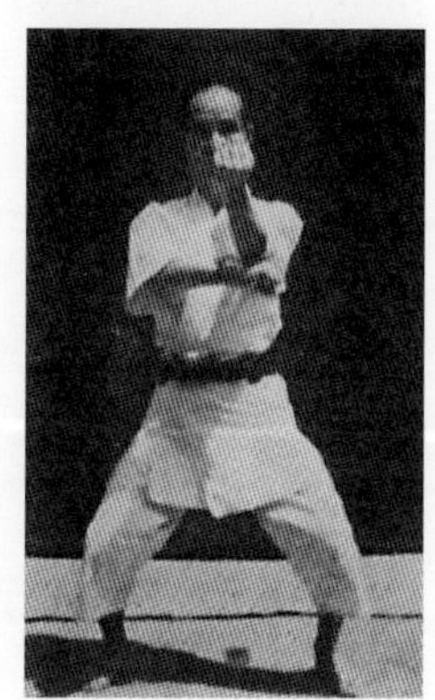
Foto 84

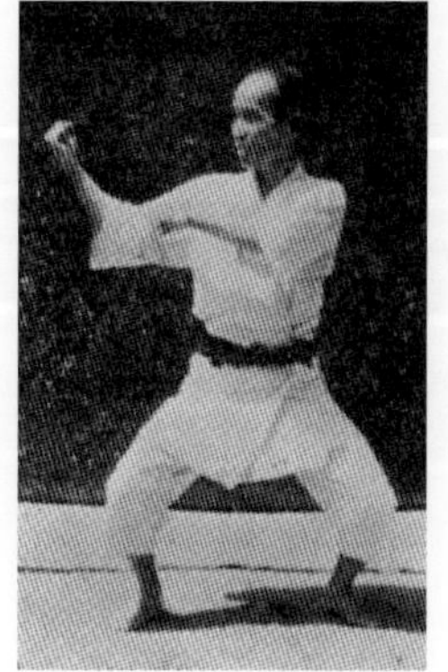
Foto 85

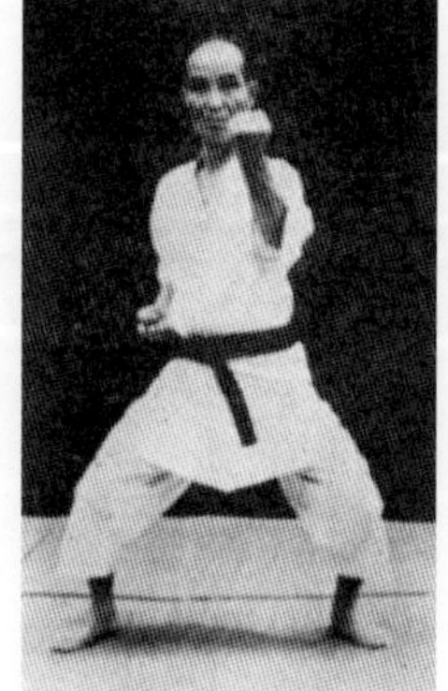
Foto 86

Fotos 79 bis 86:
Toyama Kanken (1888-1966), Schüler Itosus und Chibanas und späterer Gründer des *Toyama ryû*. Auf den Fotos ist er bei der Vorführung der alten *Naihanchi-Kata* zu sehen.

Doch das ist nichts Außergewöhnliches in unseren Tagen. Niemand nimmt Rücksicht auf die Spuren der in den *Koshiki Kata* verschlüsselten »Erfahrungen«, wie sie noch heute in den modernen Formen dieser *Kata* zu finden sind. Doch es existieren nach wie vor etliche solcher Spuren. Zum Beispiel stellen die *Koshi gamae* in den *Tekki* oder in der *Naihanchi Nidan*, bei denen die eine Hand mit geschlossener Faust auf die andere, offene Hand trifft, ein wiedergefundenes Gleichgewicht zwischen den Energien des *Yin* und des *Yang* dar, bevor es zu einer neuen Explosion der Kraft kommt.

Alles in allem sind die technischen Anwendungen der heutigen *Tekki* oder der *Naihanchi* im Kampf sehr verschieden von den ursprünglichen. Die Auffassung des *Bunkai* hat sich gewandelt. Mit all dem soll jedoch nicht gesagt werden, daß diese Art »Rekonstruktion« alter *Kata*, wie sie durch die Bestrebungen der Pioniere des *Shôrin ryû* und ihrer Erben erfolgte, heute ohne Nutzen sei. Die *Kata Tekki* und *Naihanchi* unserer Zeit sehen anders aus als früher und haben zweifelsohne teilweise eine andere Bedeutung bekommen, trotzdem sind sie nach wie vor interessant und es wert, daß man ihnen Respekt erweist.

Für den Ablauf der drei *Naihanchi-Kata* von Itosu siehe S. 240 bis 246.

2.2 Historische Fragmente

Nicht alle klassischen *Kata* lassen sich so hervorragend analysieren wie die »drei großen«, die durch Itosu Ankô in seinen Stil aufgenommen, gestaltet und weitervermittelt wurden. Dafür, daß er den Großteil dieser Arbeit auf sich genommen hat, gebührt ihm sein hoher Rang in der Geschichte der Kunst der »leeren Hand«.

Andere *Kata*, die in verschiedenen Schulen praktiziert werden, enthalten noch einige Spuren, die es ermöglichen, in der Zeit zurückzugehen und zum Wesen der »wahren« Dinge vorzudringen. Doch der rote Faden der Evolution dieser Formen ist nur fragmentarisch erhalten, und das »Wissen«, das man den Bewegungsfolgen entnehmen kann, ist günstigenfalls im Zustand eines sehr unvollständigen Puzzles vorhanden. Es besteht sogar die Gefahr, daß überstürzte oder gefällige Interpretationen für immer eine allzu zerbrechlich gewordene Wirklichkeit deformieren könnten.

Chintô (Gankaku)

Wie bereits gesagt wurde, ist das Ideogramm, das auf okinawanisch als *Chin* gelesen wird, das Äquivalent des chinesischen *Dianxue*, der alten Kunst der Vitalpunkttechniken. Im Japanischen wurde daraus *Atemi.*[103] In dieser Bedeutung findet man das Ideogramm in den *Kata Naihanchi, Sanchin, Sôchin, Chinte, Shisochin* und *Seienchin.*

In seinem Buch »Ryû Kyû Kempô Karate« schrieb Funakoshi Gichin, daß die *Kata Chintô* ursprünglich aus einem »inneren« chinesischen System (*Neijia*) stammt. Es ist jedoch gleichermaßen ein offenkundiger Zusammenhang mit dem *Hao-Pai*-Stil des *Wushu* (Schule des Kranichs) zu erkennen und damit ebenfalls mit dem »äußeren« chinesischen System (*Waijia*).

Matsumora Kôsaku (1829-1898) übernahm diese *Kata*, die er möglicherweise selbst aus China mitgebracht hat, in sein *Tomari te*. In der Folge gibt es verschiedene Weiterentwicklungen.

Kyan Chôtoku nannte seine Version *Kiyatake no Chintô*. Er brachte sie auf ein sehr hohes Niveau und machte sie zu seiner Lieblingskata (*Tokui*). Heute findet man diese *Kata* im okinawanischen Stil *Matsubayashi ryû.*

Der ursprünglich durch Matsumora gelehrten Form am ähnlichsten ist die *Tomari te no Chintô*, oder auch *Aragaki no Chintô.*

Des weiteren gibt es die *Itosu no Chintô*, von der sich im okinawanischen *Kobayashi ryû* eine durch Chibana überlieferte Form findet, und von der zudem mehrere japanische Versionen existieren. Nach Japan gelangte die *Kata* durch den *Shuri-te*-Stil von Itosu Ankô. Man findet sie dort unter dem Namen *Gankaku* im *Shôtôkan*, und es gibt sie auch im *Wadô ryû*, wo Ôtsuka ihren Namen *Chintô* beibehielt.

Außerdem hat Shiroma (1890-1954), ein Schüler Itosus, die Form *Shiroma no Chintô* entwickelt, die im *Gensei ryû* Eingang fand. Schließlich gibt es auch noch eine Form namens *Tomiyabu no Chintô.*

Der japanische Name der *Kata* ist die Übersetzung der beiden chinesischen Ideogramme *Kaku* (Kranich) und *Gan* (Felsen), womit darauf ange-

---

[103] Über die Vitalpunkttechniken, siehe auch Habersetzer, R.: Bubishi – An der Quelle des Karatedô. Chemnitz: Palisander Verlag 2014.

spielt wird, daß in der *Kata* Haltungen von Kranichen, die auf einem Bein stehen und dabei im Gleichgewicht sind, imitiert werden. Einer der Vorzüge dieser *Kata* besteht darin, daß bei festem Stand auf einem Bein gleichzeitig Bewegungen der oberen Extremitäten ausgeführt werden, was dem Bild eines bedrohten Vogels gleicht, der sich mit Flügelschlägen verteidigt. Die *Kata* geht demzufolge mit hoher Wahrscheinlichkeit auf den Kranichstil des *Wushu* zurück (*Hao Pai*, *Pak Ho Pai*, oder *Pao Chuan*). Hinsichtlich der Stellung auf einem Bein, wie sie mehrere Male im Bewegungsablauf vorkommt (*Sagiashi dachi* oder *Tsuruashi dachi* – *tsuru* bedeutet Kranich), ist eine Entwicklung festzustellen. In der alten Form berührt die Fußsohle des gehobenen Fußes die Innenfläche des Standbeins, während in der modernen Form der Spann des gehobenen Fußes in der Kniekehle des leicht gebeugten Standbeines liegt, was eine erhöhte Stabilität zur Folge hat.

Die *Chintô* ist eine *Kata* des Gleichgewichts. Als sollte der Gegner hypnotisiert werden, wechseln stabile Ruhestellungen mit Bewegungen von explosiver Schnelligkeit, die oft mit Wendungen verbunden sind. Dies erinnert an die Legende über den Ursprung des *Taijiquan*, eines »inneren« Stils, im 18. Jahrhundert. Der Gründer dieses Stils, Chan San Feng, soll einen Kampf zwischen einem Vogel und einer Schlange beobachtet haben, bei dem sich die Überlegenheit des ersteren zeigte, der sich den Angriffen der Schlange durch Ausweichmanöver und leichte Bewegungen entzog.

Jenseits dieser pragmatischen Interpretation gibt es für diese *Kata* auch eine esoterische Deutung auf Grundlage des chinesischen Taoismus. Der weiße Kranich ist das Symbol der Unsterblichkeit und der Weisheit. Die Legende berichtet, daß Menschen, die die Unsterblichkeit erreichen, auf dem Rücken eines Kranichs in den Himmel fliegen. Was den Felsen angeht, so findet man oft das Bild des Kranichs, der auf einem Felsen, der aus dem Meer ragt, steht. Darüber hinaus ist er Symbol für die Insel der Unsterblichen, eine Insel, die die alten Chinesen mitunter im Ryûkyû-Archipel vermuteten, in Richtung der aufgehenden Sonne. Zu guter Letzt stellt ein Kranichpaar ein Symbol für das Glück dar.

Der Ablauf der *Itosu no Chintô* wird auf den Seiten 272 bis 276 dargestellt, der Ablauf der *Matsumura no Chintô* auf den Seiten 308 bis 314 und der Ablauf der *Shiroma no Chintô* auf den Seiten 315 bis 319.

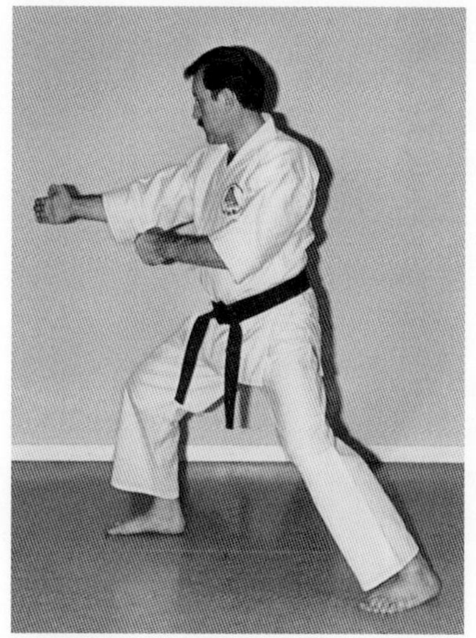

Foto 87

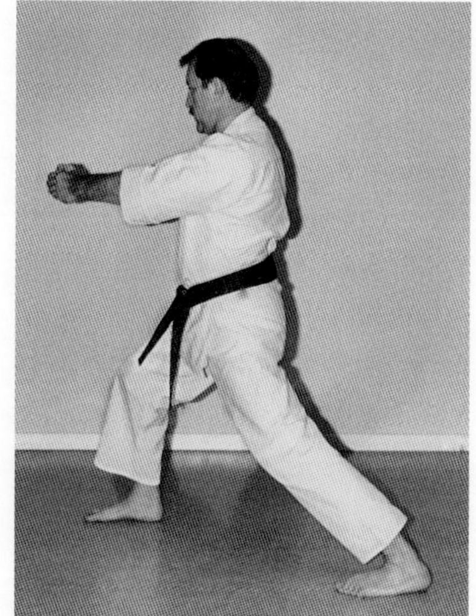

Foto 88

Fotos 87 und 88: »Hammerfaust« gegen »Amboß-Handfläche« in der *Shôtôkan-Kata Chinte.*

Chinte

Funakoshi brachte auch diese *Koshiki Kata* nach Japan, obwohl er sie nicht zu den für seinen Stil repräsentativen *Kata* zählte. Eine Zeitlang nannte er sie *Shoin*, aber diese Bezeichnung hatte keinen Bestand. Im *Tomari te* scheint die *Kata Chinte* unbekannt zu sein, aber im Gebiet von Shuri wurde sie seit dem 18. Jahrhundert praktiziert. Von dort, wieder einmal über Meister Itosu, gelangte sie in das okinawanische *Kobayashi ryû* und in die japanischen Stilrichtungen des *Shôtôkan* und des *Shitô ryû*.

Diese *Kata* ist reich an alten Elementen. Sie stellt eine Mischung aus klassischen Bewegungen wie *Shutô uke* oder *Mae geri* sowie aus in den modernen Stilrichtungen selten verwendeten Techniken dar, wie die Eingangsbewegung, der vertikale Fauststoß oder der Stich in die Augen. Dies macht diese Form interessant. *Chinte* wird als »seltene Hand«[104] oder als »neugierige Hand« übersetzt. Insgesamt fünfmal – dreimal zu Beginn und zweimal am Ende der Form – erfolgt eine vertikale Fauststoßtechnik

[104] *Selten* im Sinne von verborgen, geheim, selten studiert.

(*Tate*) in die offene Handfläche der anderen Hand, während man mit einer kraftvollen Bewegung aus der Position *Fudo dachi* in die Position *Zenkutsu* wechselt. Hierbei handelt es sich um eine sehr alte Technik chinesischer Herkunft, in welcher ein *Dianxue*-Schlag gegen einen durch einen Harnisch geschützten Gegner geführt wird, während zugleich die andere Hand in seinen Rücken faßt. Auf diese Weise wird der Gegner fixiert, und die Schockwelle des Stoßes breitet sich im Innern seiner Rüstung aus, ohne daß ein Energieverlust auftritt. Durch mehrfache Reflexion bleibt die Schockwelle im Körper des Gegners und erreicht sämtliche Vitalpunkte. Die Technik wird als »Schlag auf den Amboß« bezeichnet, und man kann den gesamten Prozeß als »Faust-Hammerschlag« auf den »Handflächen-Amboß« beschreiben.

Die in der aktuellen *Kata* praktizierte Technik symbolisiert lediglich einen realen Angriff. Die *Chinte-Kata* ist besonders dynamisch, und schnelle Bewegungsrhythmen wechseln sich mit langsamen Passagen ab. Die *Kata* hebt sich auch durch die Zahl ihrer kreisbogenförmigen Techniken hervor. Die Abschlußbewegung der *Chinte* ist ebenfalls ein Relikt alter chinesischer Formen. Sie soll an das Auslaufen der Brandung der Woge am Strand erinnern; der unbewegliche Sand absorbiert die brechende Kraft des Wassers, ein Symbol der Rückkehr zur Ruhe nach der Gewalt.

Wanshu (Enpi)

Diese *Kata* wurde durch den okinawanischen Stil des *Tomari te* überliefert und hat ihre Ursprünge im 17. Jahrhundert. Man nennt sogar ein präzises Entstehungsdatum, das Jahr 1683, und manche Quellen behaupten, daß ihr Name derjenige ihres Schöpfers sei, eines Experten des *Shaolin-Wushu*. Möglicherweise war es aber auch der Name jenes chinesischen Abgesandten, der im Jahre 1683 für die Verwaltung der pazifischen Inseln südlich von Japan verantwortlich war, und der im Auftrag des Kaisers von China gekommen war, um den neuen König des Ryûkyû-Reiches einzusetzen. Dies würde die präzise Jahresangabe erklären. Diese bedeutende Persönlichkeit befand sich an Bord des »Schiffs der Krone« (*Ukanshin*). Der Abgesandte war Anführer einer offiziellen Delegation, die aus rund 500 wich-

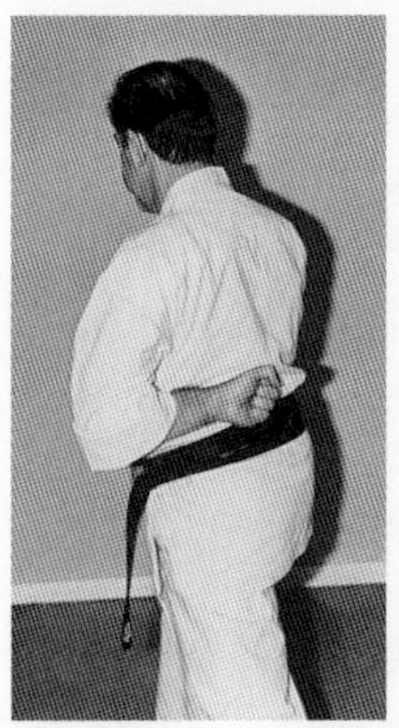

Foto 89

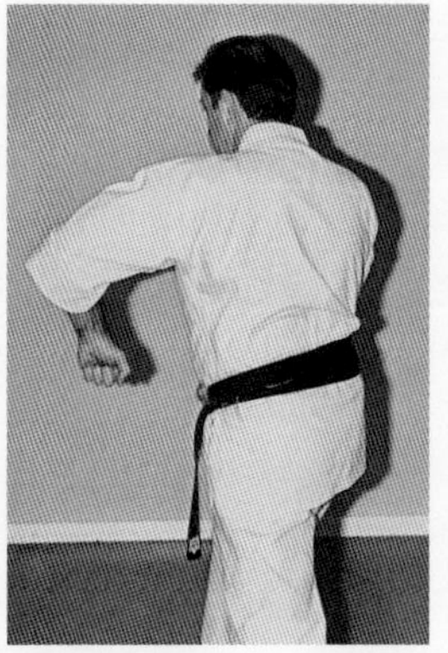

Foto 90

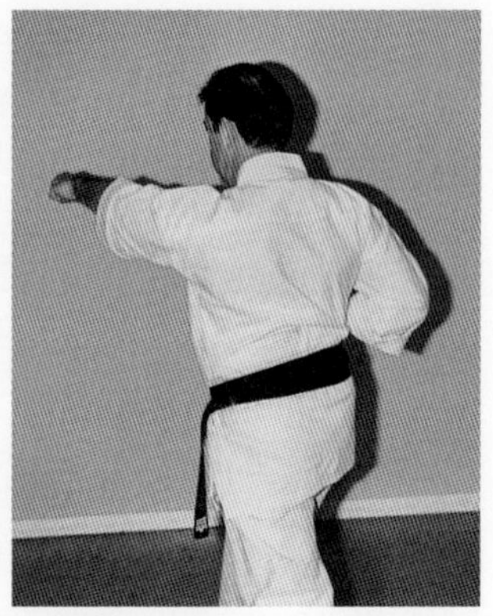

Foto 91

Fotos 89 bis 91: Die Technik *Kakushi zuki* der ursprünglichen *Kata Wanshu*, aus der die Technik des *Age zuki* der heutigen *Wanshu* abgeleitet wurde.

tigen Persönlichkeiten bestand, unter denen sich zivile und militärische chinesische Beamte befanden und damit aller Wahrscheinlichkeit nach auch einige Kampfkunstexperten. Der Name des Abgesandten und/oder Kampfkunstexperten scheint also *Sappushi*[105] Wanshu gelautet zu haben. Damit ist die *Kata Wanshu* offenbar auf ähnliche Weise nach Okinawa gelangt wie später die *Kata Kûshankû*.

Ein Jahrhundert lang wurde die *Wanshu-Kata* ausschließlich im Dorf Tomari praktiziert, wo man ihr in Matsumoras Schule begegnet und auch in den Lehren des *Tôde*-Meisters Sanaeda. Es ist nicht bekannt, wie die *Kata* schließlich in den Stil des *Shuri te* gelangt ist. Man weiß jedoch, daß Itosu Ankô sie schließlich in sein Lehrsystem integriert und sie, wie dies seine Art war, in der Zeit der Wende vom 19. zum 20. Jahrhundert umgestaltet hat.

Unter ihrem ursprünglichen Namen findet man die *Kata* in den Stilrichtungen des *Wadô ryû* und des *Shitô ryû*, während sie im *Shôtôkan* in *Enpi* umgetauft wurde (*En* heißt auf japanisch Schwalbe und *Pi* Flug). Wie üblich hatte Funakoshi damit Rücksicht darauf genommen, daß die Japaner damals nicht gern an die chinesische Herkunft ihrer Kultur erinnert werden wollten.

---

[105] *Sappushi*: Bezeichnung der Okinawaner für Abgesandte des chinesischen Kaiserhofes.

In technischer Hinsicht hebt sich diese in schnellem Tempo ausgeführte *Kata* durch ihre Wendungen, ihre Positionswechsel dicht über dem Boden, ihre Hebungen und Senkungen des Schwerpunkts und die hohe Beweglichkeit, die erforderlich ist, um die Bewegungsfolgen flüssig auszuführen, hervor. Vor allem enthält sie eine Fausttechnik, die oft wiederholt wird und die nur noch teilweise an die ursprüngliche Technik erinnert, welche eine offensichtliche strategische Bedeutung hatte. Die *Age zuki*, wie sie typisch für diese *Kata* sind, leiten sich von der ursprünglichen Technik *Kakushi zuki* her, die viel komplexer ist als erstere, und in welcher die Faustbewegung nicht von der klassischen Position neben der Hüfte aus beginnt, sondern hinter dem Rücken. Damit ist die Ausgangsstellung der Faust vor den Augen des Gegners verborgen. Von dort wird sie plötzlich nach vorn und nach oben gebracht, indem mit dem Ellbogen eine peitschenartige Bewegung ausgeführt wird (man findet dies in der aktuellen Technik *Age zuki* wieder). Wieder einmal ist die moderne Form nur noch ein Schatten des Originals (siehe auch Fotos 89 bis 91 auf S. 197).

Der Ablauf der *Koshiki no Wanshu* wird auf den Seiten 269 und 271 dargestellt.

Jiin – Jitte – Jion

Diese drei *Kata* sind Bestandteil ein und derselben Gruppe, ohne daß man genau weiß, warum dies so ist. Die *Kata Jiin* kommt wahrscheinlich aus dem *Tomari te* und hieß früher *Shokyo*. Der Begriff »*Jiin*« scheint sich auf einen heiligen Tempel zu beziehen, vielleicht den Tempel der »Liebe Buddhas«.

»*Jion*« (Liebe, Mitgefühl) erinnert an eine buddhistische Grundhaltung oder an einen Tempel, möglicherweise an das Shaolinkloster.

»*Ji te*« könnte von dem chinesischen Begriff »*Ji hi*« (Erbarmen) abgeleitet worden sein, der auf okinawanisch zu *Ji* geschrumpft sein könnte. Damit würde die *Kata* die Bedeutung »Hand (oder Technik) des Erbarmens« besitzen. In Japan wurde diese *Kata Jutte* genannt (»*ju*« steht für »zehn« und »*te*« für »Hand«), also »die zehn Hände«. Dem zugrunde liegt der Gedanke, daß jener, der diese *Kata* vollendet auszuführen versteht, es mit zehn Gegnern zugleich aufnehmen kann. Andere behaupten, daß der Name aus einer bestimmten Stellung der Fäuste, die im *Yama gamae* erhoben sind, stammt. Diese Fauststellung wiederholt sich mehrere Male und erinnert an die Form eines *Sai*, also einer japanischen Waffe, die im Mittelalter benutzt wurde, um einen Gegner, der mit dem Schwert angriff, zu entwaffnen. Diese Waffe, *Sai*, wurde auch als *Jitte* bezeichnet.

Der Anschein der Zusammengehörigkeit dieser drei *Kata* ergibt sich auch aus der gemeinsamen Ausgangshaltung (*Jiai no gamae*). Die rechte geschlossene Faust liegt in der Handfläche der linken Hand auf Höhe des Kinns. Im alten chinesischen Boxen (*Wushu*) galt diese Haltung als Gruß und bedeutete »die Begegnung der Sonne mit dem Mond« (das *Yang* begegnet dem *Yin*). Es war auch ein Erkennungszeichen in der Zeit des Aufstands der Ming-Anhänger gegen die Tsing (Mandschu). Abgesehen von pragmatischen Gründen kann diese Art und Weise, die *Kata* zu eröffnen, auch daran erinnern, daß das letztendliche Ziel darin besteht, die Weisheit Buddhas zu erreichen. Somit sind diese *Kata* gute Beispiele für jenen scheinbaren Widerspruch, daß der Weg zum Wissen gefunden werden soll, indem man eine Technik meistern lernt, die dazu bestimmt ist, den Tod zu bringen. Diese Zweideutigkeit erklärt möglicherweise die Vielfalt und die Unterschiede der *Bunkai*, die heute je nach Stil für diese *Kata* existieren. Allerdings sind nicht in allen Stilrichtungen alle drei *Kata* überliefert worden: im *Wadô ryû* gibt es nur die *Jion-Kata*.

Die aus dem *Tomari te* stammenden *Kata* gingen in den Stil des *Shuri te* über, doch scheint Itosu ihnen in seinem Lehrsystem keine besondere Bedeutung beigemessen zu haben. Über Funakoshi Gichin gelangten sie schließlich nach Japan.

Der Ablauf der *Koshiki no Jion* wird auf den Seiten 331 bis 334 dargestellt, der Ablauf der *Koshiki no Jitte* auf den Seiten 335 bis 341.

Sôchin

Die *Sôchin* ist die *Kata* der »ruhigen Kraft«. »*So*« bedeutet Kraft und »*chin*« ruhig, wobei der zweite Begriff auch eine Anspielung auf die Kunst des *Dianxue* sein kann (siehe S. 193). Die *Kata* wurde im okinawanischen *Kobayashi ryû* überliefert. In Japan ist sie Bestandteil des *Shôtôkan* und des

Shitô ryû, doch wurde hier der Ablauf verändert. Die *Sôchin* stammt aus dem *Tomari te*, sie ist Bestandteil der Aragaki-Gruppe[106], ebenso wie die *Kata Niseishi* (*Nijûshiho*) und *Unsu*. Im *Shôtôkan* wurde die *Kata* durch Funakoshi Yoshitaka zunächst unter dem Namen *Hakko* eingeführt. Es gibt heute zahlreiche Formen und Interpretationen der *Sôchin*, doch die gemeinsame Grundlage aller Varianten ist die Position *Sôchin dachi* (oder *Fudo dachi*), die »unerschütterliche Haltung«. In dieser Stellung ist der Praktizierende quasi mit dem Boden verwurzelt, seine Knie sind gebeugt mit einer nach außen gerichteten Spannung, der Schwerpunkt ist leicht nach vorn verlagert, die Hüften werden stark nach vorn gedrückt. Diese besonders stabile Stellung stellt einen Kompromiß zwischen *Zenkutsu* und *Kiba dachi* dar. Die *Kata* zeichnet sich auch durch einen besonderen Bewegungsrhythmus aus.

Der Ablauf der *Aragaki no Sôchin* findet sich auf den Seiten 326 bis 330.

Niseishi (Nijûshiho)

Die *Niseishi* ist die »*Kata* der 24 Schritte«.[107] Ihre Herkunft ist unbekannt. Sie wird heute im *Shôtôkan*, im *Shitô ryû* und im *Wadô ryû* praktiziert. Es ist wahrscheinlich, daß diese *Kata*, ebenso wie die *Unsu*, die *Sôchin* und die *Ananko*, denen sie in manchen Teilen ähnelt, Teil des Lehrsystems der Schule von Aragaki (Niigaki) war. Ihr Rhythmus ist durch den Wechsel zwischen langsamen und schnellen Abläufen recht außergewöhnlich. Obgleich die in ihr kodifizierten Techniken klassisch erscheinen, sind *Bunkai*, *Embusen* und geistiger Gehalt dieser *Kata* durchaus originell.

So müssen beispielsweise die ersten drei Bewegungssequenzen harmonisch und ohne Unterbrechung aufeinander folgen. Das Bindeglied zwischen den drei Techniken ist die Imitation einer Woge und der Brandung. Man blockt entsprechend der Schnelligkeit des Gegners (langsam), darauf

---

[106] Gruppe von *Kata* aus dem Lehrsystem von Niigaki, auch bekannt unter dem Namen Aragaki Kamadeunchu (1840-1920).

[107] *Nijur* (jpn.): 20; *shi* (jpn.): 4; *ho* (jpn.): Schritt.

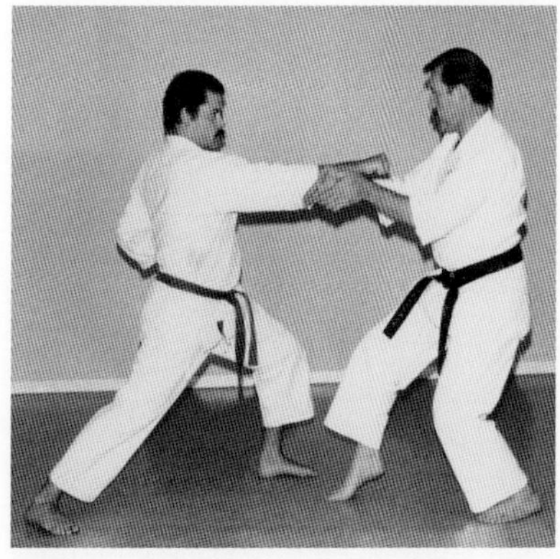

Foto 92

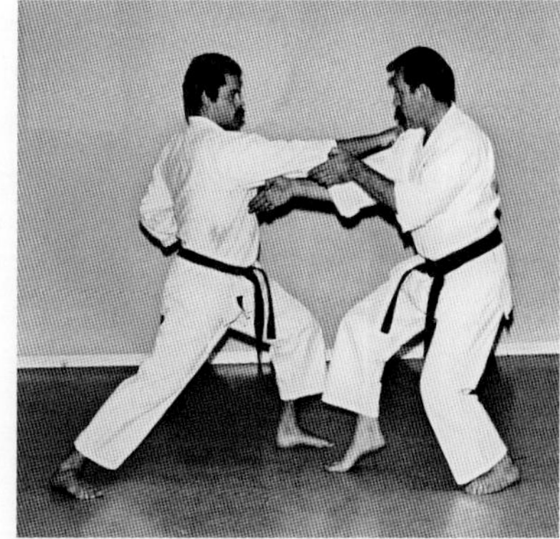

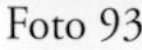

Foto 93

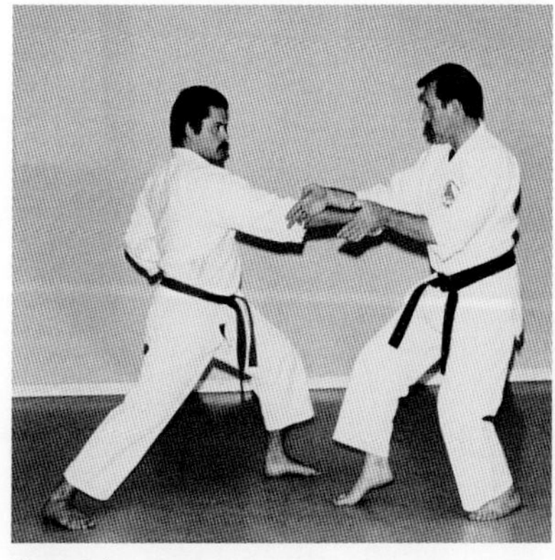

Foto 94

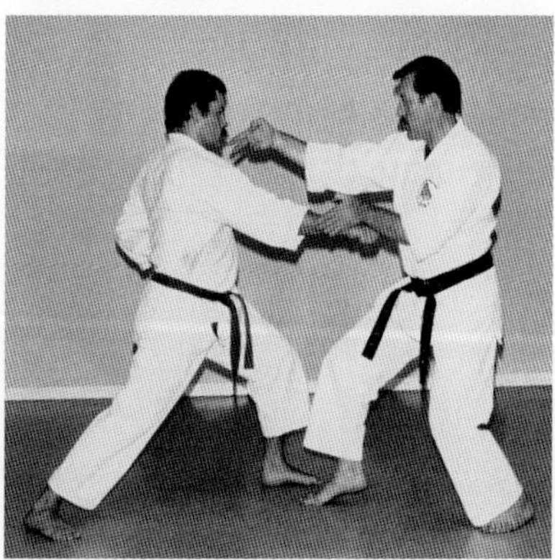

Foto 95

Fotos 92 bis 95: *Morote keito uke* (92), gefolgt von einem *Chûdan ippon nukite* (93) in der heutigen *Shôtôkan-Kata Unsu*. Dieses offenkundige *Bunkai* ist trotz allem nicht sehr nah an der Realität. Eine andere Form der Anwendung besteht z. B. darin, eine Abwehr von oben nach unten auszuführen (94), bevor mit *Uchi waza* von unten nach oben gekontert wird (95).

folgt ein kraftvoller und schneller Gegenangriff mit der Faust, worauf von neuem eine langsame Technik folgt, und zwar in Richtung des vorherigen Fauststoßes, um nach und nach die zuvor entfaltete Energie zu absorbieren. Offensichtlich beruht diese Abfolge auf der Beobachtung eines Naturphänomens, bei welchem Energie erneuert wird. Somit stellt sie einen echten Schlüssel für ein Verständnis dar, das über die simple sportliche Ausführung der Techniken hinausgeht.

Es scheint, daß diese aus dem *Tomari te* stammende *Kata* in Japan zuerst in den Stil des *Shitô ryû* eingegangen ist, bevor sie ins System des *Shôtôkan* gelangte. Nakayama Masatoshi lernte sie, als er eines Tages seinen Meister Funakoshi Gichin zum *Dôjô* von Mabuni Kenwa begleitete. Daraufhin übernahm er die *Kata* für das *Shôtôkan*, wo sie in *Nijûshiho* umbenannt wurde; die Techniken blieben jedoch sehr nahe an denen der *Shitô-ryû*-Variante.

Useishi (Gojûshiho)

Diese *Kata* erscheint in den alten Schulen Okinawas unter dem Namen *Useishi*. Sie war Bestandteil von Meister Itosus *Shuri te*. Weil viele der in ihr enthaltenen und oft wiederholten Techniken den Bewegungen des Grünspechts (auf japanisch *Hotaku* oder *Kitsuzuku*) ähnelten, wenn dieser Vogel einen Baumstamm anpickt, nannte Funakoshi sie *Hotaku-Kata*. Andere hingegen erblickten in dieser aus 54 Schritten bestehenden *Kata* (*Gojû* = 50, *Shi* = 4, *Ho* = Schritt) die Nachahmung des stockenden, zaudernden Ganges eines Betrunkenen. Letzterer Interpretation ist die im *Matsubayashi ryû* überlieferte Form am nächsten, wenn sie auch dem chinesischen Stil *Zuibaxianquan* (»das Boxen der acht Unsterblichen«) der sie möglicherweise inspiriert hat, kaum ähnelt.

Wie auch immer die ursprüngliche Inspiration der *Kata* ausgesehen hat, früher gab es nur eine einzige Version der *Gojûshiho*. Im modernen *Shôtôkan* werden zwei Versionen praktiziert, die große (*dai*) und die kleine (*shô*). Auf diese Weise ist es einfacher, die schwierigen Techniken, die diese *Kata* enthält, aufzugliedern. Andererseits wirkt diese Zweiteilung verwirrend, denn ganze Passagen der einen *Kata* sind auch vollständig in der anderen enthalten, während an anderen Stellen kleinere Modifikationen Probleme für den Ausführenden verursachen. Zudem sind manche Experten nicht mit der Benennung der einen als *dai* und der anderen als *shô* einverstanden.

Der Ablauf der *Koshiki no Gojûshiho* ist auf den Seiten 277 bis 281 dargestellt.

Seisan (Hangetsu, Seishan)

Die *Seisan* zählt zu jener Familie, die man heute als Atmungs-*Kata* bezeichnet und mit der die Entwicklung der Muskeln und die *Hara*-Arbeit[108] gefördert werden sollen. Zumindest ihr erster Teil stammt aus dem »inneren« chinesischen System (*Neijia qigong*). Nach Okinawa gelangte sie über zwei Linien, an deren Ende man heute unterschiedliche Formen findet.

Die Form von *Shifu* Shushiwa (Chou Tsu Ho) wurde von Uechi Kanbun nach Okinawa gebracht. Die Schule des *Uechi ryû* hat sie erstaunlich originalgetreu überliefert, mit all ihren Techniken mit offener Hand und ihren extrem präzisen Vitalpunkttechniken. Sie unterscheidet sich sehr von der im *Gôjû ryû* praktizierten Form (siehe unten).

Eine andere Version der *Kata* trat im *Naha te* von Meister Higaonna auf. Higaonna hat sie von zwei Meistern gelernt. Der eine war ein Experte des *Tôde* namens Juhachira Kanken (von welchem er ebenfalls die *Kata Sanchin* und *Sûpârinpai* erlernt hat), der andere war sein chinesischer *Shifu* Ryû Ryûho (Woo Lu Chin).

Diese Form der *Seisan* (oder *Sesan*) des *Naha te* wurde Miyagi Chôjun überliefert, der sie in seinen Stil des *Gôjû ryû* übernahm und sie zu seiner *Tokui-Kata* machte. Doch auch Itosu übernahm sie in seinen Stil des *Shuri te*. Itosus Variante gelangte schließlich nach Japan, wo sie ins *Shitô ryû* einging (diese Variante ist der von Itosu gelehrten am treuesten) sowie ins *Shôtôkan*. Funakoshi benannte sie in *Hangetsu*, Halbmond, um, wegen der am häufigsten eingenommenen Stellung in dieser *Kata* und wegen der charakteristischen Schritte, bei denen die Füße einer kreisbogenförmigen Spur zu folgen scheinen (*Hangetsu hokko*). Aus dem *Shôtôkan* hat Ôtsuka Hironori die *Kata* in sein System *Wadô ryû* übernommen, wobei er ihr den alten Namen *Seishan* zurückgab.[109]

---

[108] *Hara* (jpn.): Bauch, Bauchregion. Entsprechend der japanischen Tradition wird diese Körperregion als Hauptquelle der Vitalenergie (*Qi*) des Menschen angesehen. Der genaue Sitz der größten Energiekonzentration befindet sich demnach einige Zentimeter unterhalb des Nabels im Körperinnern. – Habersetzer, R. und G.: Enzyklopädie der Kampfkünste des Fernen Ostens. Chemnitz: Palisander 2019.

[109] Vgl. Habersetzer, R.: 39 Kata – Aus Gôjû ryû, Wadô ryû und Shitô ryû. Chemnitz: Palisander 2009, für die detaillierte Darstellung der Sesan (*Gôjû ryû*) und der Seishan (*Wadô ryû*).

Wenn auch in allen japanischen Versionen dieser alten *Kata* auf den ersten, langsamen Teil ein zweiter, dynamischer Teil folgt – eine Vorgehensweise, die sich am »Kämpfen« orientiert –, so ist doch festzustellen, daß es Unterschiede hinsichtlich der Spannung in den Knien gibt.

Der Ablauf der *Uechi ryû no Seisan* wird auf den Seiten 364 bis 372 dargestellt.

Rôhai (Lohai, Lorei, Meikyô)

Der japanische Name dieser alten *Kata* ist *Meikyô*, was »klarer Spiegel« bedeutet. Die *Rôhai* wurde im *Tomari te* überliefert, aber die genaue Abstammungslinie dieser alten *Kata* ist nicht bekannt. Itosu nahm sie in seinen *Shuri-te*-Stil auf, wo man zunächst drei Versionen findet: *Shôdan*, *Nidan* und *Sandan*. Während alle drei Formen Eingang in den *Shitô ryû* fanden, wurde im *Wadô ryû* und *Shôtôkan ryû* nur eine (Misch-)Variante aufgenommen. Um so erstaunlicher ist es, daß im Unterschied zu etlichen anderen *Kata* die *Rôhai-Kata* im *Shitô ryû*, im *Shôtôkan* (hier benannte Funakoshi sie in *Meikyô* um) und im *Wadô ryû* nur sehr wenige Gemeinsamkeiten aufweisen. So gibt es in der *Shitô-ryû*-Variante wie auch in der des *Wadô ryû* zahlreiche Techniken auf einem Bein – *Sagiashi dachi* oder *Tsuruashi dachi* –, die hingegen im *Shôtôkan* gänzlich fehlen. Offenkundig liegt hier eine falsche oder unvollständige Übertragung vor.

Im *Shôtôkan* erinnert lediglich die Eröffnungsbewegung, die langsam ausgeführt wird, an den Beginn der *Koshiki Kata*. Diese gibt es auch im *Wadô ryû*, doch im *Shitô ryû* wird sie nur angedeutet. Diese Bewegung besitzt eine symbolische Bedeutung, durch die die *Kata* mit weit in die Vergangenheit zurückreichenden Wurzeln verbunden ist. Es ist vorstellbar, daß die Geste des »Spiegelreinigens« eine Anspielung auf die drei kaiserlichen Insignien Japans darstellt, den Spiegel, das Schwert und den Edelstein.

Andererseits könnte es sich dabei auch um eine Anspielung auf jenen »Tanz des Spiegels« handeln, der in der Morgendämmerung der japanischen Geschichte durch die Sonnengöttin Amaterasu ausgeführt worden sein soll. Diese berühmte Legende, die in dem Buch »Chronik von den alten Dingen« überliefert wurde, besagt folgendes: Die Göttin des Lichts, unzufrieden mit den Menschen, zog sich plötzlich in einer Zornesanwandlung in eine Höhle zurück, und mit einem Mal war die Welt in tiefste Dunkelheit gehüllt. Doch ihr Bruder, der sie gut kannte, kam auf die Idee, ihre Neugierde zu wecken, indem er dafür sorgte, daß vor der Höhle ein großer Radau veranstaltet wurde. Der Trick war erfolgreich, denn beunruhigt öffnete Amaterasu die Pforte der Höhle einen Spaltbreit und fand sich plötzlich Angesicht zu Angesicht mit einer Schönheit, deren Anblick ihr vor Eifersucht den Atem verschlug, so daß sie unverzüglich aus der Höhle kam, um zu sehen, um wen es sich handele. Doch es war nichts als ihr eigenes Bild, das in einem Spiegel, den ihr schlauer Bruder ihr hinhielt, erglänzte. Auf diese Weise kehrte das Licht zu den Menschen zurück, denen Amaterasu schließlich verzieh.

Diese Anspielung auf den Spiegel findet sich in einem sehr alten heiligen Tanz des *Shintô* in Japan. Sie spielt auch eine klassische Rolle in allen japanischen Budôkampfkünsten. Durch die körperliche Übung muß man zu einem Geisteszustand gelangen, der ebenso glatt und ebenso klar ist wie die Fläche eines Spiegels. Von daher stammt auch das *Mizu no kokoro* (Geist des Wassers), jenes berühmte Konzept im *Karatedô*, das auf einen Geisteszustand anspielt, der ruhig wie die Oberfläche eines Sees ist und alles augenblicklich wiederzuspiegeln vermag.

Die Eröffnung der *Kata* ist also nur aus ihrem alten kulturellen Kontext heraus zu begreifen. Einmal mehr gibt es hier keine Bewegung, die irgendeinen direkten Zusammenhang mit dem Kampf besitzt. Ein *Bunkai* »für den Kampf« – das dennoch möglich wäre –, würde an dieser Stelle nur eine völlige Unkenntnis der historischen, philosophischen und religiösen Wurzeln des Fernen Ostens belegen.

Für den Ablauf der *Koshiki no Rôhai* siehe S. 266 bis 268.

Matsukaze (Wankan)

Der Schöpfer dieser sehr alten *Kata* ist uns unbekannt. Die *Wankan* stammt aus der Schule des *Tomari te*, dem Stil Matsumoras, und sie wurde früher mit den Namen *Matsukaze*, *Shiofu* oder *Hito* bezeichnet. Ihren ursprünglichen Namen kann man mit »Wind in den Fichten« übersetzen. Ihr späterer Name *Wankan* (oder *Wankuan*) bedeutet hingegen »Königskrone«.

Die *Kata* gelangte in den Stil des *Shuri te*, wo sie mehrere Male verändert wurde. Es bestehen heute große Unterschiede zwischen den Varianten dieser *Kata* in den Stilrichtungen *Shôrin ryû* (Okinawa), *Shitô ryû* und *Shôtôkan*. Sie ist die kürzeste *Kata* des *Shôtôkan*, und an ihren Techniken gibt es im Vergleich mit verschiedenen anderen *Kata* nichts Spektakuläres. Sie bietet dem, der sie exakt ausführen will, dennoch ernsthafte Schwierigkeiten, und sie hält echte Geheimnisse der Effizienz bereit, vor allem in einer Ausweichtechnik (*Kuzushi waza*), auf die ein Wurf (*Sasae uke*) folgt; diese Sequenz wird zweimal wiederholt, und man kann sie nur mit Schnelligkeit und Präzision korrekt ausführen.

Der Ablauf der *Koshiki no Wankan* wird auf den Seiten 262 bis 265 dargestellt.

Sanchin

Die *Sanchin* ist die fundamentale *Kata* des *Gôjû ryû*. Doch sie ist mehr als nur das. Tatsächlich ist sie gemeinsames Erbe aller Stile. Sie ging aus dem *Naha te* (*Shôrei ryû*) hervor, und ihr Charakter wird im wesentlichen durch Konzentration und Kraft geprägt. (Im Gegensatz dazu steht im *Shuri te* und in der Folge im *Shôrin ryû* die Schnelligkeit der Ausführung im Vordergrund.) Sie verkörpert auf hervorragende Weise die Grundlagen der Kampftechniken, das heißt, ihre Ausführung ermöglicht es, eine stabile Haltung zu erlangen, Kraft und Koordination des Muskeleinsatzes und Beherrschung der Atmung zu erreichen. Darüber hinaus kann sie den Praktizierenden auch zu einem bestimmten Geisteszustand führen. Wie alle sogenannten Atmungs-*Kata* scheint sie einfach zu sein, und ihre äußere Form zu imitieren ist nicht allzu schwer. Doch ihre Komplexität liegt im Verborgenen, und nur ein kompetenter und ernsthafter Lehrer kann einen Lernenden auf dem Weg der Beherrschung der *Sanchin* voranbringen.

Die Geschichte dieser *Kata* ähnelt jener der *Seisan*. Auch die *Sanchin* gelangte auf zwei verschiedenen Wegen nach Okinawa. Der erste erfolgte über Uechi Kanbun, der sie in ihrer ursprünglichen Gestalt in seinen Stil übernahm, so daß sie dort nach wie vor mit offenen Händen ausgeführt wird. Der zweite Weg der *Kata* führte über Higaonna Kanryô, der sie bedeutend weiterentwickelte und sie dahingehend modifizierte, daß sie mit geschlossenen Händen ausgeführt wurde. Miyagi Chôjun veränderte diese Version noch mehr. Während die alte *Seisan-Kata* das Prinzip des »Weichen« verkörperte, beruhte die alte *Sanchin-Kata* auf dem Prinzip des »Harten«. Higaonna lehrte die *Kata* in drei voneinander getrennten Abschnitten, die aufeinander aufbauten: die Schrittfolge, die Position und ihre Aufrechterhaltung, sowie die Technik und die Atmung.

Bei der Übertragung der *Kata* kam es zu zwei bedeutenden Veränderungen. Die erste erfolgte auf dem Gebiet der Atmung. Higaonna Kanryô atmete kurz und mit Kraft ein und aus, wie dies im übrigen noch immer im *Uechi ryû* der Fall ist. Sein Schüler Miyagi Chôjun veränderte die Art des Atmens wie folgt: Auf ein langes und tiefes Einatmen folgt ein ebenfalls langes und tiefes Ausatmen, mit kraftvollem und kontinuierlichem Atemstrom. Diese Art Atmung wird heute generell bei der Ausführung dieser *Kata* angewendet.

Die zweite Veränderung betraf das Ablaufschema der Techniken. In Higaonna Kanryôs *Kata* lief man drei Schritte nach vorn, drehte sich um, ging von neuem drei Schritte vorwärts, drehte sich wieder um, wich einen Schritt zurück. Die Rückkehr in die Bereitschaftsstellung, *Yoi*, erfolgte, indem der linke Fuß wieder neben den rechten gesetzt wurde. Miyagi Chôjun lehrte den Ablauf wie folgt: Zunächst ging man drei Schritte nach vorn, dann drei zurück, aber ohne Wende auf der Stelle, und kehrte dann in das *Yoi* zurück, indem der rechte Fuß wieder neben den linken gesetzt wurde.

Aus diesen beiden Formen, die beide gleichermaßen interessant sind, bildeten sich im Laufe der Zeit verschiedene Hybridtechniken heraus, je nach den aktuellen Zweigen des *Gôjû ryû* und seinen Experten.

Bei der *Kata Sanchin*, wie sie im *Shitô ryû* praktiziert wird, macht man drei Schritte vorwärts, darauf folgt eine Wende auf der Stelle, doch man macht nur einen Schritt in Gegenrichtung, bevor man wieder wendet, einen weiteren Schritt nach vorn macht, dann einen zurück und schließlich den linken Fuß wieder neben den rechten führt.

Technisch gesehen sind die Bewegungen einfache und sich wiederholende *Morote chûdan uchi uke* (*Yoko uke*), *Kake uke*, *Chûdan gyaku zuki*, die allesamt auf der gleichen Bewegungsachse und immer im *Sanchin dachi* ausgeführt werden.

Der Ablauf der *Uechi ryû no Sanchin* wird auf den Seiten 353 bis 363 vorgestellt.

Tenshô

Diese *Kata* wurde von Miyagi Chôjun auf Grundlage einer *Kata* geschaffen, die er bei seiner Reise in die Provinz Fujian gelernt hatte. Es handelt sich um die *Rokkishu-Kata*. Die Reise hatte Miyagi angetreten, um dort nach den Spuren des Meisters von Higaonna *Sensei* zu forschen.

Die *Tenshô* ist ebenfalls eine Atmungs-*Kata*. Sie besteht aus geschmeidigen Bewegungsfolgen – in dem Sinne, daß abwechselnd kraftvolle Bewegungen und schnelle Bewegungen ausgeführt werden –, während man sich beim Ausführen der *Kata Sanchin* ständig unter Anspannung befindet. Dies steht im Gegensatz zu der Interpretation, wie man sie heute mitunter findet.

Die *Tenshô* ist der *Sanchin* dennoch sehr ähnlich, vor allem, was den geistigen Gehalt angeht. Bei beiden wird die gleiche Position *Sanchin dachi* eingenommen, man findet die gleiche Atemtechnik (*Ibuki*), jedoch unterscheiden sich beide hinsichtlich Rhythmus und Einsatz der Handgelenke. Man geht dreimal nach vorn und weicht danach dreimal zurück. Die rechte und die linke Hand führen nacheinander die gleichen Techniken aus, und am Ende werden beide Hände gleichzeitig und auf symmetrische Weise zum Einsatz gebracht. Die Techniken basieren auf dem *Tenshô uke*, einer Verteidigungstechnik mit der offenen Hand, die den Angriff abfängt und in engem Kontakt mit dem Gegner bleibt.

Man findet in dieser *Kata* die Idee des *Kakie* (auf japanisch *Kake*), die das Äquivalent zur chinesischen Auffassung des *Tui shou* im *Wushu* oder im *Taiji* bildet. Man kann dies mit »klebende Hände« übersetzen. Es handelt sich dabei um eine Standardtechnik des Nahkampfes.

Happoren no Kata

Ôtsuka Tadahiko *Sensei*, Gründer und Leiter des *Gôjûkensha* in Tokio, ist einer der japanischen Meister unserer Zeit, die all ihre Kräfte der Erforschung und Rekonstruktion der Wurzeln der Kunst der »leeren Hand« widmen. Um die letzten der alten authentischen Meister kennenzulernen und seine Erkenntnisse zu untermauern, unternimmt er seit Jahren regelmäßig Reisen nach Okinawa und nach China. Wir verdanken ihm eine bemerkenswerte und grundlegende Arbeit über die Übertragung der chinesischen *Tao* auf die okinawanischen *Koshiki Kata*. Des weiteren gelang ihm die Wiederentdeckung einer sehr alten chinesischen *Kata* aus der Provinz Fujian, die den gemeinsamen Ursprung aller Atmungs-*Kata*, wie sie gegenwärtig im *Gôjû ryû* existieren, zu bilden scheint. Ihr Name *Happoren* bedeutet »acht Richtungen ohne Unterbrechung«. Diese *Kata* scheint eines der fehlenden Bindeglieder zwischen der chinesischen Kampfkunst und dem alten *Okinawa te* darzustellen. Sie wird heute im *Gôjûkensha* gelehrt, ist aber woanders noch immer weitestgehend unbekannt.[110]

Man weiß heute, daß Higaonna Kanryô (1853-1916), der Begründer der zum *Gôjû ryû* führenden Linie des *Karatedô*, die *Kata Sanchin* von chinesischen Kampfkunstexperten lernte, die in der auf Okinawa liegenden Kolonie Kumemura lebten.[111] Niemand kann heute sagen, ob diese erste Form der *Sanchin-Kata* tatsächlich der *Kata* ähnelt, die heute unter diesem Namen bekannt ist. Es gibt nur eine Gewißheit: Einst wurde sie mit offenen Händen praktiziert. Etwas beunruhigend ist die Tatsache, daß sich im heutigen China praktisch keine Spuren dieser *Kata* mehr finden lassen.[112] Es gibt die Hypothese, daß die Art und Weise, auf welche die

---

[110] Vgl. Habersetzer, R.: Bubishi – An der Quelle des Karatedô. Chemnitz: Palisander Verlag 2014. Geschichte und Ablauf der *Happoren no kata* sind ein zentrales Thema des Buches. Die folgende Passage ist (weitgehend) ein Auszug aus jenem Kapitel des »Bubishi«.

[111] Die *Kata Sanchin* (auf chinesisch *Saam chien*) wurde von Cheung Siu Shu entwickelt, einem Schüler der Begründerin des Kranichstils des *Wushu*, Fang Jin Jang, um damit das *Qi*, die innere Energie zu entwickeln. In ihrer ursprünglichen Gestalt war die Atmung fließend und sanft. Erst durch die Lehre Miyagis wurde sie hart und geräuschvoll (*Ibuki*). Siehe auch S. 121.

Sanchin im *Gôjû ryû* praktiziert wird, vom Kranichstil abgeleitet wurde, und die Art und Weise, auf welche sie im *Uechi ryû* praktiziert wird, eher vom Stil der Gottesanbeterin. Es besteht auch die Möglichkeit, daß die okinawanischen Meister selbst auf die Herausbildung dieser Form stärker eingewirkt haben, als bislang angenommen wurde.

Higaonna Kanryô lernte in Kumemura eine *Kata* des *Qigong*. Die Frage ist, ob man ihn lediglich die »äußere« Form lehrte, oder ob er nicht fähig war, den »inneren« Sinn der *Kata* zu erfassen. Ob aus Unverständnis oder willentlich, ist nicht bekannt: Möglicherweise hat Higaonna nur eine blasse Kopie des von ihm Gelernten weitergegeben. Schließlich reiste er in die chinesische Provinz Fujian (Fukien). Dort stieß er auf die *Rokkishu no kata*,[113] auf die sich Hinweise im Bubishi finden lassen, und bei der es sich möglicherweise um die *Happoren no kata* handelte. Solche Überlegungen bieten natürlich Raum für endlose Spekulationen. Es scheint jedoch, daß Higaonna die *Rokkishu no kata* bei seiner Rückkehr nach Okinawa nicht seinen Schülern vermittelt hat, möglicherweise, weil er sie nicht verwirren wollte in dem, was sie hinsichtlich der »*San Chin*« (»drei Schritte«) bereits von ihm gelernt hatten. Vielleicht hat er aber die *Rokkishu-Happoren* auch als höhere Stufe empfunden. *Sanchin* vermittelt dem Praktizierenden ein Gefühl von Kraft, er nimmt sich selbst als unerschütterliche Einheit wahr, und dieses Empfinden ist leicht zu erreichen. Aber es bedarf einer großen Reife in der Kunst der »leeren Hand«, um in der *Happoren* die Geschmeidigkeit hinter der vordergründigen Kraft und die viel subtilere Ausrichtung dieser Kraft erkennen zu können.

Miyagi Chôjun, der vielleicht eines Tages seinen Lehrer beobachtete, wie er die *Happoren* praktizierte, übernahm dessen Einstellung dazu, und auch er integrierte sie nicht in seinen Unterricht. Er schuf jedoch die *Kata Tenshô*, und dies stellt einen interessanten Versuch dar, dem Praktizierenden die mit der Ausführung der *Kata Happoren* verbundenen Empfindun-

---

[112] Es existiert allerdings die *Tao Siu Nim*, die Bewegungsfolge der »kleinen Idee«, die im *Wing Chun* praktiziert wird. Diese Form ist eher eine authentische *Qigong*-Übung als eine Kampfform, und die Bewegungen der Handgelenke erinnern an verschiedene Abschnitte der *Happoren* oder der *Tenshô*.

[113] Diese *Kata* wird als Vorläufer der später von Higaonnas Schüler Miyagi Chôjun geschaffenen *Tenshô* angesehen.

六機手 無而所有

此手名鉄骨手打入人
君須用此手或日飯前
打入人君生吐血飯後打
人君魄散魂

此手名仸子手打腮迓
並金圈下用之若打速
看藥治之不医吐血三
个月死

此手名鉄沙手用火煉
成打入人前後鏡用之
打入内則爛速看藥
治之不医則死不能

此手名日振欖手打入
人首血池用之若打其
人可用姜水救之千万
不可到垂

此手名一路草枝手打入人
腈背骨用之打看藥
治之到久不医半年九死

此手名日向天刀手打
入人骨節觔内之打中
若言速看藥治之不
治死

Bildtafel aus dem Bubishi, deren Darstellung an die *Kata Rokkishu* (»Sechs Formen der Hand«) erinnern, durch welche Miyagi Chôjun inspiriert wurde, die *Tenshô no kata* zu schaffen. Er kombinierte hierfür die *Rokkishu* mit bestimmten alten okinawanischen Tänzen, wobei er Handstellungen verwendete, wie z. B. *Ogami te* (»die Hand, die betet«), *Koneri te* (»die Hand, die sich dreht«) und *Osu te* (»die Hand, die stößt«).

gen zu vermitteln, die durch die reine Atemtechnik- und Muskelanspannungskata *Sanchin* nicht zu erreichen waren.[114] Und schließlich lehrte er auch die *Kata Hakufa*, die ebenfalls in Fujian praktiziert wurde und die mit ihren Handbewegungen den Flügelschlag und die Schnabelhiebe des weißen Kranichs imitierte.

Der Vergleich der *Kata Happoren* und *Sanchin* läßt schnell erkennen, daß drei wesentliche Änderungen in der Ausführung der *Tao* (*Kata*) auftraten, als sie aus dem südlichen China auf die Insel Okinawa gelangten:

1. Die erste Änderung betrifft die Technik. Die Hand wurde geschlossen, um ihr eine größere Härte beim Schlagen auf das *Makiwara* zu verleihen. Damit wurde automatisch der Energiefluß verändert. Die Energiewelle, die durch die Hand verläuft, wird am Ende der Faust blockiert. Das bedeutet, daß man auf Okinawa, um ein schnelles und faßbares Ergebnis zu erlangen, von der Möglichkeit Abstand genommen hatte, einen Energiefluß von unvergleichlich höherem Wert zu erzeugen. Es wurde eine »äußere« Variante entwickelt, d. h., die Faust zerbricht ein Objekt wie ein Hammer, und diese Entwicklung geschah auf Kosten der »inneren« Variante, bei der die Hand durch einfache Berührung einen Gegenstand durch eine Art energetischer Vibration zerspringen lassen kann.[115]

2. Die zweite Änderung erfolgt auf dem Gebiet der Empfindung. Das veränderte Empfinden beruht offensichtlich auf der modifizierten Technik. In der *Happoren* strahlt die Kraft von innen nach außen, auf die gesamte Oberfläche des Körpers oder gar darüber hinaus (man kann hierbei das »Kugelgefühl« des *Taiji* empfinden). Was davon übrig geblieben ist, wie z. B. die *Sanchin*, ist nur noch eine nach innen gerichtete Form, in welcher der Praktizierende seine gesamte Kraft in seinem Innern behält und sie in sein Körperzentrum führt. Das »äußere« Ergebnis kann spektakulär sein, aber all das hat mit der *Qigong*-Übung, die die *Happoren* eigentlich darstellt, wenig gemein.

[114] Ursprünglich endete die *Tenshô-Kata* allerdings mit einer sehr geschmeidigen Bewegung der Arme, die den sich allmählich beruhigenden Flügelschlag eines zurückkehrenden Vogels nachahmten. Dieser sanfte Abschluß wurde später durch einen *Mawashi uke*, auf den ein *Morote teisho uchi* folgt, ersetzt, die mit äußerster Kraft ausgeführt werden müssen.

[115] Siehe Habersetzer, R.: Chi-Kung, la maîtrise de l'énergie interne. Paris: Amphora 1997.

3. Die dritte Änderung betrifft den Sinn der *Kata*. Was einst der Versuch war, die Einheit zwischen der inneren Energie und der kosmischen Energie herzustellen, wurde zu einer Darstellung des Egos. Indem er die *Kata* »schlecht« (oder gewissermaßen mechanisch) ausführt, bezieht sich der Praktizierende auf sich selbst, während die klassische Ausführung darauf abzielt, daß der Mensch nach außen »strahlt«, um sich in Einklang mit den Kraftlinien außerhalb seiner selbst zu bringen. Anstatt sich auszudehnen, zieht er sich in sich zurück.

Indem eine energetische Kontraktion anstelle einer Ausdehnung erfolgt, kommt es mit der Zeit zu unerwünschten Wirkungen. Letztlich können sogar gesundheitliche Schäden die Folge sein, wenn der Energiefluß, der durch eine Bewegung erzeugt wird, invertiert wird. Beispielsweise wird bei der *Sanchin*, wie sie allgemein ausgeübt wird, die Energie des Körpers gewissermaßen im Innern »verbrannt«. Was nach außen hin spektakulär erscheint, kann am Ende zerstörerisch wirken.

Die *Kata Happoren* unterscheidet sich davon erheblich. Die Atmung bleibt hier natürlich. Man atmet durch die Nase ein und durch den Mund aus. Der Atem ist sanft, kaum hörbar, damit im Körper ein Energiegleichgewicht geschaffen wird und die Energie nicht durch eine kraftvolle Muskelanspannung blockiert wird. Auch der Stand ist in der *Kata Happoren* sehr natürlich und nicht sehr tief. Die Spannung ist nach außen gerichtet. Der Unterschied zur heute praktizierten *Sanchin-Kata* ist deutlich zu erkennen – dort ist der tiefe Stand sehr ausgeprägt, und die Spannung ist nach innen gerichtet. Allerdings sollte nicht vergessen werden, daß die *Kata Sanchin* in ihrer früheren Gestalt, wie sie beispielsweise Yamaguchi Gôgen praktizierte, nicht diesen ausgeprägten Stand besaß, und daß in der *Sanchin* (oder *Seisan*) des *Uechi ryû* die Hände nach wie vor offen sind. Auch breitete man in der alten *Sanchin*-Form die Unterarme wie in der *Happoren* nahezu horizontal aus, während sie mit der Zeit immer mehr angewinkelt wurden bis zu dem heutigen Winkel von 90°.

Die *Kata Sanchin* hat sich somit im Vergleich zu ihrer Urform gewissermaßen in entgegengesetzter Richtung entwickelt. Ungeachtet allen Anscheins ist die *Sanchin* zu einer »äußeren« *Kata* geworden, mit deren Praxis ein relativ einfach zu erreichendes Gefühl von Stärke verbunden ist. Dies stellt ein Mißverstehen der Intentionen der Meister der Vergangenheit dar, denen es darum ging, daß der Mensch lernen muß, nach außen zu strahlen, seine Energie auf andere wirken zu lassen, seine Kraft nach außen zu projizieren – der Kern einer nützlichen und konstruktiven *Budô*-Philosophie.

Der Ablauf der *Happoren no kata* wird auf den Seiten 374 bis 386 dargestellt.

Fazit

Dieses letzte Beispiel läßt deutlich zwei grundsätzliche Fehlerquellen bzw. Versäumnisse erkennen, die bei der Übertragung der *Koshiki Kata* gewirkt haben. Die Unexaktheit dieser Übertragung kann absichtlich erfolgt sein, wenn ein Meister aus diesem oder jenem Grund nicht alles offenbaren wollte, zumindest nicht sofort. In der Folge hat dann oft die Zeit einfach nicht dazu ausgereicht, die Lehren zu vervollständigen. Wenn die Ursache hingegen ein Irrtum des Meisters war, so war es für ihn nicht leicht, ihn später wieder zu korrigieren, ohne das Gesicht zu verlieren.

So, wie man früher die *Kata* lernte, stellte dies eine echte *Qigong*-Übung dar. Es gab keinen Anlaß, sie vor anderen zur Schau zu stellen, es herrschten keine Zwänge des Sports oder des Wettkampfes. Was hingegen für alle Techniken des modernen Karate gilt, ist auch für die aktuellen *Kata* sämtlicher Stilrichtungen gültig: Sie bleiben Sackgassen, solange man sie als eigentliches Ziel aller Bestrebungen und nicht als Mittel für die innere Entwicklung begreift. Höchstwahrscheinlich waren etliche der *Koshiki Kata*, wie sie einstmals durch die Pioniere des Weges der *Meijin* von Okinawa oder anderswo praktiziert wurden, nach außen hin wenig spektakulär und würden heute kaum ein Publikum finden. Dennoch waren sie Ausdruck eines tiefen Erlebens und als solches von unvergleichlichem Wert.

2.3 Etymologie der Koshiki Kata

In der folgenden Auflistung werden zuerst die okinawanischen Namen der *Kata* genannt. Falls eine japanische Bezeichnung existiert, so steht sie in Klammern. Wenn die Übersetzungen der okinawanischen und der japanischen Bezeichnungen unterschiedlich sind, so werden erstere durch (1) und letztere durch (2) gekennzeichnet.

Ananko (*Ananku*): »Licht des Südens«

Aoyagi (*Aoyanagi*): »Grüner Weidenbaum«

Chintô (*Gankaku*): »Kämpfen in östliche Richtung«, oder »dort, wo die Sonne aufgeht« (1); »Kranich auf einem Felsblock« (2)

Hafa (*Hachuko*): »Weißer Schwan« (1); »hundert Vögel« (2)

Hakutsuru: »Weißer Kranich«

Jiin: »Tempel«

Jion Ji (*Jion*): »Tempel des Mitgefühls«

Jitte (*Jutte*): »Hand des Erbarmens« (1); »zehn Hände« (2)

Kururunfa: »17«

Kûshankû (*Kankû*): Eigenname (des Meisters, der die *Kata* schuf) (1); »den Himmel betrachten« (2)

Naihanchi (*Tekki*): »Seitlich kämpfen« (1); »eiserner Reiter« (2)

Nanshu: »Hand des Südens«

Niseishi (*Nijûshiho*): »24 Schritte«

Nipaipo: »28 Schritte«

Patsai (*Passai, Bassai*): »Die Festung durchdringen«

Pechurin (*Sûpârinpai*): »108 Hände«

Rôhai (*Meikyô*): »Weißer Reiher« (1); »klarer Spiegel« (2)

Ryûho: »Gang des Drachens«

Ryûshu: »Hand des Drachens«

Saifa: »Bruchpunkt«

Sanchin: »Drei Schläge«

Sanseru: »36«

Seipai: »18«

Seiunchin (*Seienchin*): »Auge des Zyklons«

Sesan (*Hangetsu*, *Seishan*): »33« (1); »Halbmond« (2)

Sôchin: »Ruhige Kraft«

Tenshô: »Klebende Hände« oder »drehende Handflächen«

Unsu: »Hände in den Wolken«

Useishi (*Gojûshiho*): »Phönix« (1); »54 Schritte« (2)

Wankan (*Matsukaze*): »Die Krone des Königs« (1); »Wind in den Kiefernbäumen« (2)

Wanshu (*Enpi*): Eigenname (des chinesischen Meisters) (1); »Schwalbe im Flug« (2)

IV

Zeugen

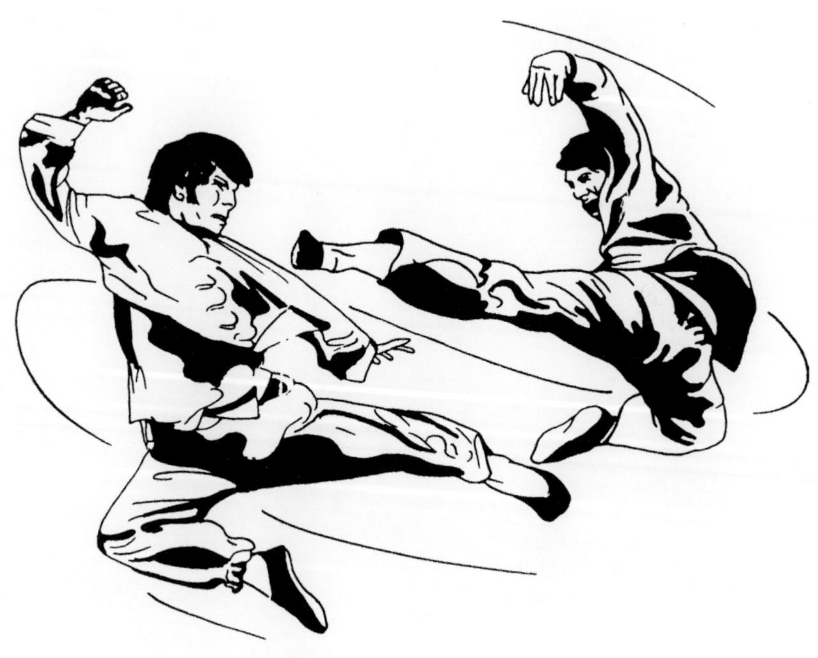

1 Die Kunst, eine Kata im traditionellen Geist auszuführen

1.1 Atmung und Rhythmus

Es ist unverzichtbar, Atmung und Bewegung miteinander in Einklang zu bringen. Eine schlechte Koordination zwischen beiden führt schnell zu größerer Ermüdung, zu verminderter Kraft und Schnelligkeit. Des weiteren bewirkt Disharmonie zwischen Atmung und Bewegung, daß man die Kontrolle über Gefühle wie Angst und Wut, die während eines Kampfes auftreten können, verliert, sowie die Fähigkeit, instinktiv zu reagieren. Da solche Gefühle wiederum den Herzschlag beeinflussen, beeinträchtigen sie unser Handlungsvermögen. Die Atmung ist offenkundig mit dem Rhythmus verknüpft, der der *Kata* zu eigen ist oder wie er durch persönliche Auslegungen der *Kata* beabsichtigt wird. Die Atemphasen sind nicht immer festgelegt. Vieles ist hier möglich, doch alles hängt letztendlich vom Niveau des Praktizierenden ab.

Die erste Stufe besteht darin, jedesmal kurz auszuatmen, wenn man eine Verteidigungs- oder Angriffstechnik ausführt (*Kime*) und dabei zum Stillstand kommt. Das Ausatmen erleichtert die Muskelkontraktion. Zu Beginn der Bewegung atmet man hingegen ein, was Entspannung und Schnelligkeit fördert.

Auf einer fortgeschritteneren Stufe kann es interessant sein, genau das Gegenteil dessen zu tun. Dies ist Bestandteil jenes »Schlüssels zum Verständnis«, der im 1. Kapitel dieses Buches (S. 60 ff.) diskutiert wurde. Ein leichter zu begreifendes Stadium, das zwischen der ersten und der fortgeschrittenen Stufe liegt, besteht darin, bei Blocktechniken (Ausdehnung) einzuatmen und bei Angriffstechniken (Fokussierung) auszuatmen. Es ist jedoch erforderlich, zunächst einige Jahre lang auf der ersten Stufe zu verweilen, die den Vorzug hat, daß jeder Bewegung größerer Nachdruck verliehen wird, indem das *Kime*, die mit Konzentration erfolgende Kontraktion am Ende der Bewegung, erleichtert wird.

Je nach Rhythmus und Umfang einer Technik, gibt es fünf grundlegende Arten zu atmen:

a) Normale, weiche, ununterbrochene Atmung (*Jusoku*)

1) langes Einatmen – langes Ausatmen
2) langes Einatmen – kurzes Ausatmen
3) kurzes Einatmen – langes Ausatmen
4) kurzes Einatmen – kurzes Ausatmen

b) Atmung mit Luftanhalten (*Taisoku*)

5) Einatmen – Luftanhalten (Kontraktion) – Ausatmen; oder Ausatmen – Luftanhalten (Kontraktion) – Einatmen.

Es ist ebenfalls möglich, mehrere Male während einer *Kata* stoßweise ein- oder auszuatmen. Das Einatmen geschieht immer durch die Nase, bei geschlossenem Mund, und das Ausatmen erfolgt stets durch den halboffenen Mund. Grundsätzlich muß eine tiefe Bauchatmung, die aus dem *Hara*[116] kommt, erfolgen.

Es ist zu beachten, daß manche *Kata* von einem *Shigin*, der Rezitation japanischer Gedichte begleitet werden oder von Gesang. Letzteres gilt vor allem für die Atmungskata aus dem *Gôjû ryû* wie die *Sanchin* oder die *Tenshô*. Dies geschieht jedoch nicht aus künstlerischen Gründen, sondern um verschiedene Muskelkontraktionen zu erleichtern und die Atmung besser zu kontrollieren. Der *Kiai* wird auf sehr natürliche Weise erfolgen, wenn die Atmung korrekt ist.

1.2 Ausrichtung

Jede *Kata* läuft nach einem Schema (*Embusen*) ab und besitzt einen zentralen Punkt (*Kiten*). Auch wenn man es heute kaum mehr respektiert und oftmals nicht einmal mehr weiß, so beginnt und endet eine Karate-*Kata* im Prinzip stets mit dem Gesicht nach Norden, genau wie die *Tao* des *Wushu* oder des *Taiji*. Ihre Verbindung mit den Himmelsrichtungen erinnert an die ursprüngliche Absicht, die Bewegungen in Zusammenhang mit einem

---

[116] Vgl. Fußnote 108 auf S. 203.

Regenerationszyklus kosmischer Kräfte zu bringen. Diese Vorgehensweise ist chinesischen Ursprungs. Prinzipiell entspricht der Ort, an dem die *Kata* endet, ihrem Ausgangsort. Man erkennt hier den Symbolgehalt: Der Anfang ist das Ende, das Ende der Anfang; alles ist in allem vorhanden.

1.3 Inneres Empfinden

Es ist wesentlich, sich des Kampfes, den die *Kata* repräsentiert, beständig bewußt zu sein. Man muß versuchen, jeden Abschnitt der *Kata* zu begreifen. Es besteht stets eine Wechselwirkung zwischen dem inneren Verständnis einer *Kata* und der Meisterung ihrer äußeren Form. Jede Bewegung oder Stellung, jeder Rhythmusbruch, jeder Stop erklärt sich aus dem Kontext und erfolgt genau im richtigen Moment. Wichtig ist auch, danach zu streben, den Rhythmus der *Kata* zu respektieren, sei er langsam oder schnell. Denn genau dieser Bewegungsrhythmus ist es, der es einem ermöglicht, den »Augenblick beim Schopfe zu packen«, den Gegner zu »erwischen«. Es gibt niemals »Stillstandszeiten«. Selbst, wenn die *Kata* dem Praktizierenden ein Innehalten auferlegt, so muß doch sein Geist hellwach und bereit zu unmittelbarer Aktion bleiben (*Zanshin*). Man darf nicht vergessen, daß hinter dem Schlag, der ausgeführt wird, stets der Geist steht.

Man sagt, daß der Geist zu Beginn »in alle vier Himmelsrichtungen« ausgerichtet ist, das heißt, man ist am Anfang der *Kata* bereit, in jeder Richtung zu agieren. Sobald die erste Bewegung der *Kata* begonnen wird, konzentriert sich der Geist in Richtung des »ersten Gegners«, ohne jedoch zu versäumen, auch den anderen Richtungen noch einen Rest Aufmerksamkeit zu widmen. Am Ende der *Kata* verweilt der Geist noch für einen Moment beim »letzten besiegten Gegner«, bevor er sich entspannt. Die Abfolge der Bewegungen muß mit einer einzigen Empfindung erfolgen: Der Gegner muß angegriffen werden, sein Angriff muß geblockt und gekontert werden, und all dies aus dem Gefühl heraus, den Gegner quasi einzuhüllen, bis zum Ende an ihm »zu kleben«, ihn einzig durch die Kraft des Geistes abzuwehren. Zumindest sollte man nicht an die Technik denken, die man gerade ausführt, sondern an jene, die folgt oder folgen könnte. Eine *Kata*, die auf solch eine Weise erlebt wird, ist in erster Linie kämpferischer Geist (*Kihaku*) und nur noch zweitrangig ein technischer Ablauf. Der Blick ist scharf, flink, entschlossen, und er ist in die Richtung der Aktion gerichtet. Er begleitet stets die Handlung, greift ihr mitunter voraus, und er wird niemals gesenkt. Das gilt selbst dann, wenn man auf der Stelle wendet. Es ist wichtig, ein so weites Blickfeld wie möglich beizubehalten, indem kein konkreter Punkt fixiert wird – der Blick ist so, als betrachte man ein weit entferntes Gebirge; d. h., man blickt gewissermaßen durch den Gegner hindurch (*Enzan no metsuke*).

Diese innere Haltung ist das *Shisei*, die sich durch die äußere Form, das *Kamae*, zum Ausdruck bringt. In die allgemeine Körperposition der Bereitschaftshaltung, auch *Kamae kata* genannt, fließen zahlreiche Komponenten ein. Dazu gehören die eigentliche Bereitschaftsposition, der Ausdruck der Augen (*Metsuke*), die Atmung (*Kokyu*), die Aufmerksamkeit (*Zanshin*), die Fähigkeit, etwas vorauszusehen (*Yomi*) und andere. Zur Bereitschaftsposition gehört auch eine Armtechnik, wie z. B. *Manji gamae* oder *Muso gamae*, die an esoterische Symbole des Buddhismus erinnert. Sie kann jedoch auch die Haltung eines kämpfenden Tieres imitieren oder die bedrohlichen und machtvollen Positionen der Niô-Statuen, die sich für gewöhnlich an den Tempeleingängen finden.

1.4 Ausführung

Schnelle Bewegungen müssen mit höchstem Energieeinsatz und maximaler Schnelligkeit erfolgen, jeder Stoß muß mit *Kime* abgeschlossen werden. Andere Passagen der *Kata* müssen hingegen langsam und konzentriert ausgeführt werden. Schritte werden schnell, aber ohne Hast gegangen. Die Hüften werden tief gehalten, die Bauchregion, das *Hara*, steht unter Spannung, der Mund ist geschlossen und das Kinn erhoben. Es sollte darauf geachtet werden, daß das Gesicht nicht verzerrt ist. Man muß bei der Durchführung der *Kata* auf Stabilität achten. Man bewegt sich fort, ohne daß zuvor Schwung geholt wird, der Körper wird dabei als Einheit, als aus einem Guß bestehend, empfunden.

Jede *Kata* enthält mindestens ein oder zwei Techniken, die von einem *Kensei* begleitet werden, d. h., man stößt den *Kiai* aus, während das *Kime* erfolgt. Dies verdeutlicht, daß die Technik mit Entschlossenheit und besonderem Nachdruck ausgeführt wird. Früher war der *Kiai* nicht mit einer bestimmten Technik oder einem bestimmten Abschnitt der *Kata* verbunden. Der *Kiai*, mit dem man während der gesamten Dauer der *Kata* quasi »erfüllt« ist, durfte in früheren Zeiten nur ganz spontan erfolgen. Es gab daher für eine *Kata* auch keine beschränkte Zahl von *Kiai*. Die Kodifizierung der *Kiai*, wie wir sie heute kennen, erfolgte erst zu Beginn des 20. Jahrhunderts zu Lehrzwecken. In früheren Zeiten stellten die *Koshiki Kata* auf Okinawa echte Waffen für den Kampf dar. Demzufolge durfte man sie nur im Verborgenen üben. Wie man sich leicht denken kann, war der *Kiai* damals lautlos. Andernfalls wäre die Gefahr groß gewesen, von den japanischen Okkupanten ertappt zu werden.

Wenn der *Kiai* – zur Begleitung der eigentlichen Technik – ausgestoßen wird, so muß er einen unerschütterlichen Willen zum Ausdruck bringen und auf den Gegner eine echte Schockwirkung ausüben. Anschließend sollte man ein bis zwei Sekunden am Ort verharren, als ob man mental den Schlag oder die Abwehr unterstützen würde. Dabei sollte man das Gefühl haben, vom *Qi* erfüllt zu sein, besonders im *Tanden*-Punkt.

1.5 Auf der Suche

Wenn man genügend Zeit damit zugebracht hat, die Techniken der *Koshiki Kata* zu erlernen, wird es immer wichtiger, die Abfolge der Bewegungen jedesmal ein wenig intensiver »zu erleben«. Das heißt, daß es jetzt darum geht, ins Herz der Technik vorzudringen. Wie gut einem dies gelingt, hängt natürlich nicht zuletzt vom allgemeinen Wissen über das *Karatedô* ab. Man muß versuchen, Verbindungen zwischen dem, was man gerade tut und den Interpretationen, die für die Anwendung im realen Kampf oft unverzichtbar sind, zu knüpfen. Man sollte sich dabei auch stets der drei grundlegenden Regeln, die Funakoshi Gichin aufgestellt hat, bewußt sein: »*Chikara no kyojaku*« (»die Kraft ist stark und schwach«), »*Karada no Shinshuku*« (»der Körper ist angespannt und entspannt«) und »*Waza no kankyu wo wasuruna*« (»die Technik ist langsam und schnell«). Diese Grundregeln ermuntern den Praktizierenden zu versuchen, die Energie für die jeweilige

Aktion auf richtige Weise einzusetzen und für jede Technik deren aktive und passive Prinzipien zu ergründen. Die Antworten auf diese echten »Rätselfragen« werden sich natürlich im Lauf der Zeit ändern.

Man darf auch nicht vergessen, daß jede Technik auf unterschiedliche Weise interpretiert werden kann (*Bunkai*). Sie kann als Kampfmethode betrachtet werden, als Kontrolle der physischen und mentalen Energie, als therapeutisches Hilfsmittel oder auch als Werkzeug zur Erforschung des Selbst. Die *Koshiki Kata* stellen für sich einen *Dô* (Weg) dar. Man muß mit Geduld danach streben, die Empfindung, welche die *Kata* auslöst zu entdecken. Man sollte dabei an das »Positive« (*Omote*) und das »Negative« (*Ura*) der *Kata* denken, ohne dabei je zu vergessen, daß die Technik in ihrer *Ura*-Form nicht zu entschlüsseln ist, wenn die *Omote*-Form nicht korrekt gemeistert wird. Das heißt, zunächst müssen die reinen Techniken verstanden werden (*Shosa*) und dann erst wird es möglich, auch den tatsächlichen und verborgenen Gehalt (*Gokuhi* oder *Hiden*) zu erfassen. Am Ende erschließt sich einem möglicherweise auch ihre Symbolik (*Okuden*), was einen zu einer »neuen Ebene« der Wirklichkeit führen kann.[117] Doch tatsächlich gibt es jenseits davon noch eine höhere Stufe, das »*Nanjiru gokuden*«, ein Geheimnis, das man nur mit größter Mühe und mit reinem Herzen ergründen kann.

Die Lehre der *Koshiki Kata* ist grenzenlos. Man versteht nun, warum die Kunst der »leeren Hand«, die auf Okinawa einst *Tôde* genannt wurde, durch die Insulaner auch als *Shimpi Tôde*, »geheime chinesische Kunst« oder auch als *Reimyo Tôde*, »wunderbare chinesische Kunst«, bezeichnet wurde.

[117] Habersetzer, R.: Ecrits sur les Budo. Paris: Amphora 1997, Kapitel: »Okuden, l'autre versant«, »Zanshin« und »Enzan no Metsuke«.

2. Die Koshiki Kata in bildlicher Darstellung

Im letzten Teil dieses Buches wird nun eine Auswahl von 28 *Kata* anhand von Bildfolgen dargestellt. Diese *Kata* wurden unter jenen ausgewählt, die, soweit sich das einschätzen läßt, den ursprünglichen *Koshiki Kata* am nächsten geblieben sind.

Diese Zusammenstellung kann nicht vollständig sein. Zum einen, weil die Darstellung in einem einzigen Buch eine komplette Vorstellung nicht gestattet, zum anderen auch deshalb, weil praktisch für jede der hier gezeigten Formen andere Varianten und Interpretationen existieren. Solch eine Versionsvielfalt führt am Ende zu einer Verästelung der Möglichkeiten, die unmöglich auf sinnvolle Weise bildlich dargestellt werden könnte. Als Beispiel sollen hier nur die verschiedenen Formen der *Kata Chintô* genannt werden. Zu guter Letzt wäre es mir auch zu gewagt erschienen, für sämtliche der modernen *Kata* gleichzeitig und ohne Unterschied das aus alter Zeit stammende Grundgerüst allzu deutlich zu analysieren. Die Gefahr wäre groß, die Mehrheit der Karateka vollständig zu verwirren und sie an allem zweifeln zu lassen, was sie bisher zu wissen glaubten.

In den ersten drei Teilen des Buches habe ich versucht, den Leser sorgfältig in die Welt der *Koshiki Kata* einzuführen und ihm damit Gelegenheit zu geben, sich dieses Wissens *allmählich* bewußt zu werden und darüber nachzudenken.

Es wäre nicht sehr klug, an das Studium der *Koshiki Kata* auf dieselbe Weise heranzugehen, wie dies heute im allgemeinen mit den modernen *Kata* geschieht, von denen jeder möglichst viele in möglichst kurzer Zeit erlernen will. Das würde nur zu höchst oberflächlichem Wissen führen, das niemals die geringste Veränderung in der Praxis zur Folge hätte, nicht mit Hinblick auf den geistigen Gehalt der *Kata*, und nicht einmal auf dem Gebiet der Techniken. Dies ist auch der Grund, weshalb die Beschreibungen summarisch bleiben und vor allem die Besonderheiten und Unterschiede der *Koshiki Kata* im Vergleich mit ihren aktuellen Nachfolgern in den Hauptstilen des Karate herausstreichen. Die modernen Versionen werden dabei als bekannt vorausgesetzt. Nur unter diesen Bedingungen ist es möglich, aus intensivem Studium echte Erkenntnisse zu gewinnen, die eines Tages selbst wieder zu einer veränderten Praxis führen können.

Es versteht sich von selbst, daß sich die bildlichen Darstellungen der *Kata* auf den folgenden Seiten auf den Vergleich mit den modernen Formen beziehen. Die Anordnung der Techniken in den *Koshiki Kata* und in ihren modernen Varianten ist oft dieselbe. Auf diese Weise wird man unter Zuhilfenahme der Beschreibungen der entsprechenden Versionen im *Shôtôkan*, im *Wadô ryû*, im *Shitô ryû* oder im *Gôjû ryû* ohne weiteres die Einzelheiten für die Ausführung der *Koshiki Kata* ableiten können.[118]

Im folgenden werden nun jene Zeugen eines vergangenen Zeitalters vorgestellt, anhand derer die Ausführungen dieses Buches verdeutlicht werden sollen.

2.1 Die 16 Kata der Schule des Matsubayashi Shôrin ryû

Die 16 *Kata* der Schule des *Matsubayashi Shôrin ryû* auf Okinawa sind ihren »Mutterformen« generell am nächsten (zusätzlich existieren im *Matsubayashi Shôrin ryû* noch zwei *Fukyu-Kata*, die allerdings keine *Koshiki Kata* darstellen). Nagamine Shôshin *Sensei* lehrte sie bis zu seinem Tod im Jahre 1997 in seinem *Dôjô* in Naha.

Durch Itosu Ankôs Wirken gelangten die *Kata* auch in die aktuellen Stilrichtungen des *Shôtôkan*, des *Shitô ryû* und des *Wadô ryû*, wobei in letzterem die *Kata* den durch Itosu gelehrten am ähnlichsten geblieben sind.

Die *Kata* sind hauptsächlich von vorn gesehen gezeichnet, die eingerahmten Sequenzen stellen dagegen einige Bewegungen dar, die im Profil besser zu erkennen sind. Die Stellen, an denen ein *Kiai* erfolgt, sind durch schwarze Punkte markiert. Manche komplexere Schrittfolgen werden entweder durch gezeichnete Fußspuren oder durch die Darstellung der Bewegungsachsen (*Embusen*) dargestellt.

---

[118] Für die detaillierten Beschreibungen der *Kata* der vier großen Stilrichtungen des modernen Karate, siehe Habersetzer, R.: 39 Karate-Kata – Aus Gôjû ryû, Wadô ryû und Shitô ryû. Chemnitz: Palisander Verlag 2010 und für *Shôtôkan-Kata* beispielsweise Pflüger, A.: 27 Shotokan Katas. Niedernhausen: Falken Verlag 2001.

2.1.1 Die fünf Pinan

Itosu hat diese fünf *Kata* im Jahre 1907 aus längeren und komplexeren Bewegungsfolgen abgeleitet, hauptsächlich aus den *Kata Kûshankû*, *Passai* und *Naihanchi*. Der Grund waren Lehrzwecke (siehe S. 104 f.). Betrachtet man die Ergebnisse seines Wirkens, kann man erkennen, was für eine enorme pädagogische Arbeit er damit vollbracht hat. Als Funakoshi Gichin die *Pinan-Kata* in Japan einführte, taufte er sie in *Heian-Kata* um, was einen Bezug auf eine wichtige historische Epoche Japans darstellt. Im *Wadô ryû* und im *Shitô ryû* behielt man die okinawanische Bezeichnung bei. Die erste *Pinan-Kata* (*Pinan Shôdan*) entspricht der *Heian Nidan* des modernen *Shôtôkan*.

Shôrin ryû Pinan Shôdan

Zu beachten sind die *Nekoashi dachi*, die mittleren Blocks in der 2. und 5. Bewegungsfolge, die direkten Fußtritte gegen den Bauch (*Fukubu geri* mit den Zehenspitzen) sowie die hohen *Zenkutsu* für *Gyaku zuki* und *Age uke*. Es gibt nur einen einzigen *Kiai*. In manchen *Shôrin*-Stilen erfolgen die Bewegungen 4 und 7 im *Hachiji dachi*, dies gilt auch für die moderne Form des *Wadô ryû*.

Shôrin ryû Pinan Nidan

Zu beachten sind die beiden alten Formen des *Zenkutsu*: die tiefe Form für die *Gedan barai* und die hohe »Kampf«-Form (*Shizentai*) für die *Age uke* und die *Oi zuki*. Ebenfalls zu beachten sind die *Nekoashi*-Positionen für die *Tettsui* und die Schwerthände (19 bis 22). In einigen *Shôrin*-Stilrichtungen werden bereits die letzten vier Bewegungen in der Form des *Nukite* im *Shiko dachi* praktiziert, wie dies auch in der Form des *Wadô ryû* der Fall ist. Es erfolgt ein einziger *Kiai*.

Shôrin ryû Pinan Sandan

Zu beachten ist die Originalität der Kombination aus Rotation und Befreien in der 10. Bewegungsfolge, mit *Yoko zuki* in der 11., das Fehlen des *Fumikomi* bei der Rückkehr und die Positionen *Nekoashi dachi* bei den Sequenzen 21 und 22.

Shôrin ryû Pinan Yondan

Zu beachten sind die *Nekoashi*-Positionen in 2 und 3, sowie in 8 und 11, die zu größerer Stabilität führen. Ebenfalls muß berücksichtigt werden, daß die Bewegungsfolge 12 (*Shutô uchi*) mit gekreuzten Füßen erfolgt (in manchen Schulen wird bei dieser Sequenz die Position *Hachiji dachi* eingenommen). Weiterhin erfolgen die Ausführungen des *Tsuki* (17, 18 und 21, 22) im *Nekoashi dachi* und die *Morote uke* im *Zenkutsu*. Zu beachten sind auch die Endrichtungen der *Shutô uke* (28, 29).

Shôrin ryû Pinan Godan

Das Ablaufschema ist das gleiche wie für die *Shôrin ryû Pinan yondan*. Bewegungsfolge 14 ist ein *Hotoke gamae* und die 18 ein *Tenshin no gamae*. Zu beachten sind die Sequenzen 22 und 23 mit den entgegengesetzten *Zenkutsu* (*Naname zenkutsu*).

Shôrin Pinan Shôdan

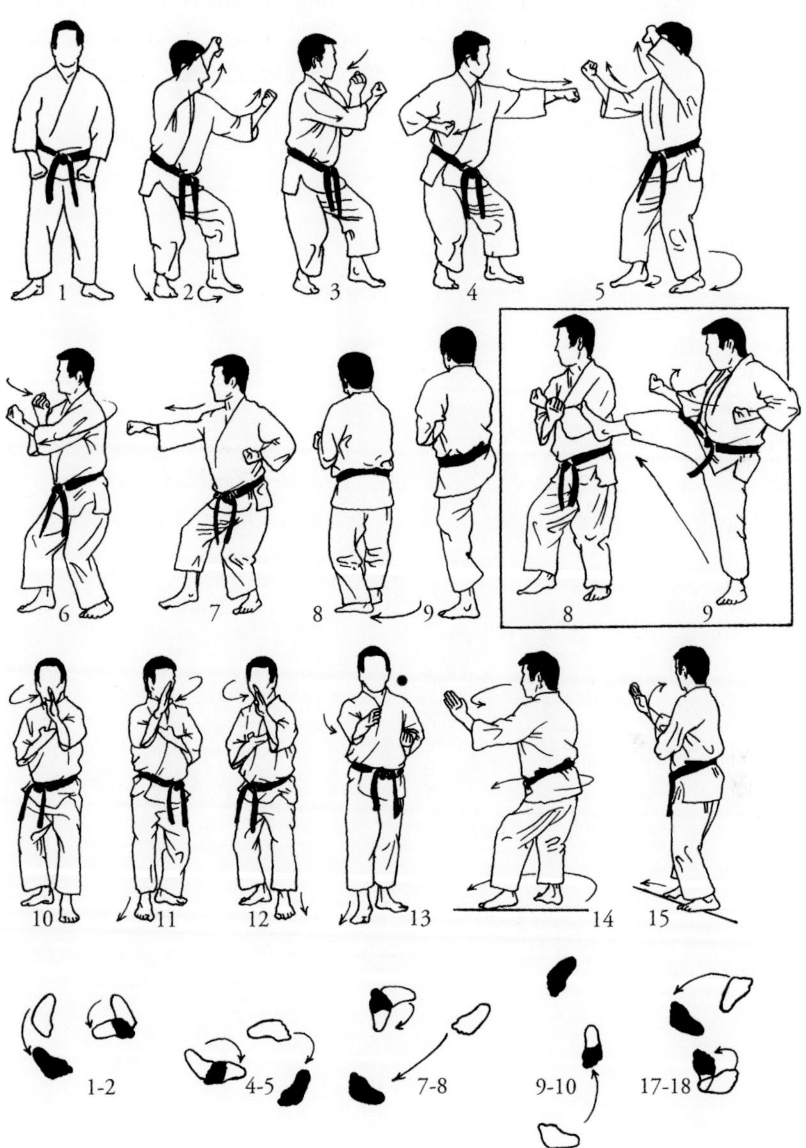

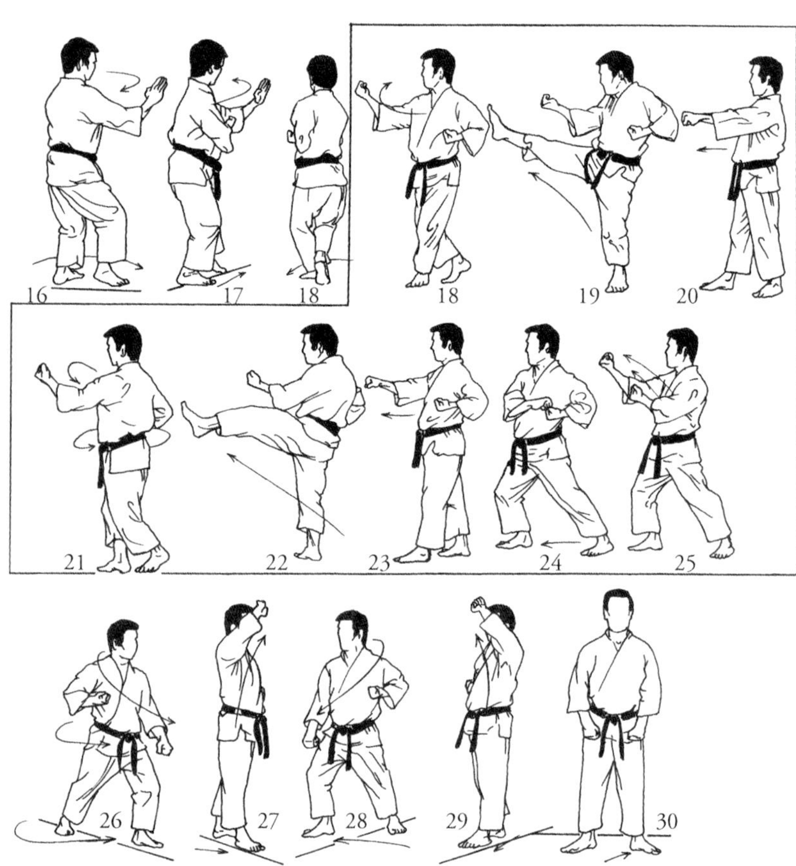
16
17
18
18
19
20
21
22
23
24
25
26
27
28
29
30

Shôrin Pinan Nidan

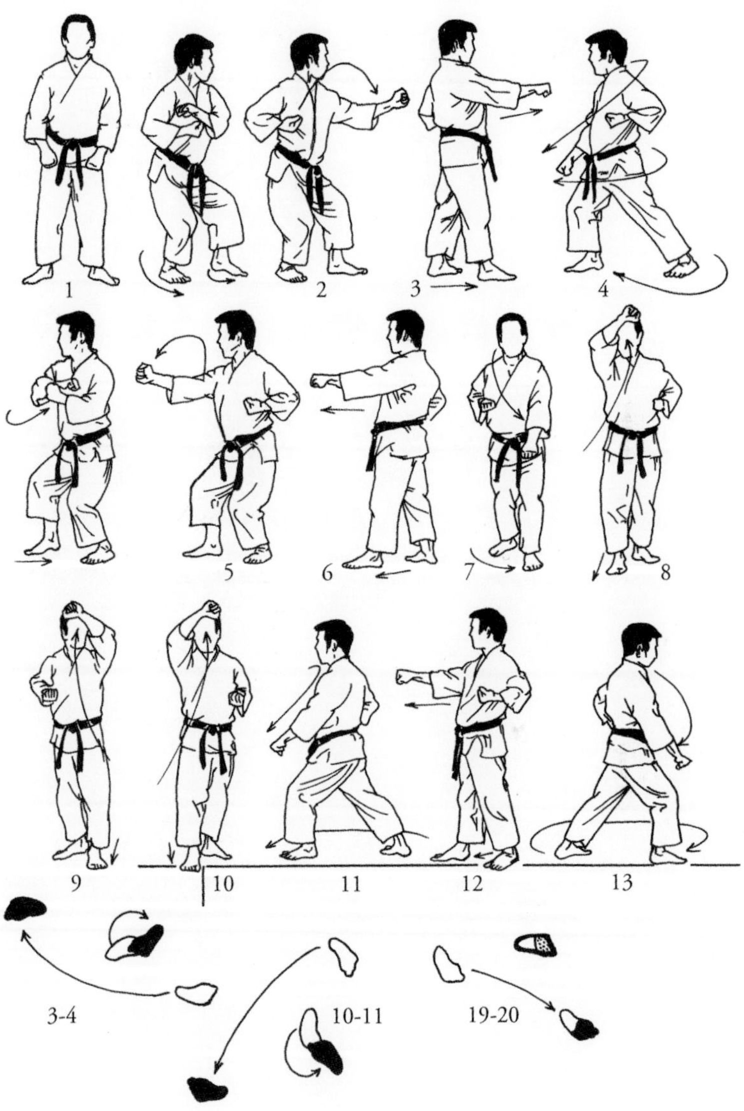

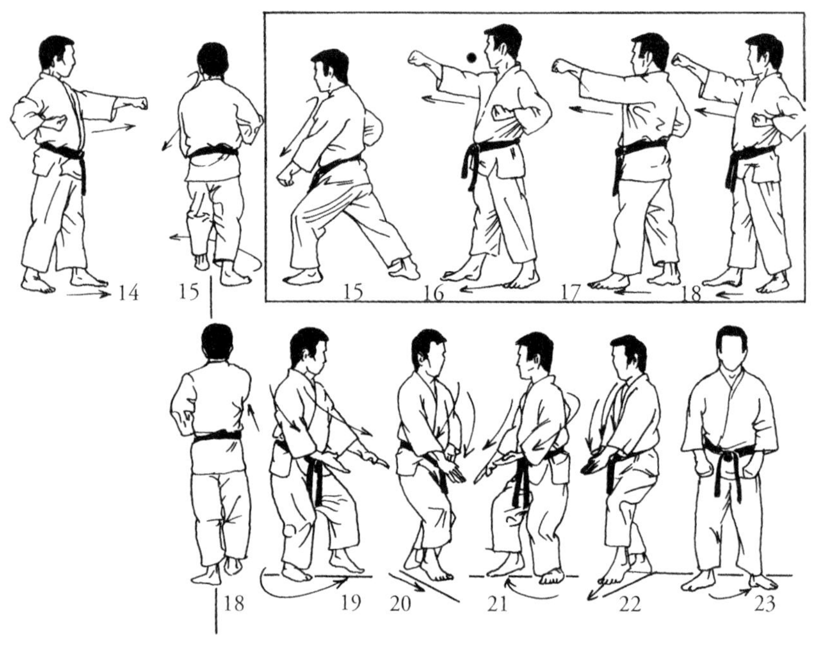
14
15
15
16
17
18
18
19
20
21
22
23

Shôrin Pinan Sandan

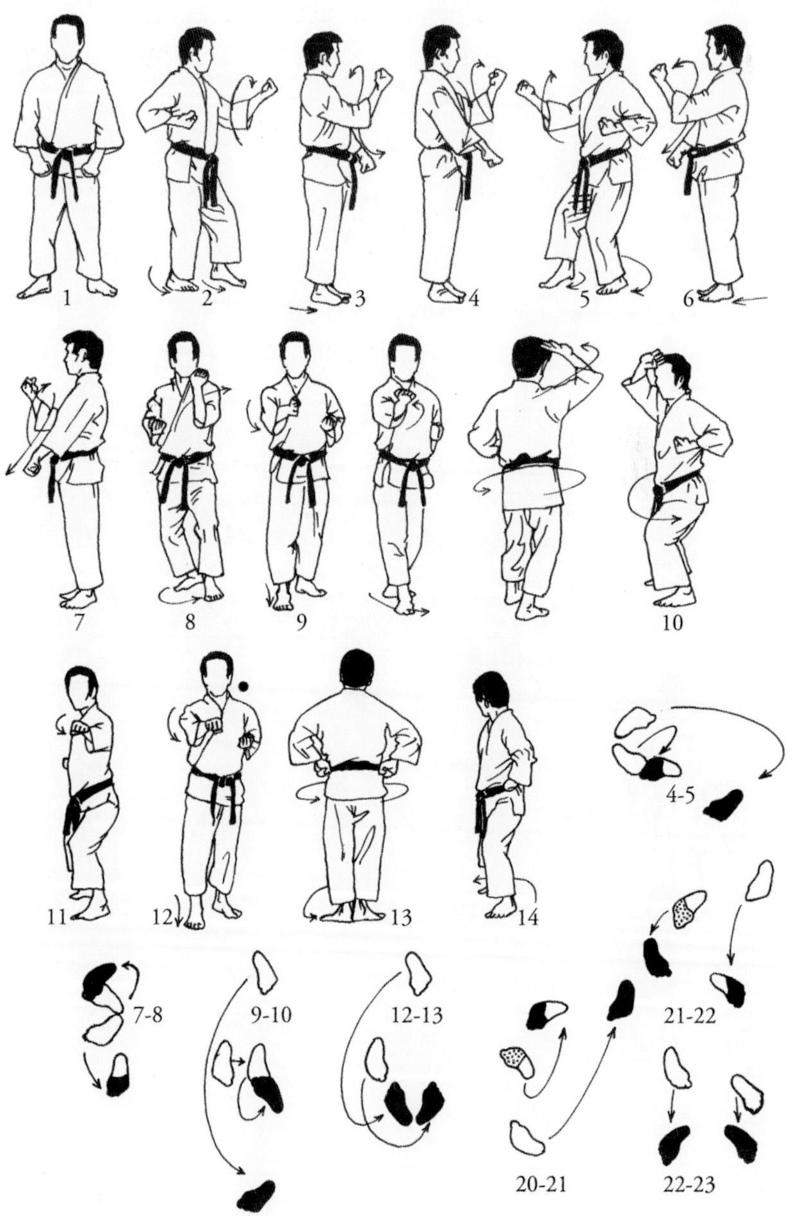

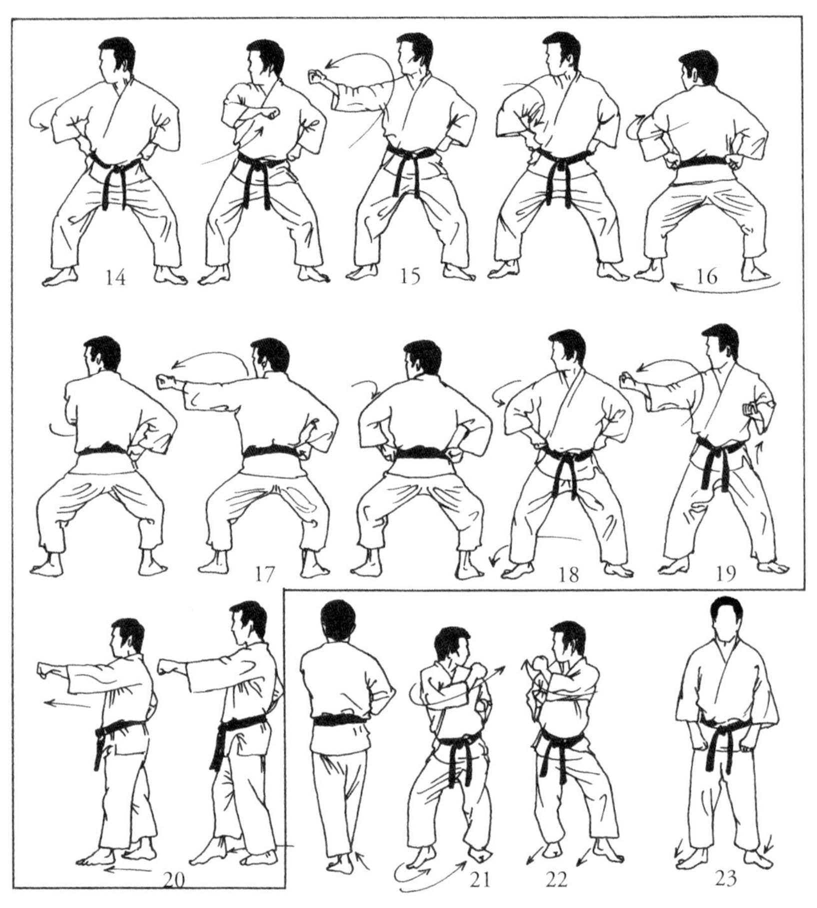
14
15
16
17
18
19
20
21
22
23

Shôrin Pinan Yondan

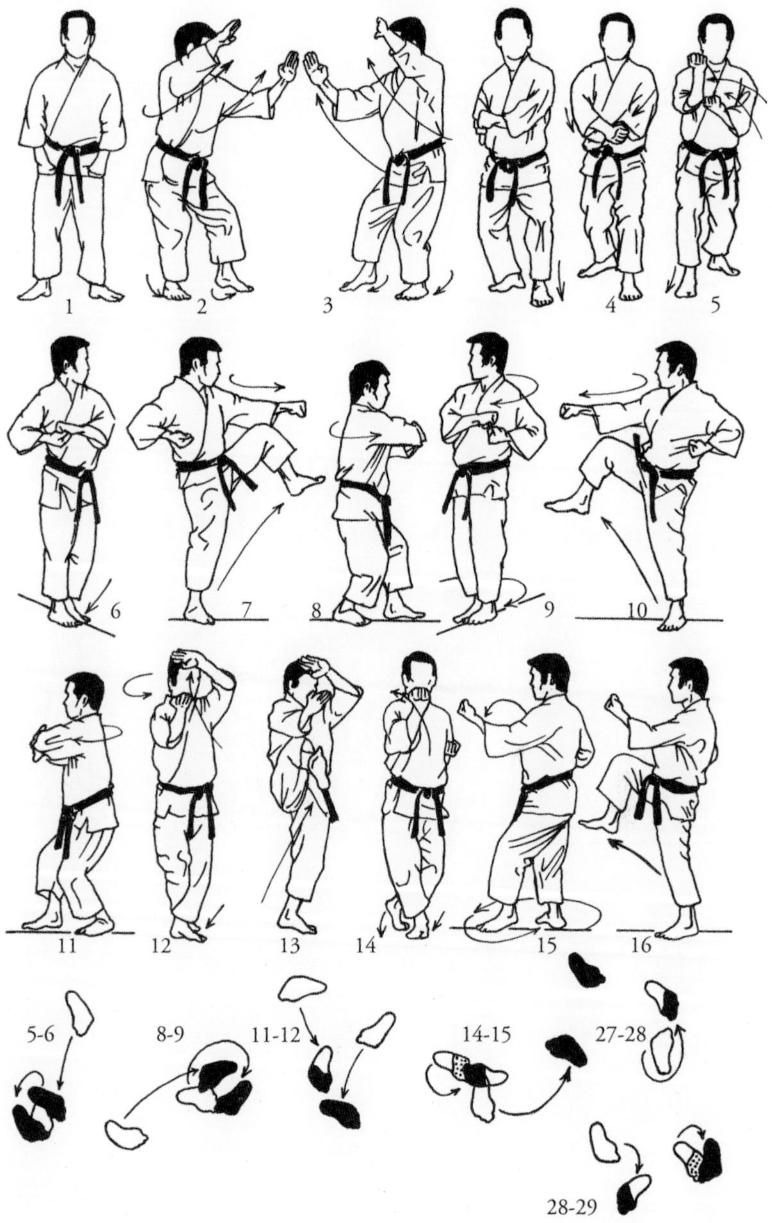

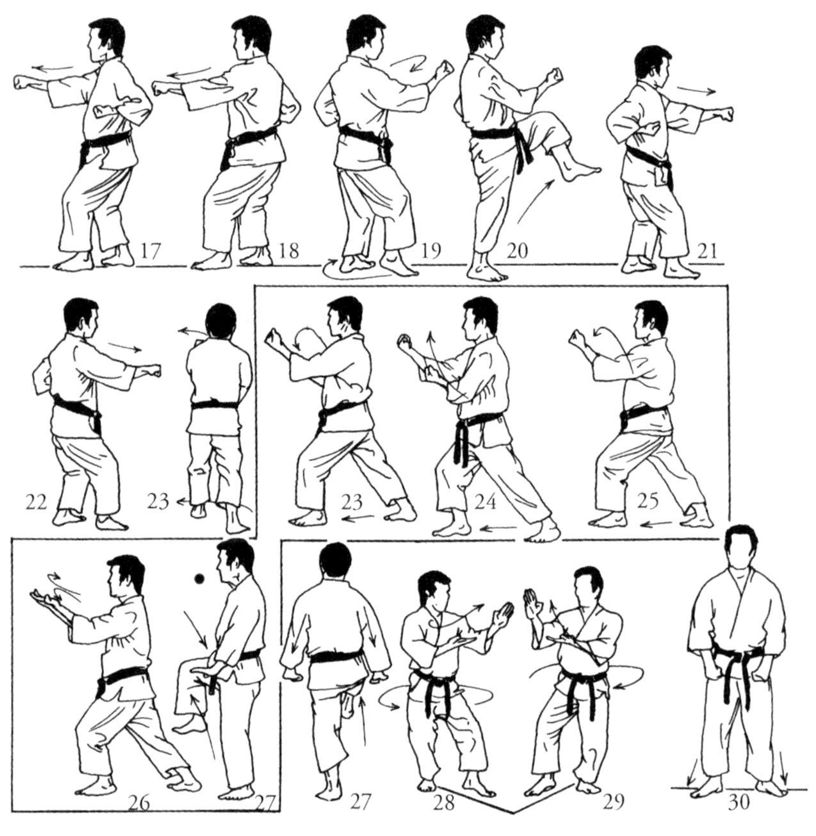
17
18
19
20
21
22
23
23
24
25
26
27
27
28
29
30

Shôrin Pinan Godan

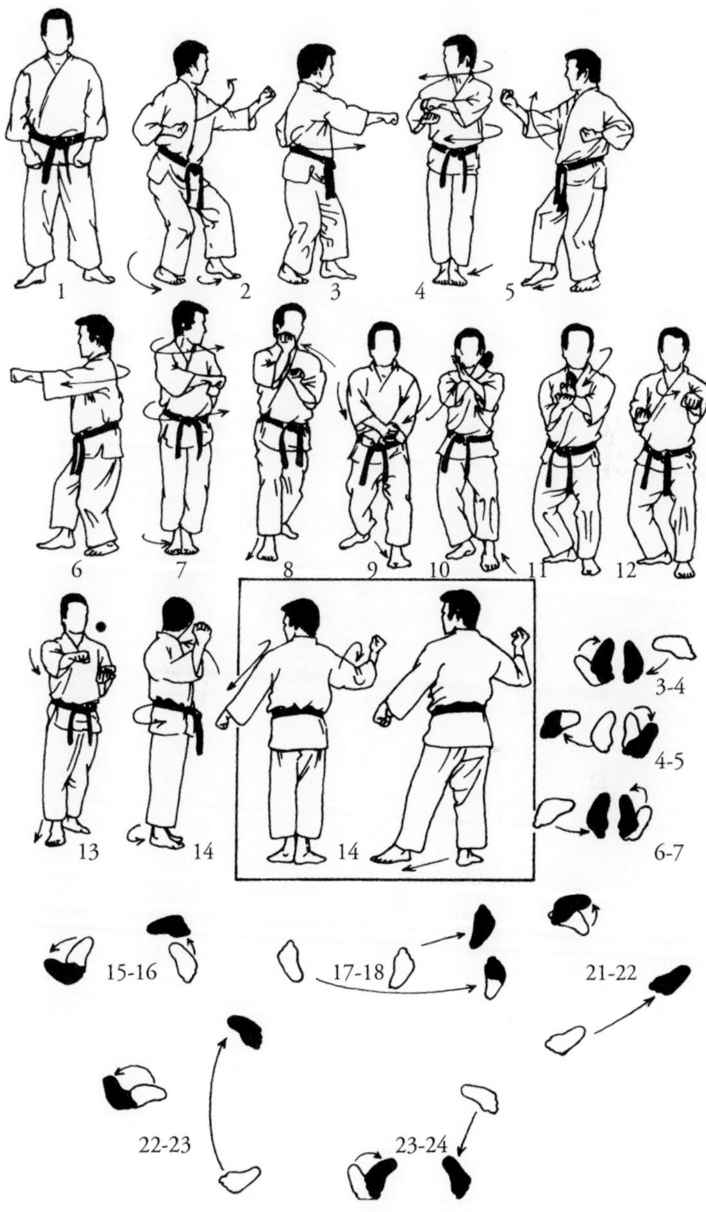

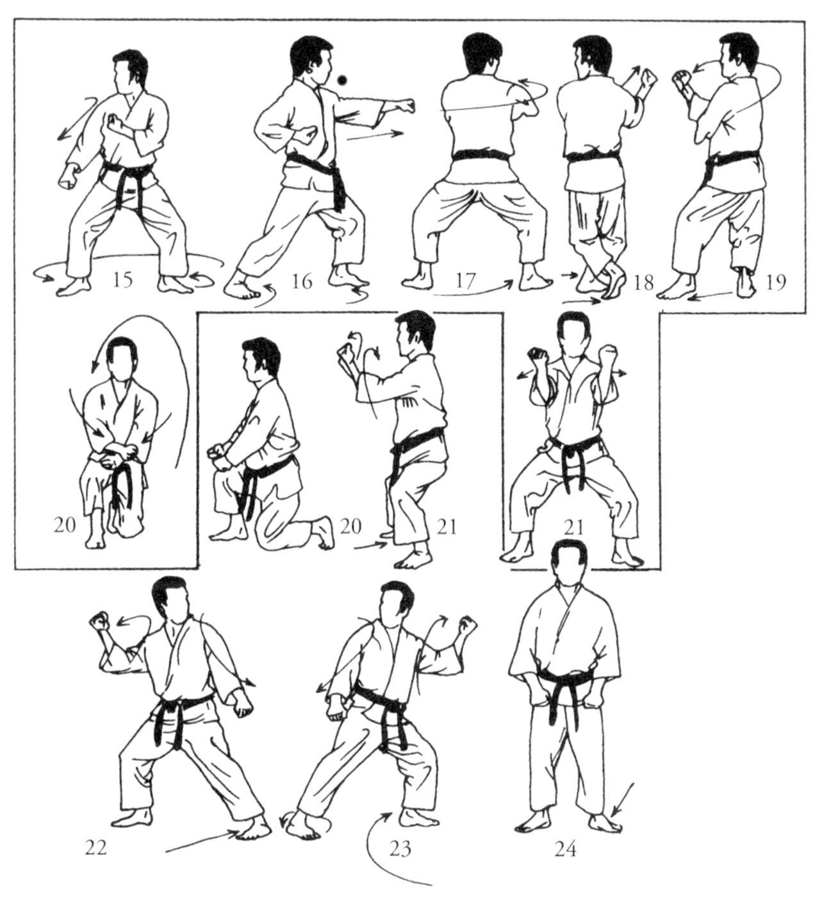
15
16
17
18
19
20
20
21
21
22
23
24

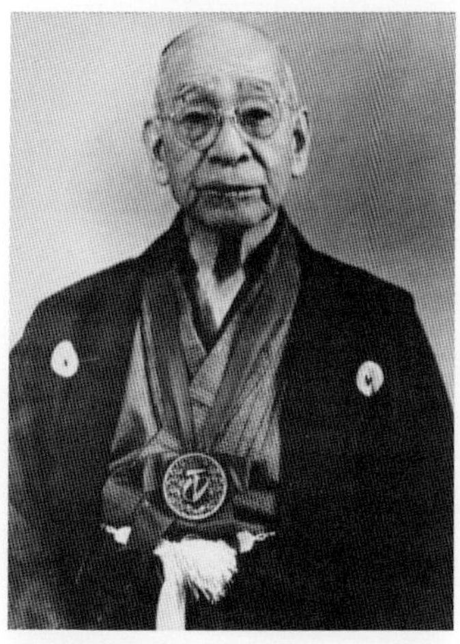

Foto 96: Chibana Chôshin (1885-1969), der erste Karate-Lehrer Nagamine Shôshins.

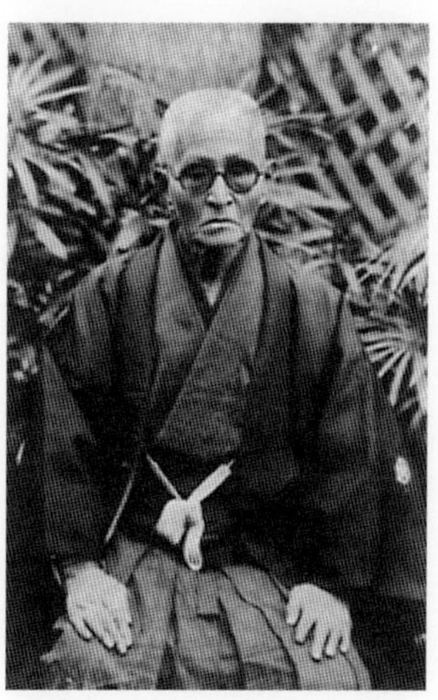

Foto 97: Kyan Chôtoku (1870-1945). Bei ihm studierte Meister Nagamine von 1931 bis 1935.

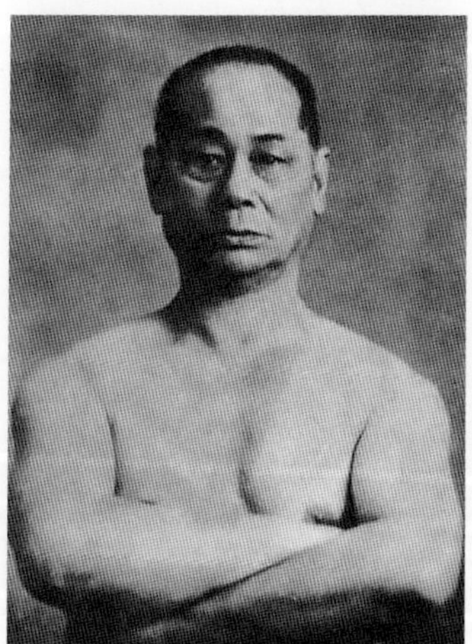

Foto 98: Motobu Chôki (1871-1944). Auch er zählte zu Nagamine Shôshins Lehrern.

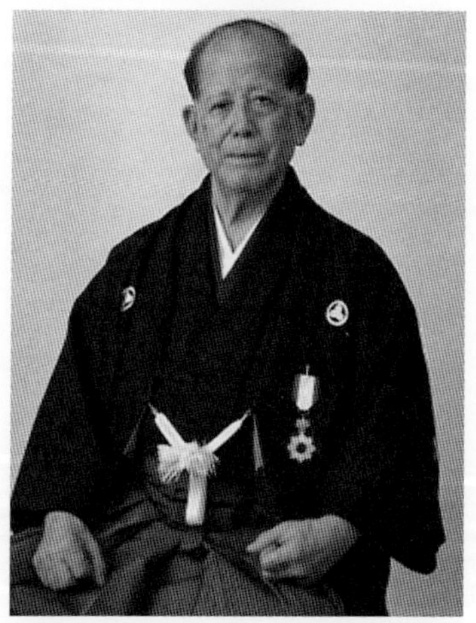

Foto 99: Nagamine Shôshin (1907-1997), der Gründer des *Matsubayashi ryû*.

2.1.2 Die drei Naihanchi-Kata

Die Geschichte dieser *Kata* wird auf Seite 187 ff. geschildert. Die Beschreibungen der Abläufe entsprechen denen der *Naihanchi* des aktuellen *Wadô ryû* bzw. der *Tekki* des modernen *Shôtôkan*.

Shôrin Naihanshi 1

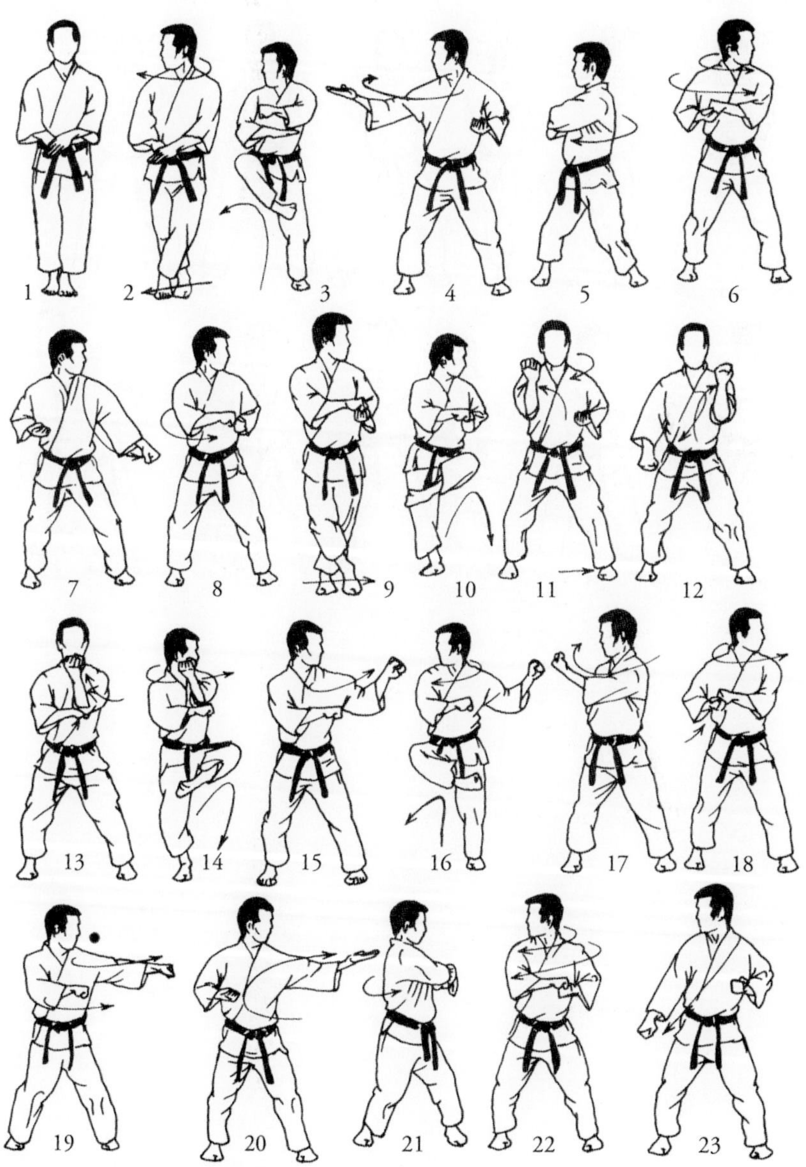

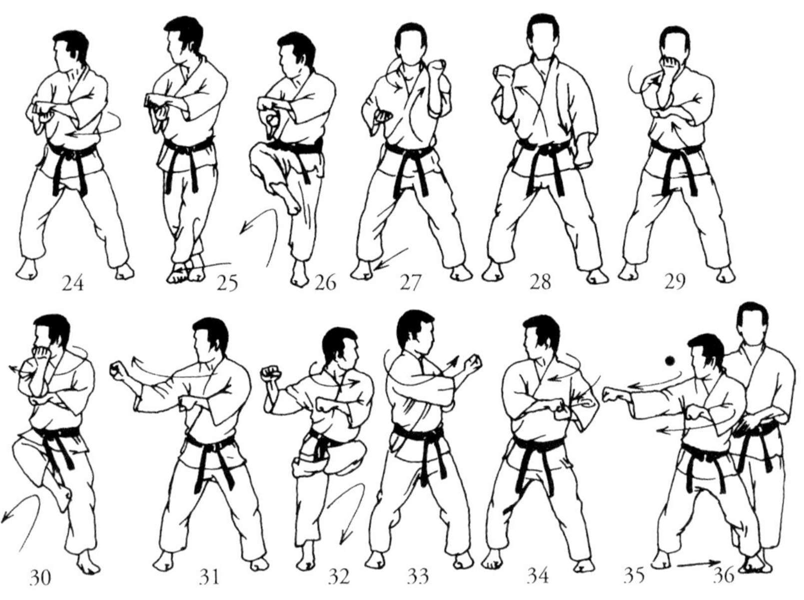
24
25
26
27
28
29
30
31
32
33
34
35
36

Shôrin Naihanshi 2

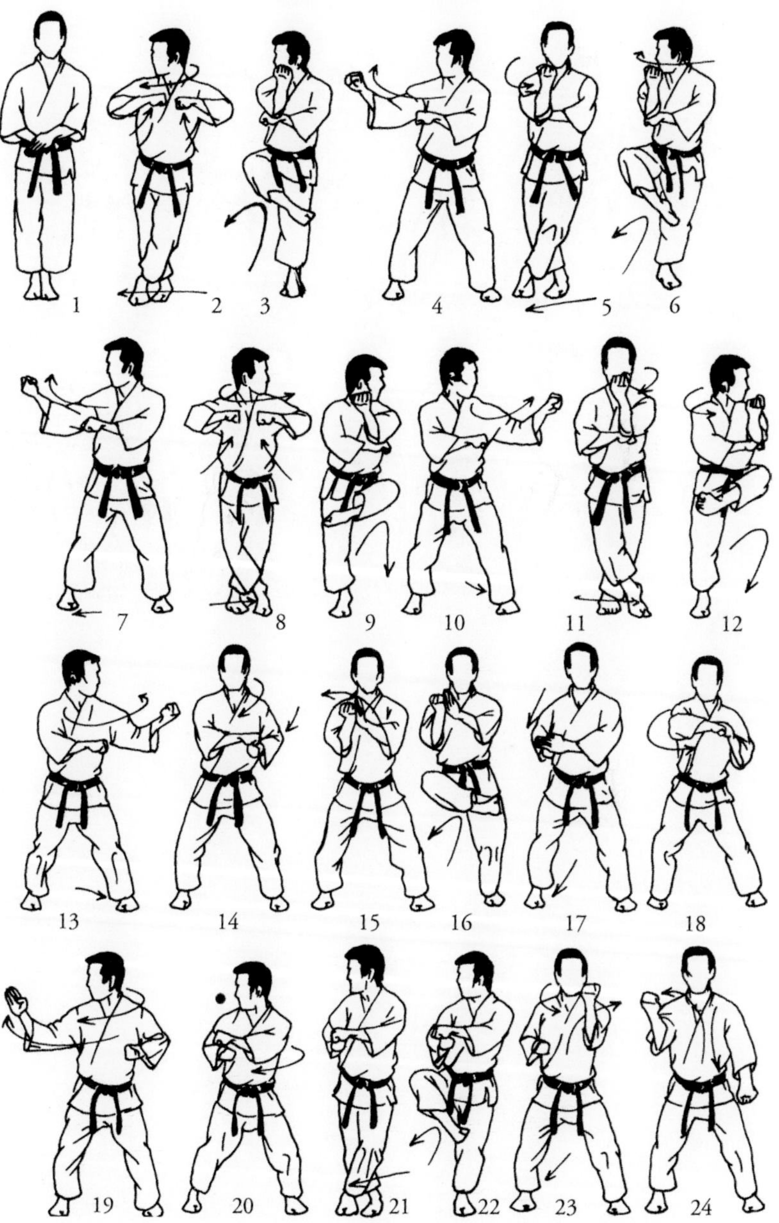

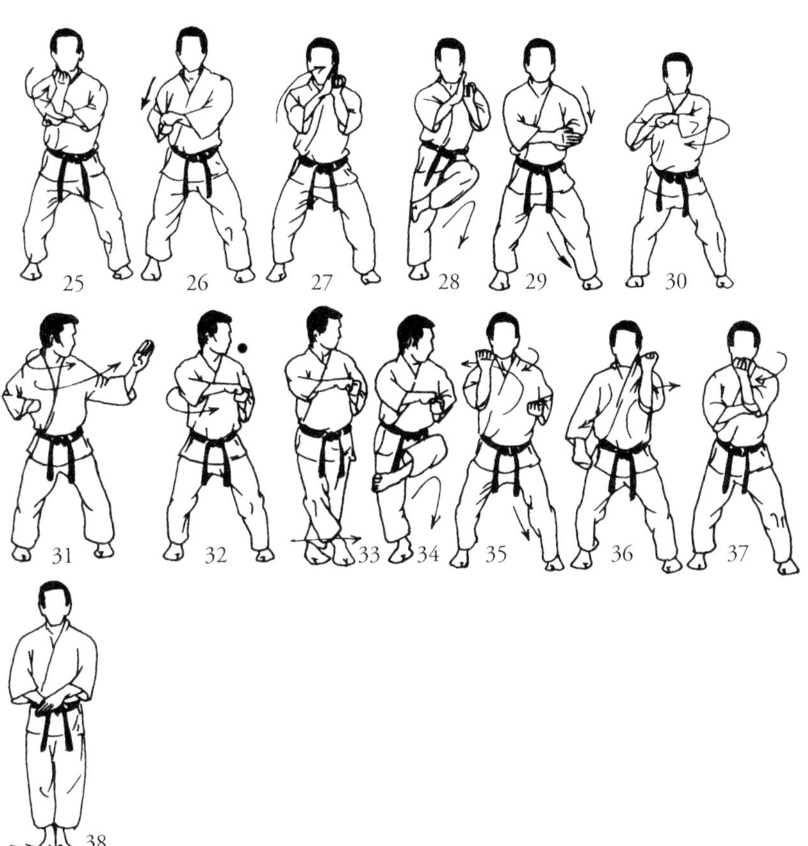
25
26
27
28
29
30
31
32
33
34
35
36
37
38

Shôrin Naihanshi 3

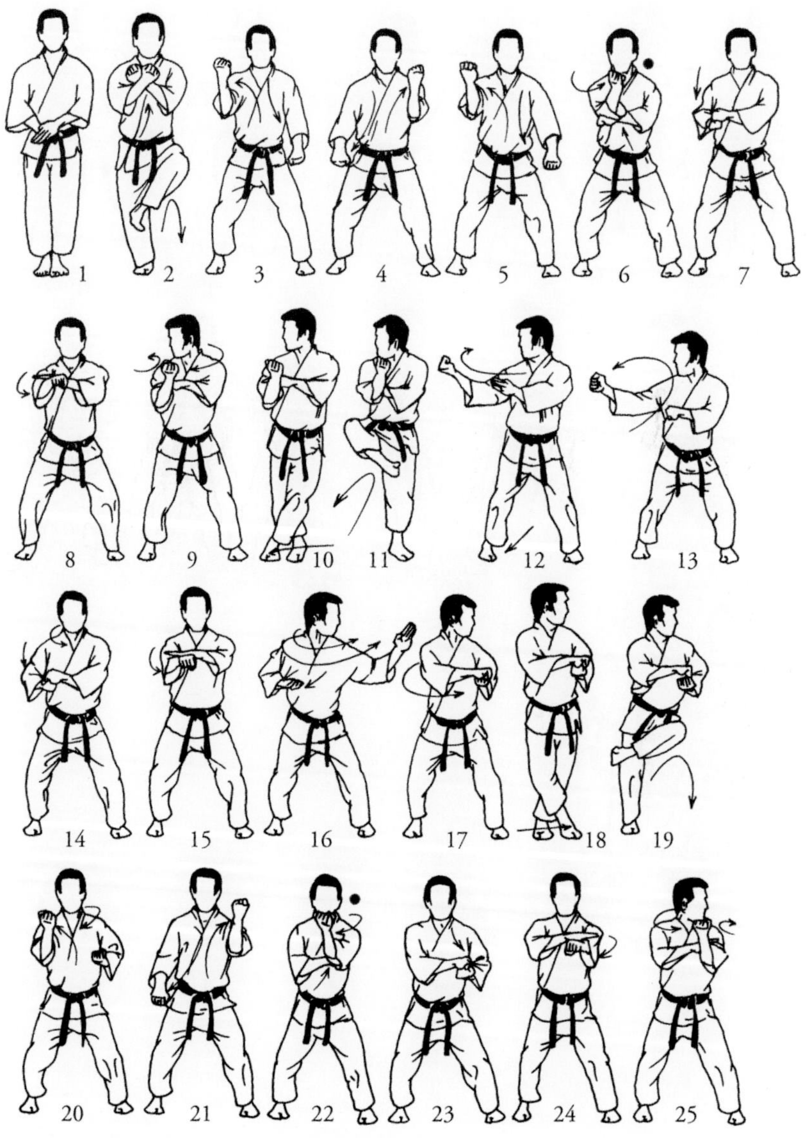

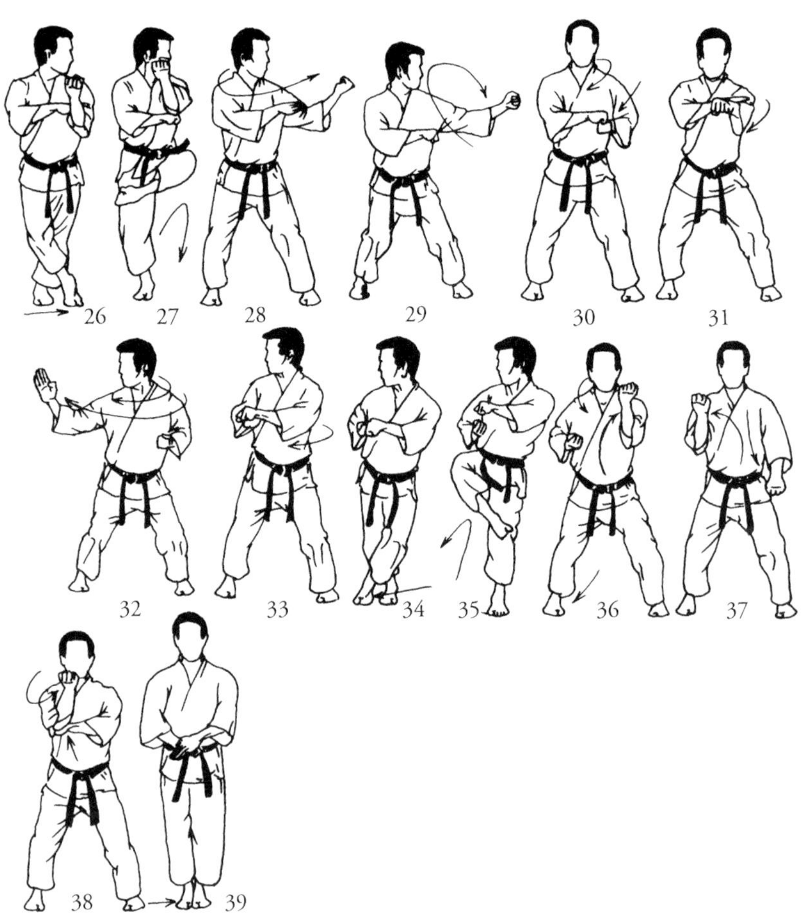

26
27
28
29
30
31
32
33
34
35
36
37
38
39

2.1.3 Kûshankû

Die Geschichte dieser *Kata* wird auf Seite 182 ff. dargelegt. Abgesehen von den untenstehenden Anmerkungen folgt der Ablauf den Beschreibungen der *Kûshankû-Kata* im *Wadô ryû* und der *Kankû-Kata* im *Shôtôkan.*

In dieser *Kata* finden sich originelle Techniken wie *Ryû shita no gamae* (27: Position der Drachenzunge) und *Ura gamae* (20: Bereitschaftsstellung nach hinten). Hier wird die Form gezeigt, wie sie Meister Nagamine Shôshin gelehrt hat. Diese Form entspricht der einst durch Kyan Chôtoku gelehrten, welcher sie seinerseits von Yara übernommen hat. Es handelt sich um die alte Version *Kuniyoshi no Kûshankû*, die man mit der Version Itosus, der *Itosu no Kûshankû* (S. 286 bis 292) vergleichen kann. Letztere Form ist näher der aktuell im *Wadô ryû* praktizierten.

Man erkennt hier vor allem, daß Techniken im *Kake dachi* ausgeführt wurden (18, 23, 39), der durch Itosu eliminiert wurde, während er die folgenden tiefen Ausweichbewegungen (20 bis 25) beibehalten hat.

Shôrin Kûshankû

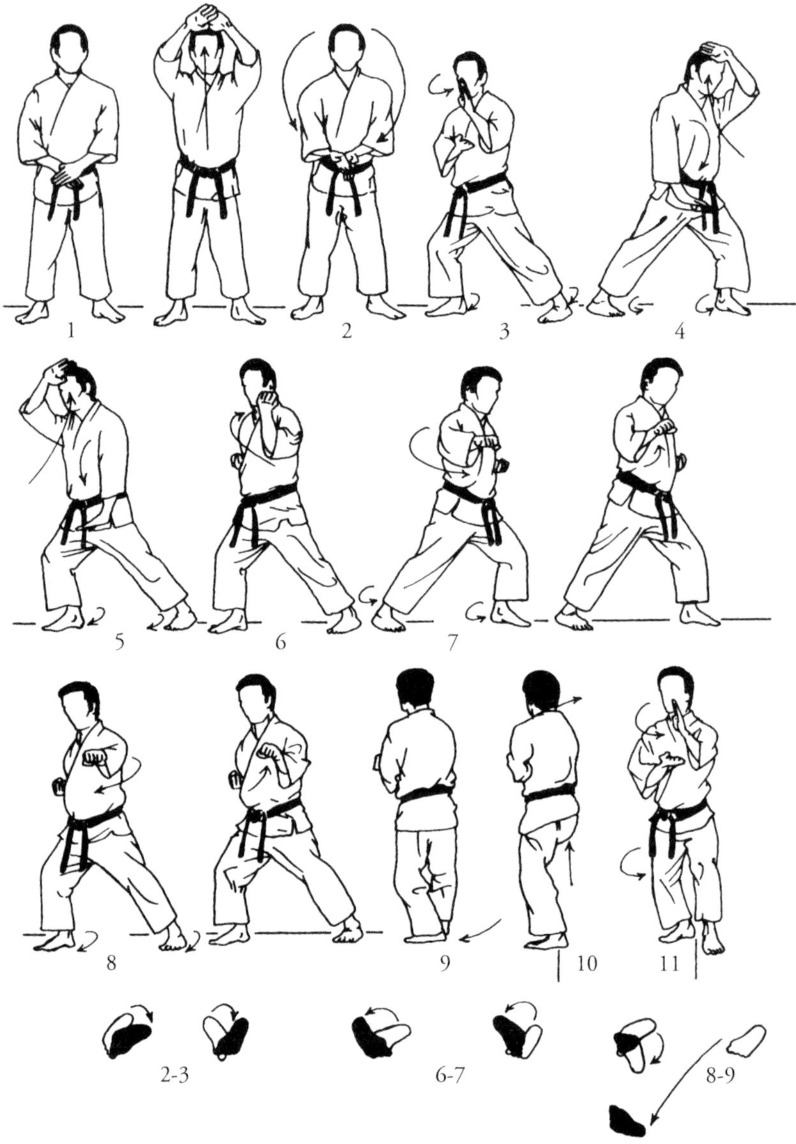

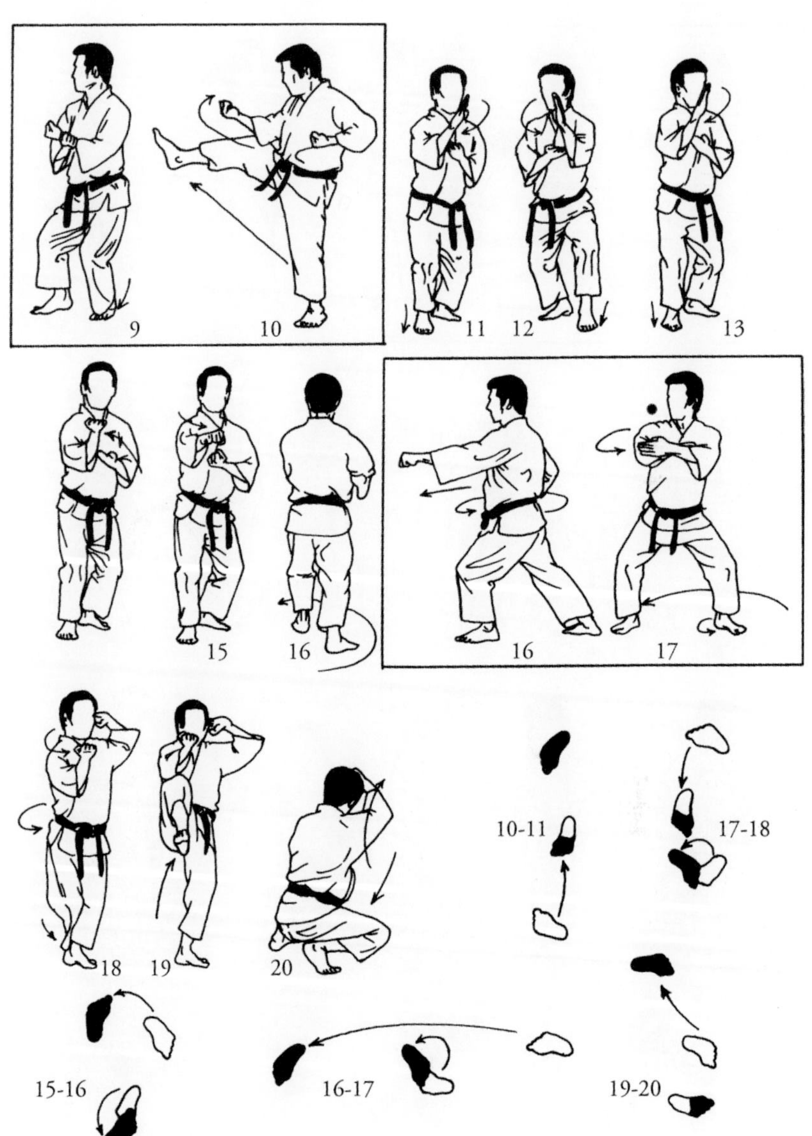
9
10
11
12
13
15
16
16
17
18
19
20
10-11
17-18
15-16
16-17
19-20

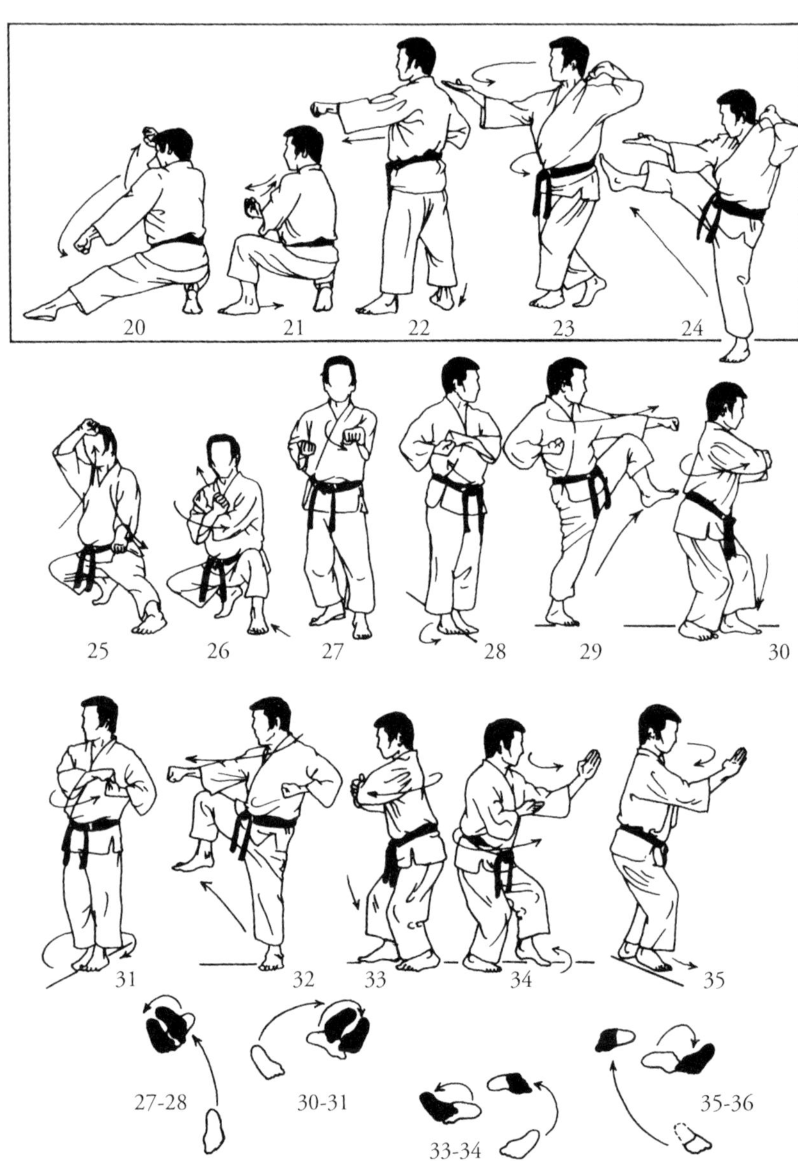
20
21
22
23
24
25
26
27
28
29
30
31
32
33
34
35
27-28
30-31
33-34
35-36

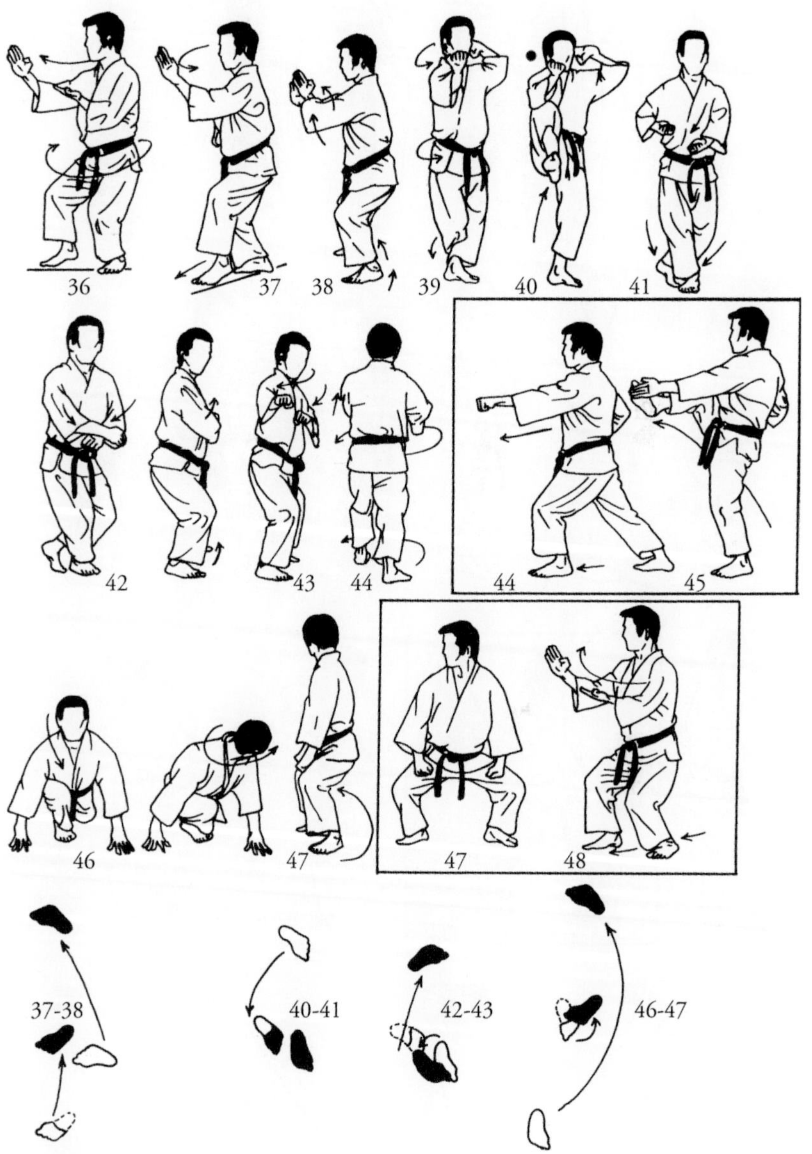
36
37
38
39
40
41
42
43
44
44
45
46
47
47
48
37-38
40-41
42-43
46-47

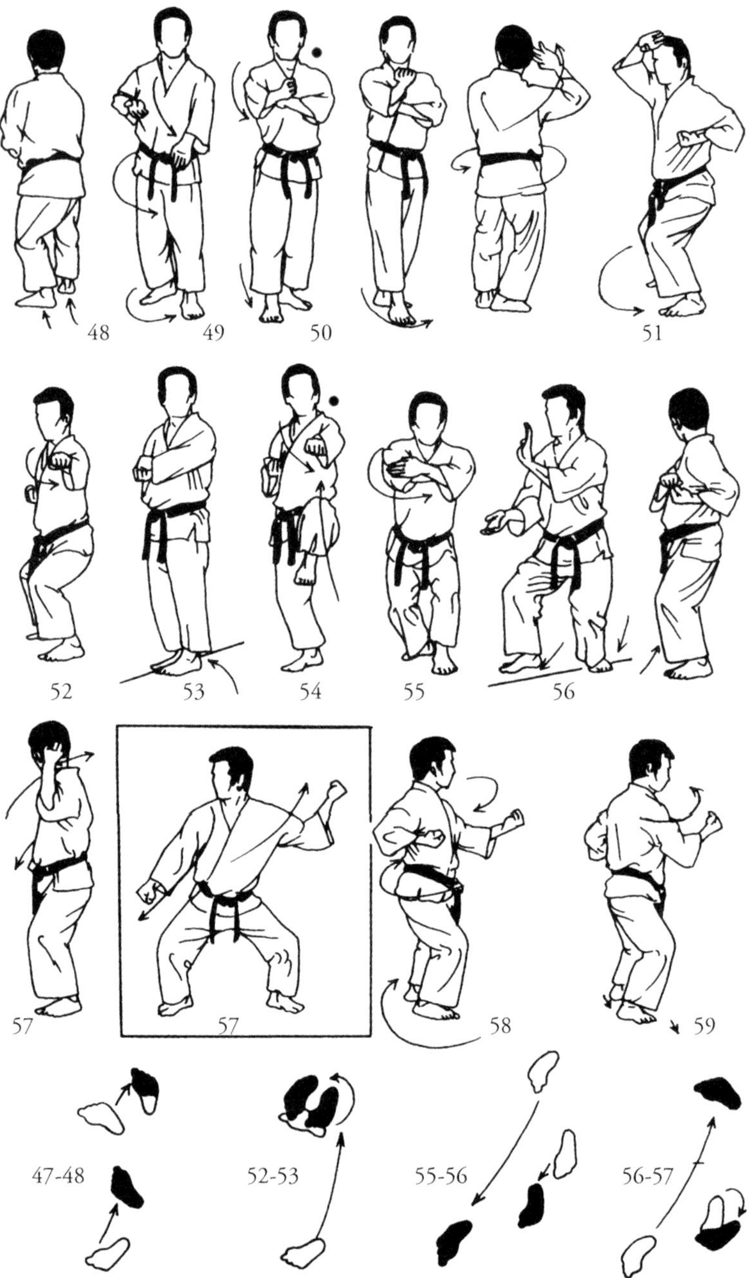
48
49
50
51
52
53
54
55
56
57
57
58
59
47-48
52-53
55-56
56-57

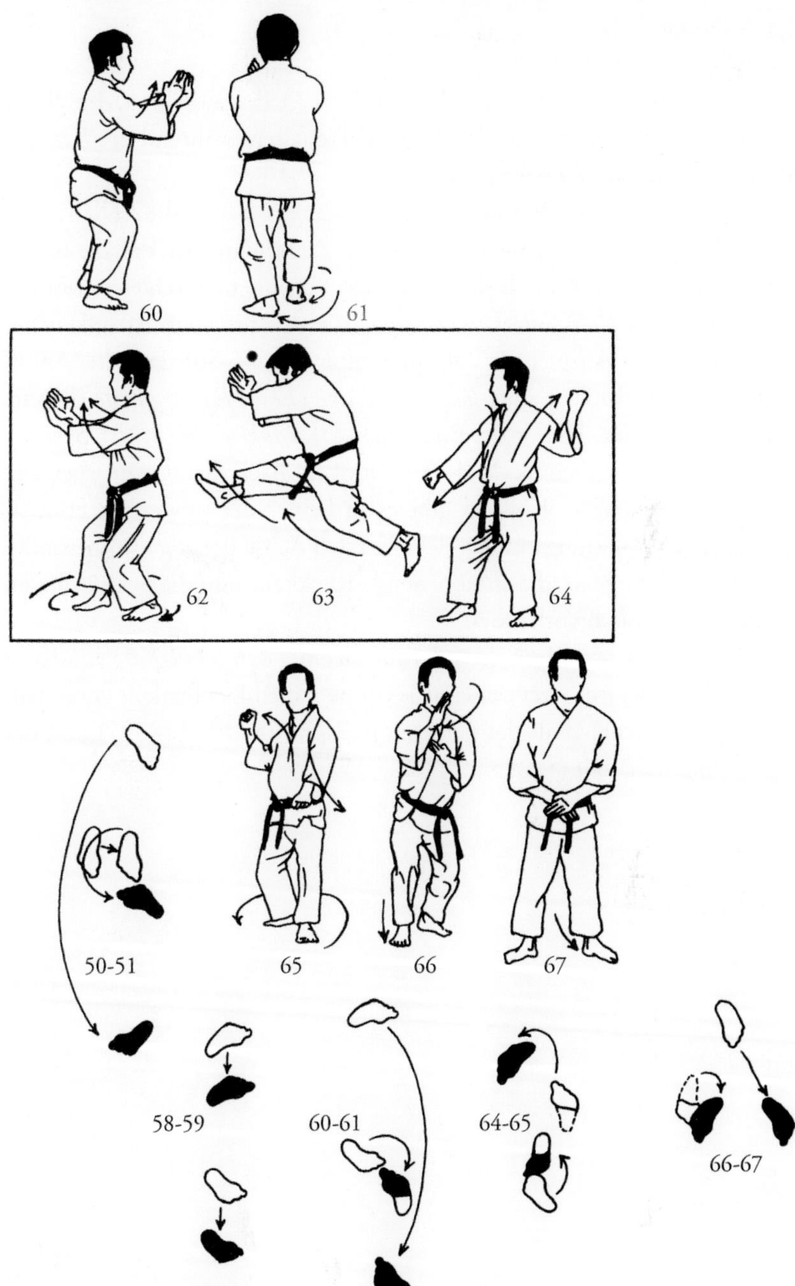
60
61
62
63
64
50-51
65
66
67
58-59
60-61
64-65
66-67

2.1.4 Passai

Die Geschichte dieser *Kata* wird auf Seite 173 ff. geschildert. Im *Wadô ryû* und im *Shitô ryû* wurde der Name beibehalten, während die *Kata* im *Shôtôkan* als *Bassai dai* bekannt ist.

Die hier vorgestellte Version ist die *Oyadomari Passai*, die in den *Matsubayashi Shôrin ryû* Eingang gefunden hat. Zu beachten ist, daß die Bewegungsfolgen 3 und 4 durch die modernen Versionen verschleiert worden sind, z. B. ist die 4 ein *Suirakan no gamae*, die »Haltung des Betrunkenen«, was eine präzise Anspielung auf einen alten *Wushu*-Stil darstellt. Andere originelle Techniken sind *Jôdan wari uke* (22), *Hotoke gamae* (Bereitschaftsstellung der »Hände des Buddhas«: 25), *Makite uke* (8, 10), *Sagurite uke* (42, 43), eine Technik, in der im Dunkeln nach dem Gegner getastet wird. Die Sequenzen 9 bis 13 gibt es in keiner der modernen Formen mehr. Die Entwicklung entlang der zentralen Achse der *Kata*, insbesondere mit dem *Fumikomi*, die anschließende Rückkehr und die Schlußphasen sind hingegen noch vorhanden.

Man kann das, was ohne Veränderung zu einer der *Tokui-Kata* von Kyan Chôtoku wurde, mit zwei weiteren Versionen, die hier ebenfalls vorgestellt werden, vergleichen, mit der *Chibana no Passai* (S. 303 bis 307) und der *Matsumura no Passai* (S. 295 bis 302).

Shôrin Passai

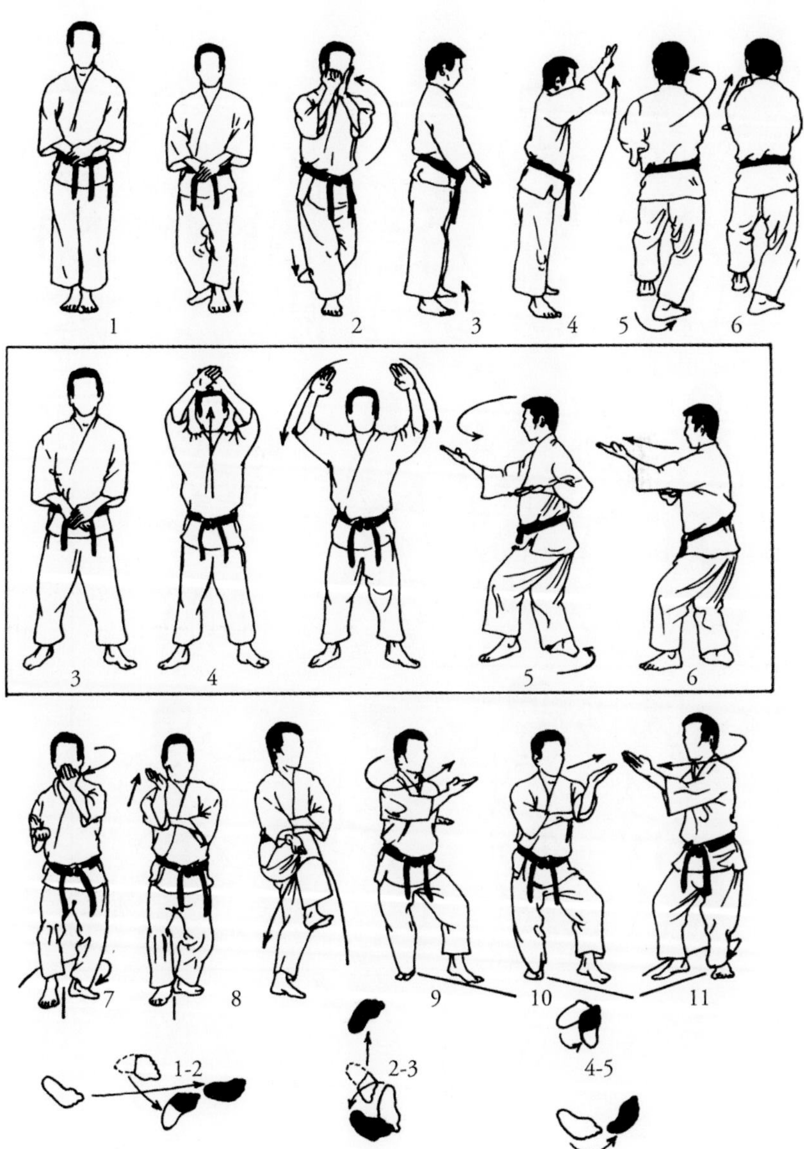

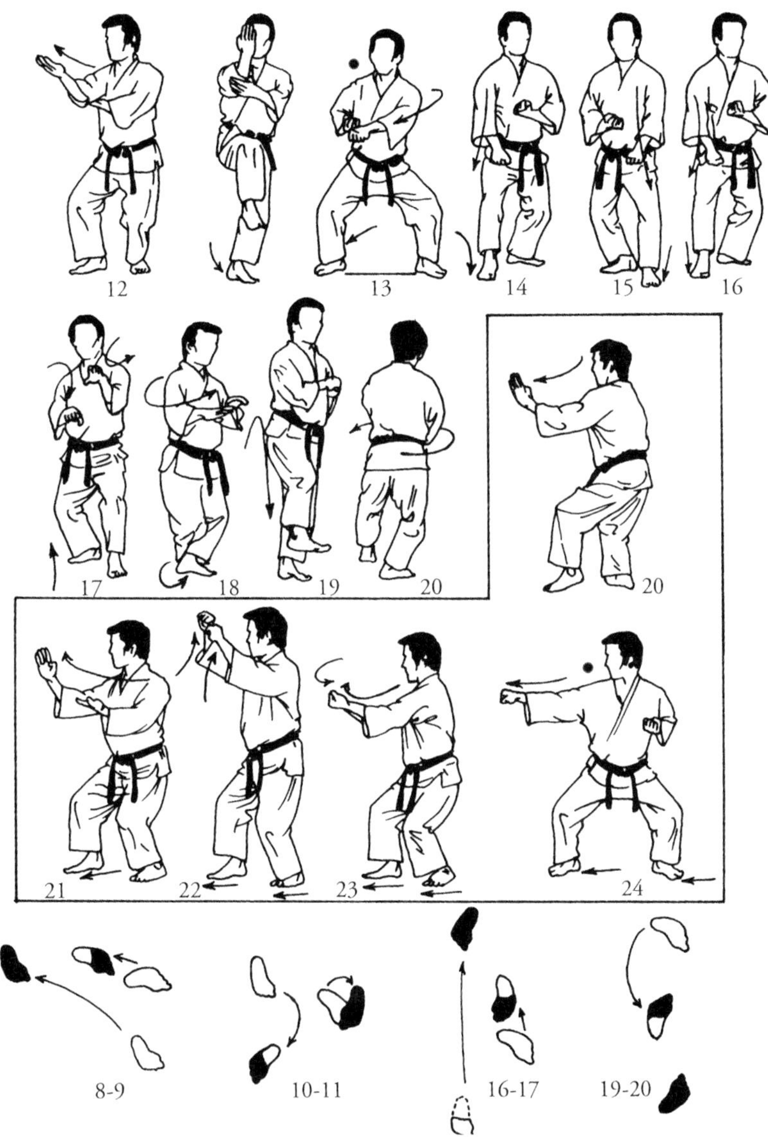
12
13
14
15
16
17
18
19
20
20
21
22
23
24
8-9
10-11
16-17
19-20

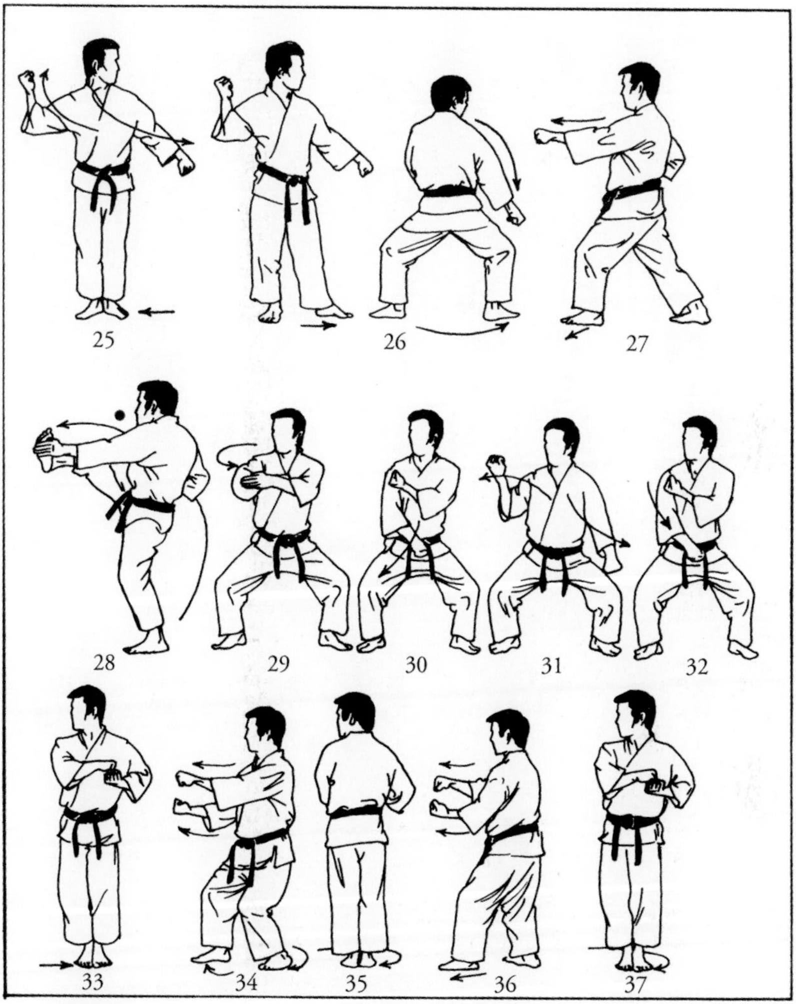

25 26 27

28 29 30 31 32

33 34 35 36 37

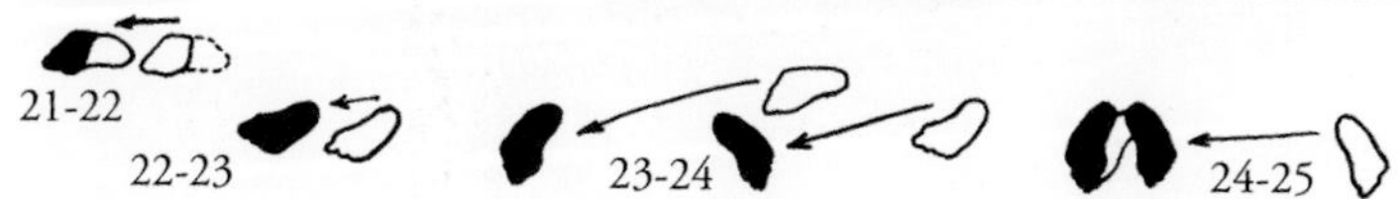

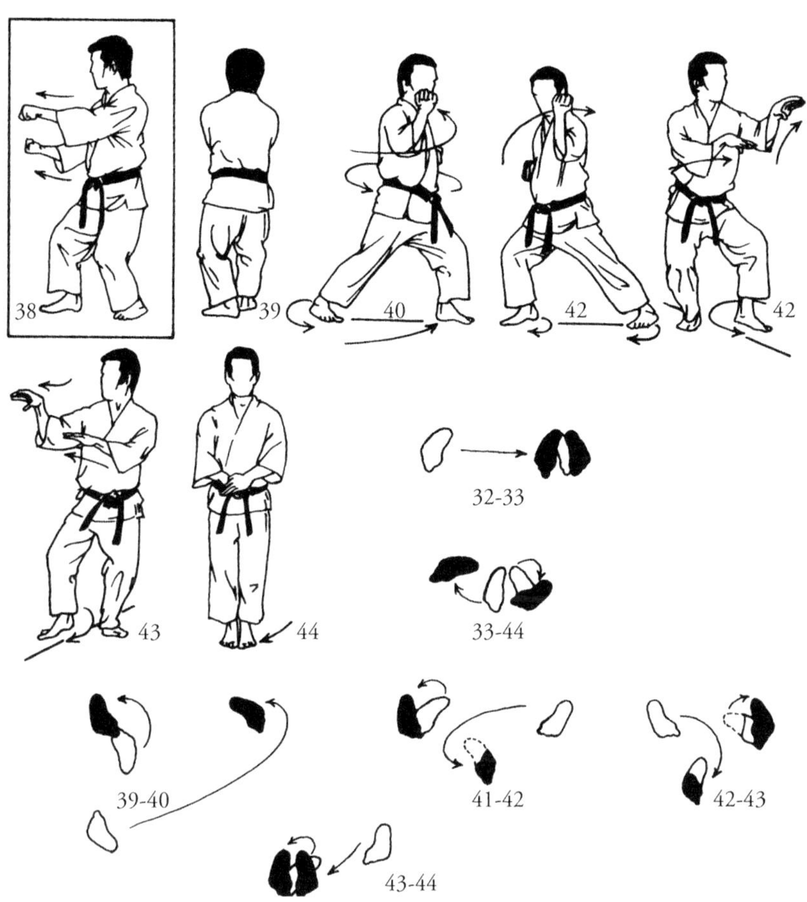
38
39
40
42
42
43
44
32-33
33-44
39-40
41-42
42-43
43-44

2.1.5 Ananko

Die recht kurze *Kata Ananko* (auf japanisch *Ananku*, »Licht des Südens«) soll durch Kyan Chôtoku aus Taiwan mitgebracht worden sein. Es gibt hiervon mehrere Varianten, die sich voneinander nicht unbeträchtlich unterscheiden. Sie wurde weder vom *Shôtôkan* noch vom *Wadô ryû* übernommen, doch hat sie im *Shitô ryû* überdauert.

Die Form, welche Nagamine Shôshin lehrte, besteht aus ziemlich einfachen Techniken. Man findet hier (Bewegungsfolge 8) eine Öffnungsbewegung der Hände, die langsam ausgeführt wird und im *Kosa uke* (*Juji uke*) endet. Diese Öffnungsbewegung gibt es auch in der *Chintô Kata*, es handelt sich um *Chûdan hasami uke*.

Ananko

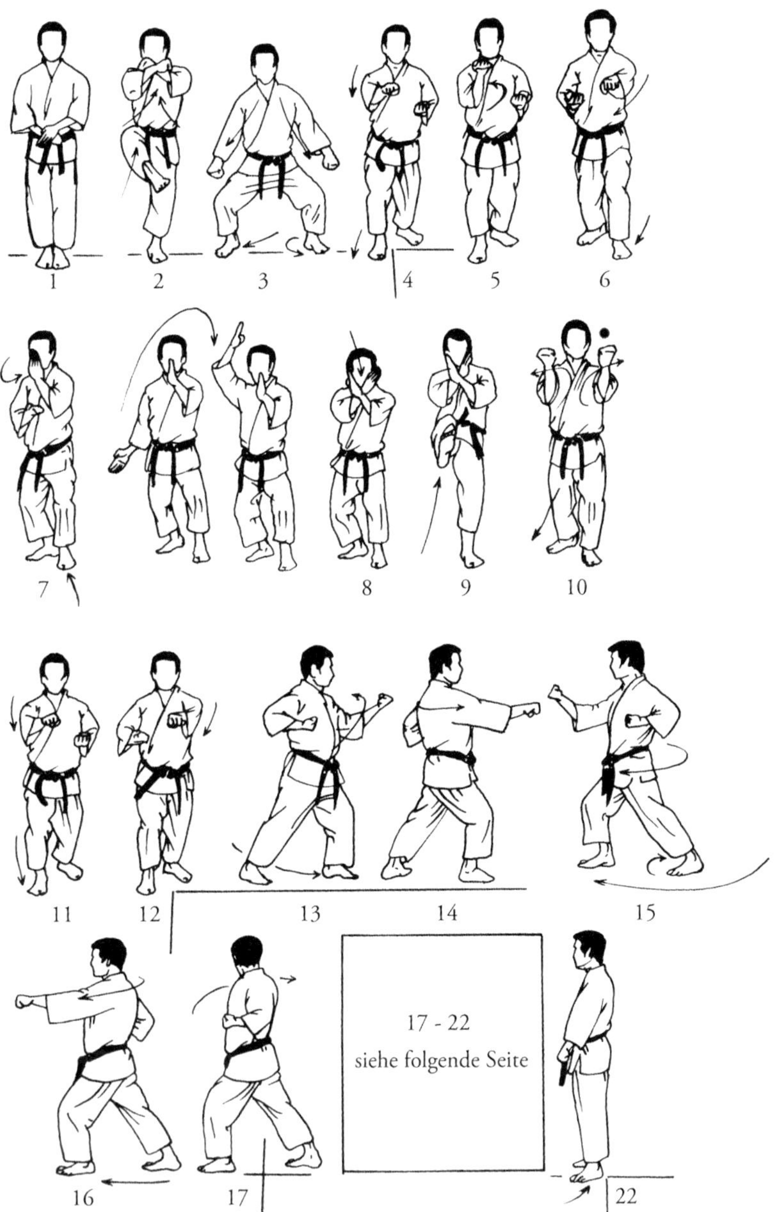

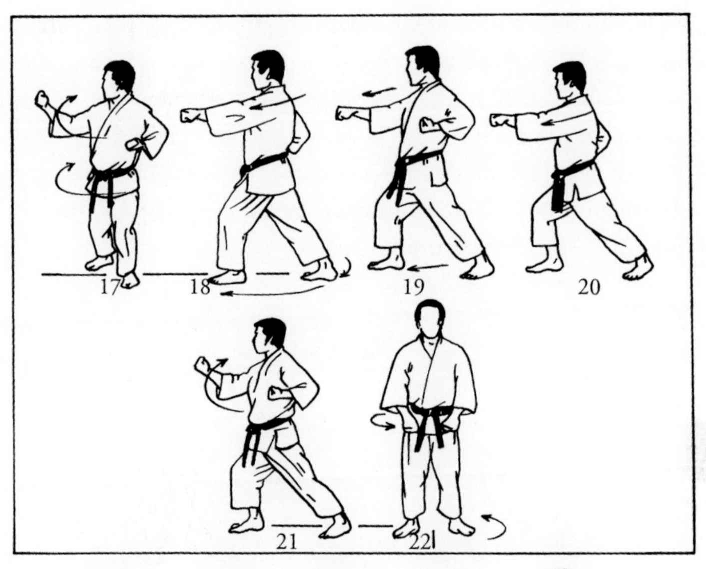
17
18
19
20
21
22

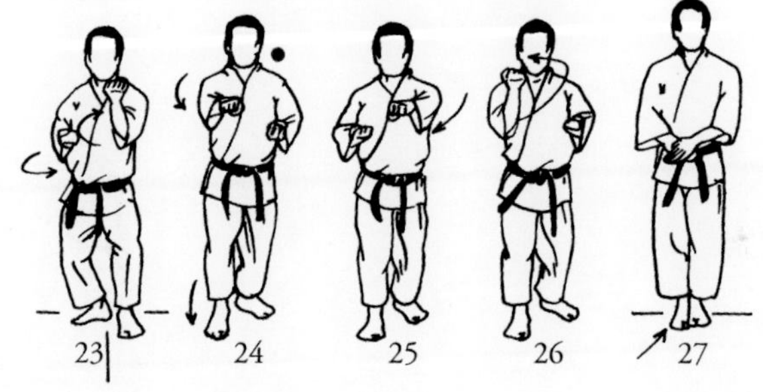
23
24
25
26
27

2.1.6 Wankan

Die Geschichte dieser *Kata* steht auf Seite 205 ff.. Die hier vorgestellte Form unterscheidet sich wesentlich von der heute im *Shôtôkan* praktizierten Variante, abgesehen von der Schlußsequenz mit den drei Fußtritten und Fauststößen (28 bis 35). Die Bewegungsfolgen 12 und 13 stellen die ersten Phasen der Technik *Makite uke* dar, in welcher man den gegnerischen Angriff mit einer Hand umleitet, bevor man den Gegner an sich zieht und mit der anderen Faust zuschlägt.

Wankan

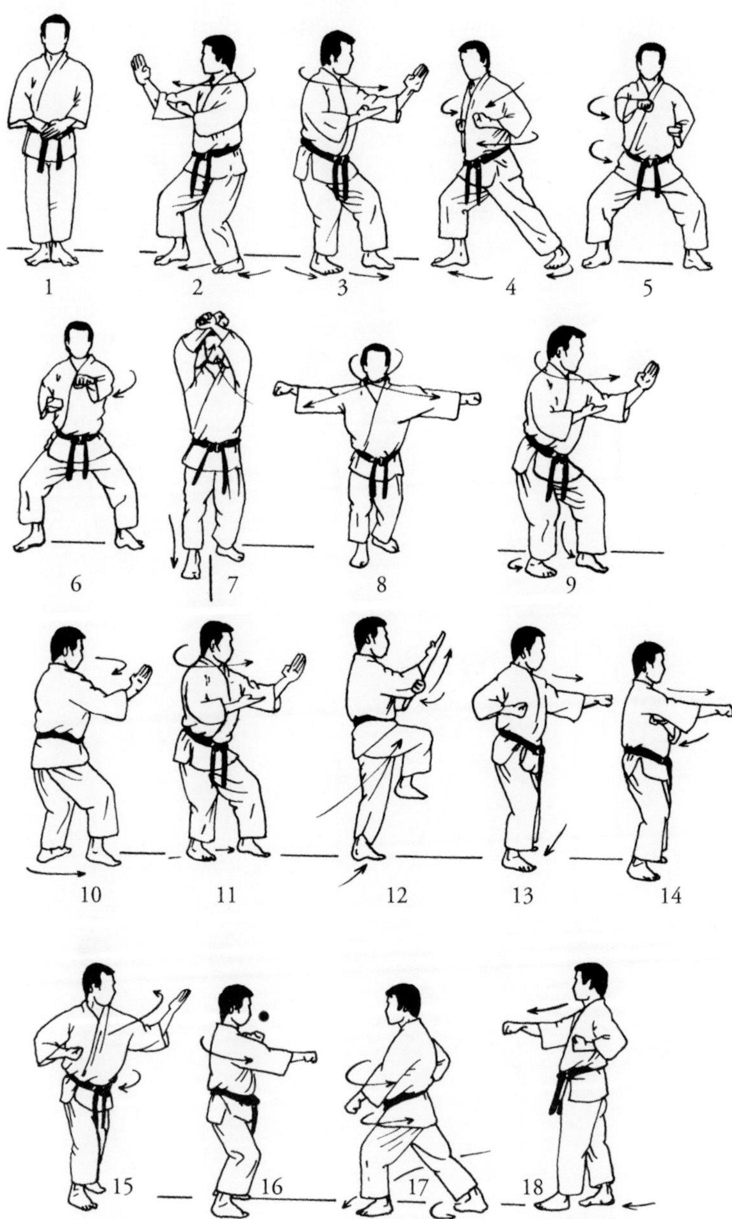

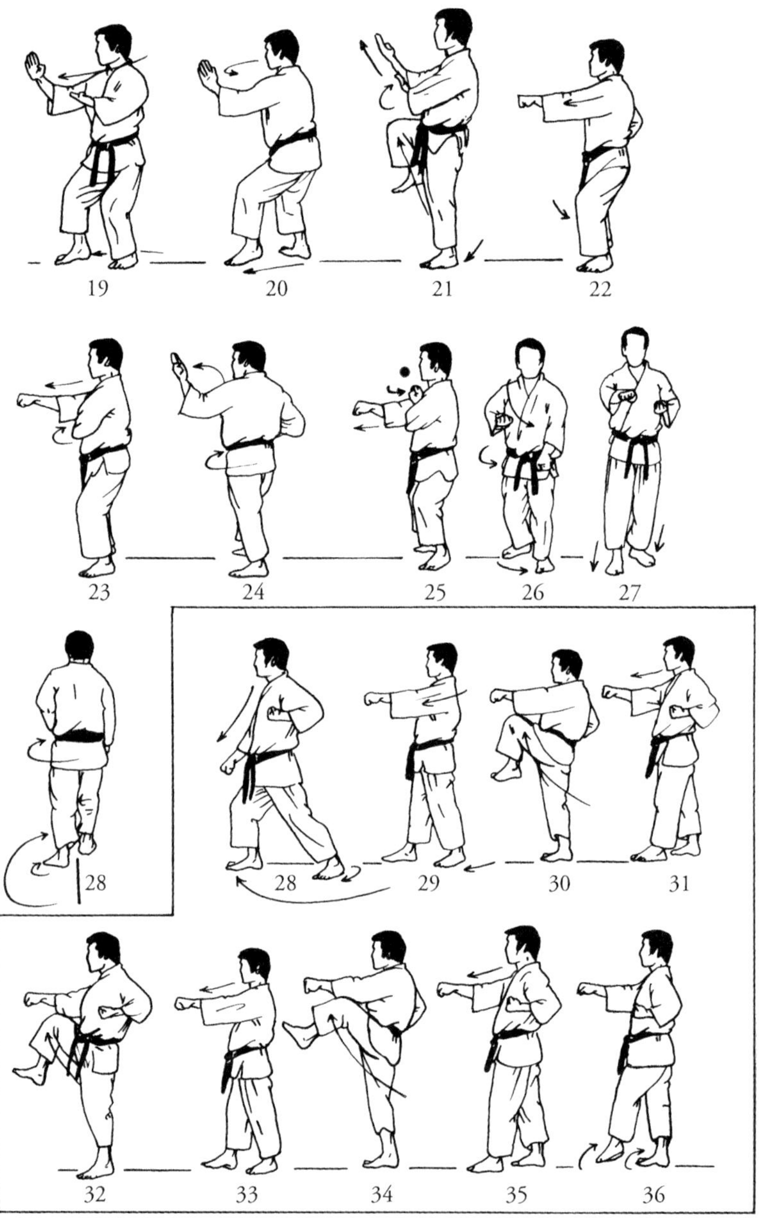

19
20
21
22
23
24
25
26
27
28
28
29
30
31
32
33
34
35
36

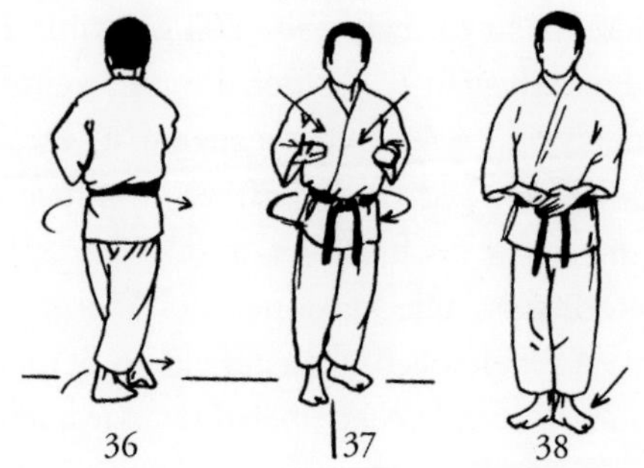
36
37
38

2.1.7 Rôhai

Die Geschichte dieser *Kata* wird auf Seite 204 f. erzählt. Das *Matsubayashi ryû* hat eine alte Form bewahrt, aus der die nur wenig veränderte *Kata Rôhai* des modernen *Shitô ryû* hervorgegangen ist. Ihr Namensvetter im *Wadô ryû* wurde hingegen bedeutend stärker modifiziert, obgleich deren Eröffnungsbewegung sogar noch stärker an die »den Spiegel reinigen« genannte Bewegung erinnert. Die Versionen des *Shôrin ryû*, *Shitô ryû* und *Wadô ryû* haben die Ausweichtechniken auf einem Bein (*Sagiashi dachi* für die Blocktechnik *Gedan shotei uke*) beibehalten, wie auch die abschließende ausholende Drehung. Die Version des *Shôtôkan*, *Meikyô*, unterscheidet sich beträchtlich von der *Kata Rôhai*. Lediglich die Eröffnungsbewegung und die abschließende Drehung, die hier mit einem Sprung vollführt wird, erinnern noch an das Original.

Zu beachten sind die Techniken *Makite uke* (10, 15 und 19), *Torite uke* (29: um das Handgelenk des Gegners zu ergreifen und zu ziehen) und *Gedan shotei ate* (Doppelschlag der Handflächen gegen den Unterleib).

Rôhai

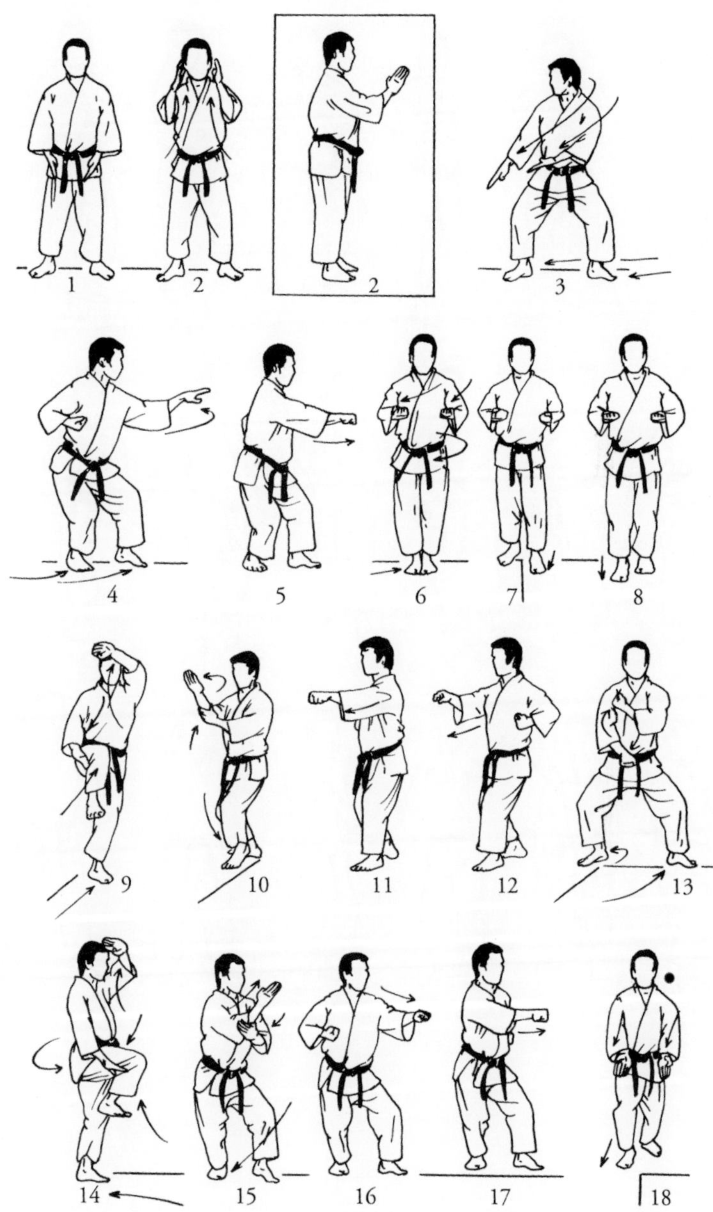

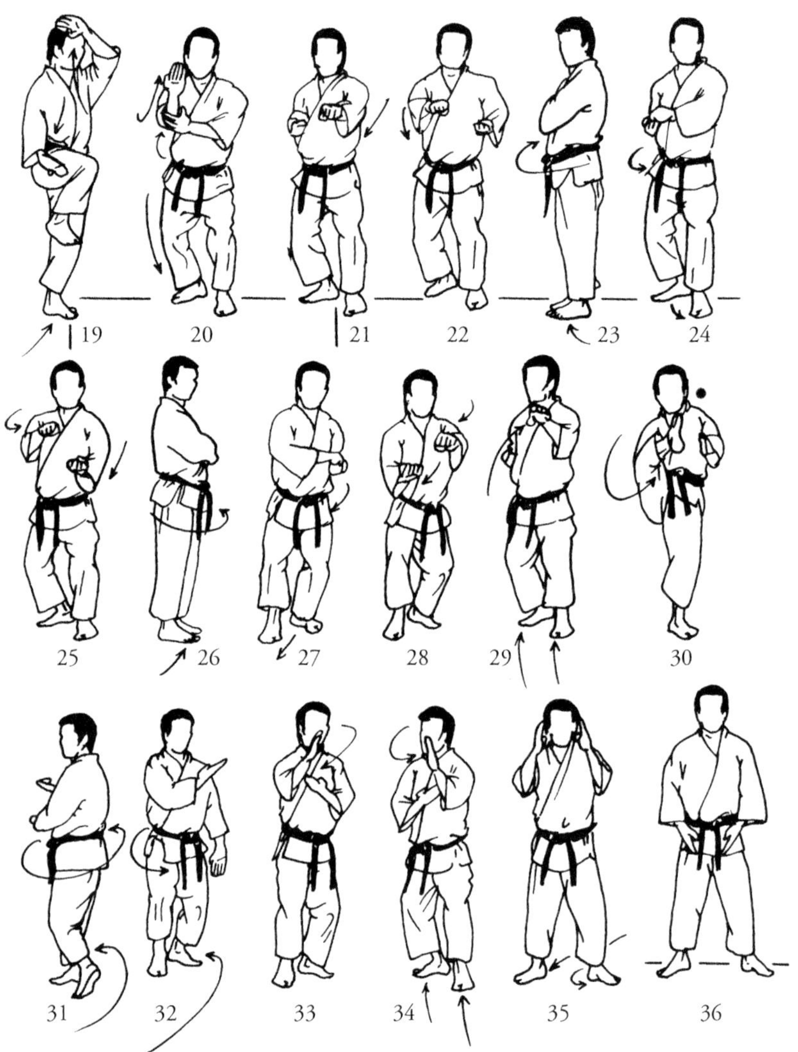
19
20
21
22
23
24
25
26
27
28
29
30
31
32
33
34
35
36

2.1.8 Wanshu

Die Geschichte dieser *Kata* wird auf auf S. 196 ff. vorgestellt. Man kann die im *Matsubayashi ryû* überlieferte Form mit der des *Wadô ryû* und mit der *Shôtôkan-Kata Enpi* vergleichen.

Man findet in ihr die Techniken *Torite uke* (8, 14) und Maki *uke* (17). Gleichermaßen zu beachten sind der *Chûdan shotei ate* (19: der Schlag mit der Handfläche erfolgt von der Seite in die Taille des Gegners, die Position dabei ist *Jigotai dachi*) und vor allem die Technik *Kakushi zuki* (7, 12: Technik des Stoßes der hinter dem Rücken verborgenen Faust, bei welcher man die Faust von hinten nach vorn und von unten nach oben bringt, indem mit dem Ellbogen eine peitschenartige Bewegung ausgeführt wird). Siehe auch Fotos 89 bis 91 auf Seite 197.

Wanshu

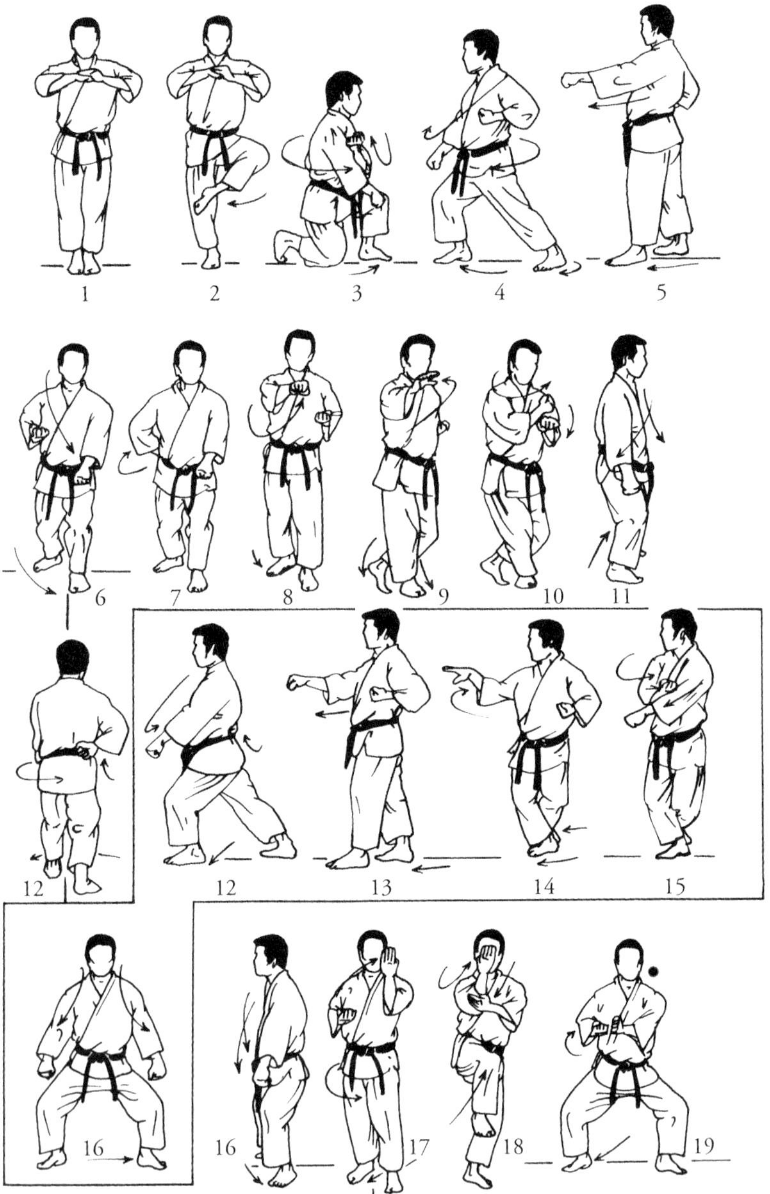

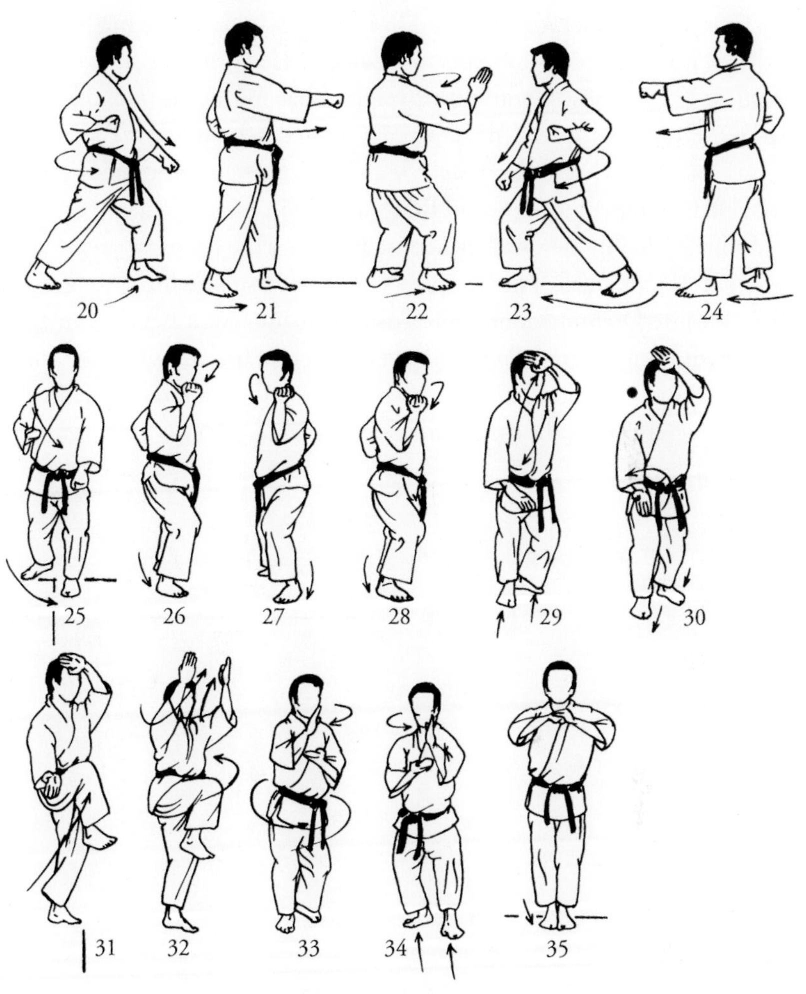
20
21
22
23
24
25
26
27
28
29
30
31
32
33
34
35

2.1.9 Chintô

Die Geschichte dieser *Kata* wird auf S. 193 f. geschildert. Die im *Matsubayashi ryû* überlieferte Form (*Kyan no Chintô*; diese Form war auch eine der *Tokui-Kata* von Kyan Chôtoku) ist vergleichbar mit der *Chintô* des *Wadô ryû* und mit der entsprechenden *Shôtôkan-Kata*, der *Gankaku*.

Zu beachten ist, daß das *Embusen* auf eine einzige Linie reduziert ist, wobei jedoch der Eingangs- und Endgruß schräg dazu erfolgen.

Ähnlicher den modernen Formen ist allerdings die *Matsumura no Chintô*, deren Ablauf auf den Seiten 308 bis 314 dargestellt wird. Dies gilt vor allem für ihre Drehungen und ihre Positionen auf einem Bein, wenn auch mit einem komplexeren *Embusen*. Diese Variante der *Kata Chintô* ähnelt stark der Form im modernen *Wadô ryû*. Auch andere ältere Formen wurden überliefert, wie z. B. die *Shiroma no Chintô* (S. 315 bis 320).

Itosu no Chintô

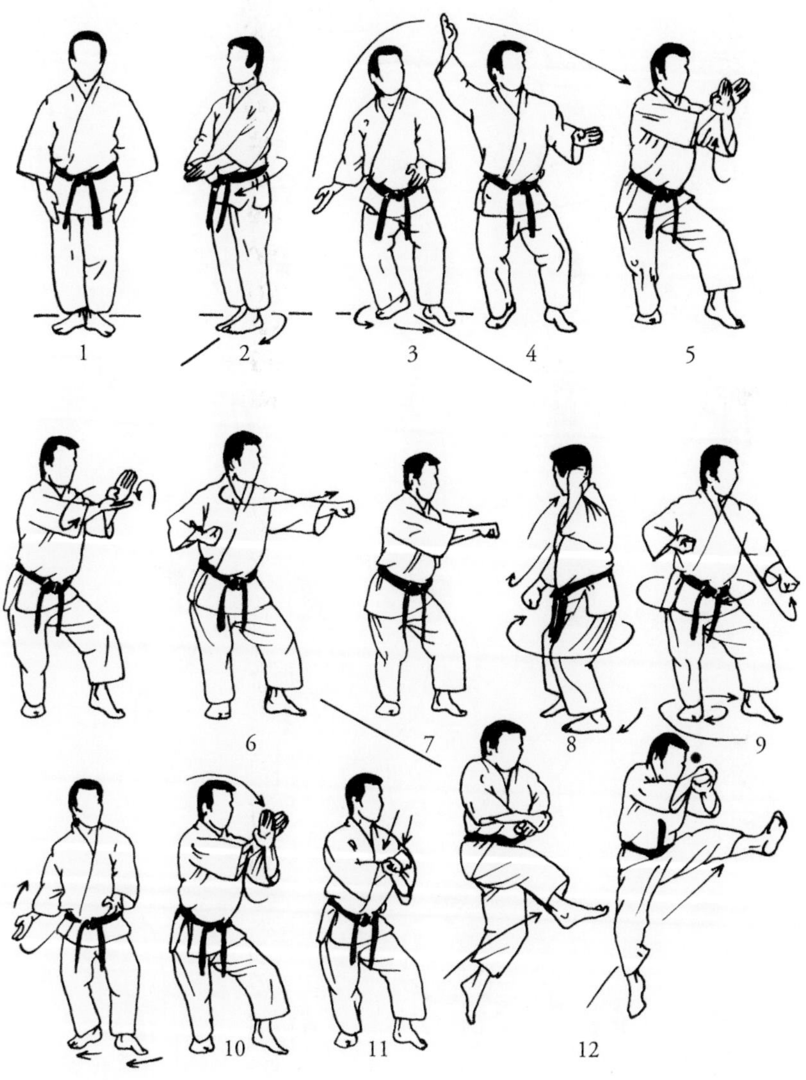

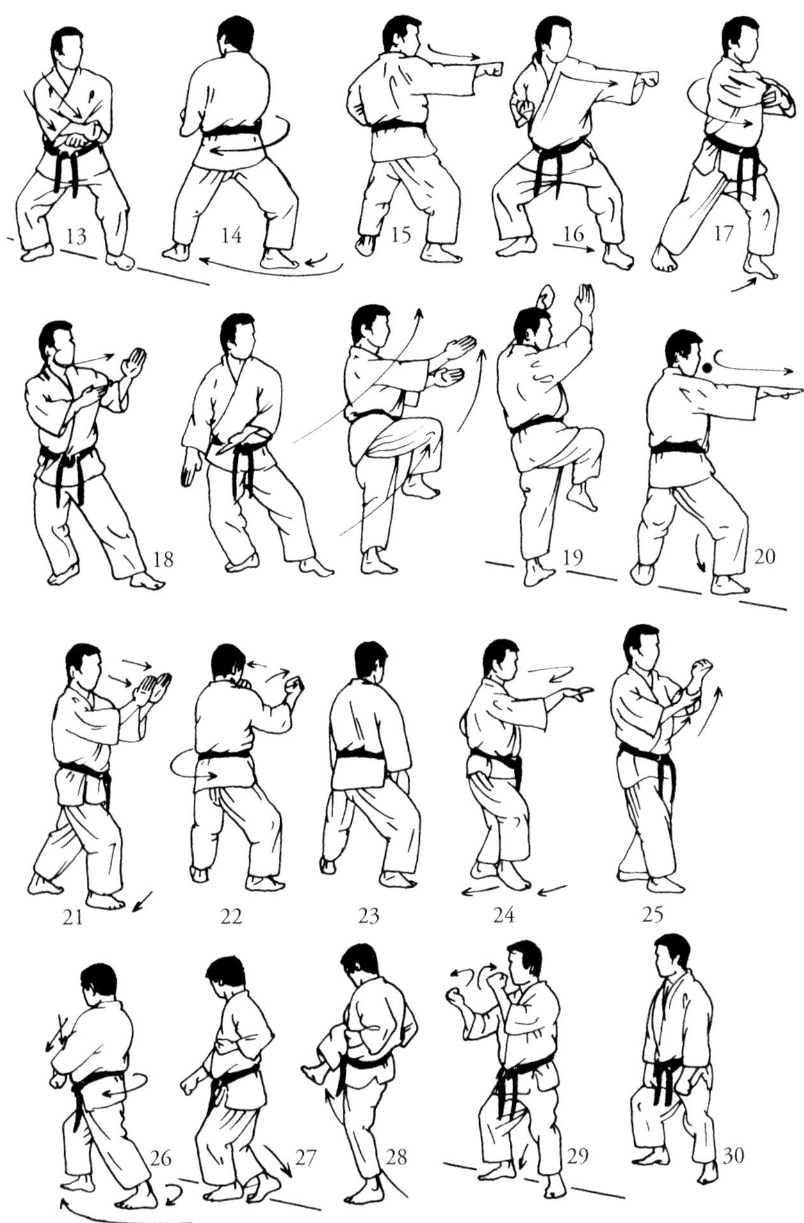
13
14
15
16
17
18
19
20
21
22
23
24
25
26
27
28
29
30

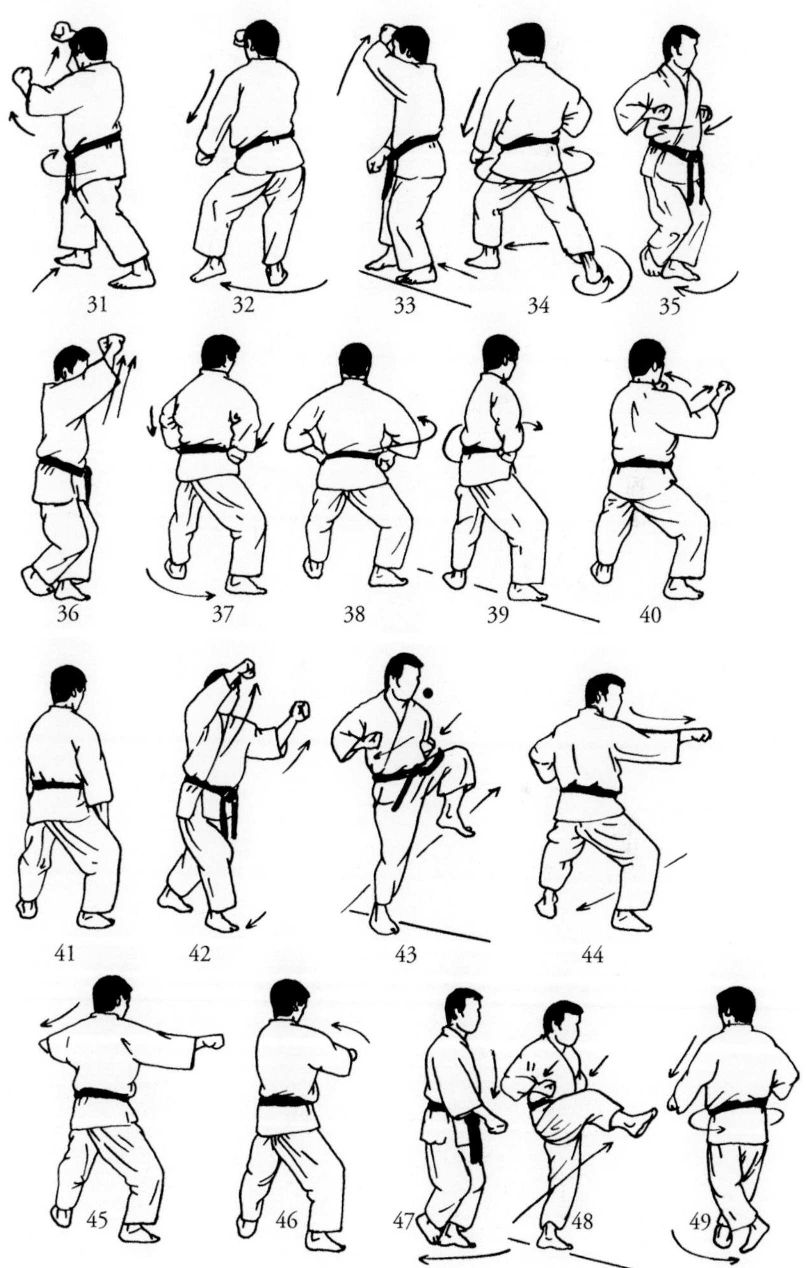
31
32
33
34
35
36
37
38
39
40
41
42
43
44
45
46
47
48
49

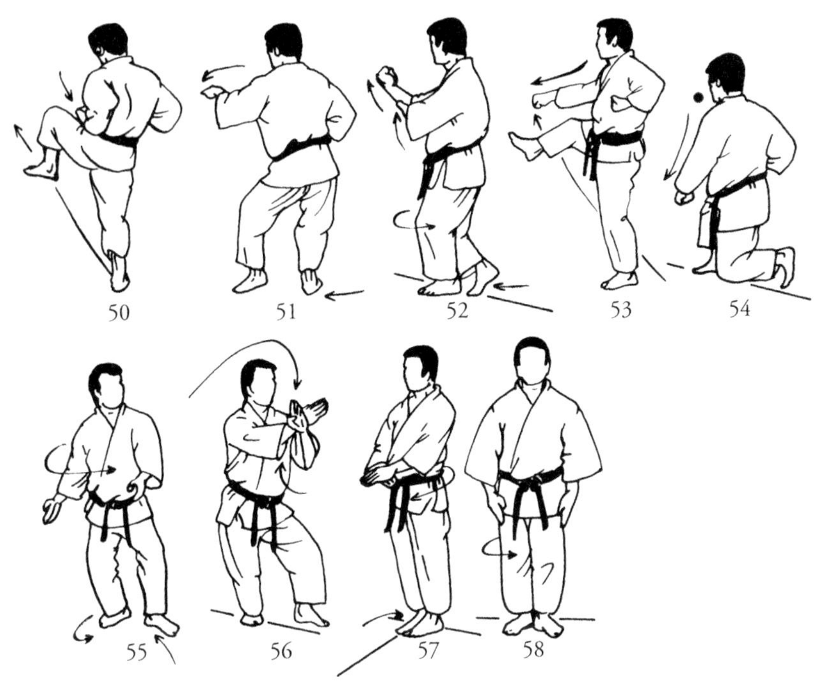

50
51
52
53
54
55
56
57
58

2.1.10 Gojûshiho

Die Geschichte dieser *Kata* wird auf Seite 202 beschrieben. Die im *Matsubayashi ryû* überlieferte Form ist vergleichbar mit der entsprechenden *Shôtôkan-Kata*, der *Gojûshiho dai.*

Zu beachten sind die Techniken *Jôdan wari uke* (4, 5), *Tori uke* (6, 11), *Nukite zuki* (17, 19, 20, 31, 32, 45), *Gedan haitô yoko uke* (33, 36), *Shi zuki* (25, 26) und *Hazushi uke* (29, 42).

Gojûshiho

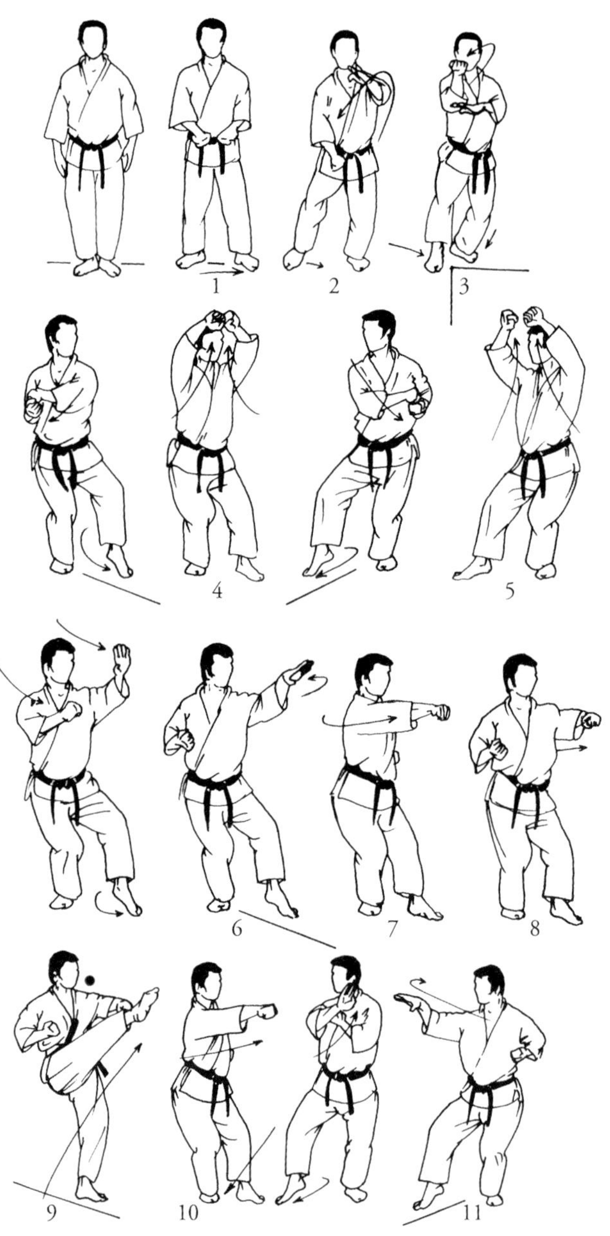

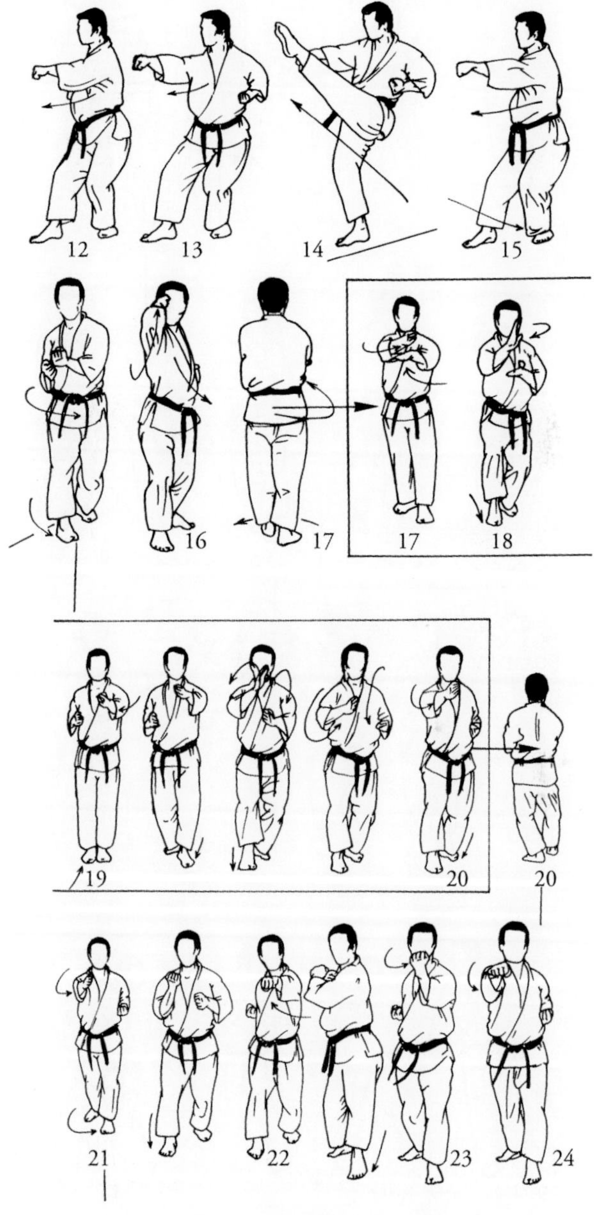
12
13
14
15
16
17
17
18
19
20
20
21
22
23
24

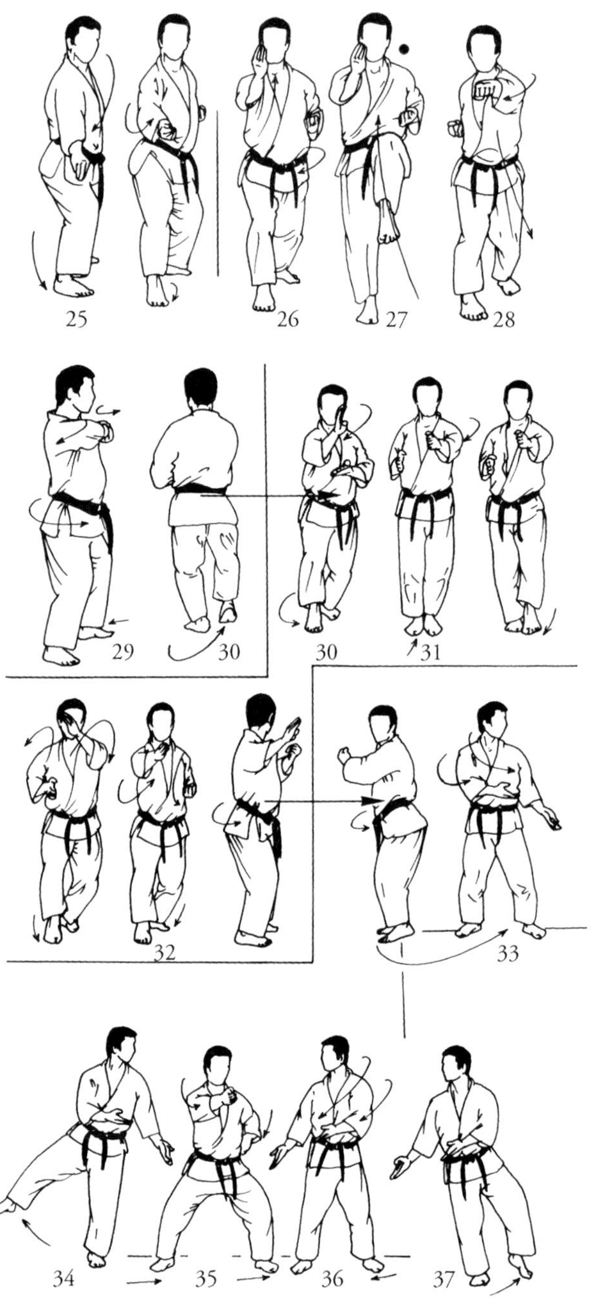
25
26
27
28
29
30
30
31
32
33
34
35
36
37

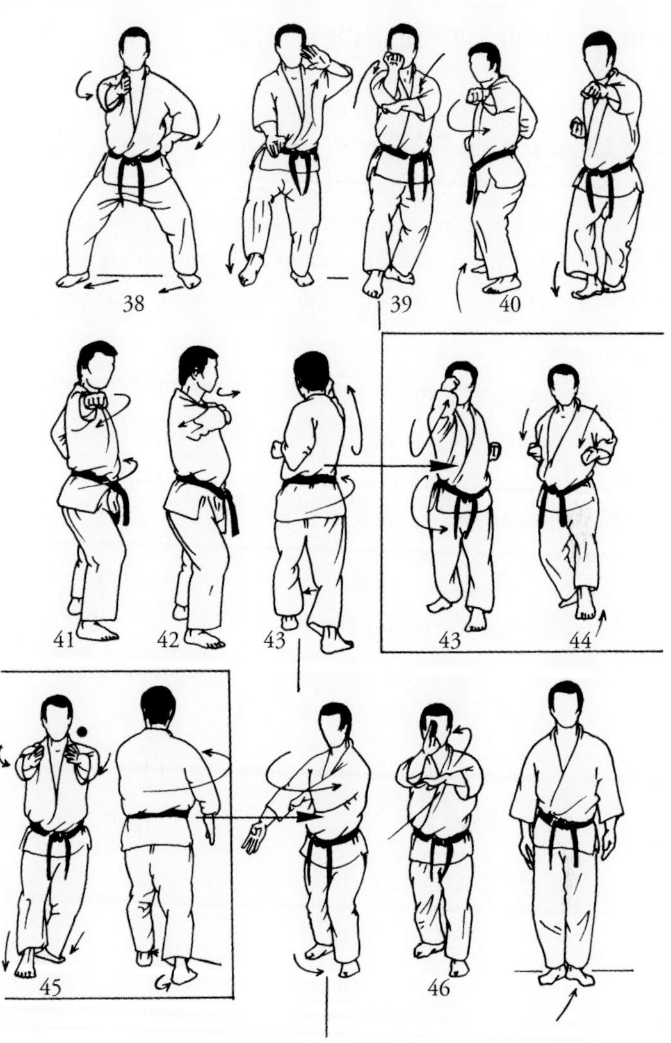
38
39
40
41
42
43
43
44
45
46

2.2 Acht Beispiele personalisierter Kata

Auf den folgenden Seiten werden einige originelle Versionen von *Kata*, die in den heutigen Stilrichtungen des Karate wohlbekannt sind, in ihren Abläufen vorgestellt. Mit ihnen verknüpfen sich die Namen bekannter alter Meister, die in ihren Versionen gewissermaßen ihr Siegel hinterlassen haben. Die ersten fünf dieser *Kata* kann man mit ihren gleichnamigen Versionen der *Shôrin-ryû*-Stilrichtung des *Matsubayashi ryû* vergleichen.

2.2.1 Itosu no Kûshankû

Zu beachten ist, daß diese Form nur wenig verändert in *Shôtôkan* und *Wadô ryû* eingegangen ist (vgl. S. 178 ff.).

Itosu no Kûshankû

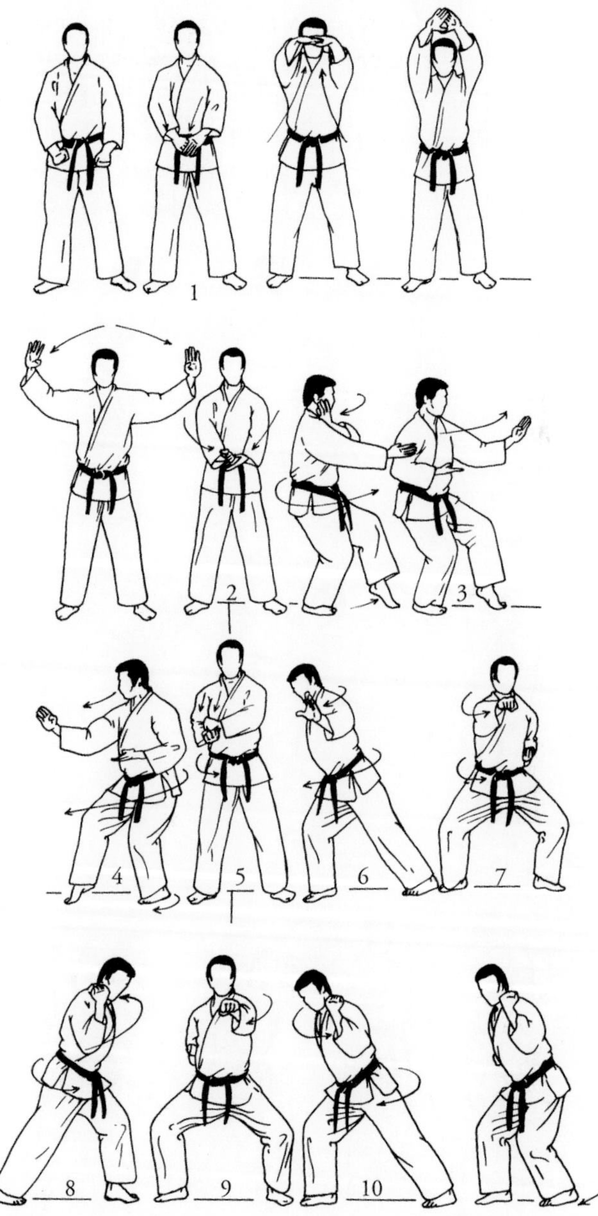

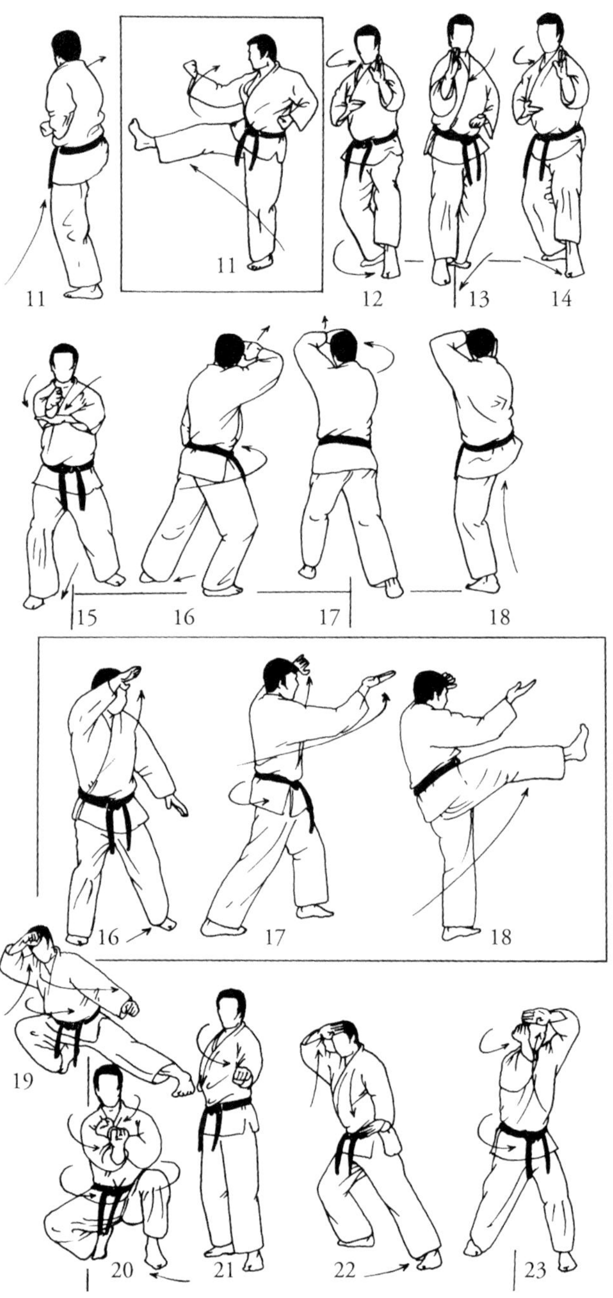
11
11
12
13
14
15
16
17
18
16
17
18
19
20
21
22
23

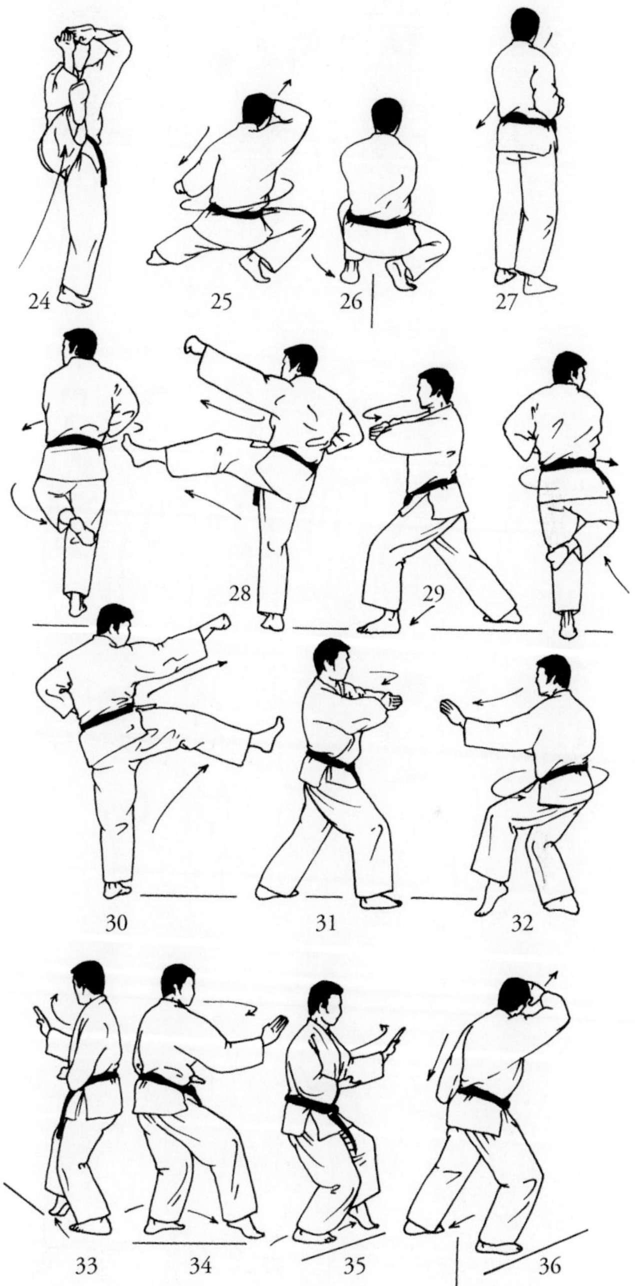
24
25
26
27
28
29
30
31
32
33
34
35
36

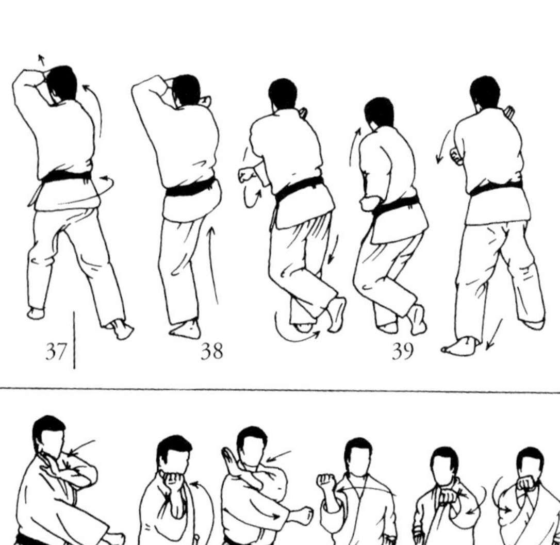
37
38
39

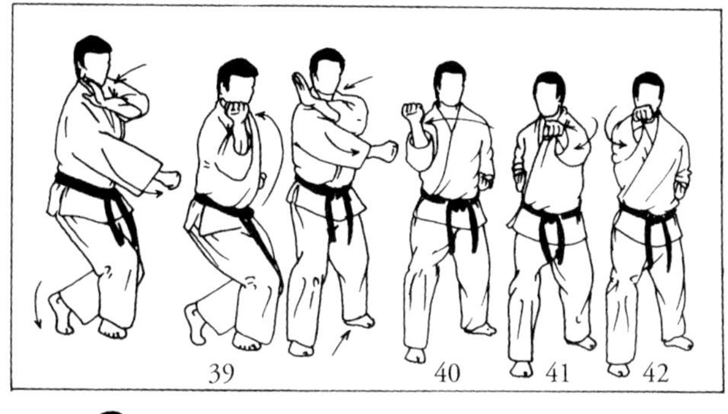
39
40
41
42

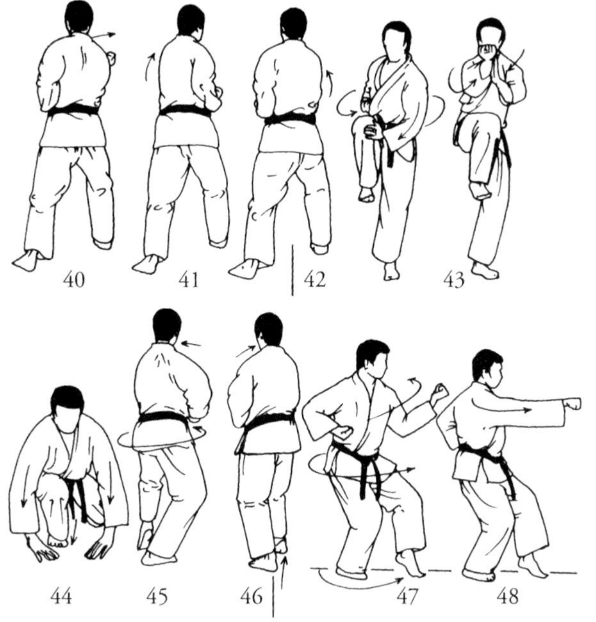
40
41
42
43
44
45
46
47
48

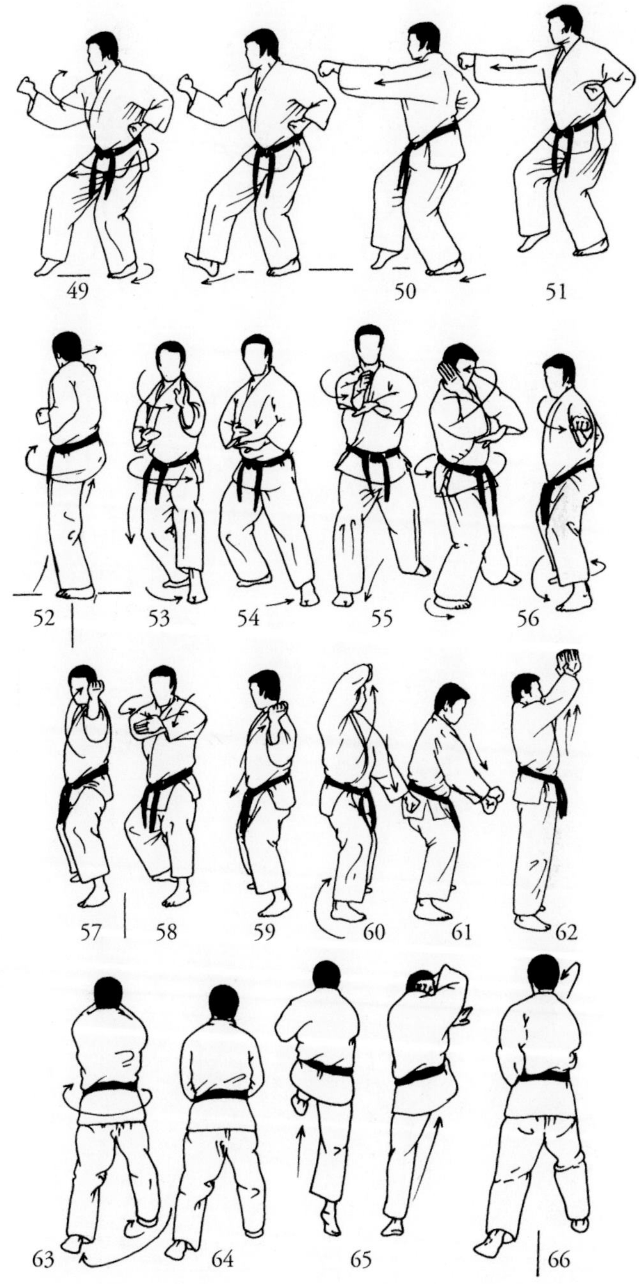
49
50
51
52
53
54
55
56
57
58
59
60
61
62
63
64
65
66

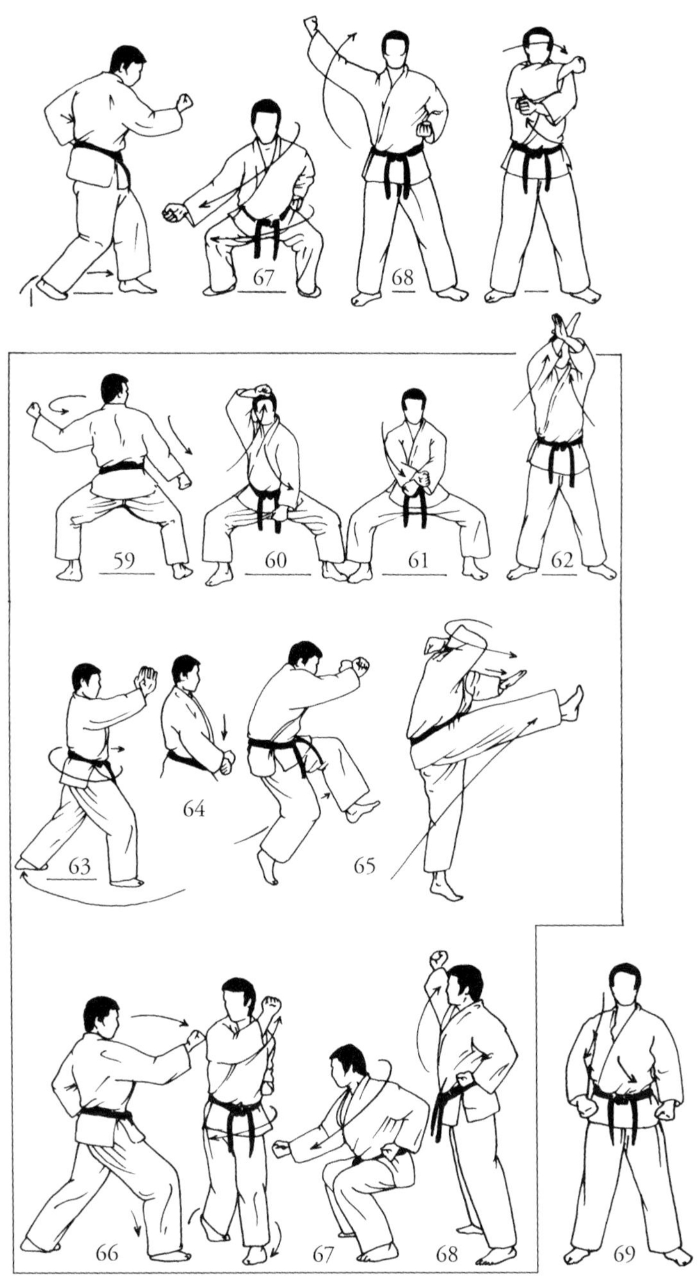
67
68
59
60
61
62
64
63
65
66
67
68
69

2.2.2 Eine Kata-Passage und ihr Bunkai in verschiedenen Stilen

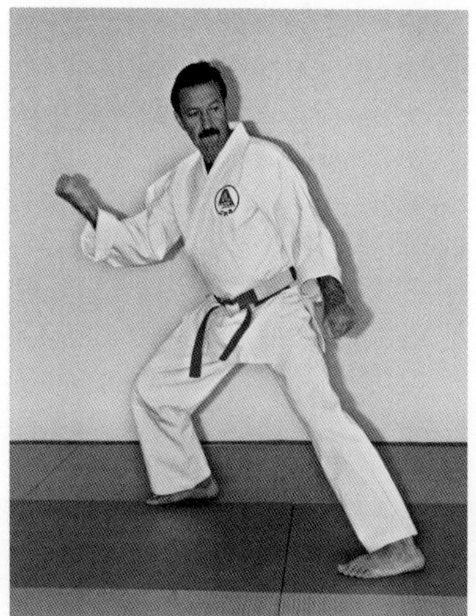

Foto 100

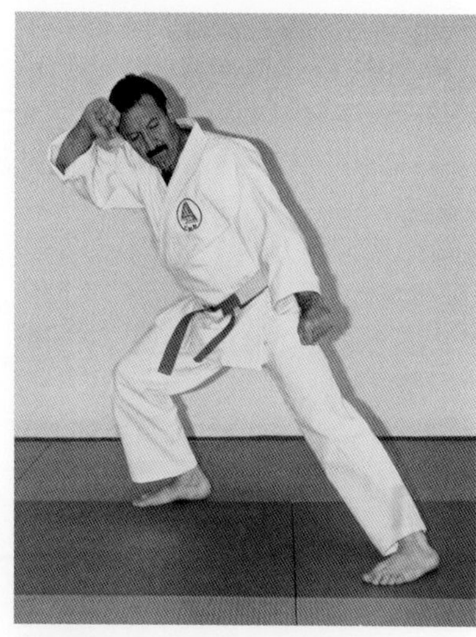

Foto 101

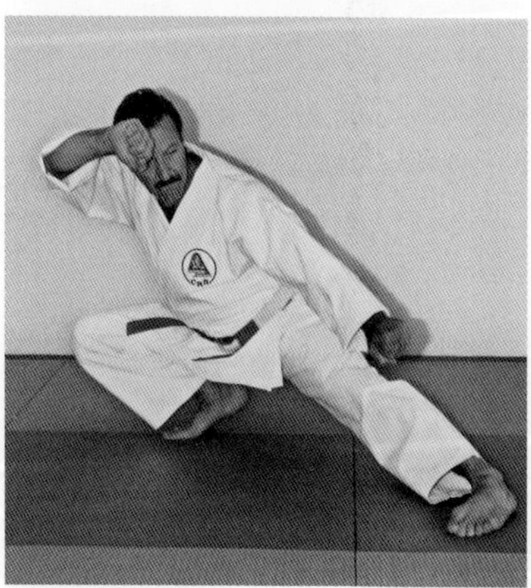

Foto 102

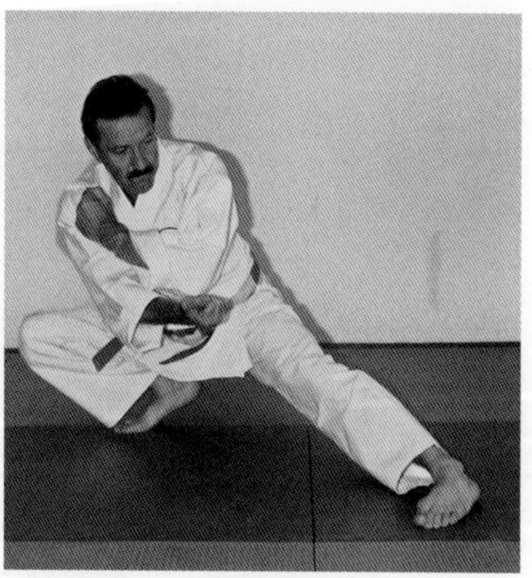

Foto 103

Foto 100: Eine klassische Haltung, die in verschiedenen *Kata* auftritt, u. a. in *Pinan / Heian*, *Kûshankû / Kankû*, *Chintô*. Hier eine Ausführung nach Art des *Shitô ryû*.

Foto 101: Die entsprechende Stellung (aus Foto 100) im *Shôrin ryû*.

Fotos 102 und 103: Die entsprechende Passage im *Wadô ryû*.

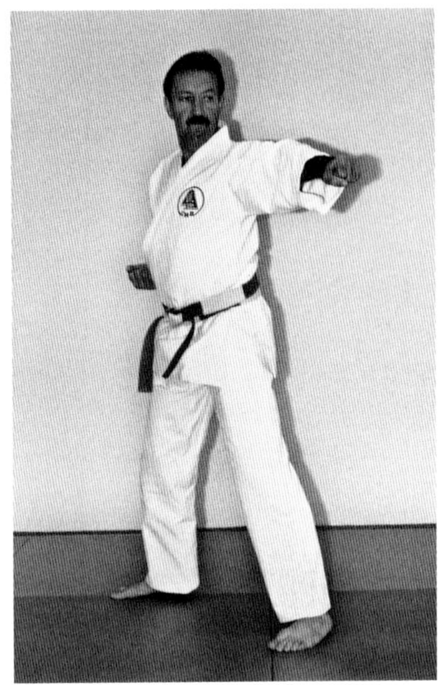
Foto 104

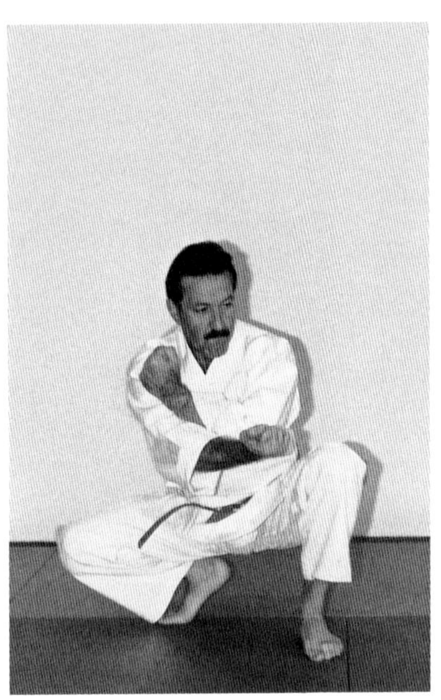
Foto 105

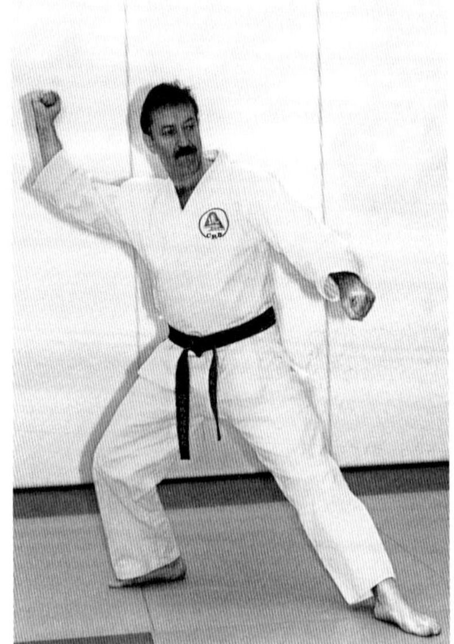
Foto 106

Fotos 104 und 105: Die gleiche Sequenz in der *Itosu no Kûshankû* (siehe S. 284).

Foto 106: Der Block in der *Pinan yondan* oder *Chintô* des *Wadô ryû*. Der Körper ist nach hinten geneigt, das vordere Bein angespannt, aber die Zehen zeigen nach vorn und sind nicht wie im *Shôrin ryû* einwärts gerichtet.

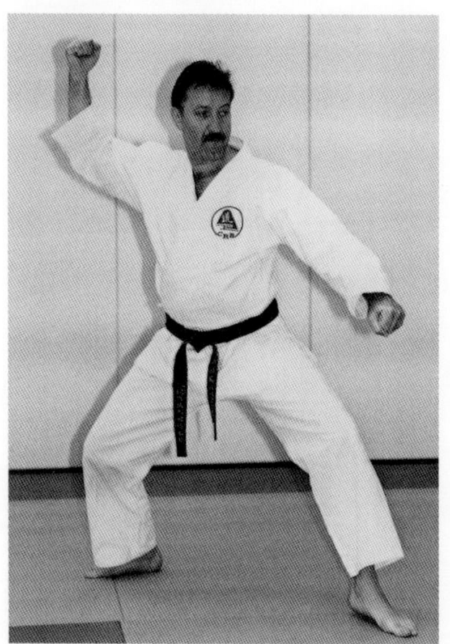

Foto 107

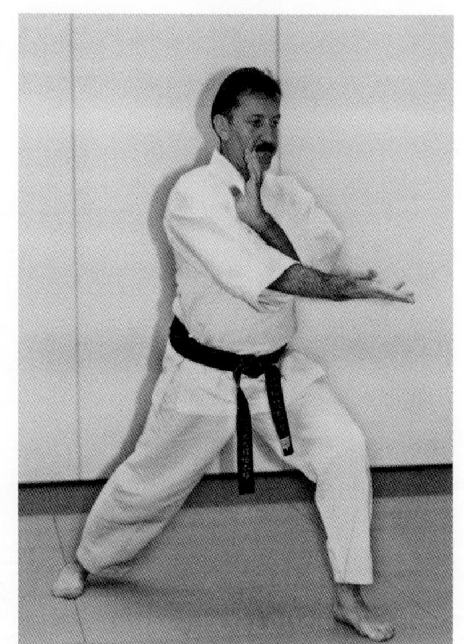

Foto 108

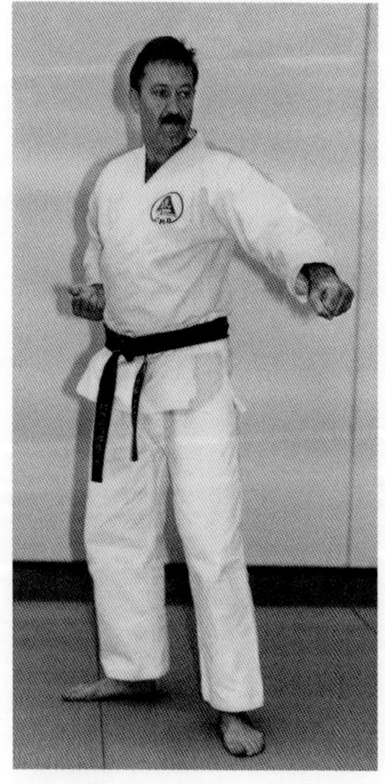

Foto 109

Fotos 108 bis 109: Die gleiche Bewegungsfolge im modernen *Shôtôkan* (der Körper ist sehr aufrecht während des Doppelblocks).

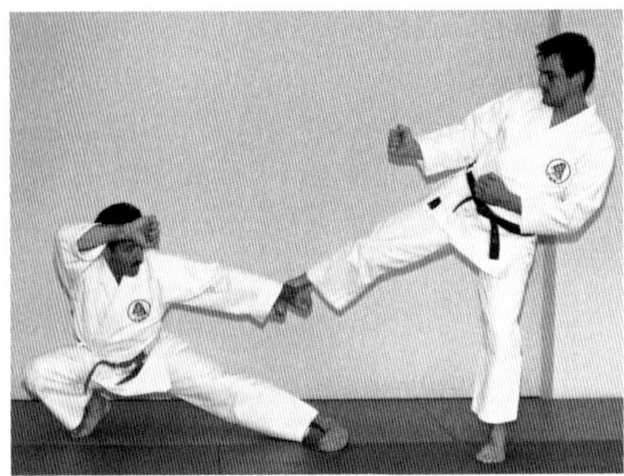

Foto 110

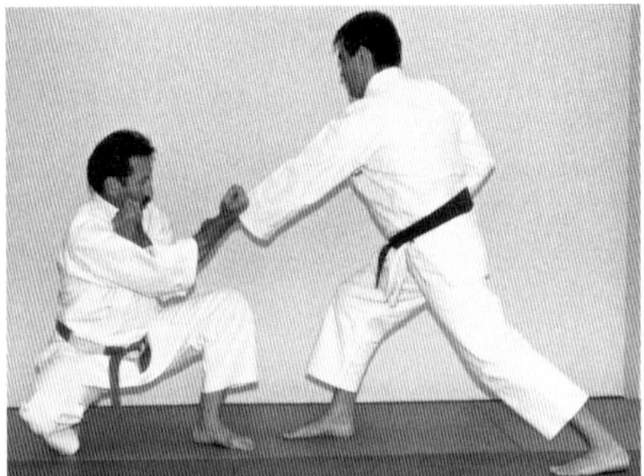

Foto 111

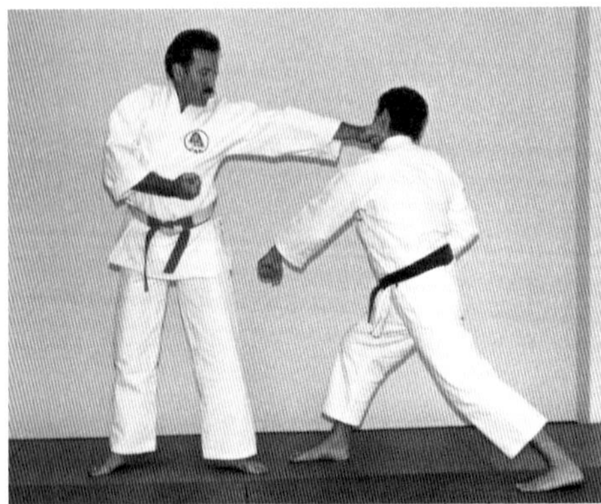

Foto 112

Fotos 110 bis 112: Die vorhergehende Sequenz in der *Itosu no Kûshankû* (und ebenfalls in der *Kuniyoshi no Kûshankû*) im *Bunkai-Kumite*.

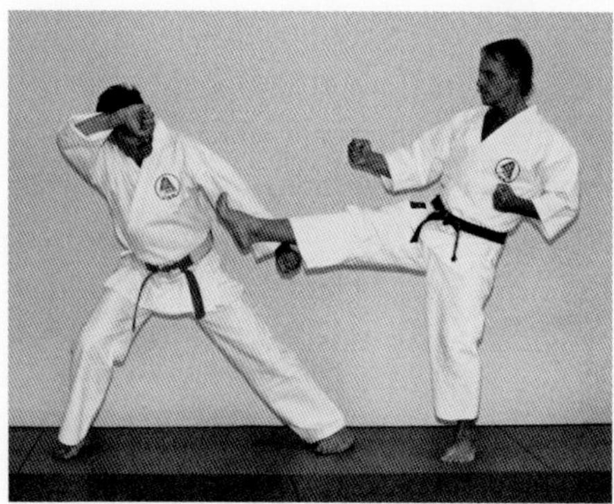
Foto 113

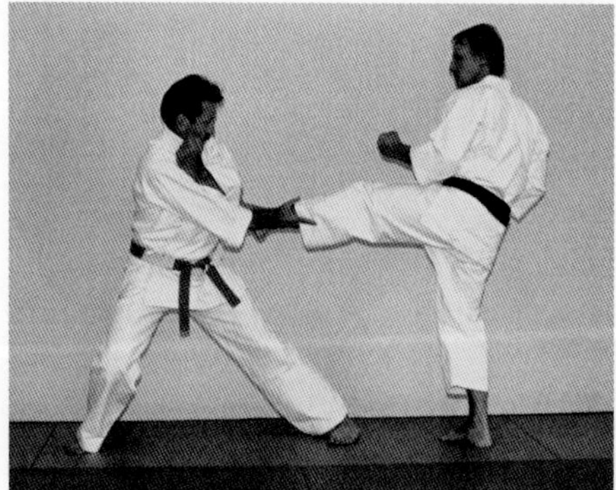
Foto 114

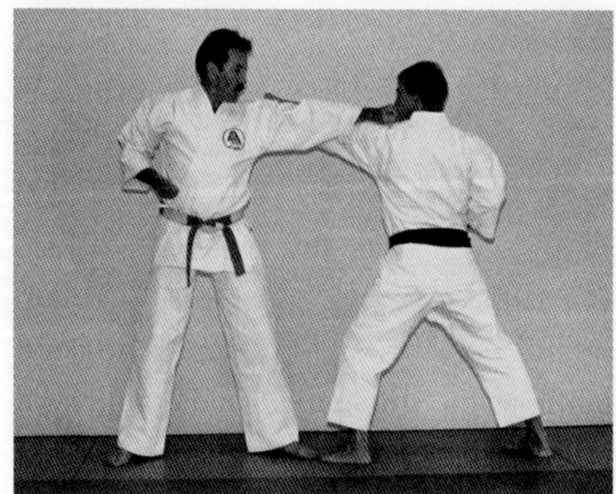
Foto 115

Fotos 113 bis 115: Ein anderer möglicher Doppelblock für die gleiche Sequenz.

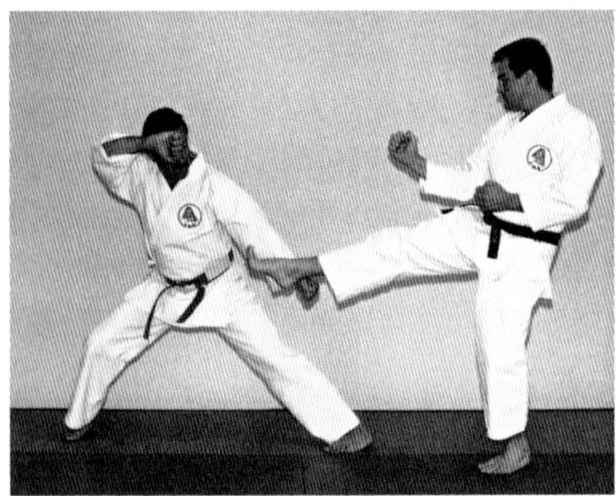

Foto 116

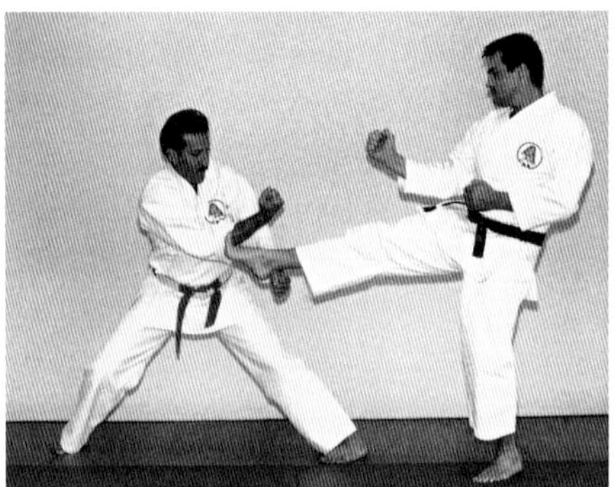

Foto 117

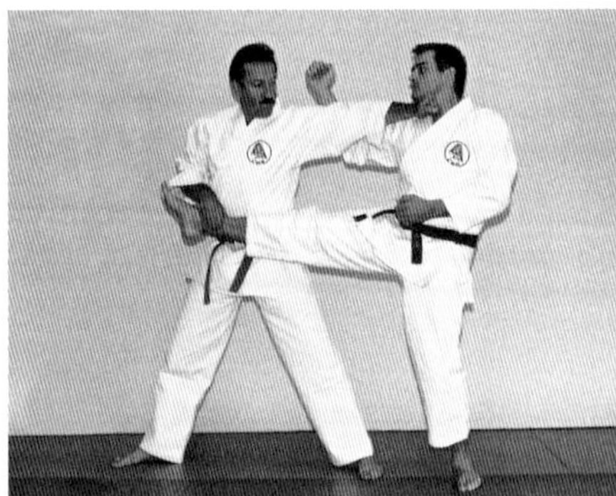

Foto 118

Fotos 116 bis 118: Ein anderer Doppelblock für die gleiche Sequenz, gefolgt von einem Wurf.

2.2.3 Matsumura no Passai

Für diese *Kata* wird eine summarische Beschreibung des Gesamtablaufs gegeben. Die *Kata* beginnt mit dem Gruß (*Rei*) im *Musubi dachi*. Der weitere Ablauf ist wie folgt:

1. *Yoi*. Übergang in den *Heisoku dachi*, die rechte Faust ist in der linken Handfläche auf Höhe des Gürtels.
2. Die Hände werden nach links oben gebracht, und zugleich wird das linke Knie gehoben; es folgt ein Sprung nach vorn in den *Kake dachi* (*Kosa dachi*) mit einem *Jôdan uraken uchi* der rechten Faust. Der Unterarm kommt dabei über die zur Abwehr bereite linke Hand.
3. Wende nach links für einen *Morote gedan shutô uke* im *Nekoashi dachi*.
4. Am Ort erfolgt ein *Morote chûdan shutô uke*.
5. Der linke Fuß wird vorgesetzt, und es erfolgt eine Abwehr mit einem rechten *Chûdan soto uke* im *Nekoashi dachi*.
6. Am Ort wird ein linker *Chûdan ura zuki* über dem linken Unterarm, der parallel vor die Brust gebracht wird, ausgeführt (vgl. Bewegungssequenz 9).
7. Wende nach rechts für einen rechten *Jôdan age uke*.
8. Am Ort wird eine Abwehr ausgeführt, indem der rechte Unterarm nach vorn und in die Horizontale gebracht wird.
9. Der linke Fuß wird nach vorn gesetzt, während ein linker *Chûdan ura zuki* im *Nekoashi* ausgeführt wird (ebenso wie in Sequenz 6).
10. Viertelwendung mit beiden Füßen nach rechts, um in natürlicher Haltung einen rechten *Jôdan age uke* auszuführen.
11. Der linke Fuß wird nach vorn gesetzt, die Position *Zenkutsu* wird eingenommen, und es erfolgt eine Abwehr durch Absenken des Unterarms wie in Sequenz 8.

12. Am Ort wird ein linker *Chûdan ura zuki* ausgeführt, der linke Ellbogen ist über dem rechten Handgelenk.
13. Symmetrisch zu Sequenz 11.
14. Symmetrisch zu Sequenz 12.
15. Der linke Fuß gleitet hinter den rechten, damit die Stellung *Kake dachi* eingenommen werden kann. Mit gehobenen Händen wird weit Schwung geholt; die Hände werden dann zur Seite gebracht, während eine stabile Haltung eingenommen wird. Dies stellt einen *Tate shutô uchi* mit rechts dar, begleitet von gleichzeitiger Abwehr mit der linken Handfläche.
16. Der linke Fuß wird wieder zurückgesetzt und mit der linken Schwerthand eine Abwehr ausgeführt; die Haltung ist natürlich.
17. Am Ort wird ein rechter *Chûdan zuki* ausgeführt.
18. Der linke Fuß gleitet nach links, um im *Zenkutsu* einen rechten *Chûdan uchi uke* abzuwehren.
19. Wiederaufrichten, begleitet von einem linken *Chûdan zuki*.
20. Symmetrisch zu Sequenz 18.
21. Der rechte Fuß wird im rechten Winkel zur bisherigen Achse gesetzt, und es wird ein *Morote gedan shutô uke* im *Nekoashi dachi* ausgeführt.
22. Der linke Fuß wird auf derselben Achse nach vorn gesetzt, die vorherige Technik wird spiegelsymmetrisch ausgeführt.
23. Wiederholung Sequenz 21.
24. Wiederholung Sequenz 22, jedoch wird diesmal der rechte Fuß auf der Achse zurückgesetzt.
25. Der linke Fuß wird zur Seite gesetzt, um in die Position *Zenkutsu* zu gehen, wobei ein rechter *Chûdan uke*, der durch die linke Hand unterstützt wird, erfolgt.
26. Stoß mit dem rechten Knie von unten nach oben, bis zu den Händen.

27. Es folgt ein *Fumikomi*, während ein *Kiai* ausgestoßen wird.

28. Wende auf dem rechten Fuß nach hinten links; es wird ein linker *Kake uke* im *Nekoashi dachi* ausgeführt, im rechten Winkel zur vorherigen Bewegungsachse.

29. Kehrtwende um 180° nach rechts, um daraufhin eine zur vorherigen Sequenz symmetrische Bewegung auszuführen.

30. Wende auf dem linken Fuß nach links, Wiederholung der vorherigen Bewegungssequenz, wieder auf der zentralen Achse der *Kata*.

31. Der rechte Fuß wird ein wenig zurückgesetzt, während die Arme für einen *Morote age uke* gehoben werden ...

32. ... bevor mit einem *Morote chûdan tettsui uchi* in den *Nekoashi dachi* zurückgekehrt wird, ...

33. ... auf den unverzüglich ein rechter *Chûdan zuki* folgt, während zugleich der rechte Fuß nach vorn gesetzt wird, um den *Zenkutsu* einzunehmen.

34. Wende nach links hinten, wobei der linke Fuß in den *Kake dachi* gebracht wird. Simultan dazu wird ein rechter *Jôdan uchi uke* und ein linker *Gedan uke* (*Hotoke no gamae*) ausgeführt.

35. Der linke Fuß wird 45° nach links gesetzt, um in den *Kake dachi* zu gelangen. Der rechte Arm wird vertikal nach oben gestreckt, und mit der linken Hand wird eine fegende Abwehr nach hinten links vollführt.

36. Es erfolgt ein Sprung am Ort, währenddessen man sich nach links dreht. Die Knie werden während des Sprungs angezogen, um im *Kake dachi* zu landen, während zugleich ein rechter *Gedan uke* und ein linker *Jôdan uchi uke* ausgeführt wird.

37. Mit rechts wird ein *Koshi gamae* vollführt, während der Blick nach hinten entlang der Zentralachse der *Kata* gerichtet wird, d. h. entgegengesetzt zur bisherigen Hauptbewegungsrichtung. In dieser neuen Richtung werden die nun folgenden Bewegungssequenzen ausgeführt.

38. Am Ort erfolgt ein linker *Chûdan haitô uchi*.

39. Es folgt ein linker *Chûdan mae geri*.

40. Der linke Fuß wird aufgesetzt, und es folgt ein rechter *Mikazuki geri* in die linke Hand.

41. Der rechte Fuß wird neben den linken gesetzt, so daß ein *Nekoashi dachi* eingenommen wird, und es erfolgt zugleich ein Fauststoß mit der Rechten.

42. Am selben Ort wird ein Fauststoß mit der Linken ausgeführt. Die beiden Fäuste werden jetzt auf *Chûdan*-Höhe gehalten (Körpermitte).

43. Der rechte Fuß wird direkt neben den linken gesetzt, während die Fäuste in *Hikite* gebracht werden.

44. Der rechte Fuß wird nach vorn gesetzt, um wieder einen *Nekoashi dachi* einzunehmen, wobei ein *Chûdan heiko zuki* erfolgt.

45. Der linke Fuß wird nach vorn gesetzt, um die zur vorherigen Technik symmetrische Sequenz auszuführen.

46. Wiederholung der Sequenz 44.

47. Wende auf dem rechten Fuß nach hinten links, um einen *Zenkutsu* einzunehmen auf einer zur bisherigen Achse im rechten Winkel stehenden. Ein rechter *Chûdan uchi uke* wird ausgeführt.

48. Wende nach rechts hinten, um einen linken *Chûdan uchi uke* in die entgegengesetzte Richtung auszuführen.

49. Wende nach hinten links, um im *Nekoashi dachi* einen *Chûdan kake uke* auf derselben Achse auszuführen.

50. Wende nach hinten rechts, um einen *Chûdan kake uke* in die entgegengesetzte Richtung auszuführen.

51. Der rechte Fuß wird direkt neben den linken gesetzt, um in den *Yoi* zurückzukehren; es folgt der Gruß nach vorn.

Matsumura no Passai

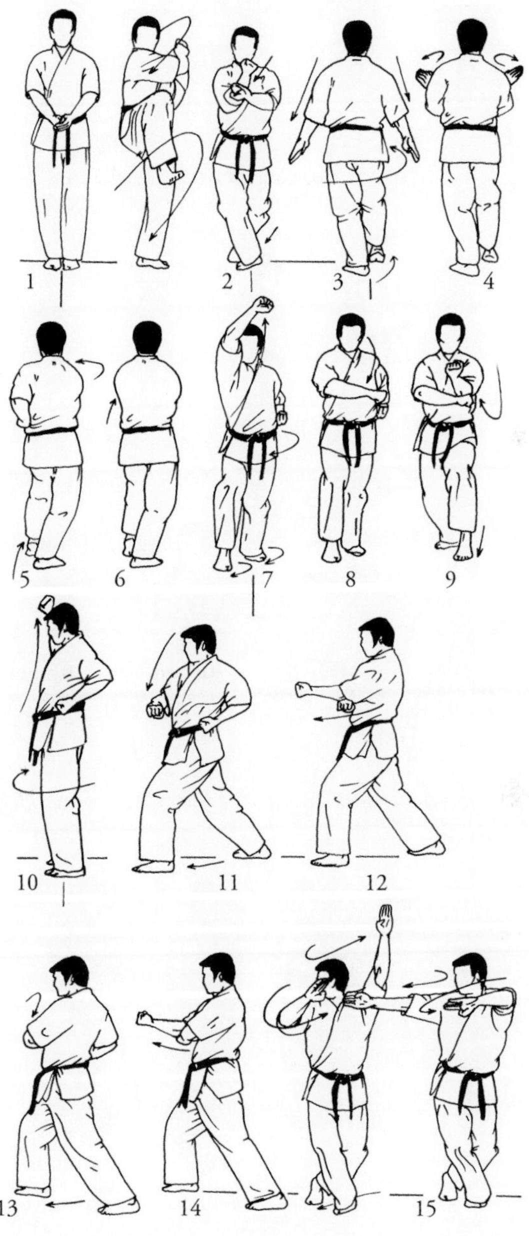

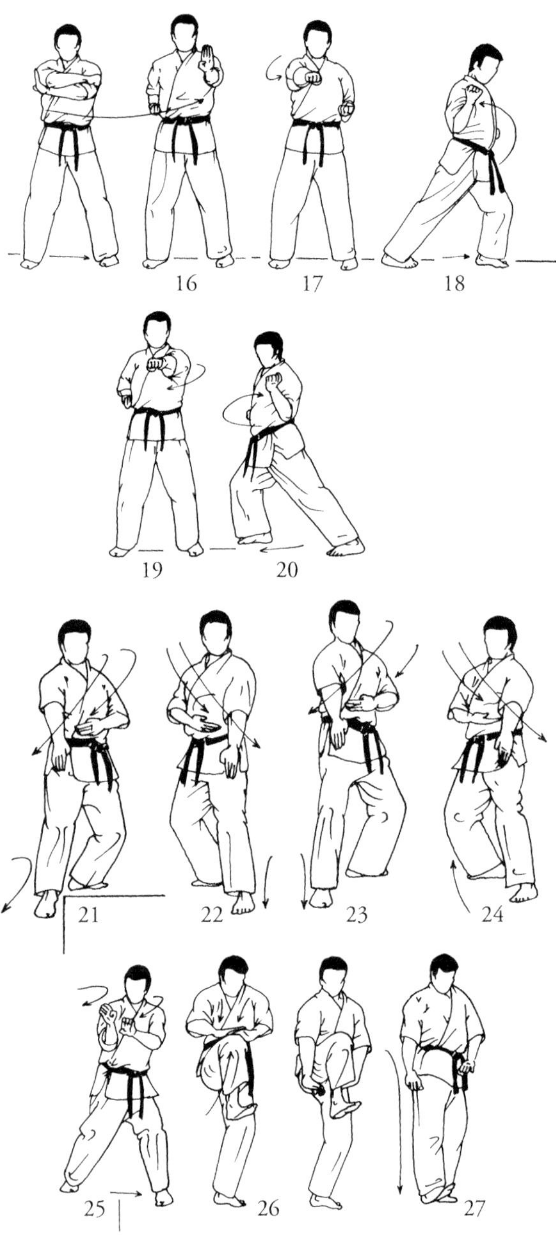
16
17
18
19
20
21
22
23
24
25
26
27

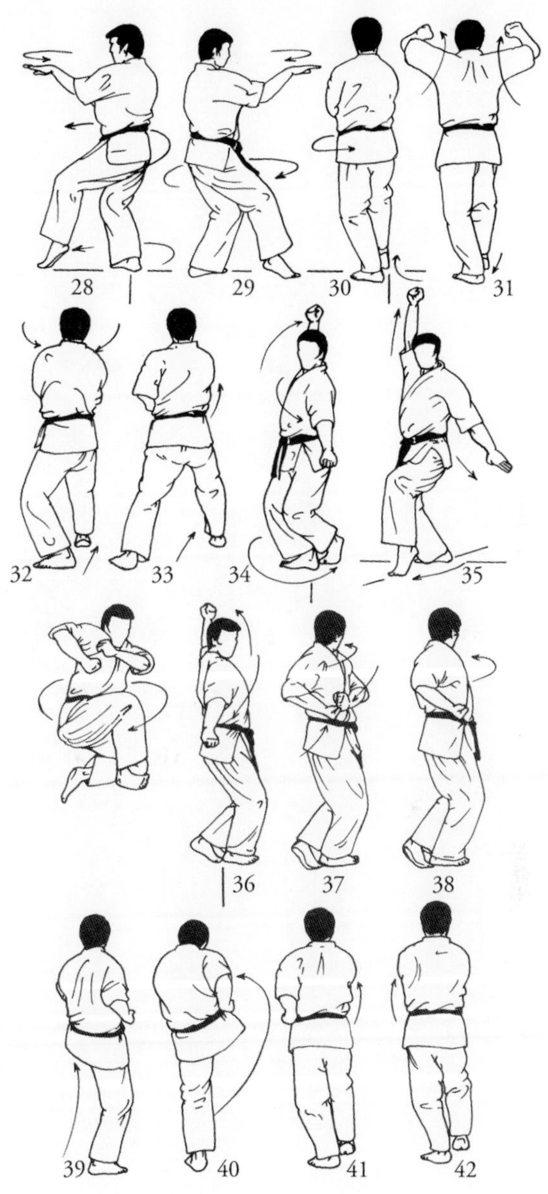
28
29
30
31
32
33
34
35
36
37
38
39
40
41
42

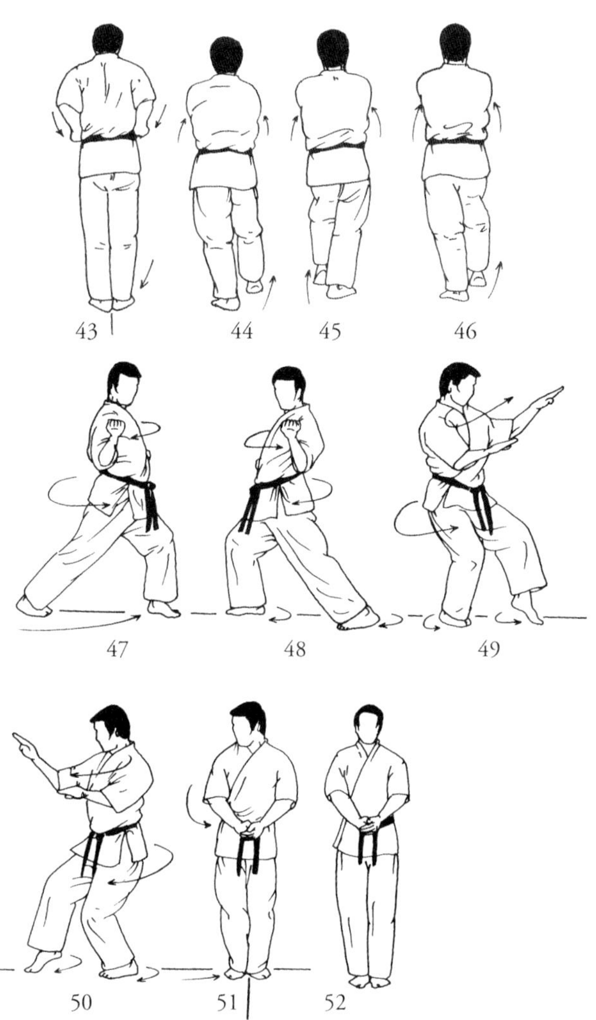
43
44
45
46
47
48
49
50
51
52

2.2.4 Chibana no Passai

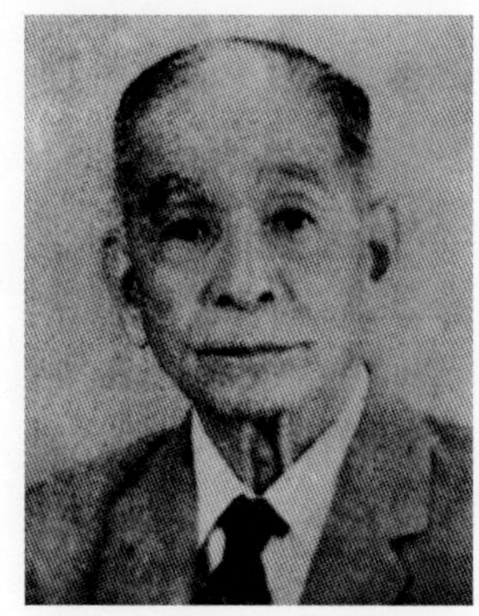
Foto 119: Chibana Chôshin

Bei der *Chibana no Passai* handelt es sich um die im *Shôrin-ryû*-Zweig des *Kobayashi ryû* überlieferte Version, der durch Chibana Chôshin gegründet wurde. Von ihrer Ursprungsversion weicht sie nur geringfügig ab. Die wenigen Modifikationen betreffen vor allem die Bewegungsfolgen 4 bis 7, wo die Abfolge der Techniken verändert wurde.

Der Beginn der *Kata* nach der Eröffnungssequenz:

2. *Sasai uke* im *Kake dachi*.
3. *Yama no gamae*.
4. Ein rechter *Jôdan age uke* wird ausgeführt.
5. Während man den linken Fuß nach vorn setzt, erfolgt ein linker *Age zuki*.
6. Kehrtwende nach rechts, verbunden mit linkem *Gyakute age uke*.
7. Am Ort wird ein rechter *Age zuki* ausgeführt.
8. Rechter *Age uke*.
9. Linker *Age zuki*, während man den linken Fuß nach vorn entlang der neuen Bewegungsachse setzt.
10. Linker *Jôdan age uke* am Ort, …
11. … gefolgt von einem rechten *Age zuki*, während man den linken Fuß nach vorn setzt.
12. Befreiungsbewegung.
13. Rückkehr in den *Koshi gamae*.
14. Rechter *Chûdan zuki*, während man sich wieder aufrichtet.

Der weitere Ablauf entspricht dem der *Matsumura no Passai* (S. 294-302), außer daß kein linker *Mae geri* vor dem rechten *Mikazuki geri* erfolgt.

Ebenfalls ist zu beachten, daß die Sequenz 36 einen rechten *Age empi uchi* darstellt, der von einem rechten *Uraken* begleitet wird, und daß während der Bewegungsfolgen 37 und 38 die *Tsuki* (links, dann rechts) mit dem *Hiraken* (Vorderknöchelfaust) und nicht mit der (normalen) Faust erfolgen. Die entsprechenden Sequenzen der *Matsumura no Passai* (41 und 42) werden mit einem *Tsuki* im *Nakadaka ippon ken* ausgeführt, was ein zusätzliches Element, das den gemeinsamen alten Stamm dieser *Kata* bestätigt, darstellt. Dieses Element ist, wie andere auch, in den modernen Varianten der *Kata* nicht mehr zu finden. Ein Beispiel mehr für die Verarmung der *Kata*, die mit dem Verschwinden einer großen Vielfalt von Techniken mit offener Hand einhergeht.

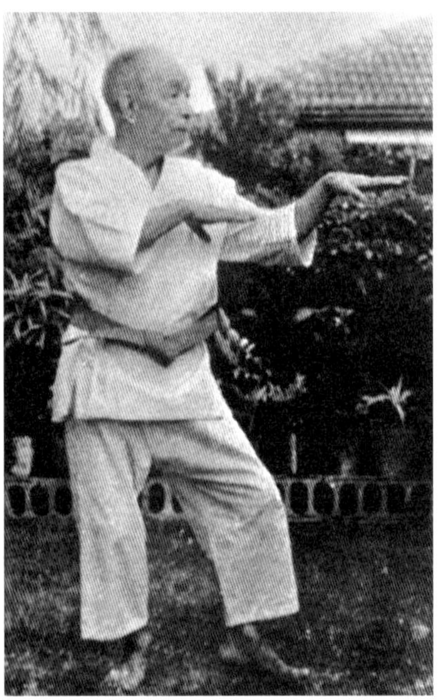

Foto 120

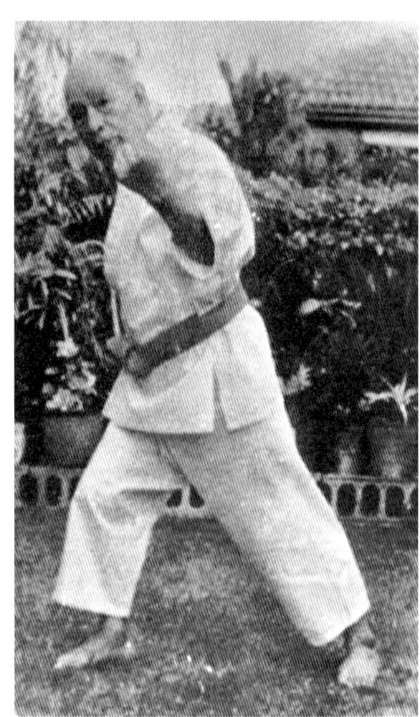

Foto 121

Fotos 119 bis 121: Chibana Chôshin (1885-1969) gründete den Stil des *Kobayashi Shôrin ryû*. Auf Fotos 120 und 121 ist er bei der *Kata Chibana no Passai* zu sehen. (Fotos: Katsumi Murakami).

Chibana no Passai

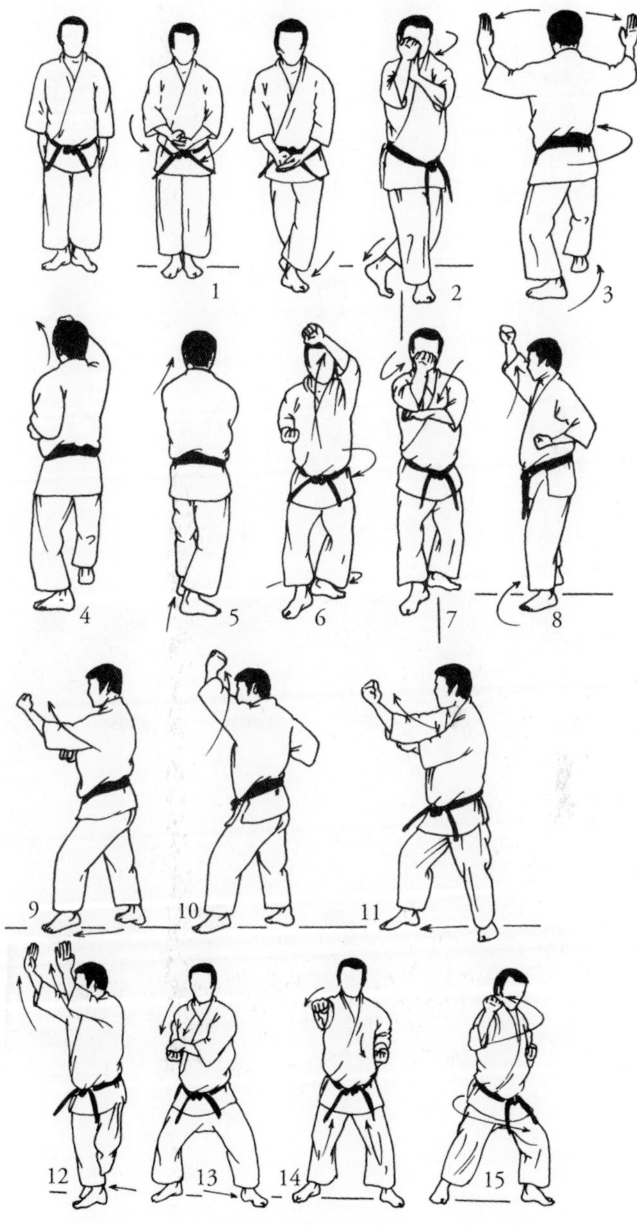

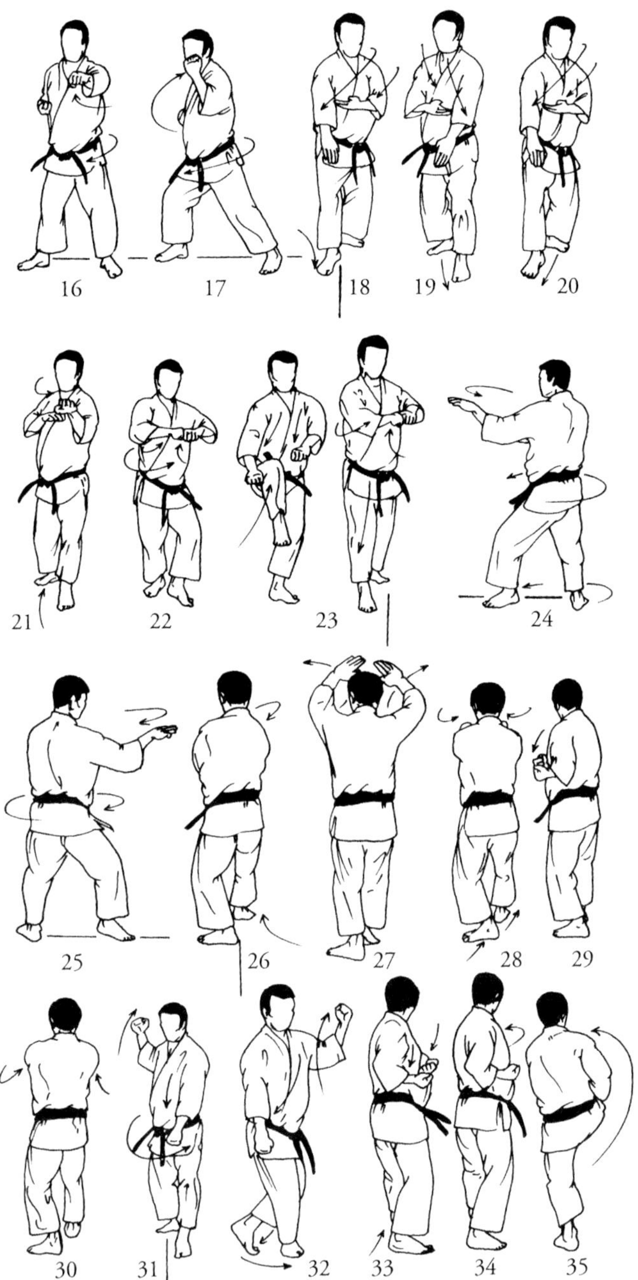
16
17
18
19
20
21
22
23
24
25
26
27
28
29
30
31
32
33
34
35

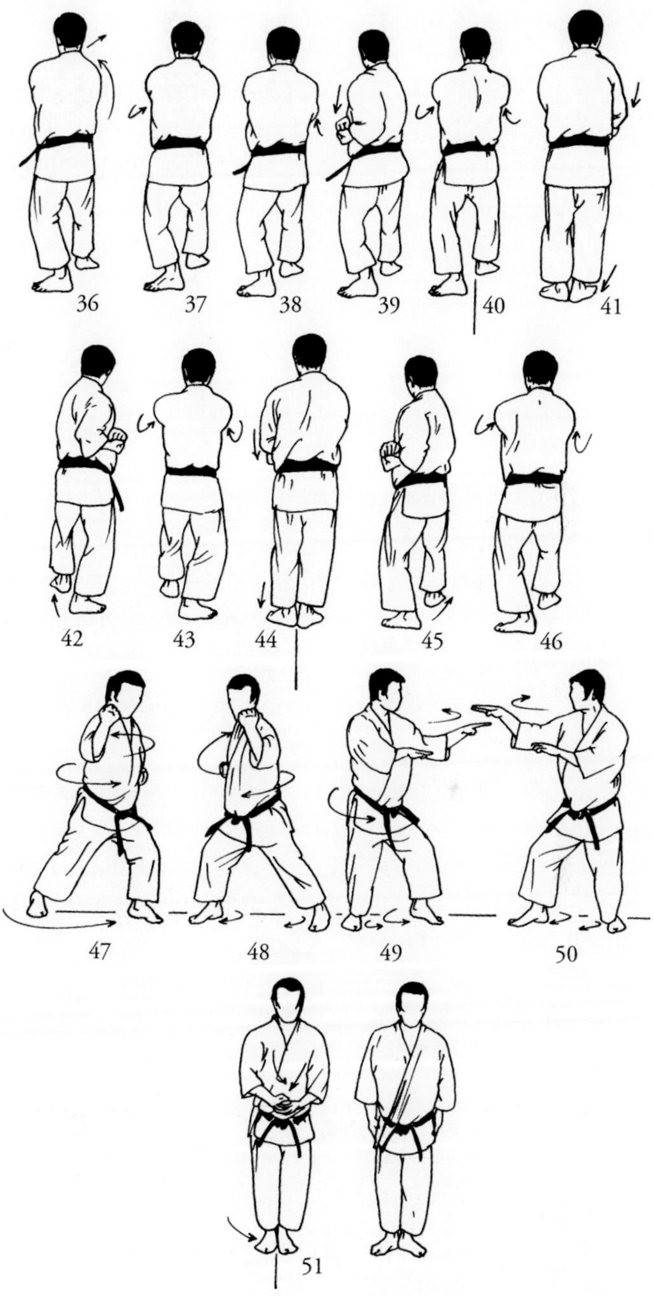
36
37
38
39
40
41
42
43
44
45
46
47
48
49
50
51

2.2.5 Matsumura no Chintô

Diese Version der *Kata* des »Kranichs auf dem Felsen« ist hinsichtlich ihrer Techniken und ihres *Embusen* den modernen Formen näher verwandt als die Version des *Matsubayashi ryû* (siehe S. 272 bis 276). Einige der ursprünglichen Abschnitte sind dennoch erhalten geblieben. Für diese *Kata* wird eine summarische Beschreibung des Gesamtablaufs gegeben.

Die *Kata* beginnt mit dem Gruß (*Rei*) im *Musubi dachi*. Der weitere Ablauf ist wie folgt:

1. *Yoi*. Linke Hand über der rechten, Handrücken nach vorn, Hände auf Gürtelhöhe.
2. Der linke Fuß wird zurückgesetzt, für eine seitliche Abwehr mit beiden Händen in weitem *Nekoashi dachi*.
3. Am Ort werden die Hände zur linken Hüfte gezogen, wobei das linke Handgelenk über das rechte gedreht wird; danach erfolgt ein linker *Chûdan tettsui*.
4. Rechter *Chûdan gyaku zuki*, während man am Ort in den *Zenkutsu* geht.
5. Auf dem linken Fuß erfolgt eine ausgeprägte Drehung nach links, während der rechte Fuß einen Kreisbogen beschreibt, damit man auf derselben Achse, aber mit rückwärts gerichtetem Blick, in den *Kiba dachi* gehen kann. Während eine stabile Haltung eingenommen wird, erfolgt ein rechter *Gedan barai*.
6. Drehung auf dem rechten Fuß nach links hinten, um *Nekoashi dachi* im Winkel von 45° zur vorherigen Achse einzunehmen. Dabei erfolgt ein *Kosa uke*.
7. Aus dieser Position wird ein linker *Mae geri keage* ausgeführt …
8. … auf den ein neuer *Mae geri* mit demselben Fuß, verbunden mit einem Sprung, erfolgt.
9. Landung im linken *Zenkutsu*; dabei wird mit geschlossenen Fäusten ein *Gedan kosa uke* ausgeführt.

10. Drehung auf dem rechten Fuß, um wieder in Richtung nach hinten rechts zu stehen. Es wird ein linker *Zenkutsu* auf derselben schrägen Achse eingenommen, doch in die entgegengesetzte Richtung, wobei erneut ein *Kosa uke* ausgeführt wird.

11. Wende auf dem linken Fuß nach hinten rechts in einen breiten *Nekoashi dachi* auf der Zentralachse der *Kata*; rechter *Chûdan tettsui.*

12. Linker Fuß nach vorn, so daß ein *Oi zuki* auf derselben Achse ausgeführt wird.

13. Den rechten Fuß schräg nach vorn setzen, um in einen *Shiko dachi* zu gehen mit einem doppelten *Nukite* von oben nach unten …

14. … der in einen *Morote chûdan kake uke* übergeht.

15. Zurücksetzen des linken Fußes, um auf der Zentralachse wieder in einen breiten *Nekoashi dachi* zu gehen, wobei simultan ein rechter *Jôdan uchi uke* und ein linker *Gedan barai* ausgeführt werden.

16. Der rechte Fuß wird auf der Achse nach vorn gesetzt, um die zu Sequenz 15 symmetrische Technik auszuführen.

17. Kehrtwende auf dem rechten Fuß nach links hinten, um auf die Achse zurückzukehren mit dem linken Fuß vorn; Wiederholung der Technik der Sequenz 15.

18. Der linke Fuß wird zur Seite gesetzt, und man läßt sich auf das rechte Knie herab mit einem *Gedan Kosa uke* nach vorn, die Fäuste sind dabei geschlossen.

19. Man steht wieder auf und dreht sich um 90° nach rechts mit einem *Morote chûdan uchi uke*, bei dem die Hände offen sind.

20. Die Hände werden zu den Hüften gezogen, die Handflächen weisen nach vorn, …

21. … und es erfolgt ein *Morote gedan shotei zuki.*

22. Die Fäuste werden zu den Hüften zurückgeführt, die Handrücken zeigen nach vorn.

23. Abwehr mit dem rechten Ellbogen nach links.

24. Die Bewegung 23 wird in die umgekehrte Richtung ausgeführt, man schwenkt nach rechts, …

25. … woraufhin man sich wieder in eine natürliche Position aufrichtet mit einem *Morote chûdan uchi uke.*

26. Das linke Bein wird gehoben, dabei werden ein rechter *Jôdan uchi uke* und ein linker *Gedan barai* ausgeführt, der Blick ist nach vorn entlang der zentralen Bewegungsachse gerichtet.

27. In dieser Position erfolgt ein rechter *Koshi gamae.*

28. Es erfolgen simultan ein *Chûdan barai* und ein rechter *Chûdan mae geri.*

29. Der rechte Fuß wird nach hinten gesetzt, und es erfolgt ein rechter *Chûdan zuki* im *Zenkutsu.*

30. Drehung auf dem rechten Fuß nach hinten, worauf die symmetrische Technik zu der in Sequenz 26 beschriebenen ausgeführt wird.

31. Symmetrisch zu Sequenz 27.

32. Symmetrisch zu Sequenz 28.

33. Wende um 180° nach links, Wiederholung der Bewegungsfolge 26 in die der Zentralachse entgegengesetzten Richtung.

34. Wiederholung der Sequenz 27.

35. Wiederholung der Sequenz 28.

36. Der linke Fuß wird nach vorn gesetzt für einen rechten *Chûdan gyaku zuki* im *Zenkutsu.*

37. Auf derselben Achse erfolgt eine Wende nach hinten rechts, verbunden mit einem rechten *Chûdan shutô uke.*

38. Der rechte Fuß wird zur Seite gesetzt, um schräg mit einem linken *Chûdan uchi uke* in einen *Zenkutsu* zu gehen; die rechte Hand ist am Ellbogen.

39. Der linke Fuß wird gehoben und auf dem rechten Bein eine Gleichgewichtsstellung eingenommen, während die vorherige Haltung der Arme und Hände beibehalten wird. Man dreht sich nun von links

nach rechts, bis man mit dem Profil in die entgegengesetzte Richtung der Hauptbewegungsachse der *Kata* zeigt.

40. Wiederholung der Sequenz 33.

41. Wiederholung der Sequenz 34.

42. Wiederholung der Sequenz 35.

43. Der linke Fuß wird nach hinten gesetzt für einen rechten *Chûdan zuki* im *Zenkutsu*.

44. Wende auf dem rechten Fuß nach links hinten. Der linke Fuß wird direkt neben den rechten geführt. Man blickt nach vorn für den *Yoi* und den Abschlußgruß.

Matsumura no Chintô

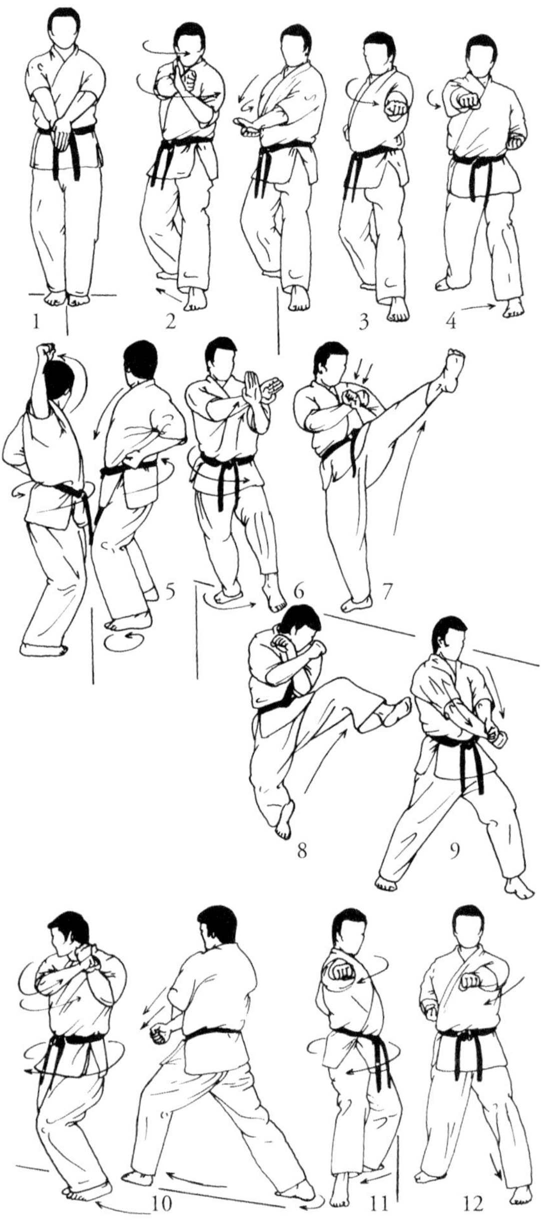

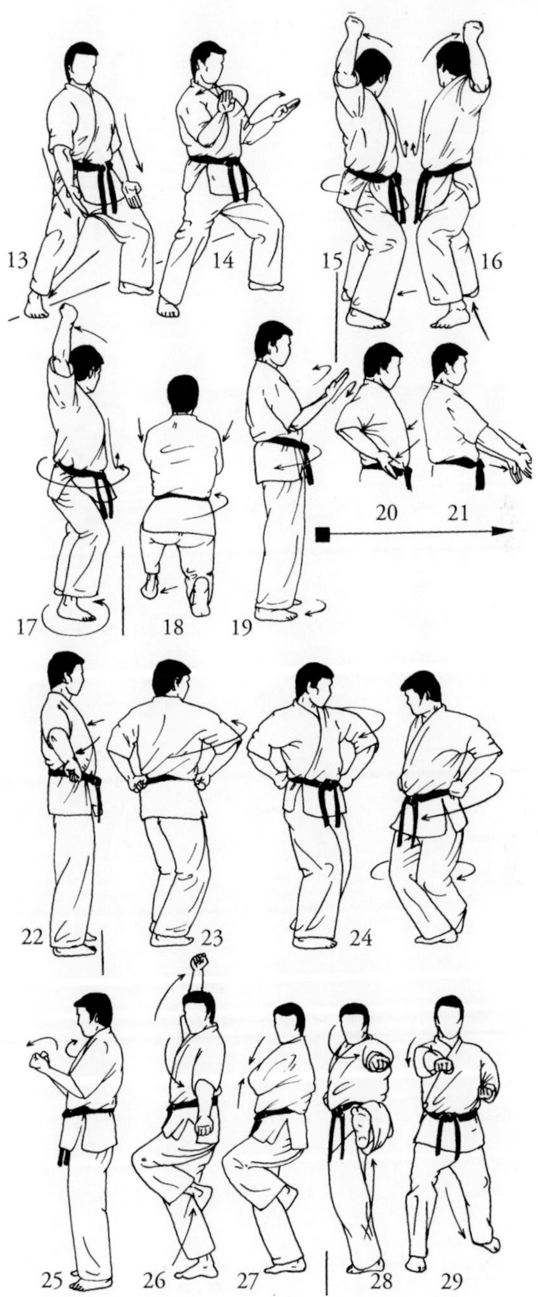
13
14
15
16
17
18
19
20
21
22
23
24
25
26
27
28
29

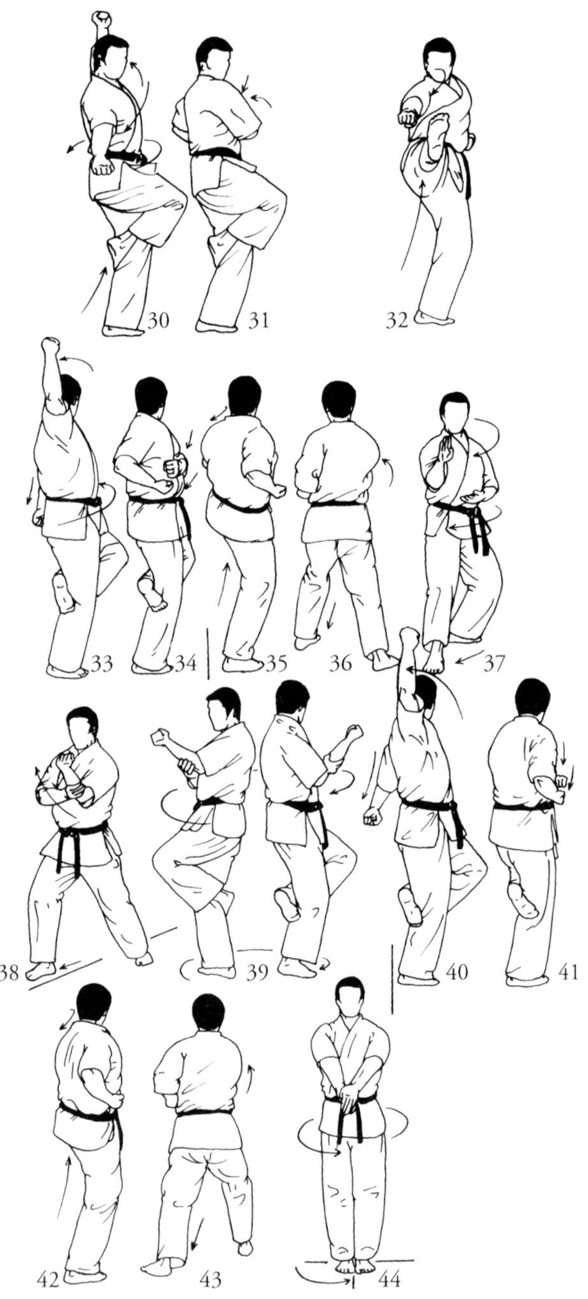
30
31
32
33
34
35
36
37
38
39
40
41
42
43
44

2.2.6 Shiroma no Chintô

Diese Version der *Kata Chintô* trägt den Namen eines direkten Schülers von Itosu Ankô, Shiroma Shinpan (1890-1954), der sie in ihrer Reinform überliefert haben soll. Heute findet man diese Form im Stil des *Gensei ryû*.

Zu beachten sind insbesondere ein einziger gesprungener Tritt nach rechts, einige ergänzende Bewegungen, eine Abschlußtechnik, die sich in keiner anderen Version der *Kata* wiederfindet und eine besondere Art und Weise, die Fäuste hinter dem Rücken zu plazieren, bevor Ellbogenstöße erfolgen (Sequenzen 25 bis 27), als ob man gebundene Hände imitieren würde (zu Beginn des *Kakushi zuki*, wie in der *Matsubayashi no Wanshu*).

Shiroma no Chintô

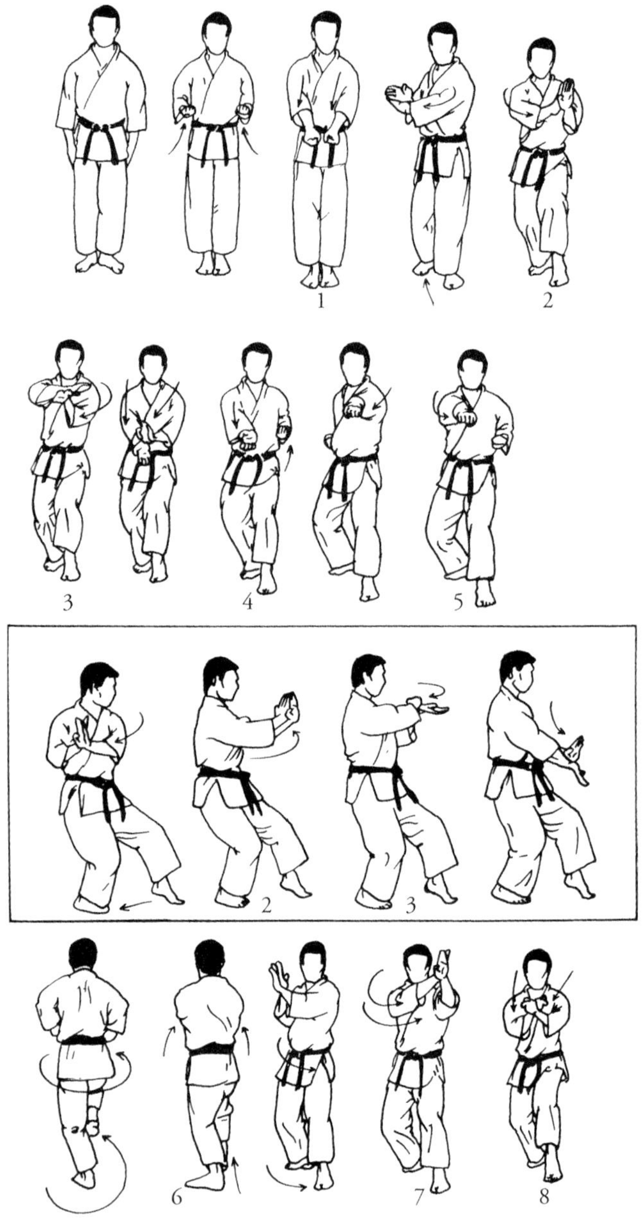

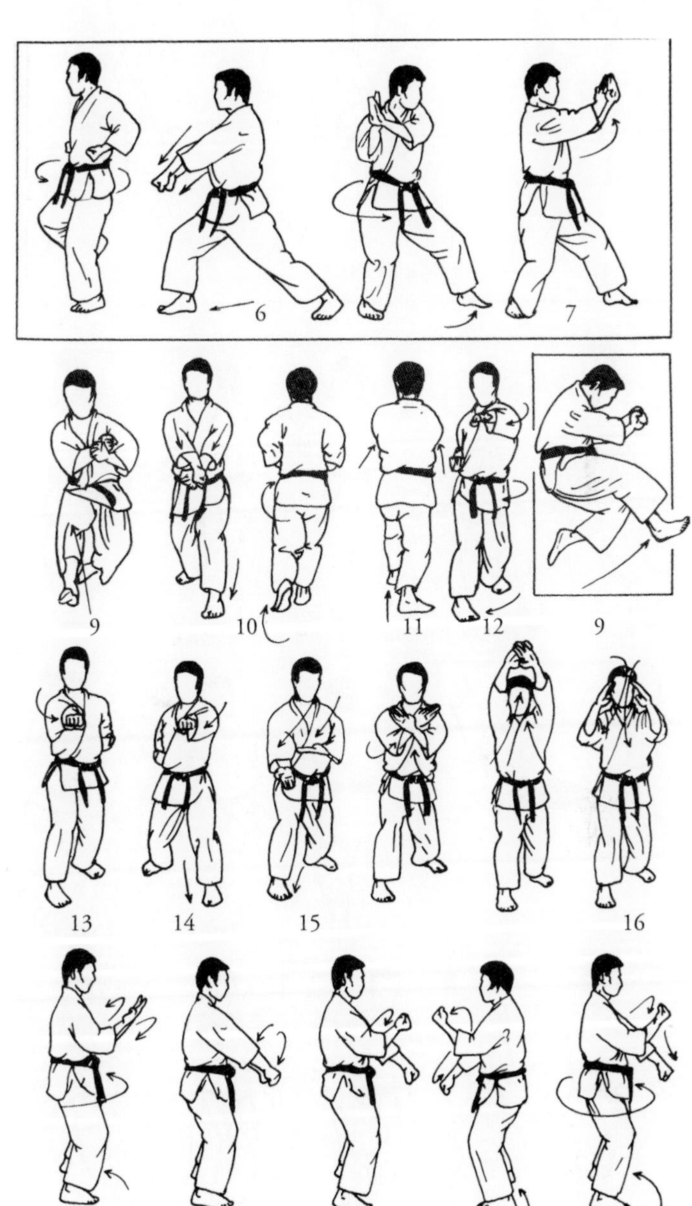
6
7
9
10
11
12
9
13
14
15
16
17
18
19
20
21

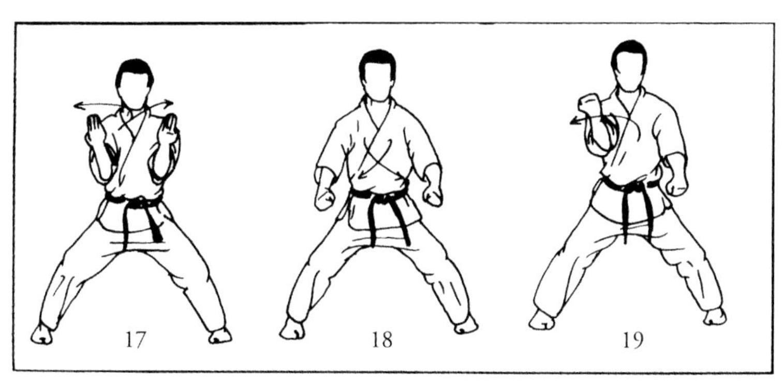

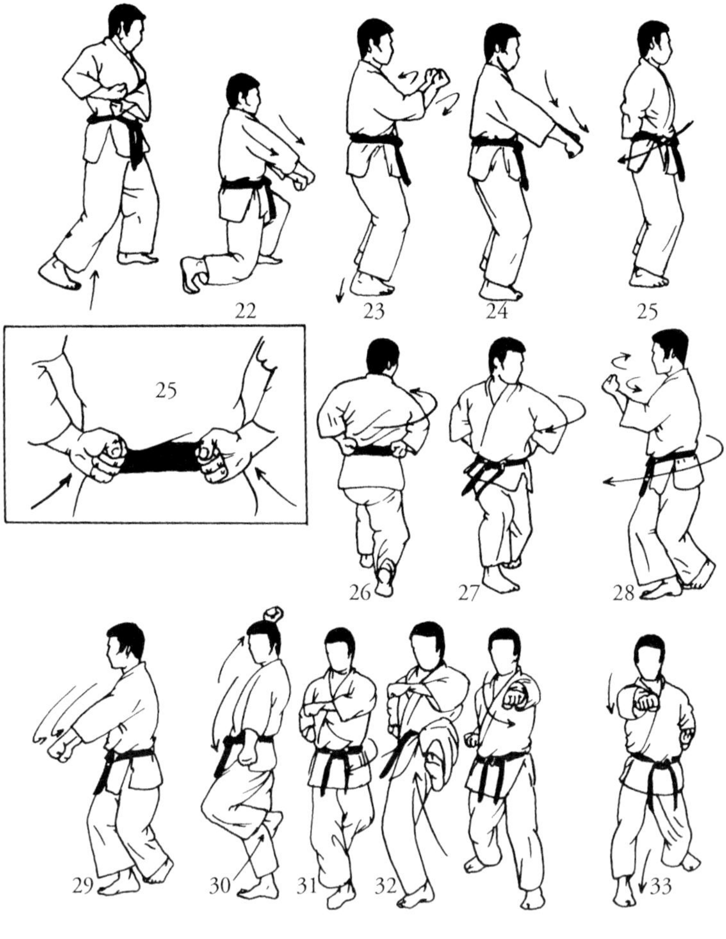

22 23 24 25

25

26 27 28

29 30 31 32 33

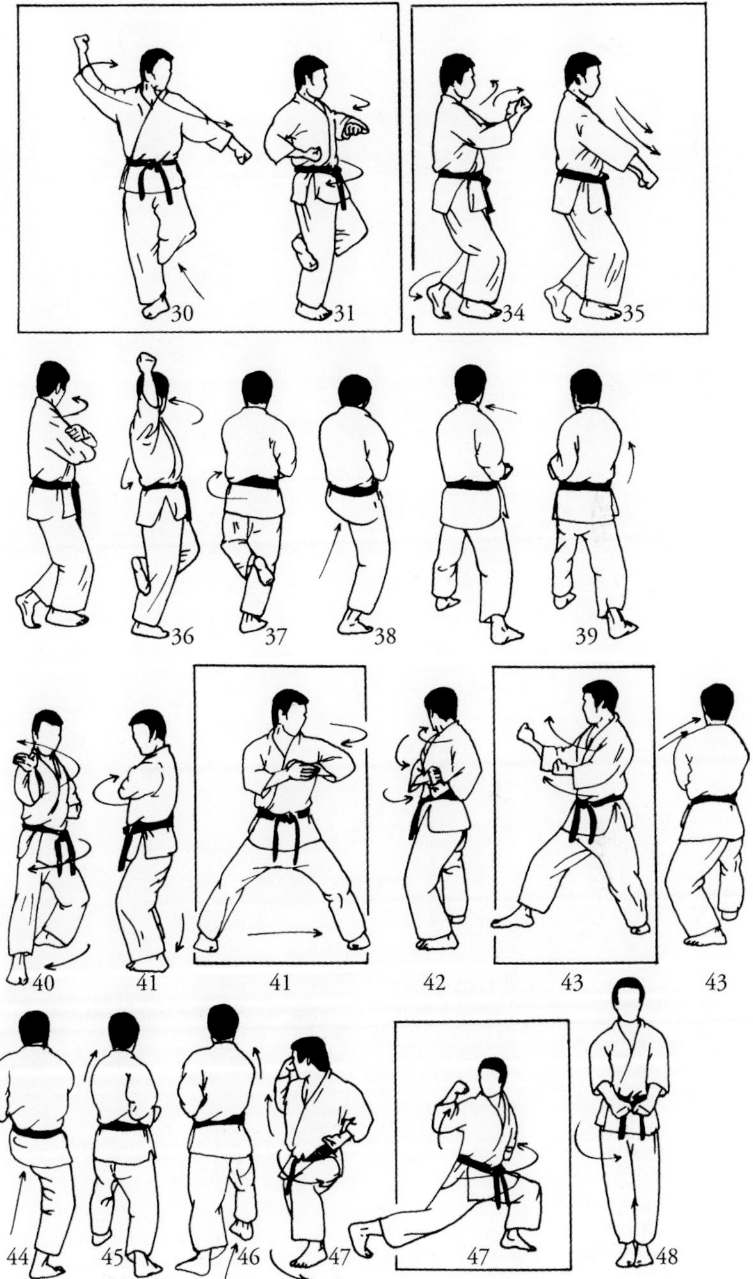
30
31
34
35
36
37
38
39
40
41
41
42
43
43
44
45
46
47
47
48

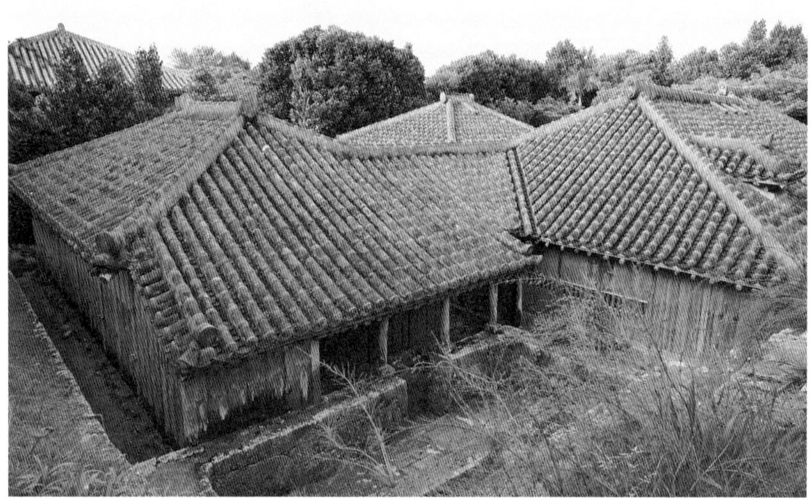

Foto 122: Das Nakamura-Haus, ein typisches okinawanisches Anwesen aus dem 18. Jahrhundert.

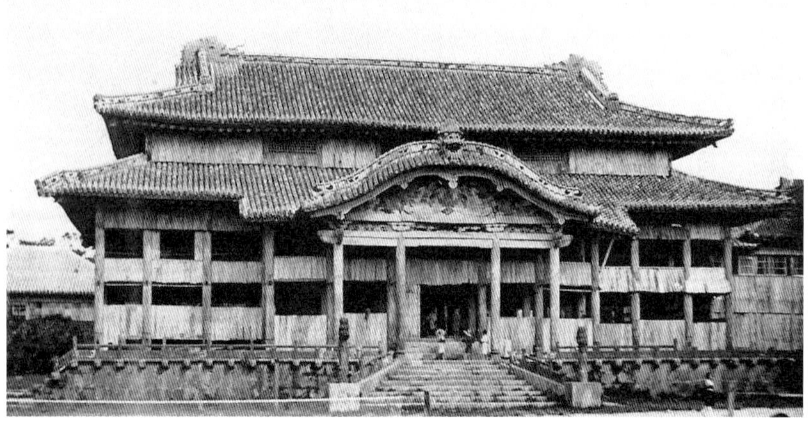

Foto 123: Das Schloß von Shuri, der historische Regierungssitz der Könige von Ryûkyû.

2.2.7 Bunkai-Möglichkeiten anhand der Chintô (Gankaku)

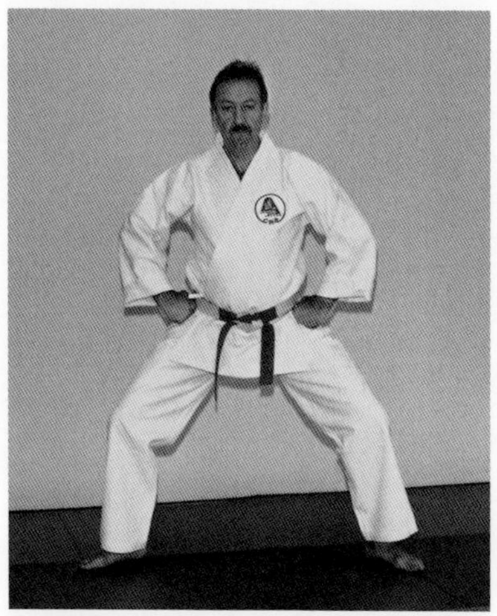
Foto 124

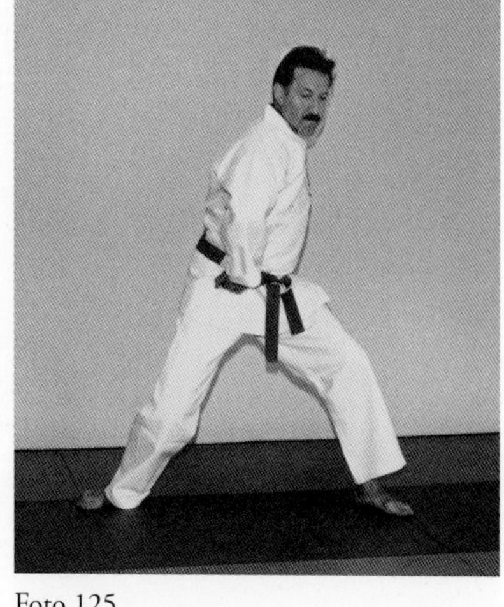
Foto 125

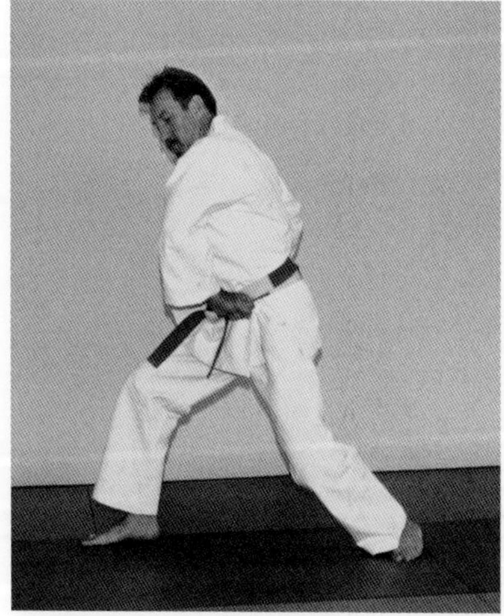
Foto 126

Fotos 124 bis 126: Blocktechnik mit den Ellbogen in der *Kata Chintô* (*Gankaku*), nach rechts und dann nach links. Dies ist ein Beispiel für Komprimierung eines *Bunkai*, d. h., es bestehen verschiedene Möglichkeiten für Bewegungen, die sich nicht auf Anhieb erschließen.

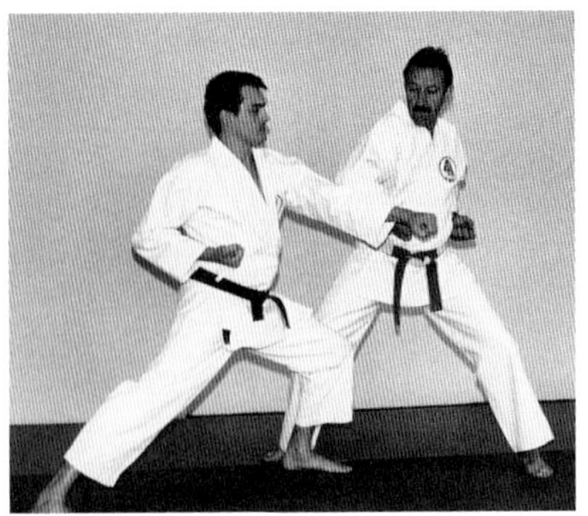

Foto 127

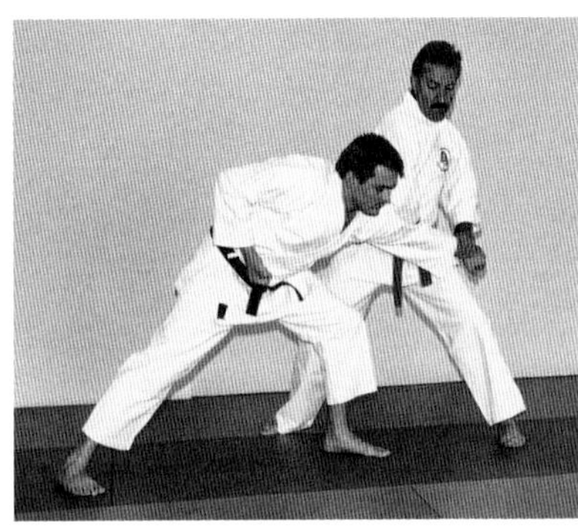

Foto 128

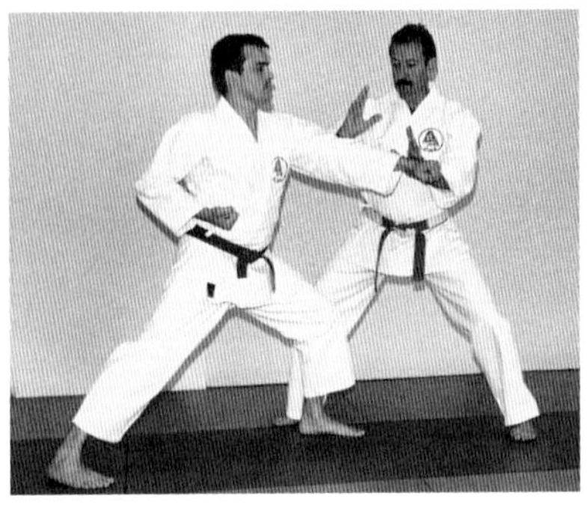

Foto 129

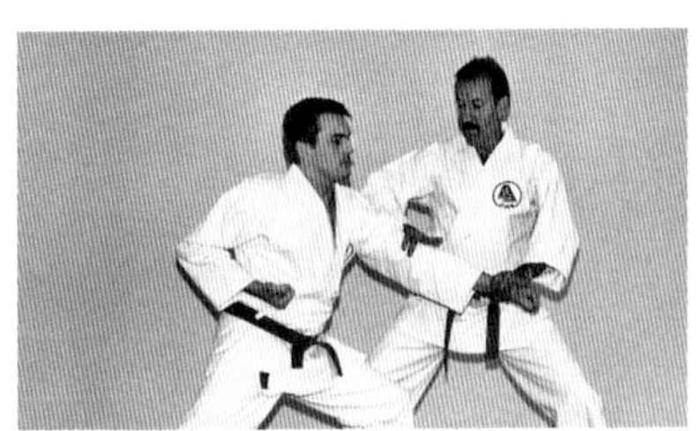

Foto 130

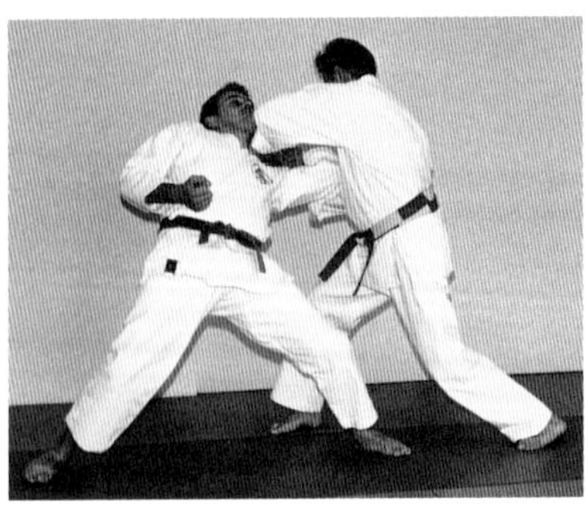

Foto 131

Fotos 127 bis 131: Auf diesen Fotos werden weitere Möglichkeiten der *Bunkai*-Interpretation gezeigt: Ein einzelner Block reicht, um den Gegner unter Kontrolle zu bringen. Oder Block mit dem rechten Ellbogen (127), worauf sofort der Griff erfolgt (129 und 130), und danach wird der Gegner durch Drehung des Körpers in entgegengesetzter Richtung geworfen, als ob *Uke* noch einen Stoß mit dem rechten Ellbogen ausführen würde (131).

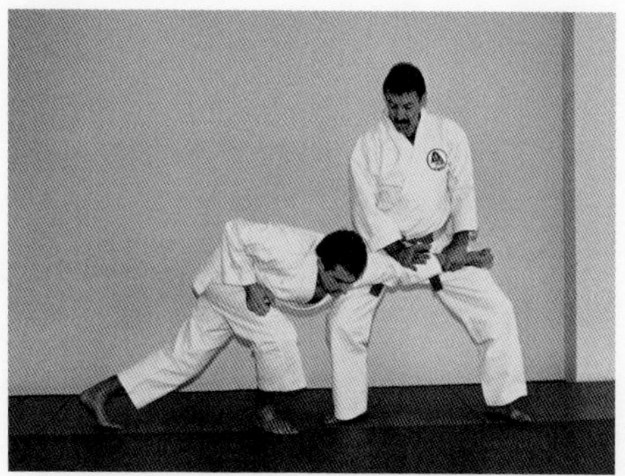

Foto 132: Kontrolle des Gegners durch ausgeprägtes Ungleichgewicht, nach dem Griff, der auf den ersten Ellbogenstoß erfolgt. Man wird die gleiche Passage in der Form *Shiroma no Chintô* (S. 322) sehen, wobei dort die Fäuste weiter zurück, bis hinter den Rücken, gezogen sind. Dies kann entweder als im Rücken »gebundene« Hände interpretiert werden oder als Beginn eines *Kakushi zuki*, wie in der *Kata Wanshu* des *Matsubayashi ryû*.

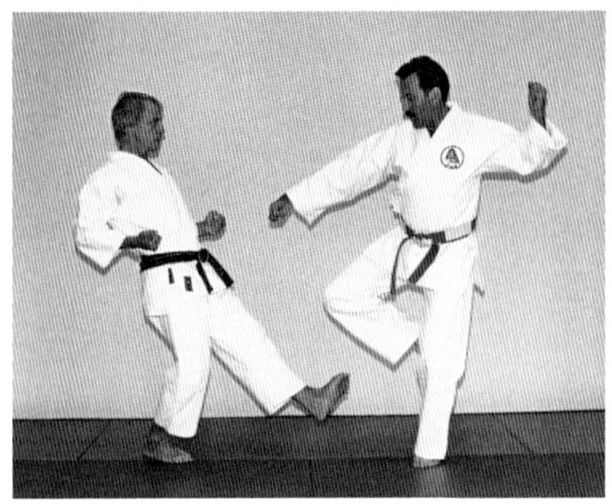

Foto 133

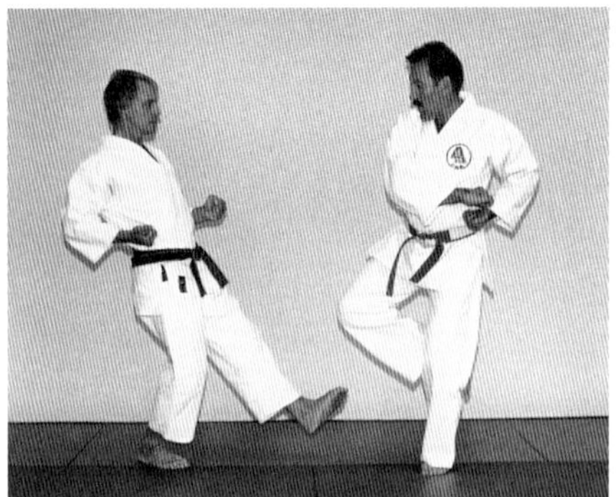

Foto 134

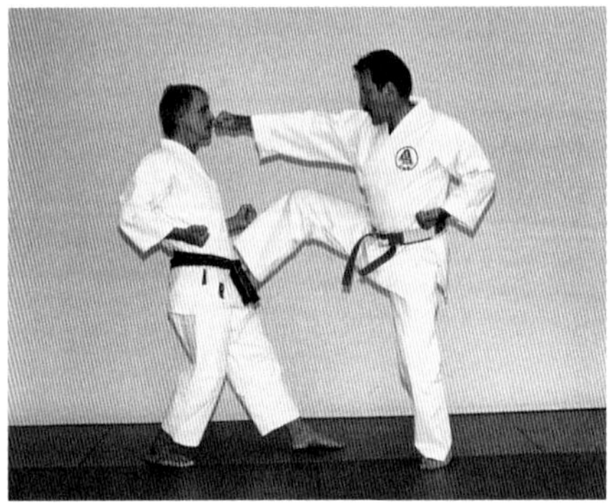

Foto 135

Fotos 133 bis 135: Sequenz aus der *Matsumura no Chintô*. Dieses alte *Bunkai* entspricht den Anforderungen eines Nahkampfes.

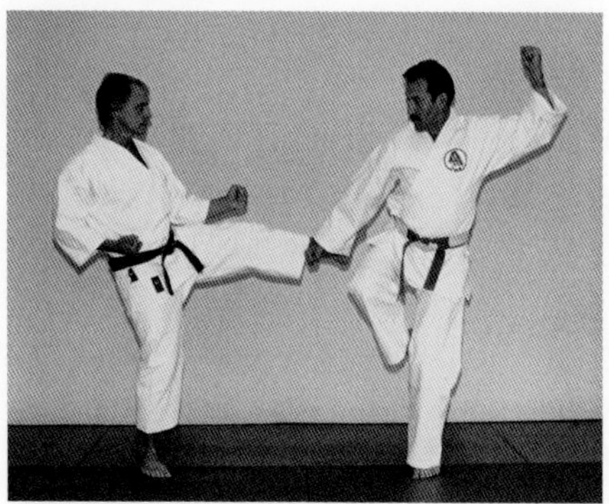

Foto 136

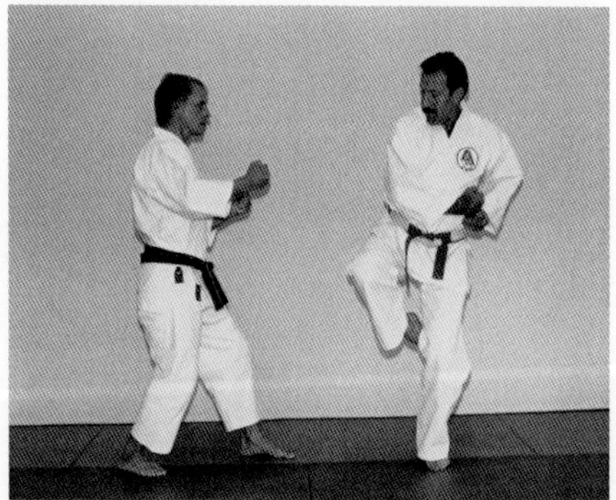

Foto 137

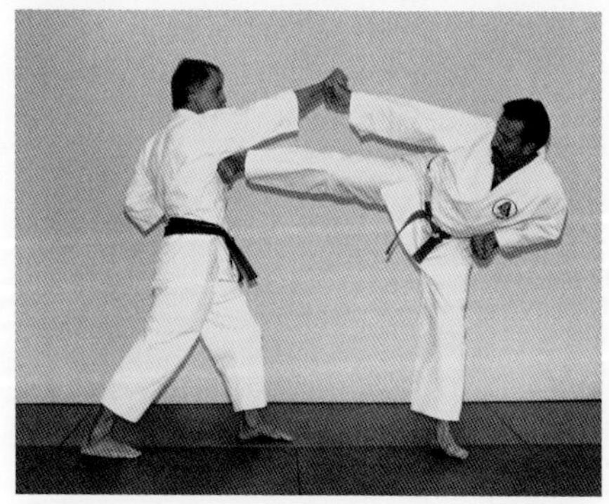

Foto 138

Fotos 136 bis 138: Die gleiche Bewegungsfolge wie auf den Fotos auf der gegenüberliegenden Seite in der *Kata Gankaku*.

Das *Bunkai* des modernen *Shôtôkan* paßt besser zu weiter voneinander entfernten Gegnern, doch zugleich ist der Rhythmus der Ausführung langsamer geworden. Die Ausführung der Sequenz ist außerdem kraftbetonter geworden (möglicherweise auch ästhetischer).

2.2.8 Aragaki no Sôchin

Die Geschichte dieser *Kata* wird auf Seite 199 f. beschrieben. Die »*Sôchin*« des *Shôtôkan* ähnelt nur entfernt jener *Kata*, die Aragaki hinterlassen hat. Letztere hat folgenden Ablauf:

2-5: *Chûdan* morote *uchi uke* (*Wari uke*) im rechten *Nekoashi dachi.*

6-9: *Gyaku zuki* im linken *Nekoashi dachi.*

10-13: *Gyaku zuki* im rechten *Nekoashi dachi.*

14-26: Es folgt eine Drehung um 180°, und die gleichen Bewegungsfolgen (2-13) werden in die entgegengesetzte Richtung ausgeführt.

27: *Morote gedan barai* im *Shiko dachi* (27),

28: *Jôdan kosa uke*, …

29: … aus dem sich ein neuer *Morote gedan barai* (*Juji sayui barai uke*) entwickelt, jedoch mit dem Gesicht in Richtung der Hauptachse.

30: Rechter *Chûdan ura zuki* mit linkem *Chûdan soto uke* im *Nekoashi dachi*, nach links gerichtet.

31-33: Kehrtwende, drei *Shutô uke.*

34: Erneute Kehrtwende mit *Hikite* in der Position *Shizentai.*

35: *Yama zuki* nach vorn.

36, 37: Erneut werden die Techniken der Sequenz 30 ausgeführt, doch diesmal bleibt man dabei im *Shizentai.*

38: Schwenken, um einen rechten *Chûdan tate shutô uke* entlang einer schrägen Achse auszuführen, …

39: … gefolgt von einem *Gyaku zuki* …

40, 41: … und den gleichen Techniken symmetrisch in die entgegengesetzte Richtung, immer noch in der *Shizentai*-Position.

42-44: Drei Schritte zurück mit *Chûdan teisho uke*, man blickt dabei in Richtung der zentralen Bewegungsachse.

45: *Jôdan kosa uke, …*

46: … daraufhin erfolgt ein *Morote gedan otoshi teisho uke* am Ort.

47: *Yama no gamae* im *Tsuruashi dachi …*

48: … für einen rechten *Mae geri* mit gleichzeitig erfolgendem *Hasami shutô uchi.*

49, 50: Der rechte Fuß wird nach hinten gesetzt für zwei *Choku zuki.*

51: Schließlich erfolgt ein *Mawashi uke* gegen einen *Toraguchi ryote teisho zuki.*

Aragaki no Sôchin

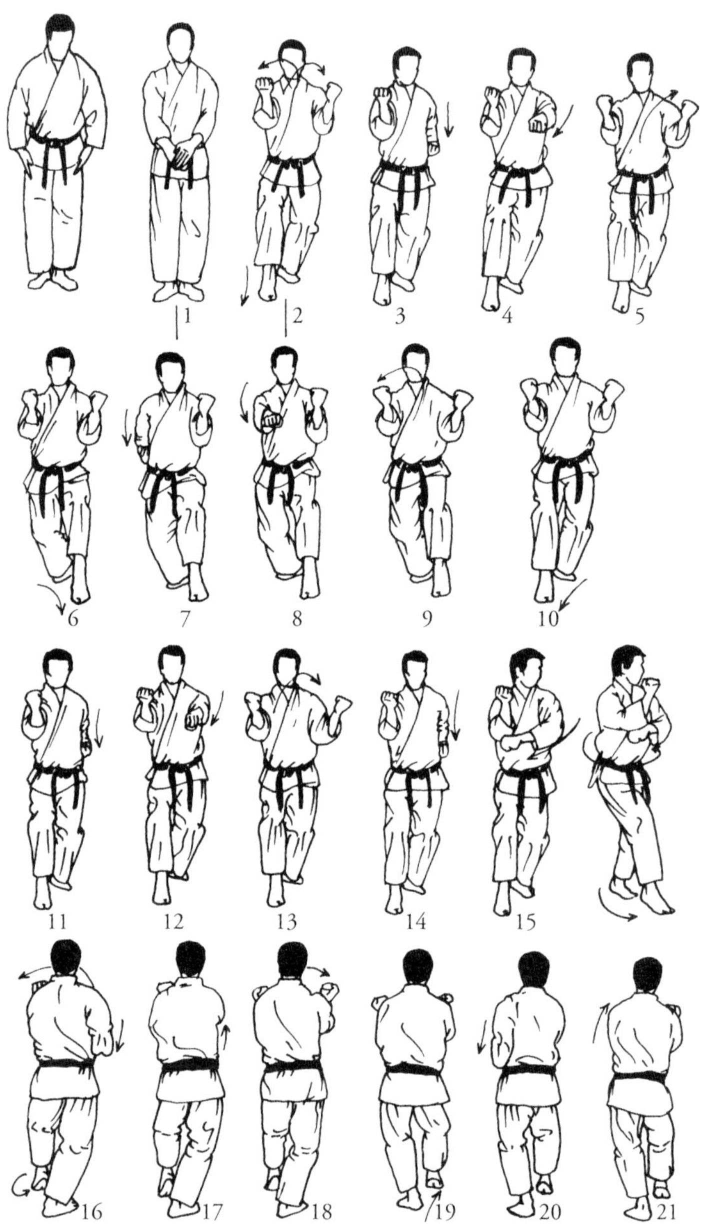

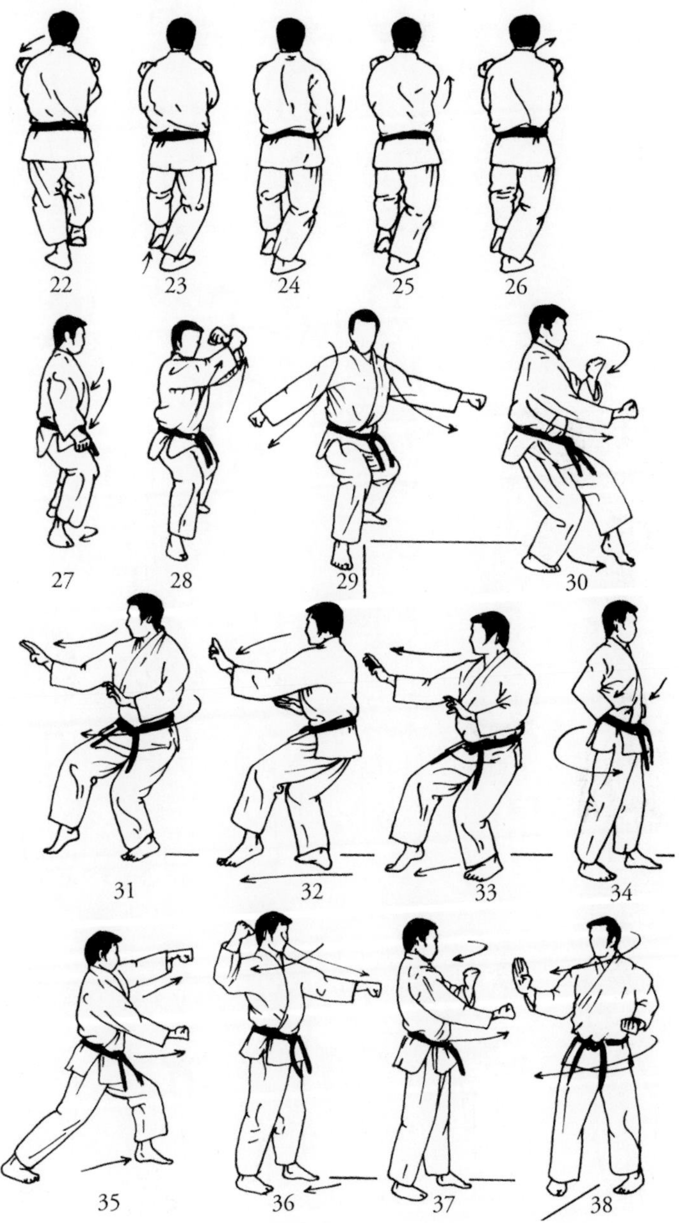
22
23
24
25
26
27
28
29
30
31
32
33
34
35
36
37
38

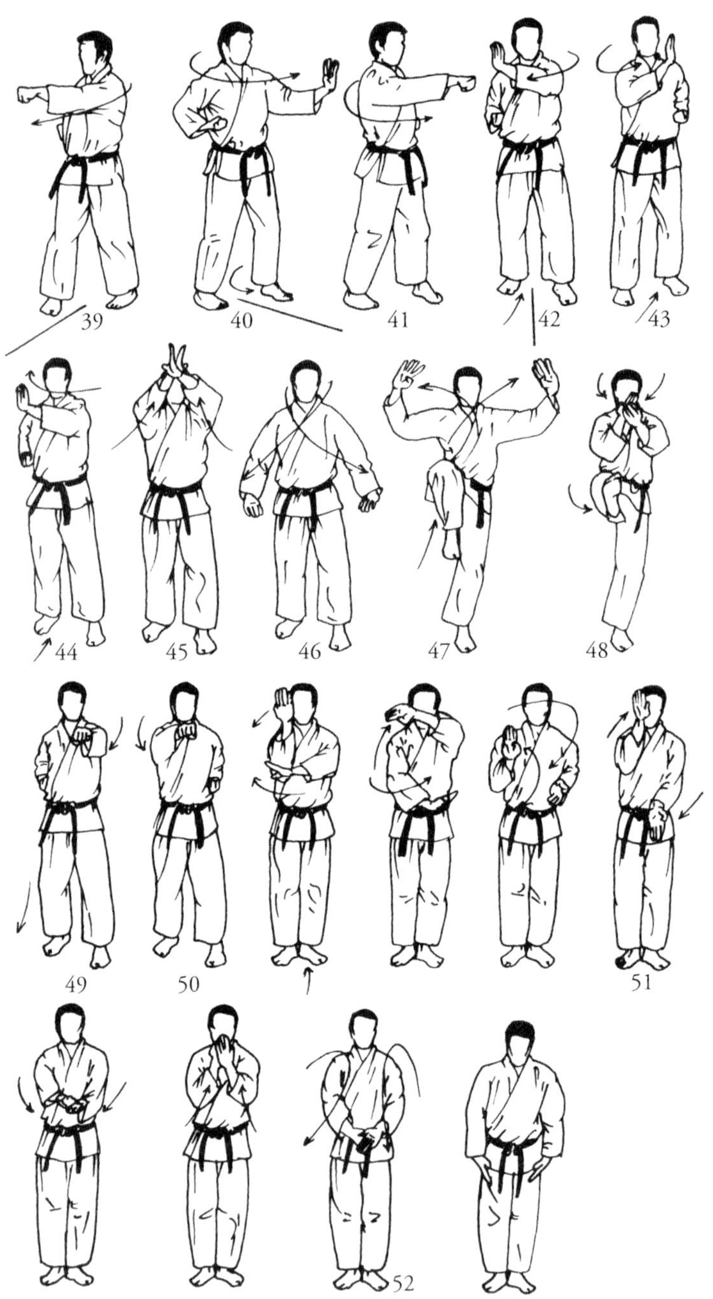
39
40
41
42
43
44
45
46
47
48
49
50
51
52

2.2.9 Jion

Hier wird die Version des durch Chibana Chôshin (1885-1969) gegründeten *Kobayashi Shôrin ryû* vorgestellt, wie sie durch *Sensei* Higa gelehrt wurde. Die Geschichte der *Kata Jion* wurde auf Seite 198 f. geschildert.

Diese Form ist mit der aktuellen *Shôtôkan*-Variante vergleichbar, von der sie sich nur geringfügig unterscheidet; der Rhythmus und die Bewegungsabläufe sind die gleichen. Dies gilt auch für die im *Wadô ryû* überlieferte Variante.

Jion

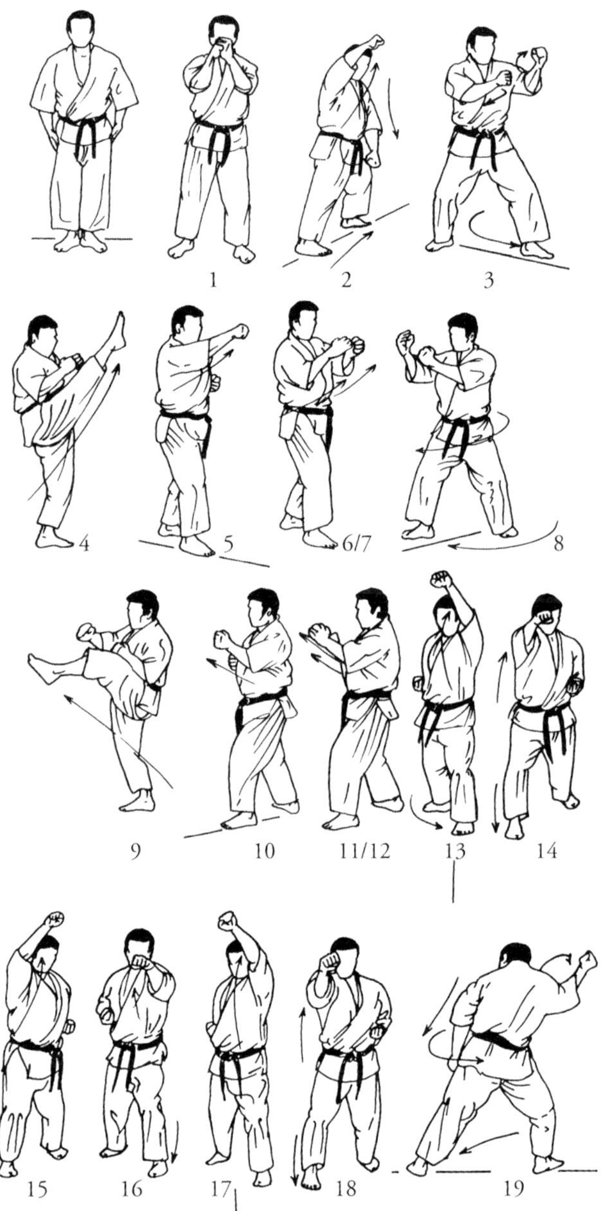

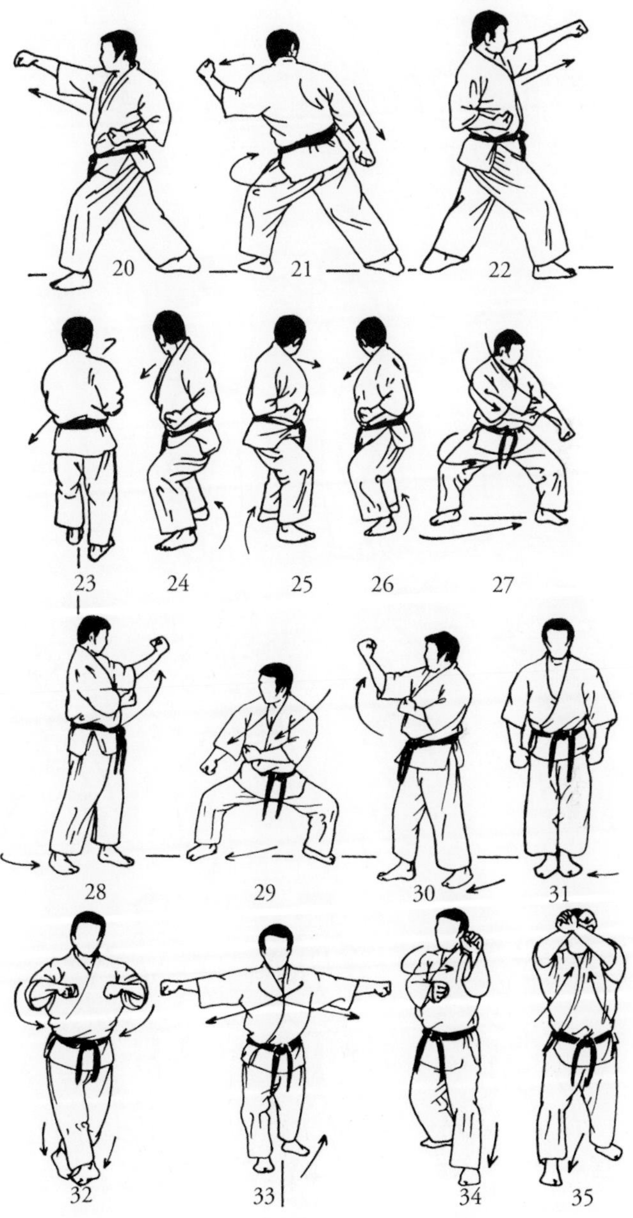

20
21
22
23
24
25
26
27
28
29
30
31
32
33
34
35

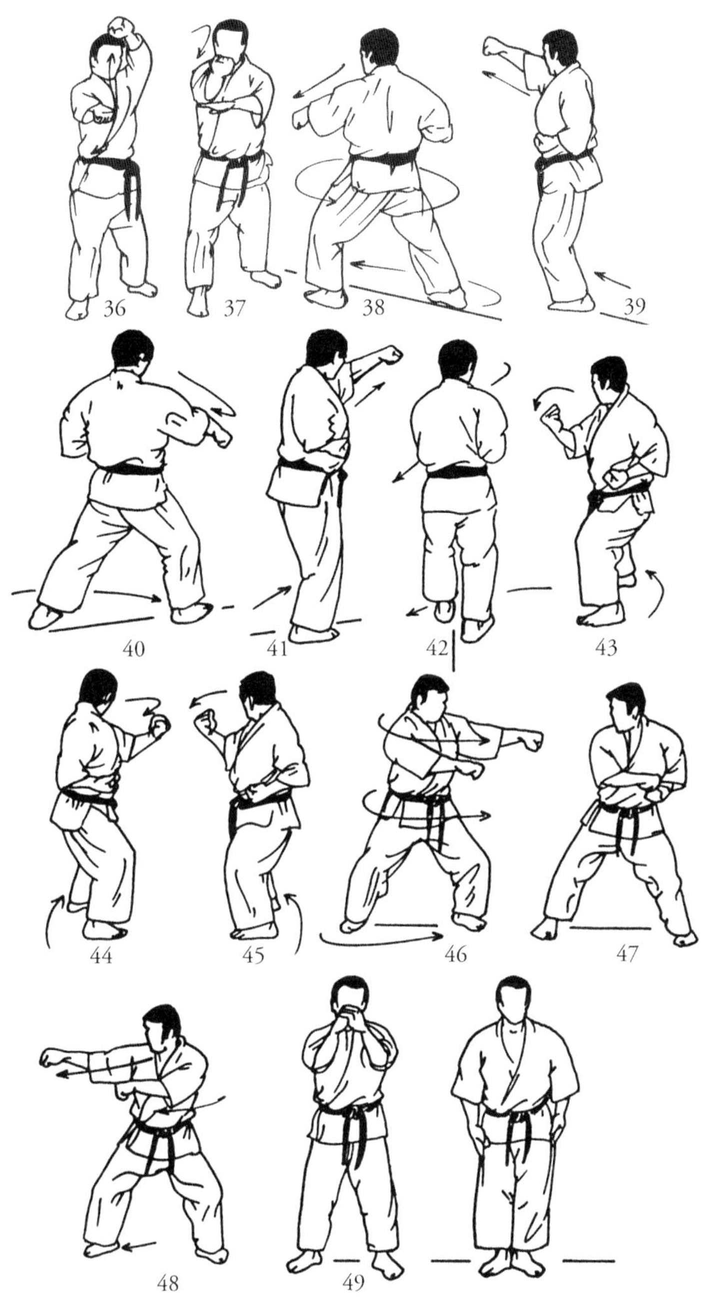
36
37
38
39
40
41
42
43
44
45
46
47
48
49

2.2.10 Jitte

Hier wird die alte Form aus dem *Tomari te* vorgestellt, wie sie durch Kyan Chôtoku (1870-1945) überliefert wurde. Die Geschichte der *Kata* findet sich auf Seite 198 f.

Die Version ist mit der aktuellen *Shôtôkan*-Variante vergleichbar, der sie sehr ähnlich ist. Für diese *Kata* wird eine summarische Beschreibung des Gesamtablaufs gegeben.

Die *Kata* beginnt mit dem Gruß (*Rei*) im *Musubi dachi*. Der weitere Ablauf ist wie folgt:

1. *Yoi*. Übergang in einen *Heisoku dachi* am Ort, während die Hände auf Höhe des Kinns gehoben werden; die Handrücken zeigen nach oben.
2. Langsam den linken Fuß zurücksetzen, um einen *Zenkutsu* einzunehmen, während die rechte Hand abgesenkt wird zu einem *Chûdan tekubi osae uke*, mit einem *Hikite* der linken Faust.
3. Den linken Fuß vorsetzen, während die linke Hand vorm Körper abgesenkt wird, …
4. … bis der Unterarm parallel zur Brust im *Chûdan osae uke* ist. Am Ende des Schrittes mit dem linken Fuß wird ein linker *Jôdan ura zuki* ausgeführt, der linke Ellbogen liegt dabei auf dem Rücken der rechten Hand. Die Position ist nun *Hidari shizentai* (oder *Hidari kihon dachi*).

Variante: Position *Sanchin dachi*, *Uraken* mit linker Faust, rechte Faust wird auf dem Ellbogen geschlossen.

5. Ohne die Stellung zu verändern, wird der Blick nach rechts gerichtet, und die Fingerglieder der linken Faust werden auf den rechten Ellbogen abgesenkt.

Variante: Linker *Chûdan otoshi tettsui uchi*.

6. Der rechte Fuß wird weiter nach rechts gesetzt, parallel zum linken Fuß. Im *Shiko dachi* wird nun ein rechter *Chûdan haitô uchi* zugleich mit einem *Hikite* mit der linken Faust ausgeführt.

7. Wende auf dem linken Fuß nach links; der rechte Fuß wird auf die Zentralachse gesetzt; man bleibt im *Shiko dachi* und führt einen *Chûdan teisho uke* mit der rechten Hand aus. Die linke Faust bleibt in *Hikite*.

8. Auf derselben Achse wird der linke Fuß nach vorn gesetzt, man bleibt im *Shiko dachi*, und die Technik aus Sequenz 7 wird wiederholt.

9. Auf derselben Achse wird der rechte Fuß nach vorn gesetzt, man bleibt im *Shiko dachi*, und die Technik aus Sequenz 7 wird noch einmal wiederholt.

10. Der Blick wird wieder nach vorn, entlang der Bewegungsachse, gerichtet. Der rechte Fuß wird über Kreuz vor den linken gestellt, doch berühren nur die Zehenspitzen den Boden (*Kake dachi* oder *Kosa dachi*). Gleichzeitig, und ohne sich aufzurichten, wird nach vorn ein *Jôdan juji uke* ausgeführt, das rechte Handgelenk ist dabei hinter dem linken.

11. Der linke Fuß wird zur Seite gesetzt, man nimmt einen *Shiko dachi* ein; während man auf diese Weise auf der Zentralachse zurückweicht, wird simultan auf beiden Seiten ein *Gedan uke* ausgeführt.

Im Rahmen wird diese Technik von vorn gezeigt.

12. Der rechte Fuß wird vor den linken über Kreuz gestellt, ohne daß man sich aus seiner Position erhebt. Es erfolgt ein weicher Sprung nach links, wobei man den linken Fuß in dieselbe Richtung führt. Am Ende dieser Ausweichbewegung befindet man sich im *Shiko dachi* mit *Jôdan yoko ude uke* auf beiden Seiten.

13. Wende auf dem rechten Fuß nach rechts, um wieder mit dem linken Fuß nach vorn zu stehen, und zwar immer noch auf der zentralen Bewegungsachse der *Kata*, doch von neuem in entgegengesetzter Richtung. Daraufhin wird im *Shiko dachi* gleichzeitig auf beiden Seiten ein *Chûdan soto uke* ausgeführt. Der Blick ist nach vorn in Richtung der Zentralachse gerichtet.

14. Der rechte Fuß wird auf derselben Achse nach vorn gesetzt, und die vorhergehende Technik wird in umgekehrte Richtung ausgeführt, wobei man nach ebenfalls im *Shiko dachi* steht.

15. Der linke Fuß wird auf derselben Achse nach vorn gesetzt, und die Technik der Sequenz 13 wird wiederholt.

Im Rahmen werden die Techniken 13 und 14 von hinten und von vorn gezeigt.

16. Der rechte Fuß wird langsam zum linken geführt. Während man den Blick wieder nach vorn richtet, richtet man sich im *Hachiji dachi* auf, wobei ein doppelter frontaler *Gedan barai* (*Sayu barai uke*) erfolgt.

Variante: *Heiko dachi*, wobei die Handgelenke vor der Brust gekreuzt werden – das rechte Handgelenk ist näher zum Körper –, um sich aus einem Griff zu befreien.

17. Wenden nach rechts; die rechte Fußspitze wird auf die Zentralachse gestellt, in Richtung des Ausgangsortes. Daraufhin wird ein *Chûdan shutô uke* im *Nekoashi dachi* ausgeführt.

Im Rahmen wird diese Technik im Profil gezeigt.

18. Man geht nach vorn und setzt den rechten Fuß zur Seite, um in einen *Zenkutsu* zu gelangen, während man einen *Teisho yama zuki* ausführt, wobei der Oberkörper direkt nach vorn ausgerichtet ist.

19. Der linke Fuß wird auf der zentralen Bewegungsachse nach vorn gesetzt, und die Technik der vorherigen Sequenz wird umgekehrt ausgeführt.

20. Der rechte Fuß wird nach vorn gesetzt und die Technik aus Sequenz 17 wiederholt.

Im Rahmen wird die Technik im Profil gezeigt.

21. Kehrtwende auf dem rechten Fuß nach links, während der linke Fuß in weitem Bogen nach hinten geführt wird, damit man sich auf einer Achse, die im rechten Winkel zur vorherigen steht, befindet. Im *Kôkutsu dachi* wird nun gleichzeitig mit dem linken Arm ein *Gedan uke* und mit dem rechten ein *Chûdan ude uke* ausgeführt (*Hotoke uke*).

22. Am selben Ort wird die zur vorherigen spiegelsymmetrische Position eingenommen, indem der Körper nach links geneigt wird. Man bleibt auf derselben Achse.

23. Man verlagert das Gleichgewicht auf den rechten Fuß, der linke Fuß wird auf der Zentralachse der *Kata* nach vorn gesetzt, um im *Zenkutsu* einen linken *Jôdan age uke* zu blocken.

24. Der rechte Fuß wird nach vorn gesetzt, und die Technik der vorhergehenden Sequenz wird umgekehrt ausgeführt.

25. Kehrtwende auf dem rechten Fuß nach links, wobei der linke Fuß in einem Kreisbogen seitlich nach hinten gestellt wird. Man befindet sich nun in einem linken *Zenkutsu* auf der Zentralachse, jedoch in entgegengesetzter Richtung. Es wird ein linker *Jôdan age uke* ausgeführt.

26. Der rechte Fuß wird auf der Achse nach vorn gesetzt, und die Technik aus Sequenz 25 wird umgekehrt wiederholt. Während man blockt, wird ein *Kiai* ausgestoßen.

27. Kehrtwende auf dem rechten Fuß nach links. Man richtet sich nun auf, wobei die Füße nebeneinander gestellt werden. Am Ausgangsort der *Kata* wird nun im *Heisoku dachi* auf Kinnhöhe die rechte Faust an die linke Handfläche gelegt.

Yame. Yassme.

Die Fußspitzen werden gespreizt. Abschließender Gruß (*Rei*) im *Heisoku dachi*.

Jitte

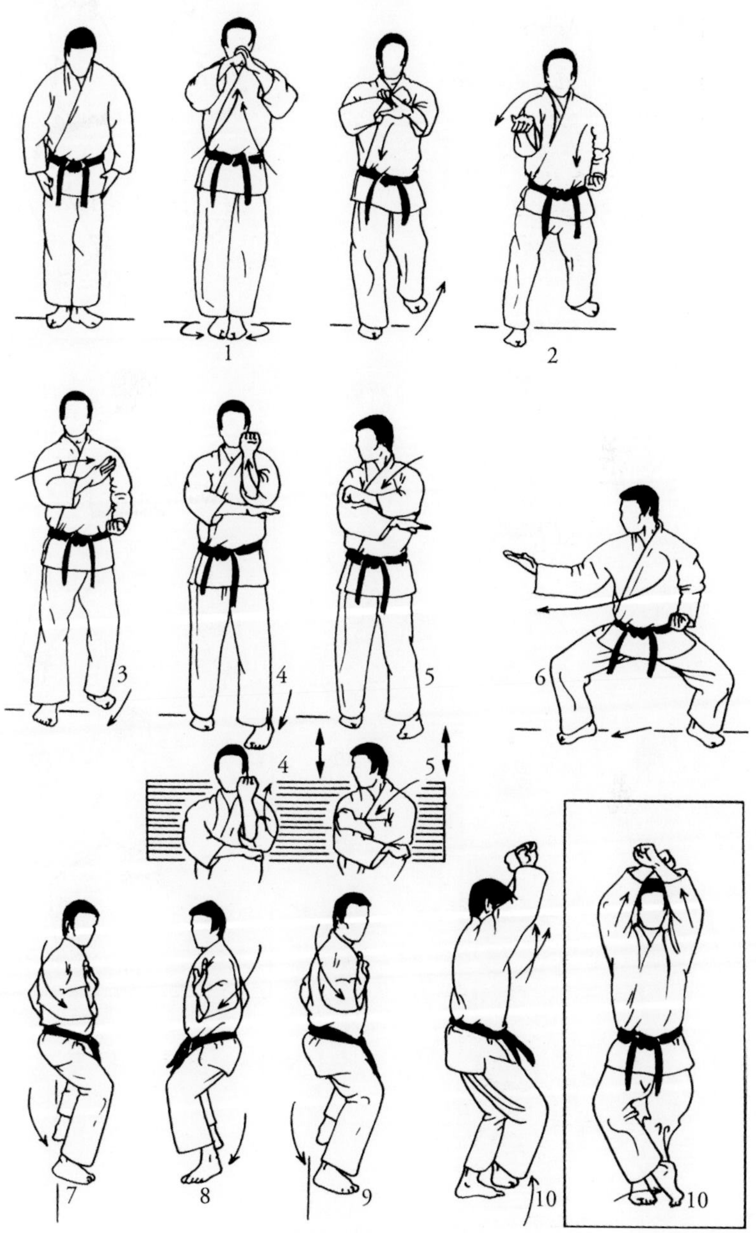

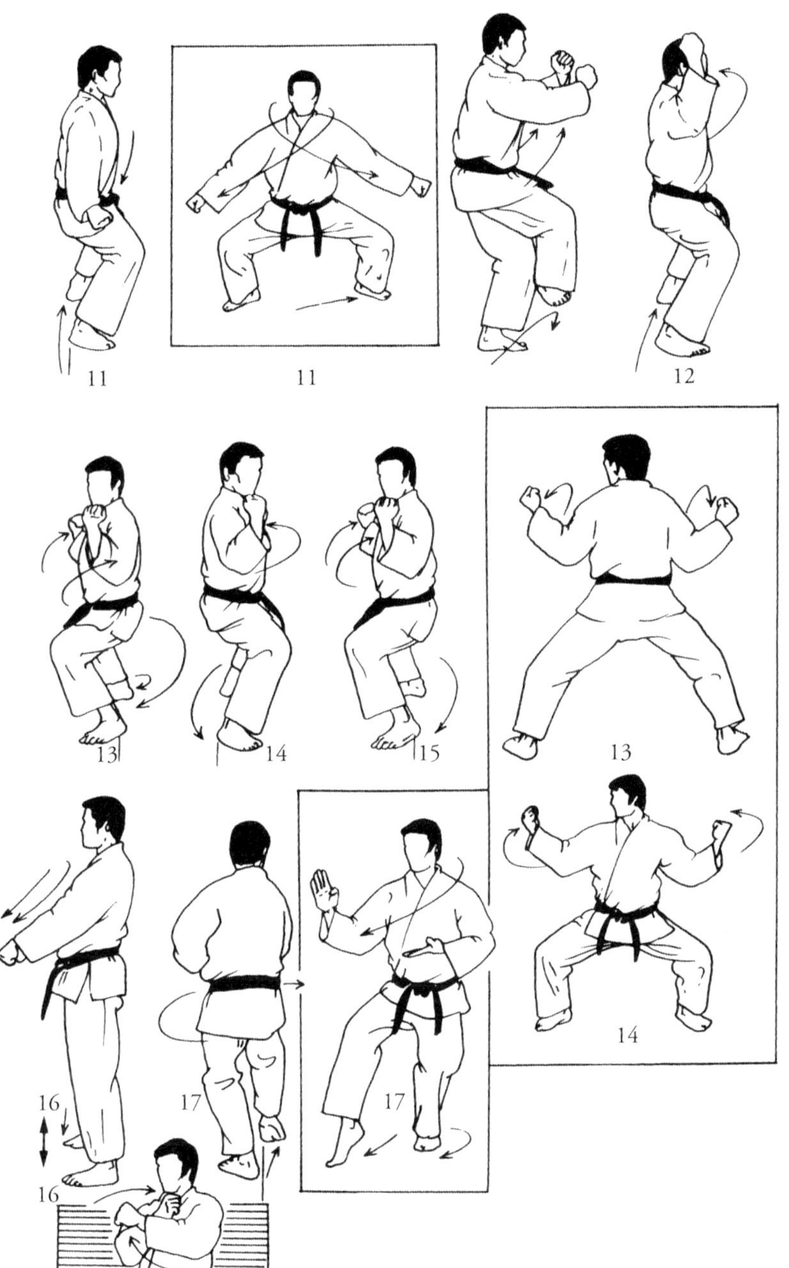

11
11
12
13
14
15
13
16
16
17
17
14

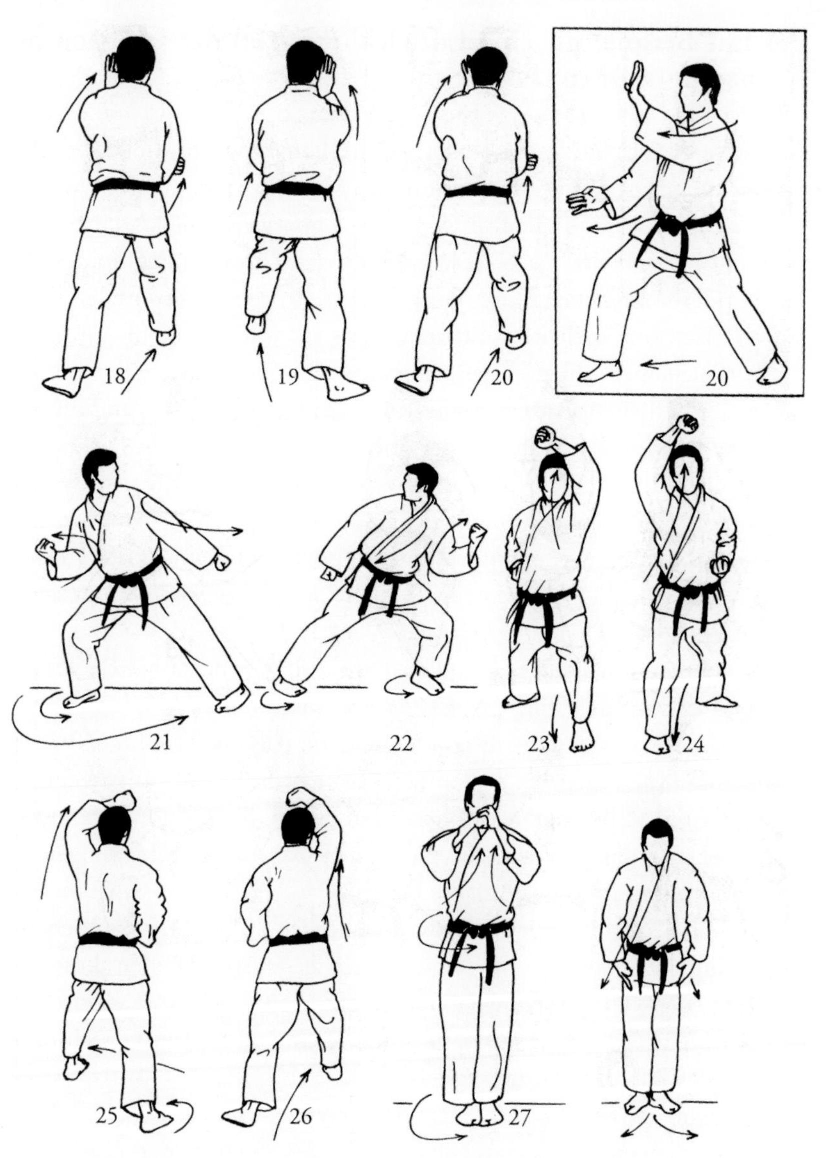
18
19
20
20
21
22
23
24
25
26
27

2.3 Ein Beispiel für eine Entwicklung: von der Chibana no Kûshankû (shô) zur Kankû shô

Auf Seite 114 f. wurde die Rolle, welche Funakoshi Yoshitaka bei der Entwicklung des *Shôtôkan*-Karate seines Vaters spielte, erläutert. Diese Rolle spiegelt sich vor allem in der *Kata Kankû* (*shô*) wieder, einer Version, die aus der Form »*dai*« hervorging, welche Itosu zu Beginn des 20. Jahrhunderts entwickelt hatte. Beispielsweise wurden aus frontalen Fußtritten (*Mae geri*) seitliche Fußtritte (*Yoko geri*), und vor allem wurde ein Fußtritt aus einer athletisch gesprungenen 180°-Drehung heraus ausgeführt, der in fließendem Übergang auf einen halbkreisförmigen Fußtritt (*Mikazuki geri*) folgt. Während der Tritt mit dem hinteren Fuß während des Sprunges in der alten *Chibana no Kûshankû dai* noch existiert, wurde er durch Itosu in seiner *Kankû dai* weggelassen. Im modernen *Shôtôkan* wurde er hingegen wieder aufgenommen, doch, wie man aus den Zeichnungen erkennen kann, erscheint er nicht in der *Chibana no Kûshankû shô*.

Der wirklich originelle Beitrag von Funakoshi Yoshitaka besteht darin, während des Sprungs einen *Mikazuki geri* auszuführen. Vergleicht man die beiden Versionen, erkennt man außerdem, daß die *Kata* im *Shôtôkan* insgesamt körperbezogener und athletischer geworden ist, mit ausgeprägteren, tieferen Stellungen und höheren Fußtritten. Sie wirkt insgesamt ästhetischer, aber das geht auf Kosten der alten, natürlicheren Haltungen.

Doch es gibt noch mehr Auffälligkeiten:

Die alten Techniken mit der Hand (Sequenzen 26 bis 34, oder auch 36 bis 40) sind recht komplex im Vergleich mit den entsprechenden aktuellen Abfolgen, die wie Abkürzungen erscheinen. Man beachte, daß zwischen den Bewegungsabläufen 33 und 34, sowie 39 und 40 die Faust durch Einwinkeln des Ellbogens zurückgezogen wird.

Die Sequenzen 59 und 60 (Ausweichbewegung, indem man sich hinhockt) erscheinen in der aktuellen *Kankû dai*, doch in der *Kankû shô* wurden sie durch einen halbkreisförmigen Fußtritt ersetzt, der in einen Fußtritt nach hinten übergeht, bevor man sich am Boden wiederfindet. Allerdings befindet man sich dabei trotzdem an der gleichen Stelle wie im Ablaufschema der Chibana.

Die Bewegungsfolgen 63 bis 66 lassen die unterschiedlichen Absichten der beiden Formen der Ausführung erkennen. Die moderne Form ist besonders dynamisch, während die alte Form lehrt, wie man auf kurze Distanz und auf wirklich effektive Weise blockt und einen Gegenangriff führt (*Nekoashi dachi* und Position *Shizentai* im Stehen anstelle eines sehr ausgeprägten *Zenkutsu*).

Nebenbemerkung: Die Zeichnungen wurden anhand von Fotografien des Ablaufs der *Chibana no Kûshankû* angefertigt, welche in dem Werk »Karatedô to Ryû Kyû Kobudô« von Murakami Katsumi zu finden sind. Die *Kata* wurde demzufolge im Unterschied zu den anderen *Kata* in diesem Buch nicht auf lineare Weise und immer unter dem gleichen Blickwinkel dargestellt. Doch sollte eine gute Kenntnis der *Kankû shô* ausreichend sein, um den vollständigen Ablauf aus den Zeichnungen erkennen zu können. Aus diesem Grunde wurden Richtungsänderungen nicht gesondert kenntlich gemacht.

Die *Kankû shô* des modernen *Shôtôkan* ist in den eingerahmten Zeichnungen dargestellt unter den entsprechenden Sequenzen der *Chibana no Kûshankû*.

Chibana no Kûshankû (shô) – Kankû shô

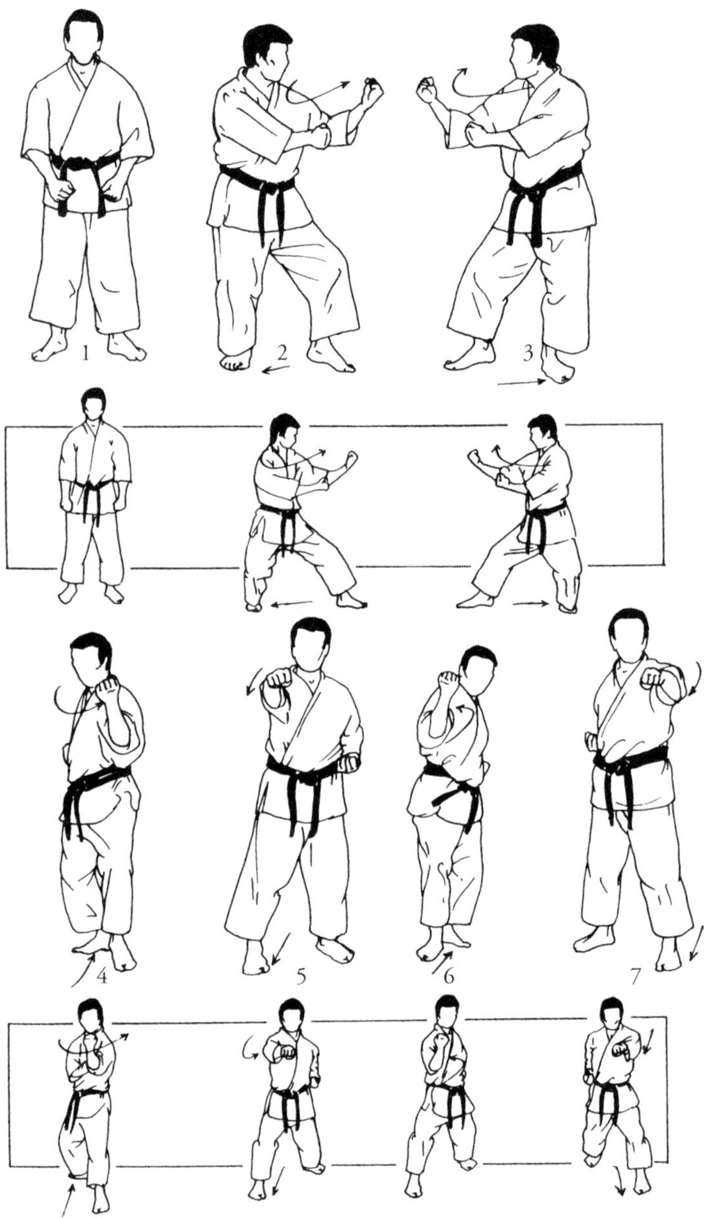

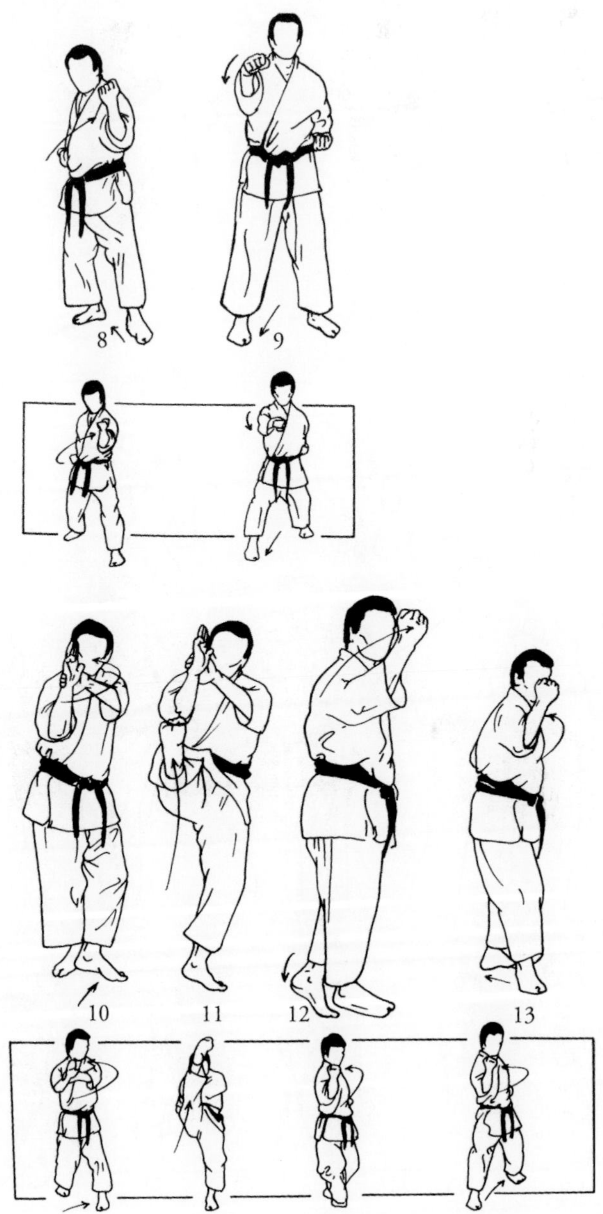

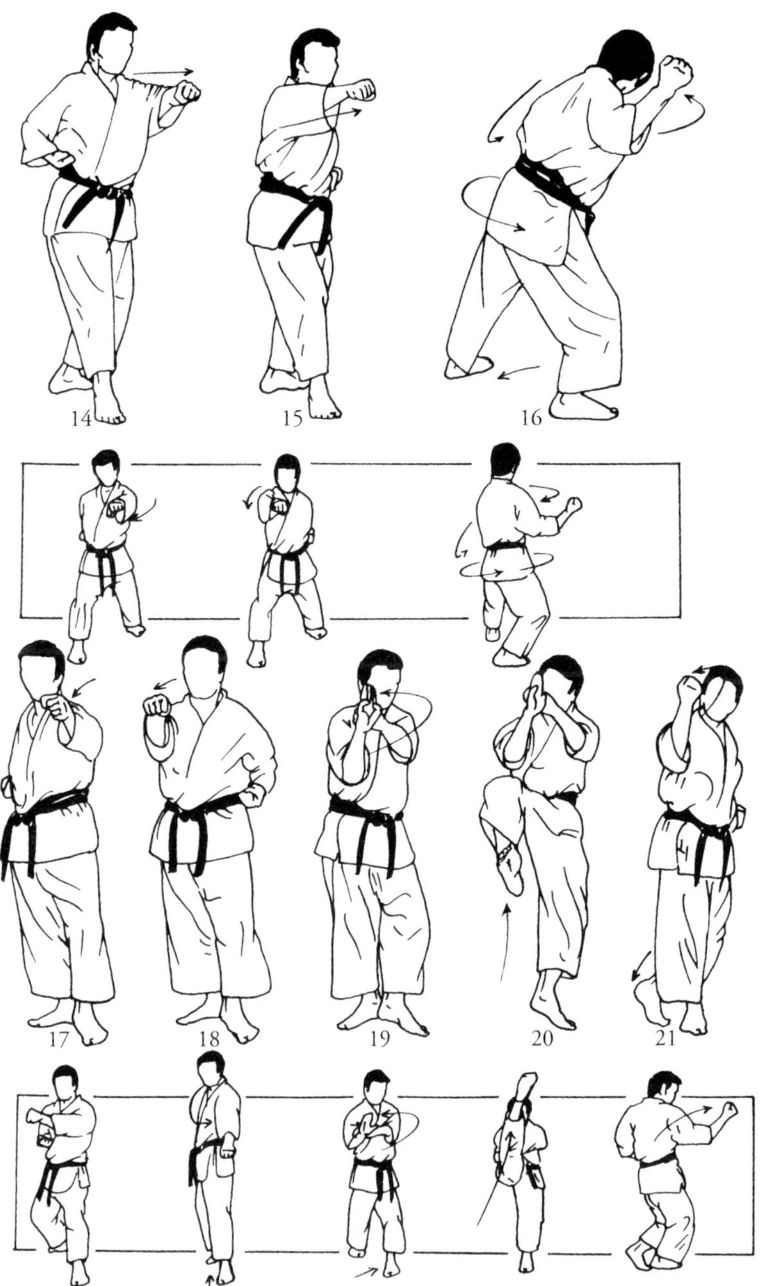

14
15
16
17
18
19
20
21

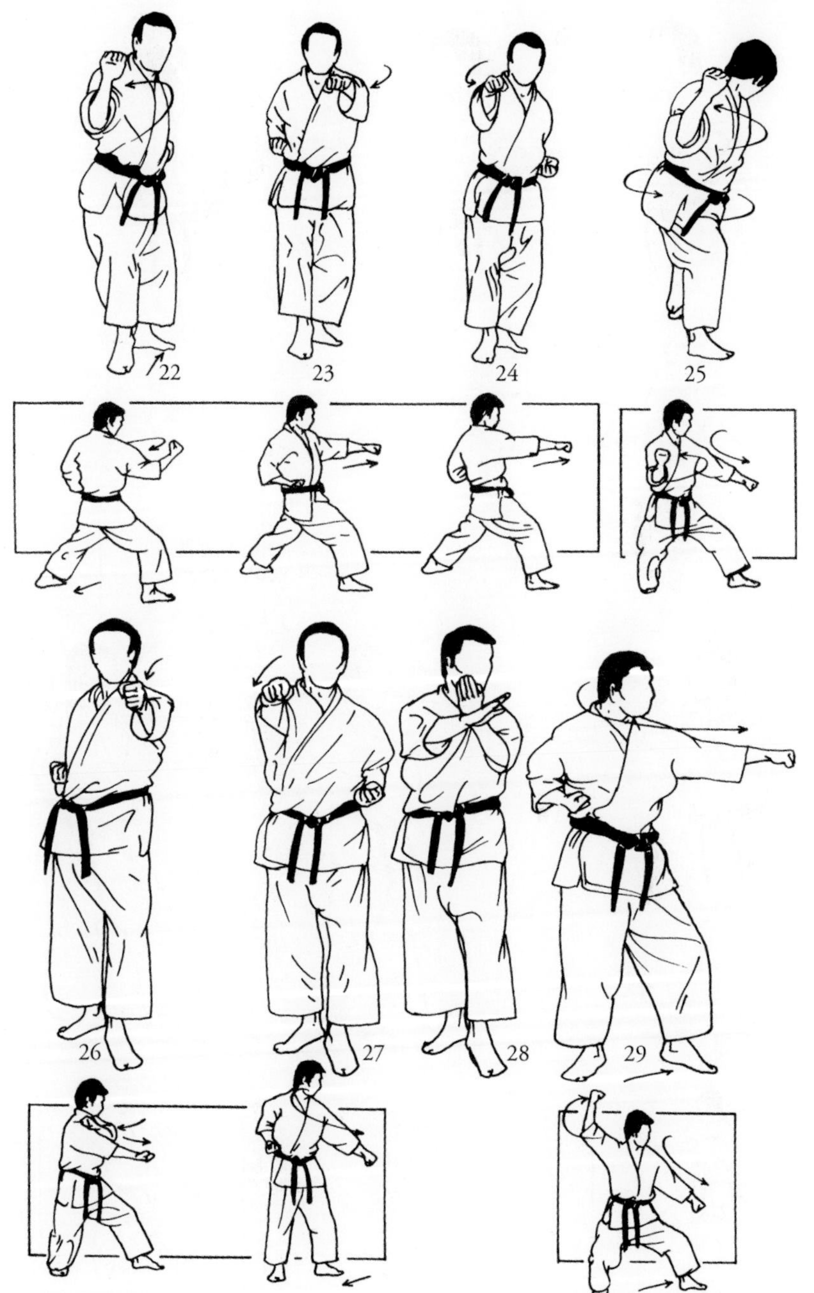
22
23
24
25
26
27
28
29

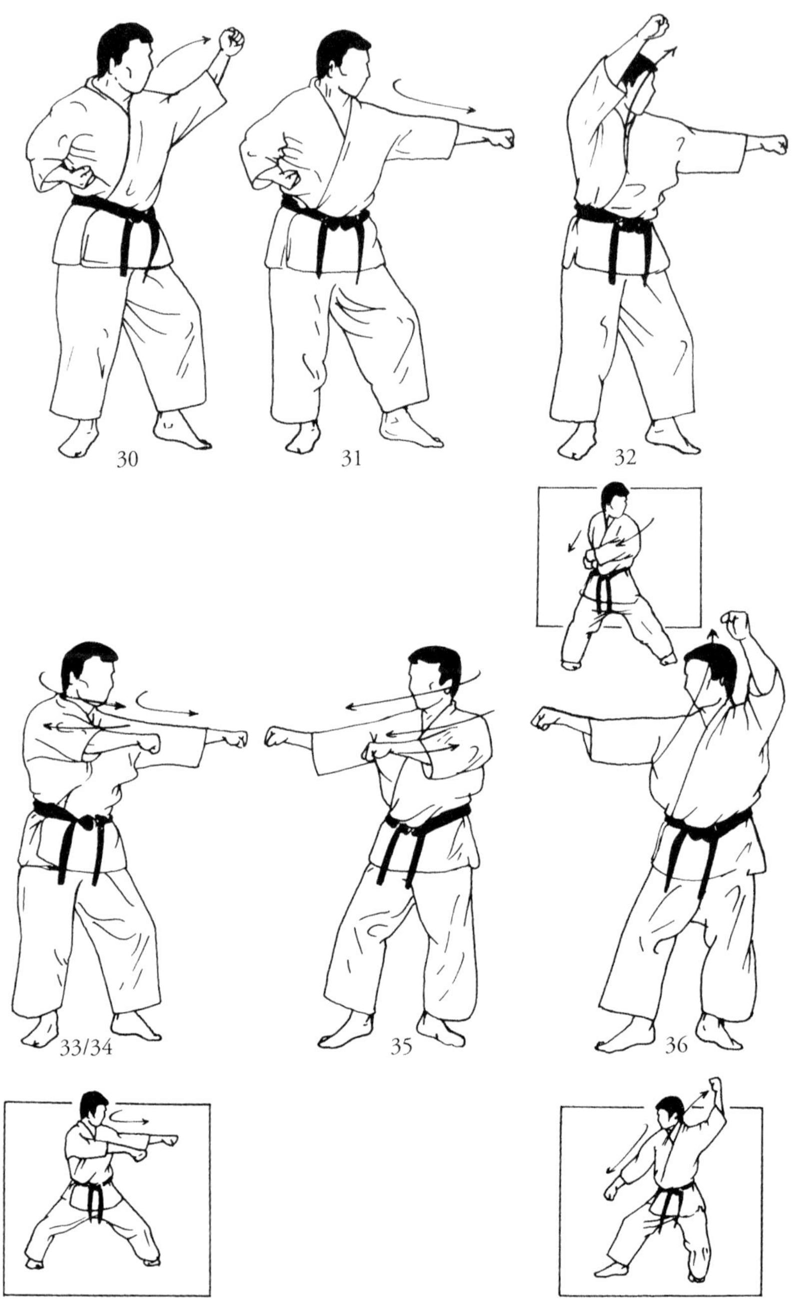
30
31
32
33/34
35
36

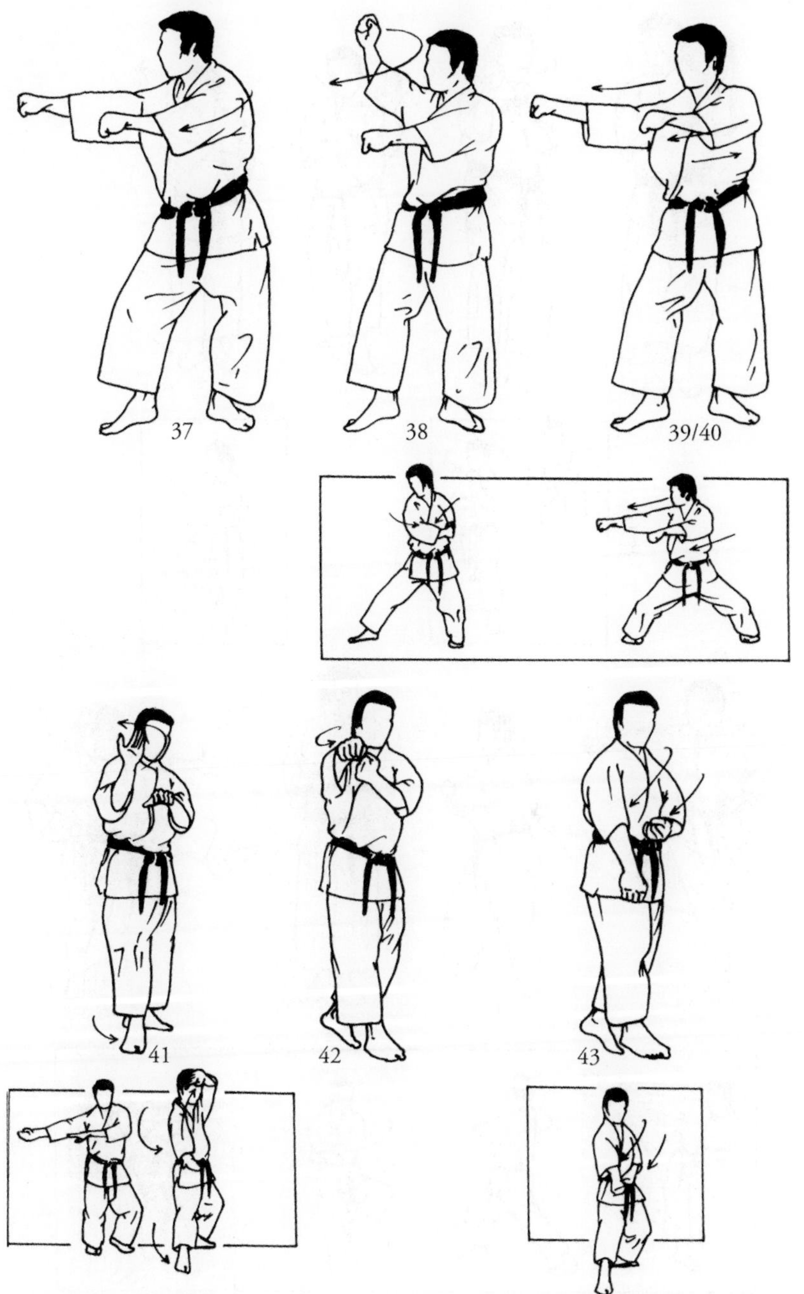
37
38
39/40
41
42
43

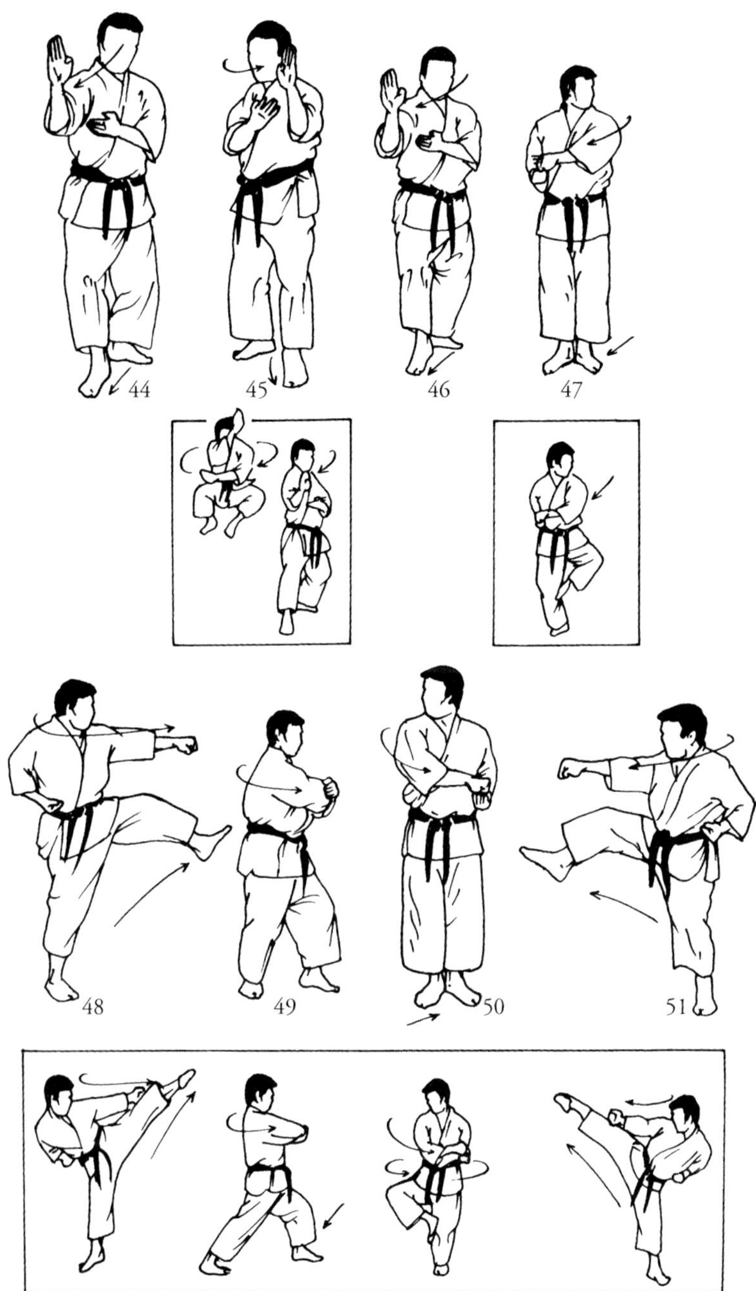
44
45
46
47
48
49
50
51

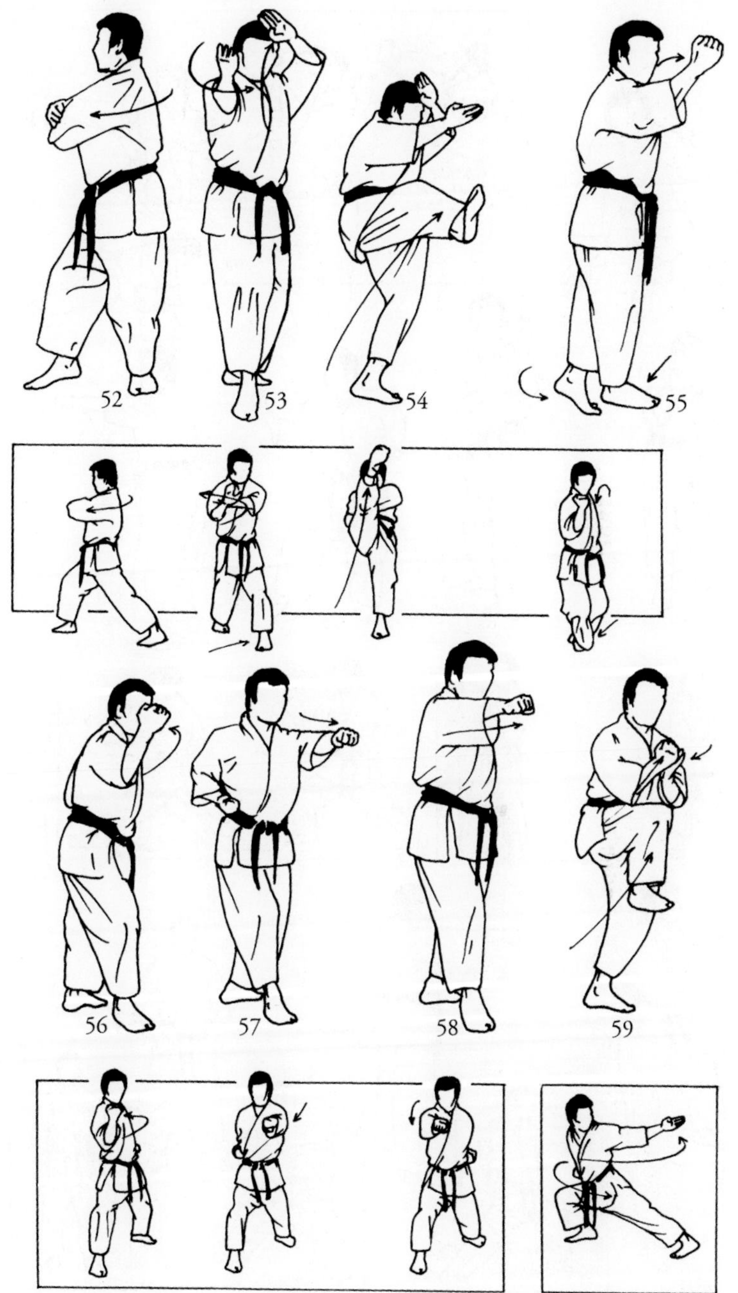
52
53
54
55
56
57
58
59

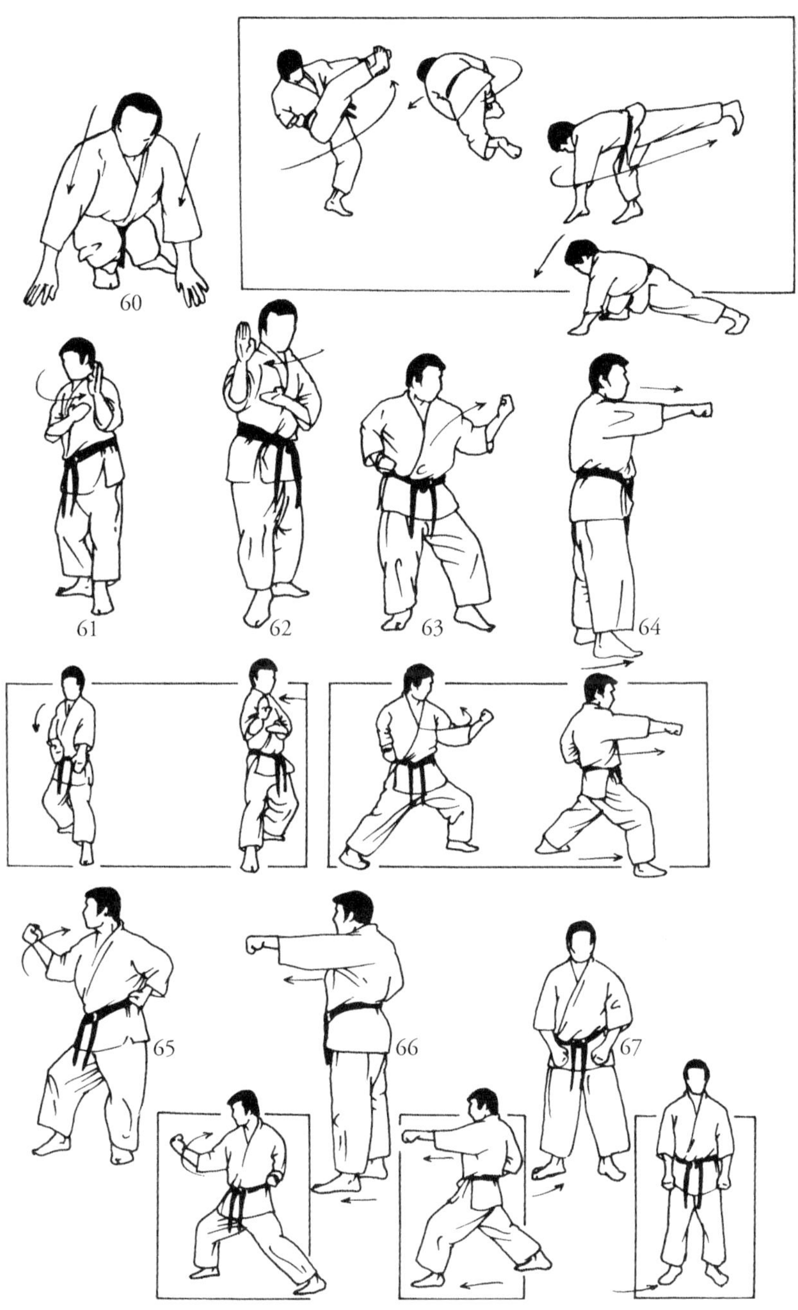
60
61
62
63
64
65
66
67

2.4 Zwei Beispiele für Kata, die ihrem chinesischen Ursprung nahe geblieben sind

Bei der Übertragung der alten Kunst des *Tôde* von China nach Okinawa spielte Uechi Kanbun eine fundamentale Rolle. Sein Stil repräsentiert eine von zwei Linien der Entwicklung von *Tao* aus der südchinesischen Provinz Fujian in *Kata* des *Okinawa te* (siehe S. 120). Mehr als 100 Jahre, nachdem Uechi nach China auf Forschungsreise gegangen ist, sind die Techniken, die er von dort mitgebracht hat, noch immer erstaunlich getreu ihren Ursprüngen, und sie sind nach wie vor Bestandteil der Lehren des *Uechi ryû*. Aus diesem außerordentlich reichen Erbe sollen hier zwei Beispiele vorgestellt werden, die dies genau veranschaulichen.

2.4.1 Sanchin no kata (Uechi ryû)

Die Geschichte dieser *Kata* wurde auf S. 206 f. geschildert. Die folgenden Seiten zeigen den Ablauf der Originalversion, wie sie im *Uechi ryû* gelehrt wird, und die sich erheblich von der *Sanchin*, wie sie im *Gôjû ryû* praktiziert wird, unterscheidet.

Folgende Besonderheiten sind beim Ablauf zu beachten. Alle Vergleiche beziehen sich auf die *Gôjû-ryû*-Variante:

Es erfolgen vier Schritte nach vorn (und nicht drei), die durch die Techniken *Chûdan uchi uke*, *Hikite* und schließlich *Tsuki* begleitet werden, bevor mit demselben Arm, der die *Tsuki* ausgeführt hat, ein *Chûdan uke* erfolgt.

Im Gegensatz zum *Gôjû ryû* wird die *Kata* im *Uechi ryû* mit offenen Händen praktiziert.

Die Wende nach den ersten vier Schritten erfolgt durch Drehung nach rechts (und nicht nach links), und ohne daß die Füße gekreuzt werden.

Es folgen drei Rückwärtsschritte, auf die eine neue Wende nach rechts folgt; danach blickt man wieder in die ursprüngliche Richtung.

Erneut erfolgen vier Schritte nach vorn. Nach dem letzten Schritt werden drei Wiederholungen eines *Morote tsukami hikite* (mit offenen Händen, die nach hinten geführt werden) ausgeführt, gefolgt von einem *Morote nukite* (nach welchem die Hände sich schließen und nach hinten gezogen werden, wo sie sich wieder öffnen: Man erkennt hier den zum *Gôjû ryû* entgegengesetzten Ablauf, bei welchem sich die Fäuste schließen, während die Hände in *Hikite* zurückgezogen werden). Der letzte *Nukite* wird mit einem *Morote kake uke* abgeschlossen (58).

Es folgt ein linker *Mawashi uke*, während man sich 90° nach links dreht, darauf ein *Morote chûdan teisho uchi* (die Arme sind zuerst gestreckt, dann ein wenig gebeugt, um die Hände etwas zurückkommen zu lassen).

Jetzt wird die zur vorherigen symmetrische Technik ausgeführt, während man sich um 180° nach rechts dreht.

Ein linker *Mawashi uke* wird durchgeführt, während man nach vorn geht für einen letzten nach vorn gerichteten *Morote teisho uchi.*

Die Atmung ist geräuschvoll, sie erfolgt auf eine besondere Art und Weise, die den Gegner glauben machen soll, daß man einatmet, während man ausatmet, und umgekehrt.

Die *Sanchin* ist eine *Kata* zur Entwicklung der inneren Energie. Darauf weist der Begriff *Chin* in ihrem Namen hin (vgl. Fußnote 101 auf S. 187). Der Begriff *San* (drei) bezieht sich auf die Zahl der Schritte (oder auf drei Techniken, die sich immer wiederholen: *Chûdan uke*, *Hikite*, *Nukite* ...).

Im Geist des *Uechi ryû* ausgeführt, läßt die *Sanchin no kata* eine innere Verwandtschaft mit der *Happoren no kata* (S. 374 bis 387) erkennen. Allenfalls äußerliche Ähnlichkeit besteht hingegen mit der Art und Weise, wie sie heute allzu oft ausgeführt wird: als oberflächliche Demonstration von Muskelkraft und damit für einen äußeren Zweck.

Zusätzlich zum auf den folgenden Seiten dargestellten Ablauf werden auf den Seiten 362 und 363 zeichnerische Studien über die *Sanchin*-Haltung und die Bewegung der Arme und über die Schrittfolgen und Drehungen in der *Uechi ryû Sanchin no kata* vorgestellt.

Sanchin no kata (Uechi ryû)

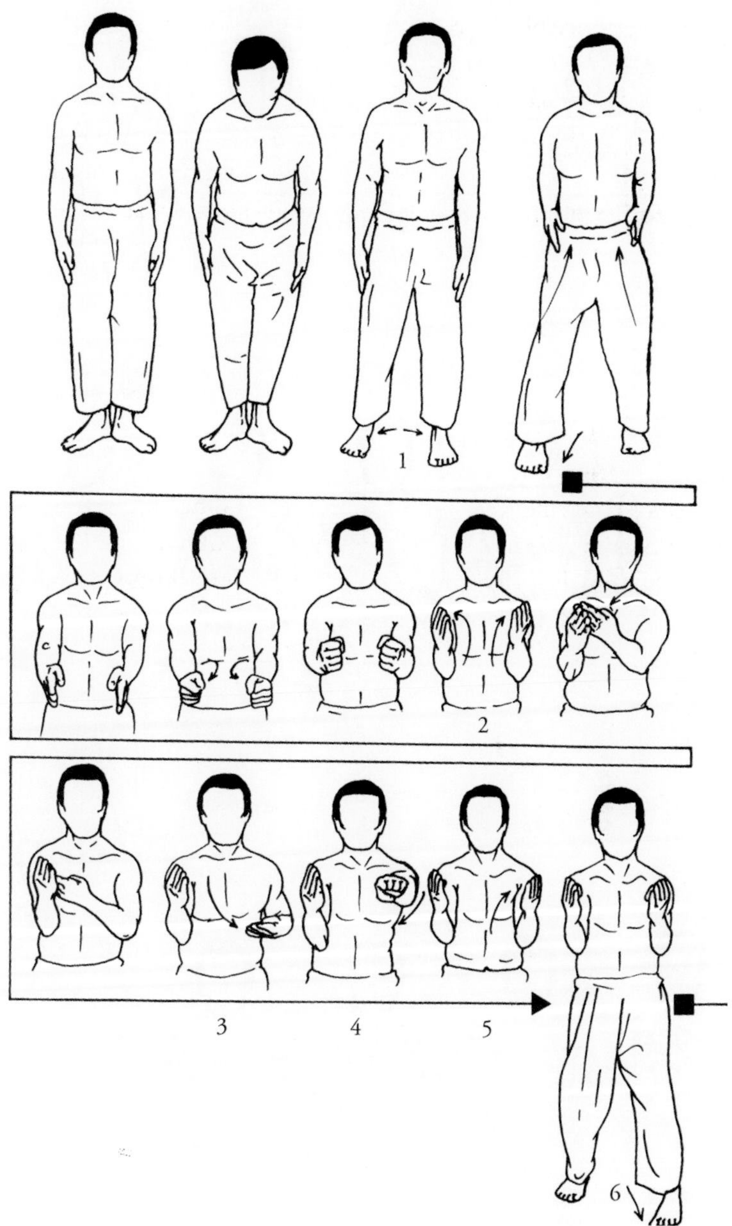

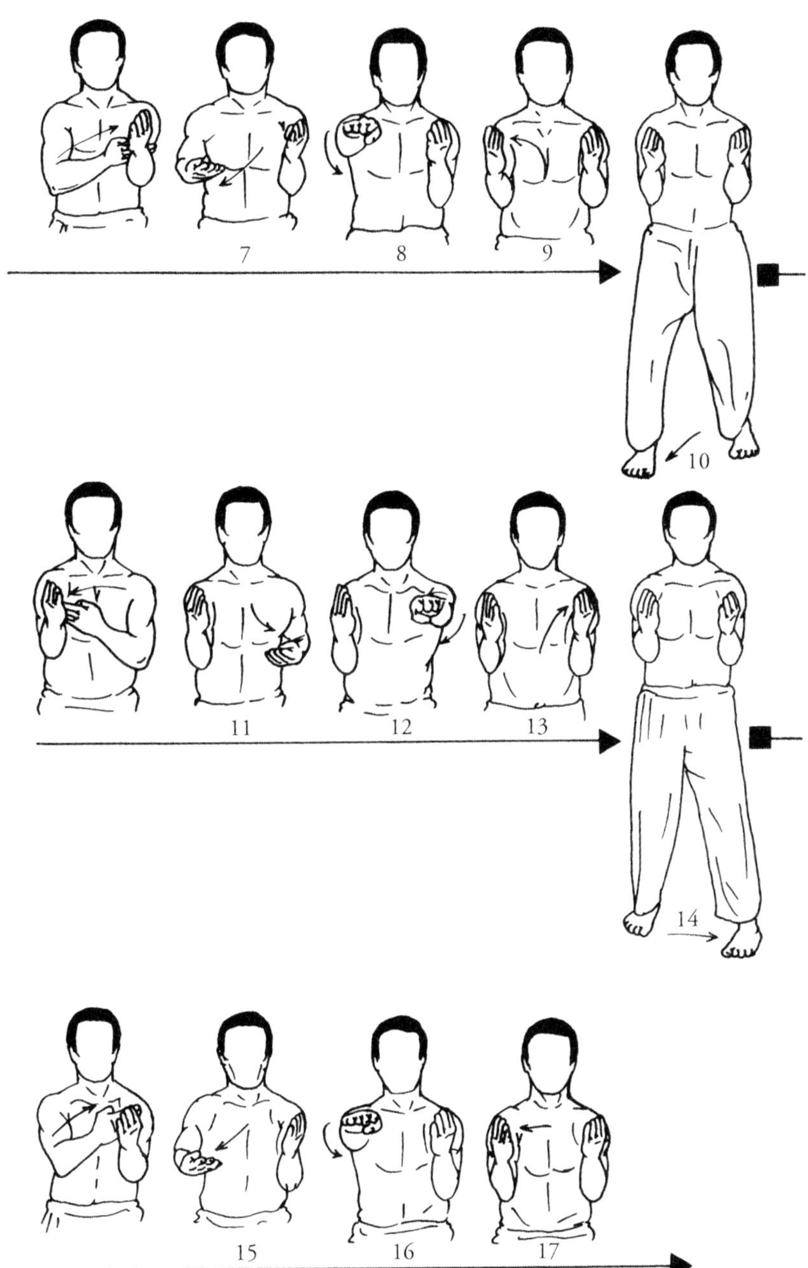
7
8
9
10
11
12
13
14
15
16
17

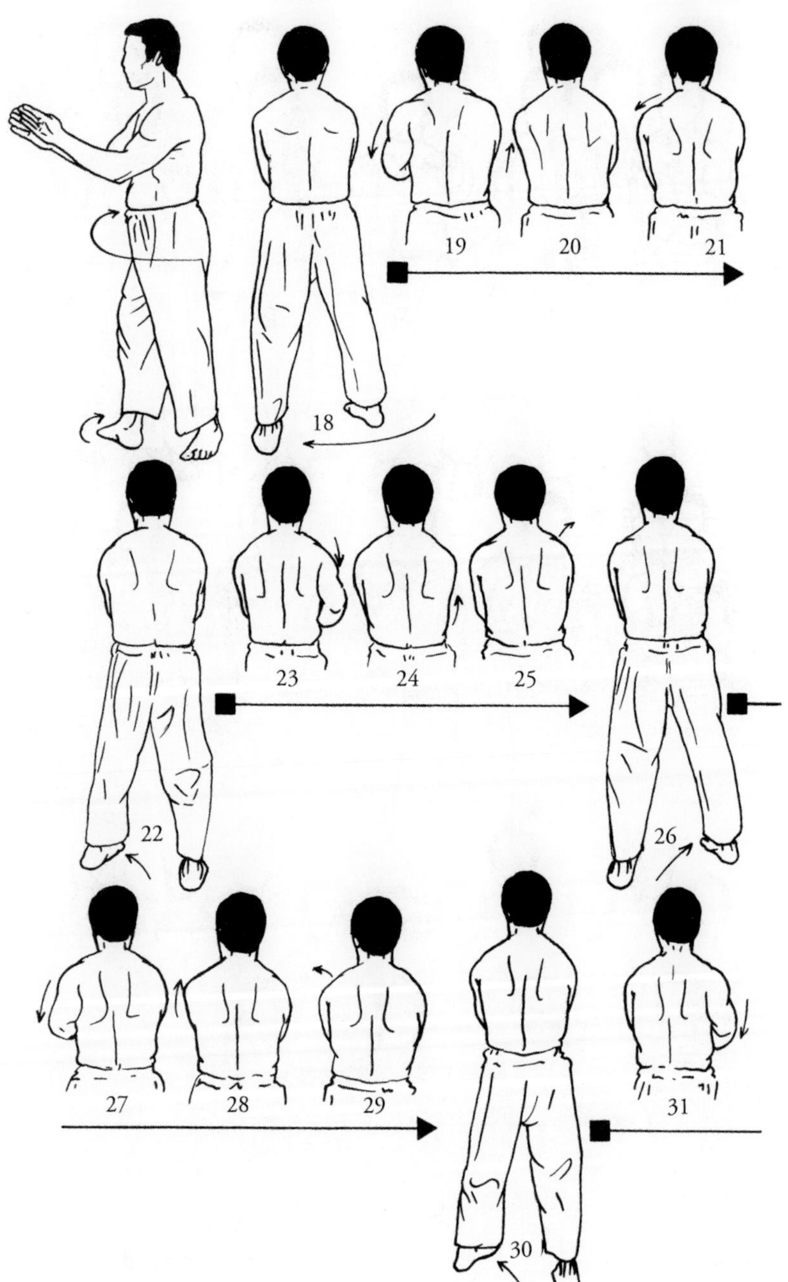
18
19
20
21
22
23
24
25
26
27
28
29
30
31

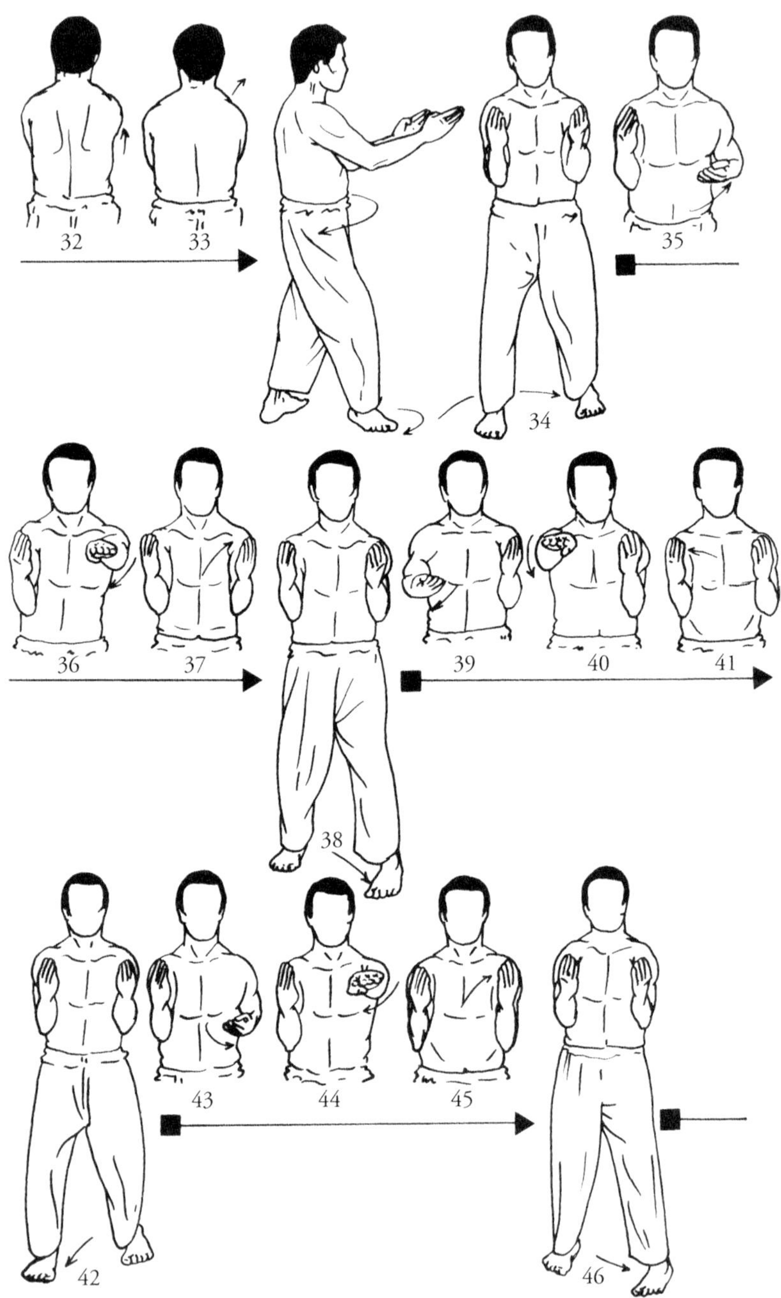
32
33
34
35
36
37
38
39
40
41
42
43
44
45
46

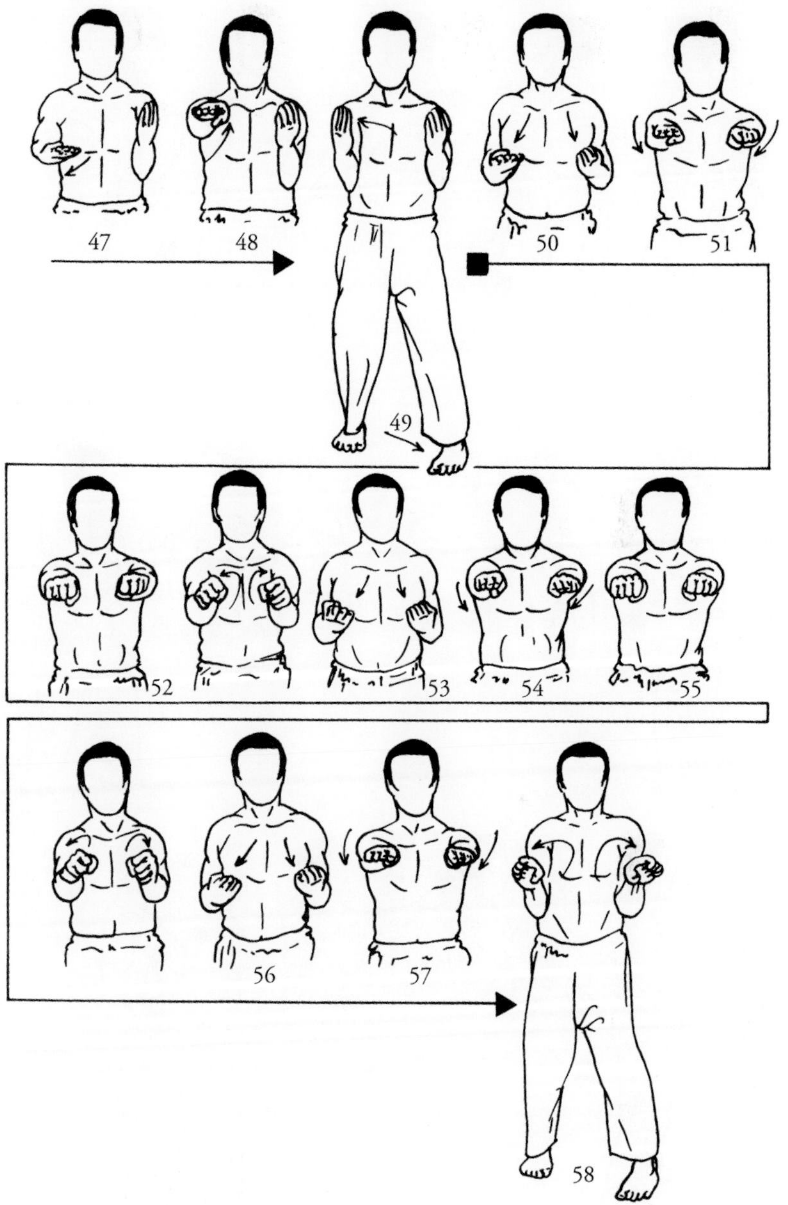
47
48
49
50
51
52
53
54
55
56
57
58

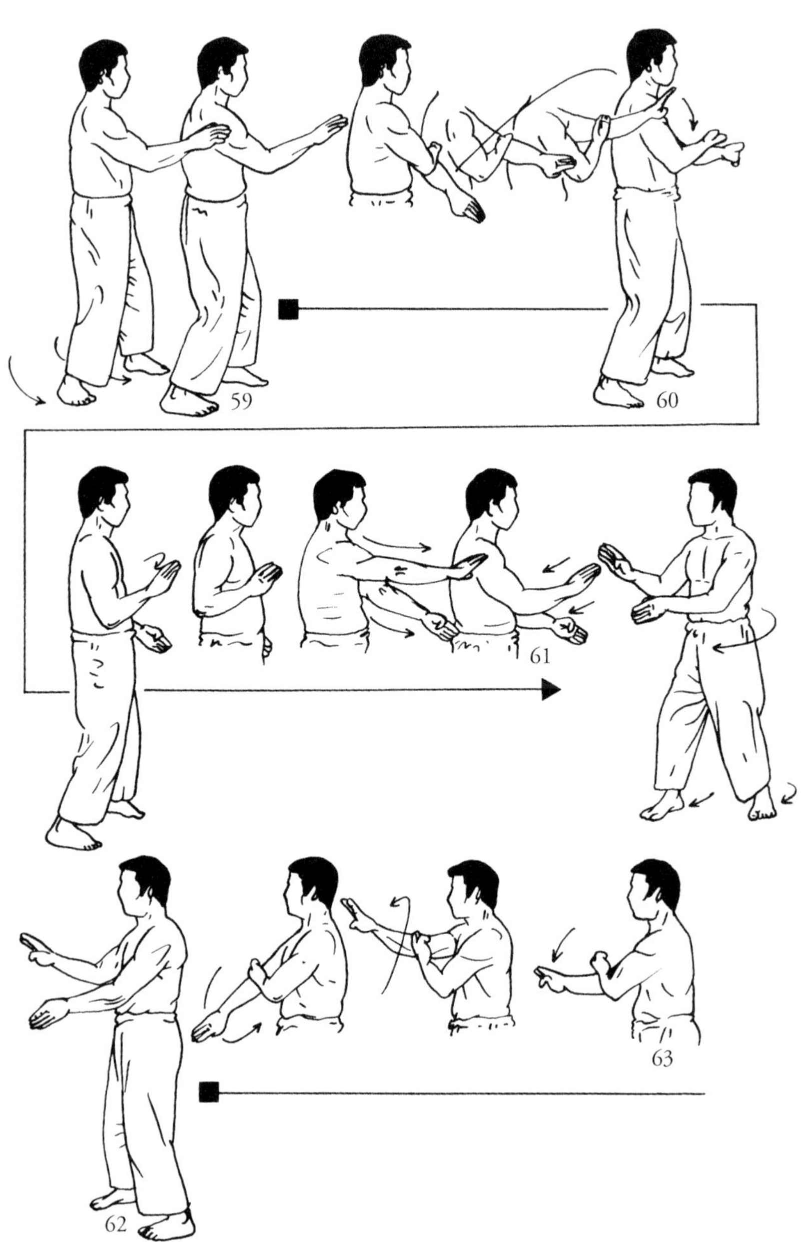
59
60
61
62
63

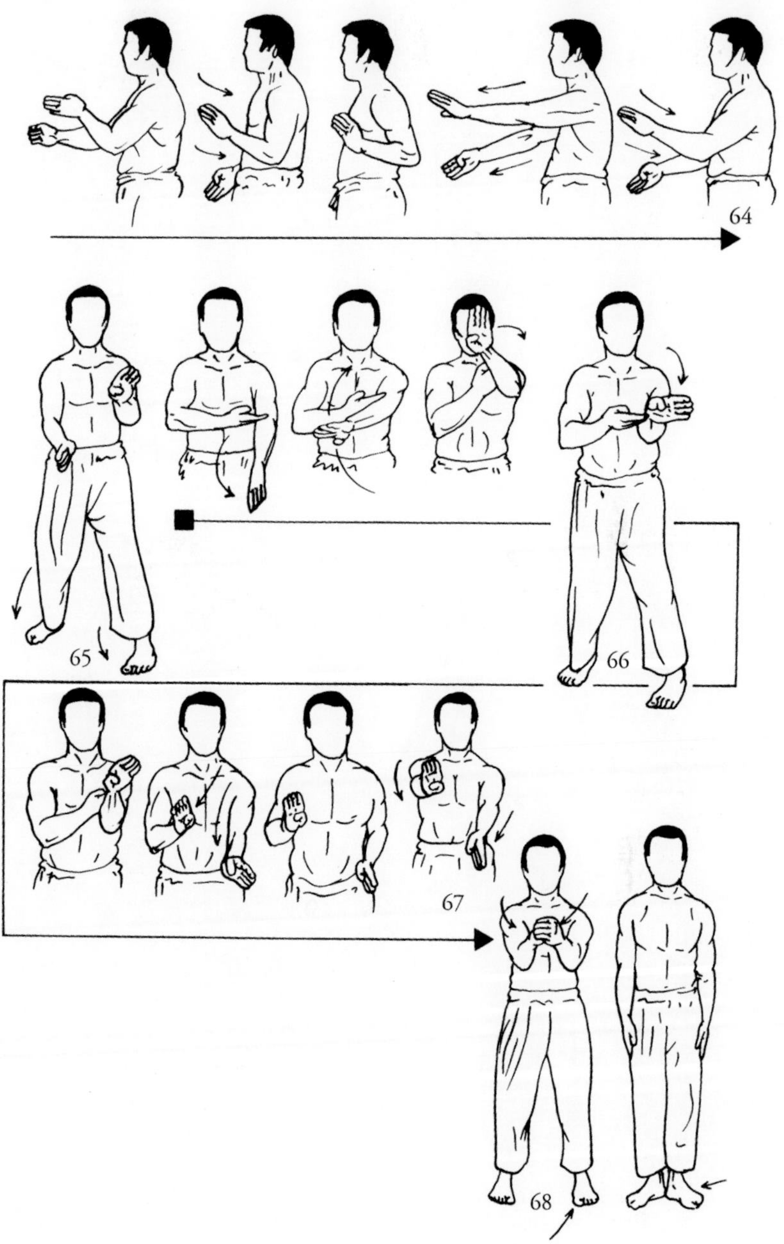
64
65
66
67
68

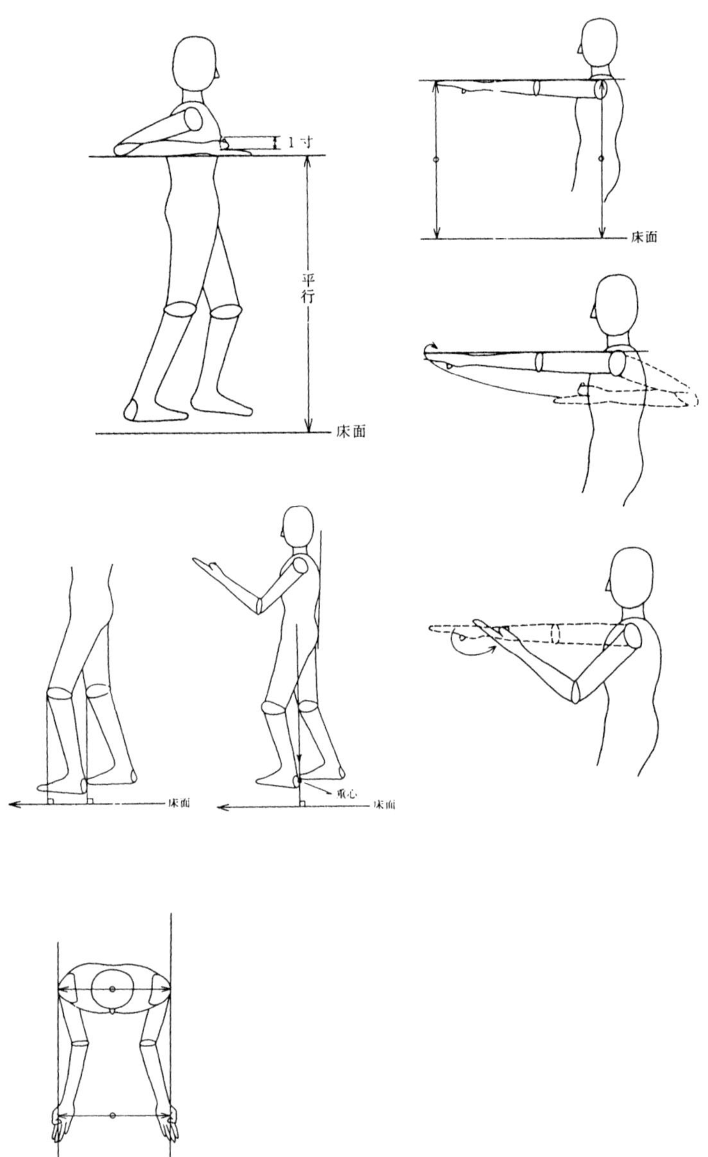

Studie der *Sanchin*-Haltung und der Bewegung der Arme in der *Uechi ryû Sanchin no kata*. Man beachte die Präzision der Angaben und die alte Art und Weise, den Arm in die Horizontale zu bringen, was der Sequenz eine gewisse Ähnlichkeit mit der *Happoren no kata* verleiht.

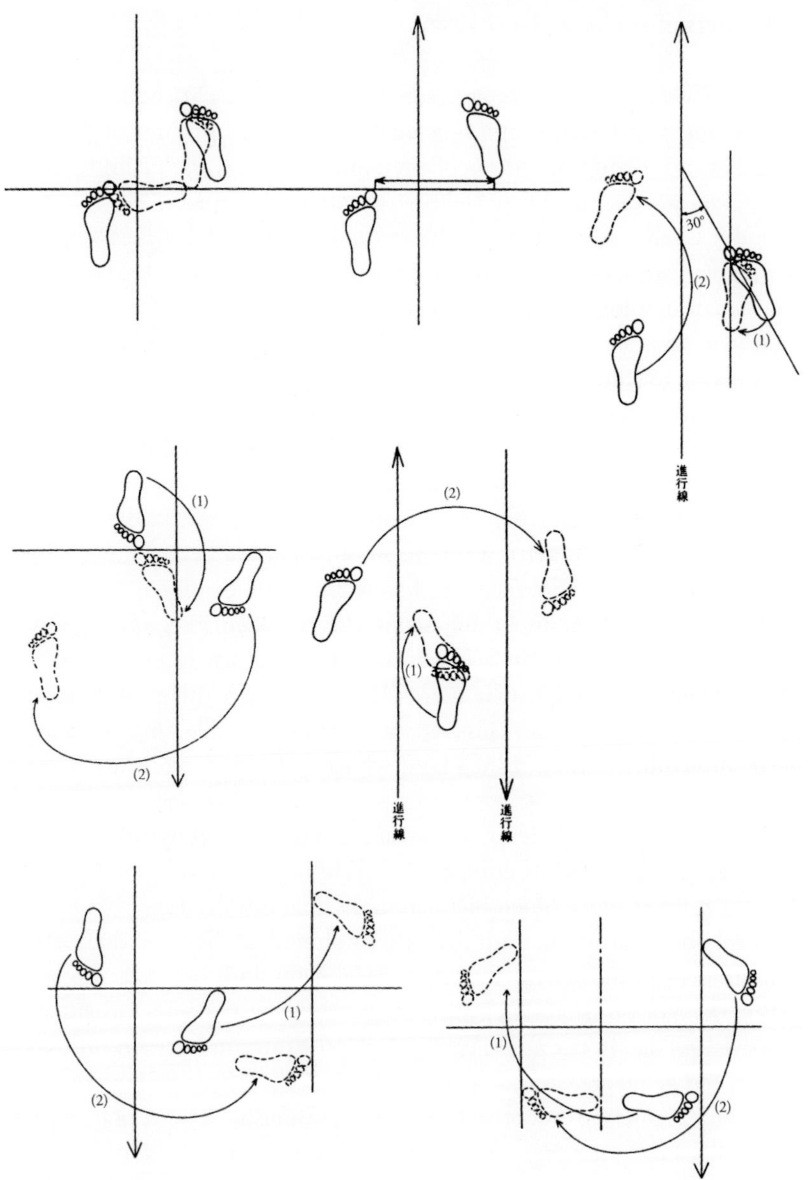

Die Schrittfolgen und Drehungen in der *Uechi ryû Sanchin no kata*. Zu beachten ist, daß die Wendungen nach rechts und nicht nach links wie in der *Gôjû ryû no Sanchin* erfolgen.

2.4.2 Seisan no kata (Uechi ryû)

Die Geschichte dieser *Kata* wird auf Seite 203 f. beschrieben. Die *Kata* wurde einst von Uechi Kanbun geschaffen und weist in ihrer ursprünglichen Form nur entfernte Ähnlichkeiten mit der *Seisan*, wie sie im *Gôjû ryû* entwickelt wurde, auf. Diese stellt wiederum den Ursprung der *Kata Seishan* des *Wadô ryû* und der *Kata Hangetsu* des *Shôtôkan* dar. Der Vergleich der *Seishan* aus Miyagi Chôjuns *Gôjû ryû* mit der Version des *Uechi ryû*, wie sie auf den folgenden Seiten dargestellt wird, läßt die Abweichungen vom gemeinsamen Stamm gut erkennen, was besonders zu Beginn der *Kata* ins Auge fällt.

Die echte alte Form beginnt wie die *Sanchin no kata* (eine Folge aus *Chûdan uchi uke*, *Hikite* und *Chûdan nukite*), aber lediglich auf drei Schritten und beginnend mit dem linken Fuß. Dieser Teil wird in der heute praktizierten Form oft weggelassen (und wurde auch nicht mit in die bildliche Darstellung übernommen), während sie im *Gôjû ryû* beibehalten wurde, wo allerdings die drei Schritte mit dem rechten Fuß beginnen.

Heute wird die *Kata* direkt mit einem *Morote chûdan kake uke* begonnen (2), auf den eine Serie von Schlägen mit der Handfläche folgt (4 bis 6). Die Sequenzen 9 bis 19 stellen eine Abfolge von Techniken dar, bei denen beide Hände simultan eingesetzt werden und die allesamt im *Sanchin dachi* ausgeführt werden. Eine Hand schlägt dabei nach vorn, die andere nach hinten.

Die beiden Versionen der *Seisan* weichen ab der Bewegungsfolge 21 voneinander ab. Von hier ab erfolgen die Techniken im *Uechi ryû* (*Kake te*, *Nukite*) zumeist mit offenen Händen und selten mit der Faust (42 bis 43, 70: Einknöchelfaust) oder mit dem Fuß, während im *Gôjû ryû* die Techniken mit der geschlossenen Faust in der Mehrzahl sind.

Wie die *Sanchin* stellt auch die *Seisan* des *Uechi ryû* eine authentische *Koshiki Kata* dar, in der zahlreiche Spuren der Kunst und der Art und Weise erhalten geblieben sind, alle Möglichkeiten der offenen Hand zu nutzen. Dieses Anliegen findet sich bereits im »Bubishi«[119] und prägte auch die Kodifizierung der *Happoren no kata* in China.

---

[119] Habersetzer, R.: Bubishi – An der Quelle des Karatedô. Chemnitz: Palisander Verlag 2014.

Seisan

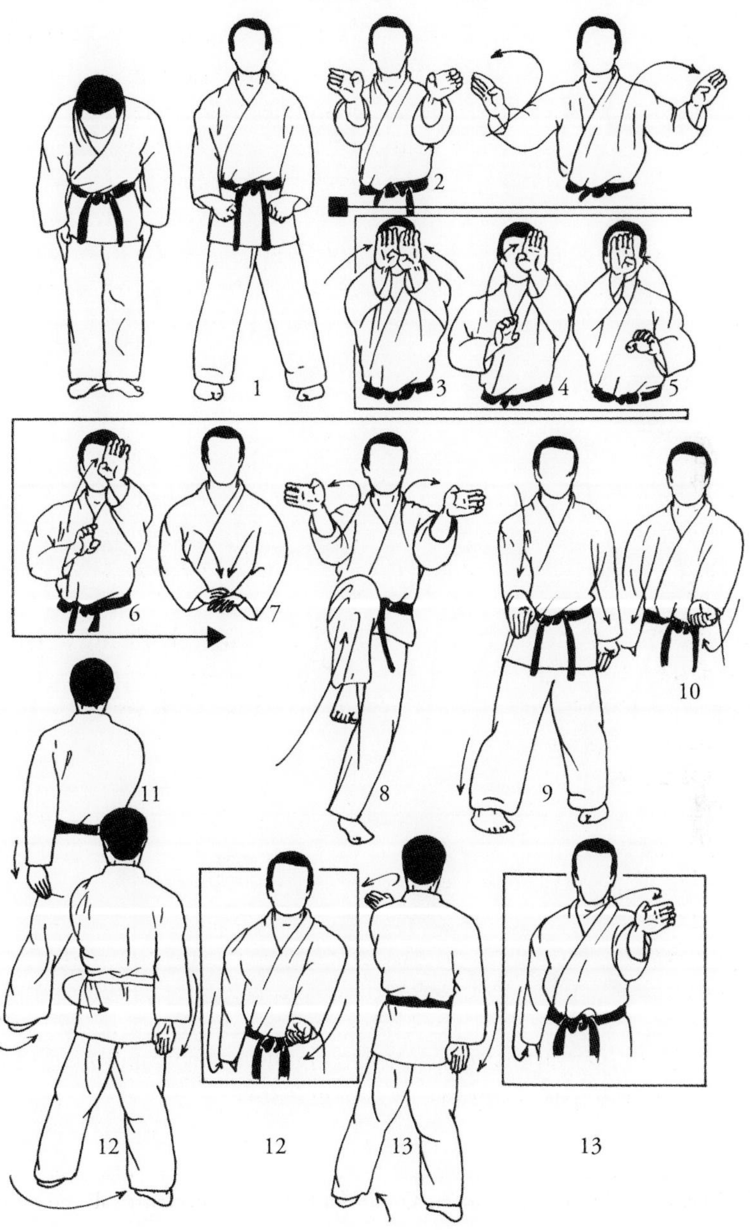

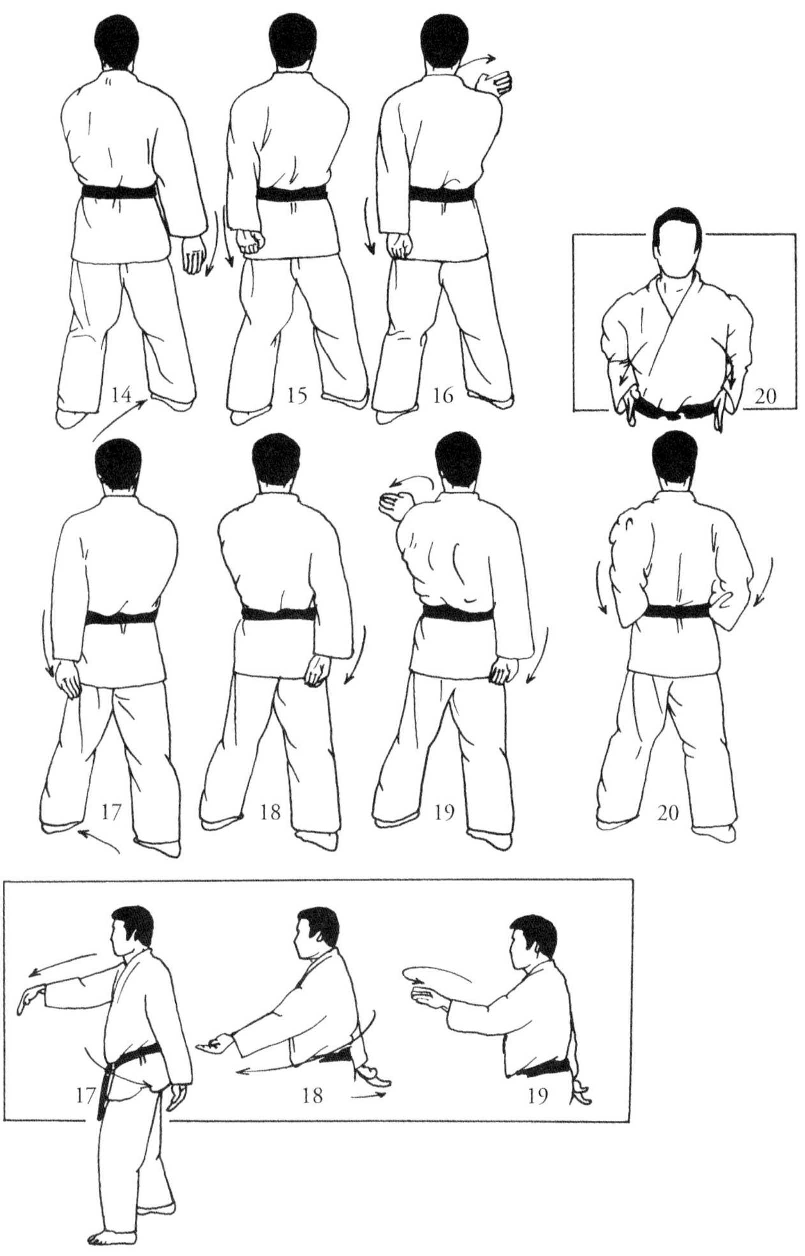
14
15
16
20
17
18
19
20
17
18
19

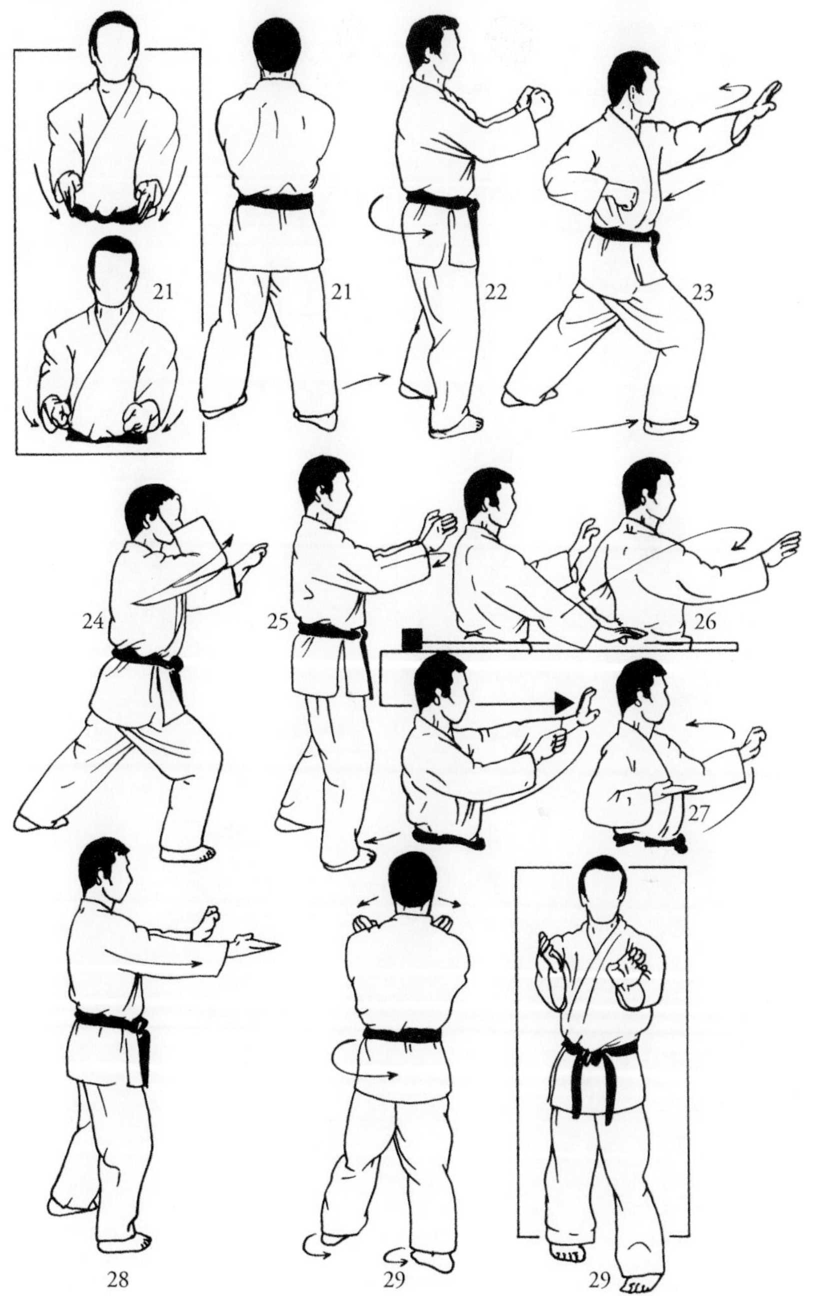
21
21
22
23
24
25
26
27
28
29
29

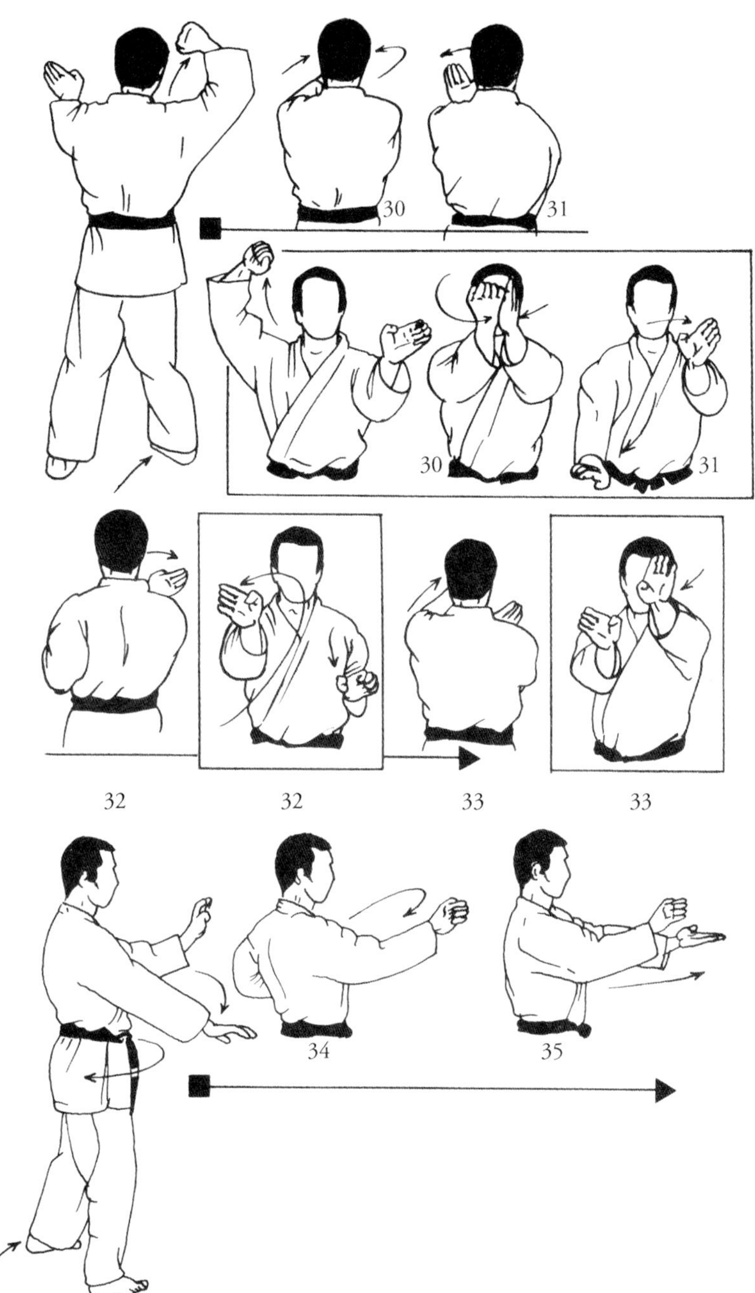
30
31
30
31
32
32
33
33
34
35

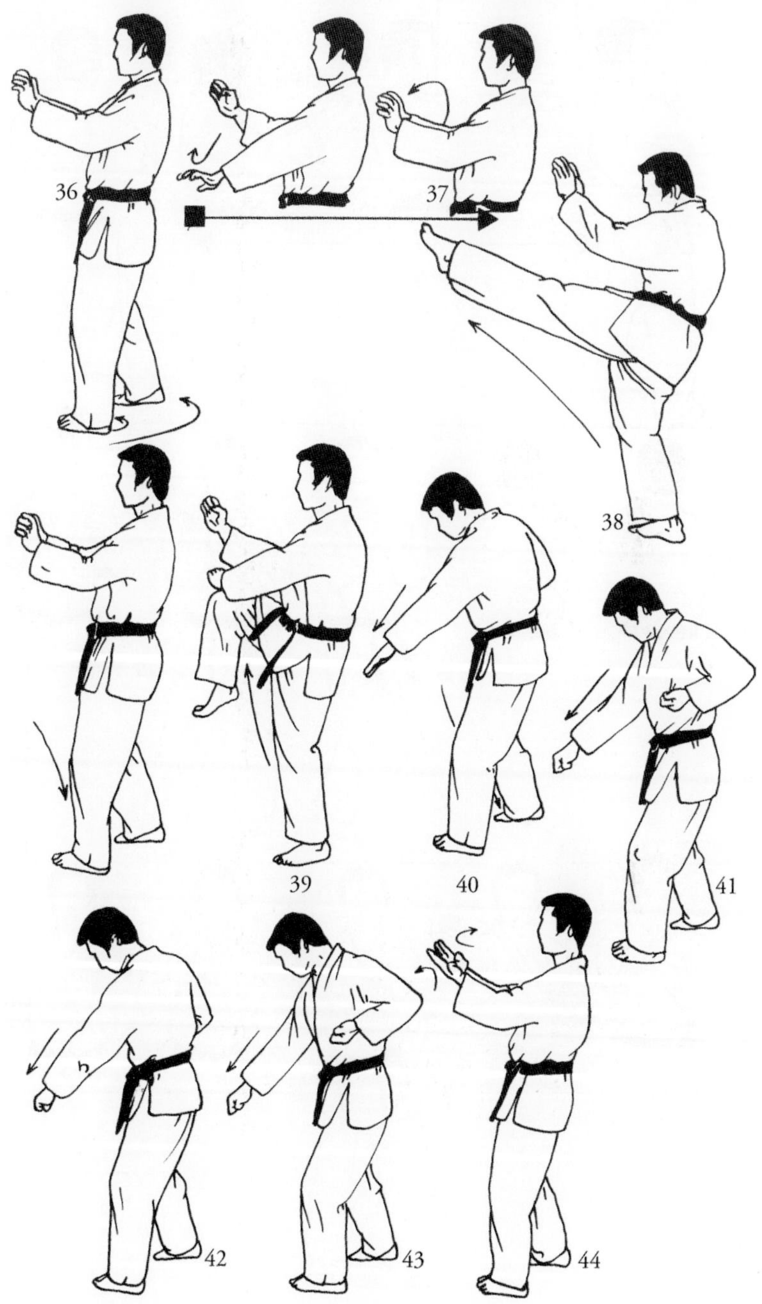
36
37
38
39
40
41
42
43
44

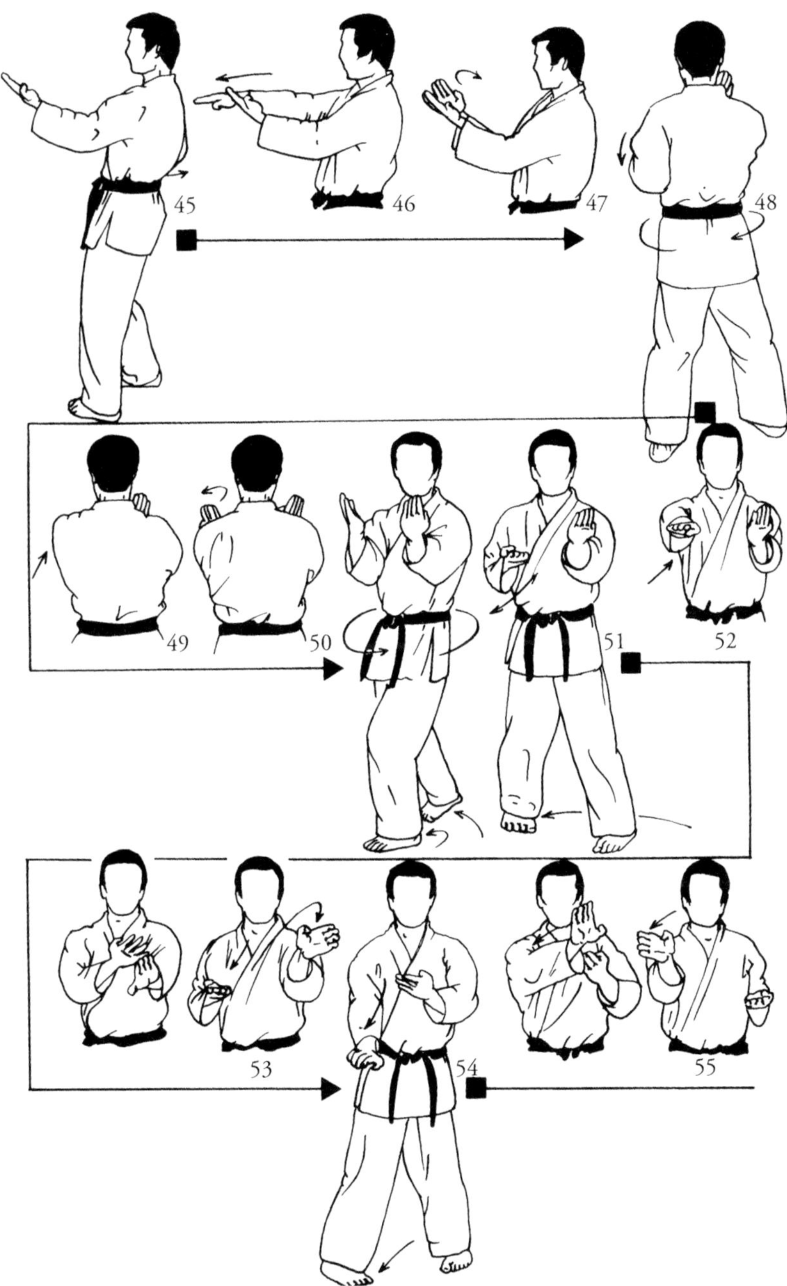
45
46
47
48
49
50
51
52
53
54
55

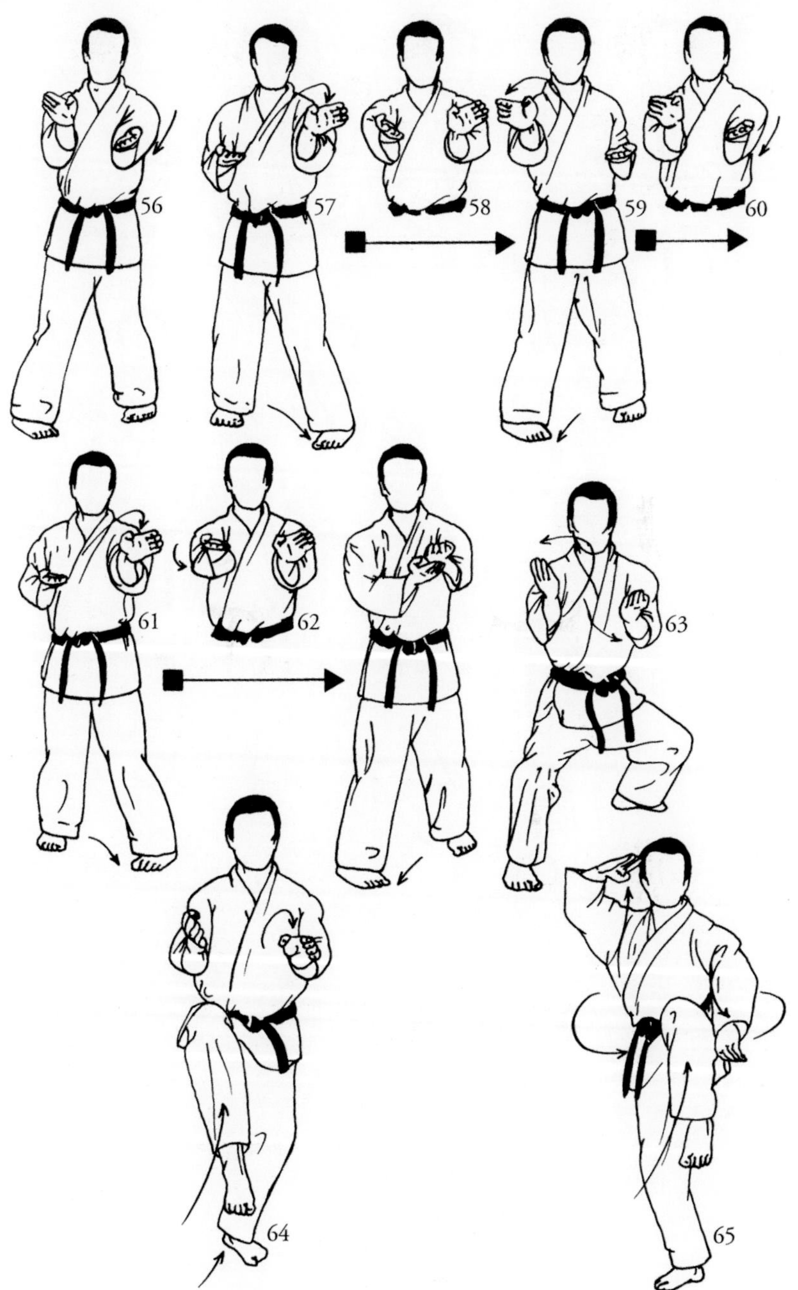
56
57
58
59
60
61
62
63
64
65

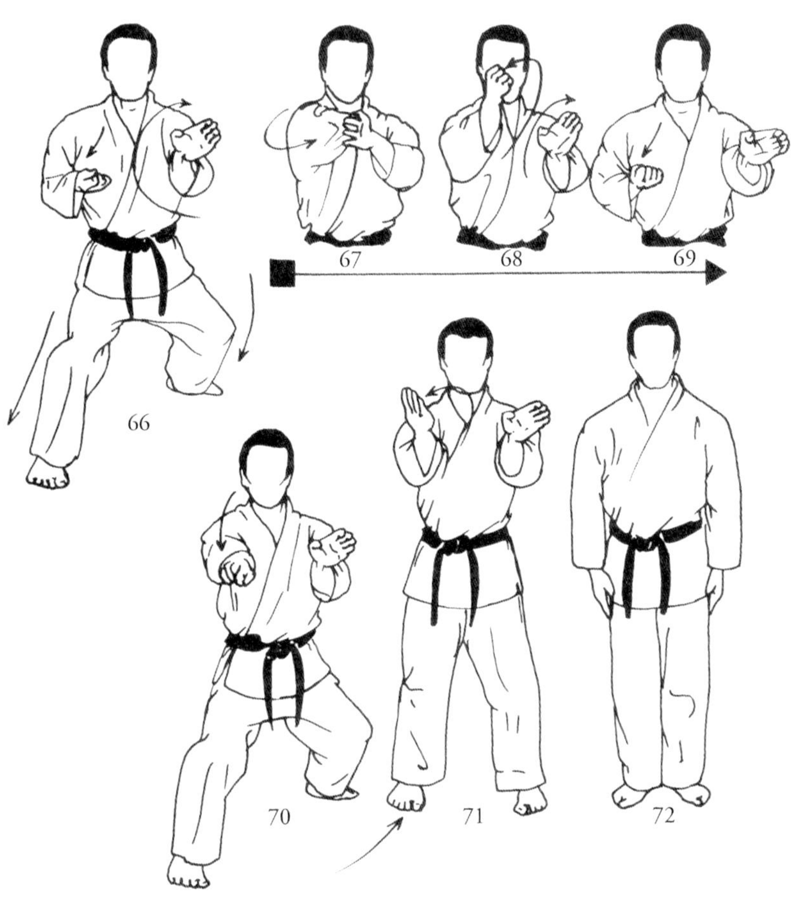
66
67
68
69
70
71
72

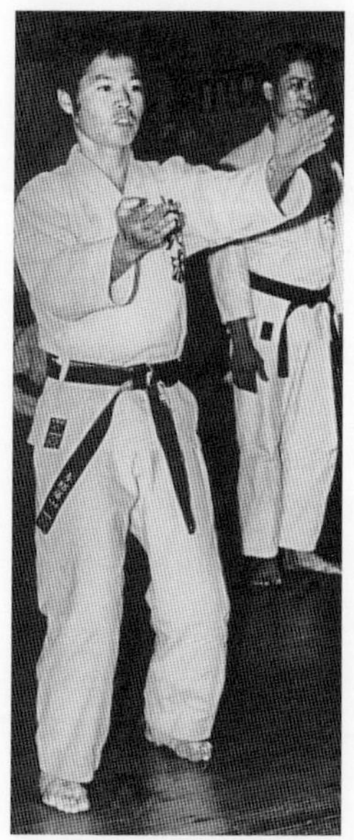

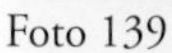

Foto 139

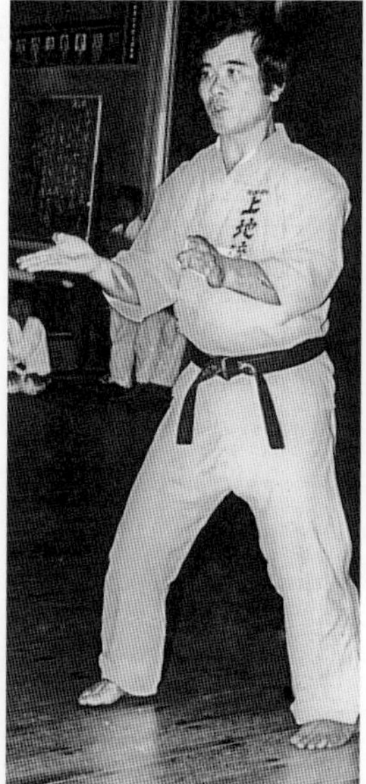

Foto 140

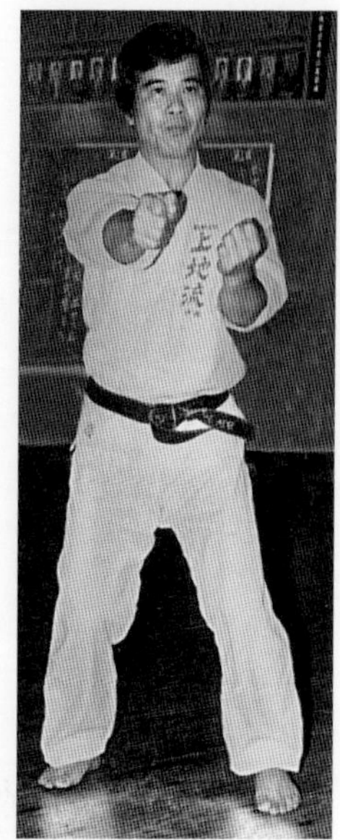

Foto 141

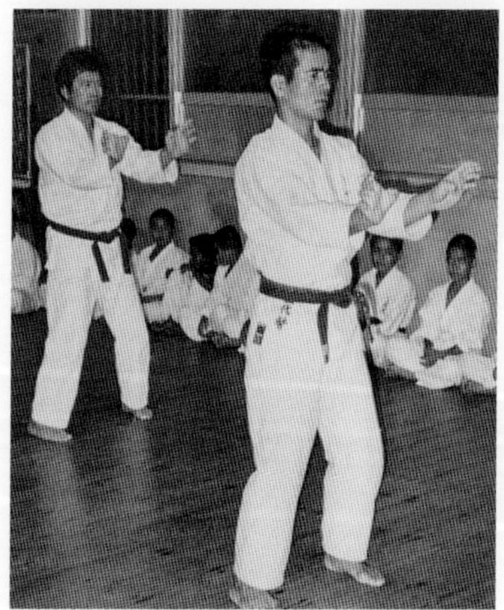

Foto 142

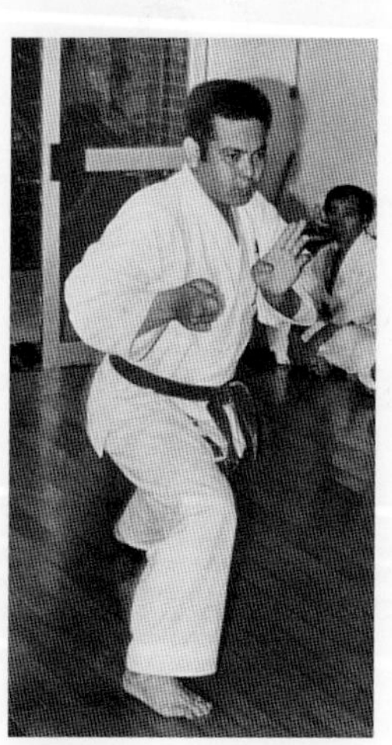

Foto 143

Fotos 139 bis 142: Momentaufnahmen der *Uechi ryû Seisan no kata* im *Dôjô* von Futema.

Foto 143: Ausschnitt aus einer *Kata* des *Pangai noon*, dem Vorläufer des *Uechi ryû*. Dieser Stil ist nach dem Tod von Uechi Kanei wieder zu seiner Eigenständigkeit zurückgekehrt.

2.5 Ein vergessener und wiedergefundener Schatz: die Happoren no kata

Die Geschichte dieser *Kata* und ihre Originalität wurden auf S. 209 ff. dargelegt. Ausführlich wird die »*Kata* der acht Richtungen« in dem Buch »Bubishi – an der Quelle des Karatedô« beschrieben.[120] Während hier die Technik dieser *Kata* anhand von Zeichnungen dargestellt wird, wird ihr Ablauf in jenem Buch anhand zahlreicher Fotografien (schräg zur Bewegungsachse der *Kata* aufgenommen im Gegensatz zu den hier präsentierten Zeichnungen, die den Ablauf direkt von vorn darstellen) gezeigt.

Im folgenden wird eine zusammenfassende Beschreibung der *Happoren no kata* gegeben. Diese *Kata* korrekt zu erlernen, die in sich so Wertvolles auf körperlicher wie auf geistiger Ebene birgt, ist selbstverständlich nur in direktem Kontakt mit einem Meister möglich. Es ist sonst zu schwierig, vorgefaßte Ansichten fallenzulassen, erlernte Reflexe abzustreifen, und es ist allzu einfach, sich zu irren. Darüber hinaus ist es gefährlich, sich zu einer banalen Imitation des äußeren Erscheinungsbildes verführen zu lassen.

Nach der Begrüßung wird die Position *Heikô dachi* eingenommen. Am Ende des Ausatmens sind die Hände vor dem Bauch über Kreuz, die linke Hand ist oben (1). Während langsam eingeatmet wird, werden die Hände wieder gehoben, die Finger zeigen dabei nach vorn, die linke Hand wird gedreht, so daß sie sich nun unter der rechten befindet (2). Während eines kurzen Ausatmens wird mit offenen Händen ein *Morote chûdan uchi uke* ausgeführt, die Handflächen weisen nach oben (3).

Langsames Einatmen, während die Hände neben die Hüften gezogen werden, wobei die Handflächen noch immer nach oben zeigen (4). Während des Ausatmens werden die Handflächen nach unten gedreht und die Hände senkrecht entlang dem Körper abwärts gesenkt; die Finger zeigen dabei nach vorn (5).

[120] Ebd. S. 257 bis 283.

1. Sequenz (1 bis 16): Während eines kurzen Einatmens erfolgt ein kurzer Gleitschritt nach vorn mit dem rechten Fuß (der vorn bleibt), gefolgt vom linken, während mit einer raschen Bewegung die Hände mit den Handflächen nach oben gehoben werden; die Unterarme sind nun parallel zum Boden (6). Die Knie sind leicht eingebeugt, der Schwerpunkt befindet sich in der Mitte. Die Position ist etwas länger als ein *Migi shizen tai*, aber weniger als ein *Zenkutsu*. Die Haltung ist auch kein *Sanchin dachi* – die Knie sind auf natürliche Weise nach vorn eingebeugt, und die Zehen weisen in die gleiche Richtung. Dies ist der übliche Stand für die gesamte *Happoren*, abgesehen von der Eröffnungssequenz und den Bewegungsfolgen 36 bis 39 und 50 bis 52.

Die folgenden Bewegungen werden am selben Ort ausgeführt. – Es wird sanft ausgeatmet, während die Handgelenke zurückgebogen werden; die Finger zeigen nach außen und leicht nach oben (7). Während rasch eingeatmet wird, werden die Hände mit einer schnellen, simultanen und symmetrischen Bewegung über Kreuz vor den Körper gebracht; die Handflächen weisen nach vorn, die Finger nach außen und leicht nach oben. Gleichzeitig wird der Stand leicht abgesenkt. Beide Hände werden mit einer langsamen Bewegung im Winkel von 30° zur Schulterlinie nach vorn und nach oben geführt, während sich zugleich der Stand erhöht. Die Bewegung endet mit ausgestreckten Armen und nach unten weisenden Handflächen (8). Bei dieser Bewegungsfolge wird langsam und mit einem klangvollen Geräusch aus tiefer Kehle ausgeatmet.

Das folgende Einatmen geschieht in zwei Phasen. Während der ersten Phasen des Einatmens wird (noch immer am selben Ort, und der Oberkörper ist nach wie vor gerade aufgerichtet) der Stand wieder ein wenig abgesenkt, während die stark auswärts gebogenen Handgelenke mit rascher Bewegung zurückgezogen werden. Die Finger schließen sich, die Daumen zeigen nach oben. Die Ellbogen sind am Körper, die Unterarme waagerecht (9). Während der zweiten Phase des Einatmens werden die Handgelenke eingebeugt, so daß die Handgelenkrücken nach außen zeigen, ohne daß dabei die Position der Arme verändert wird (10). Es ist zu beachten, daß die Bewegungen 9 und 10 in einer Folge geschehen, und daß die beiden Phasen des Einatmens ohne Unterbrechung erfolgen.

Die Luft wird angehalten. Dabei öffnen sich die Finger, es folgt eine kurze Drehung der Hände, durch welche die Finger von unten noch oben und von innen nach außen gebracht werden. Während erst schnell und geräuschvoll, im weiteren jedoch lautlos und auf natürliche Weise ausgeatmet wird, werden langsam die Handflächen mit stark auswärts gebeugten Handgelenken nach vorn geschoben. Die Finger zeigen nach außen und nach oben. Die Unterarme bleiben während aller Bewegungen von 9 bis 11 waagerecht, aber die Ellbogen gelangen in der letzten Phase (11) ein Stück vor den Körper.

Anmerkung: Dieselbe Entwicklung des Atems gilt für jedes Ausatmen: erst kraftvoll, dann ruhig.

Im Rahmen A wird das seitliche Ausstrecken der Arme dargestellt (am Beispiel des rechten Arms: Zu beachten ist, daß die Basis des Handgelenks sich zuerst vorbewegt; am Ende wird die Hand so gestreckt, daß sie eine Linie mit dem Unterarm bildet).

Im Rahmen B werden die Handstellungen während der Sequenzen 9 bis 11 dargestellt, eine Gruppe von Bewegungen, die regelmäßig am Ende jeder Phase der *Kata* wiederkehrt (und die eines der echten energetischen »Geheimnisse« der *Happoren* darstellt).

Es ist wichtig, daß in allen Techniken der *Happoren* die Energie an der Peripherie des Körpers »gefühlt« werden muß und niemals im Zentrum des Körpers, wie dies in der modernen Variante der *Sanchin no kata* der Fall ist.

2. Sequenz (12 bis 17): Bei dieser handelt es sich um die erneute Abfolge der Bewegungen der ersten Sequenz.

Die Sequenz beginnt wieder mit einem Gleitschritt. Es ist zu beachten, daß der rechte Fuß vorn bleibt und daß die Hände sich am Ende wieder in der Position 11 befinden.

3. Sequenz (18 bis 23): Auch diese Gruppe stellt eine wiederholte Abfolge der Bewegungen der ersten Sequenz dar.

Die Ausführung geschieht auf identische Weise wie bei den beiden vorherigen Bewegungsfolgen. Diese Sequenz wird also dreimal ausgeführt (*San*[121]), jedoch ohne daß, wie dies in der *Sanchin* der Fall ist, die Schrittfolge wechselt.

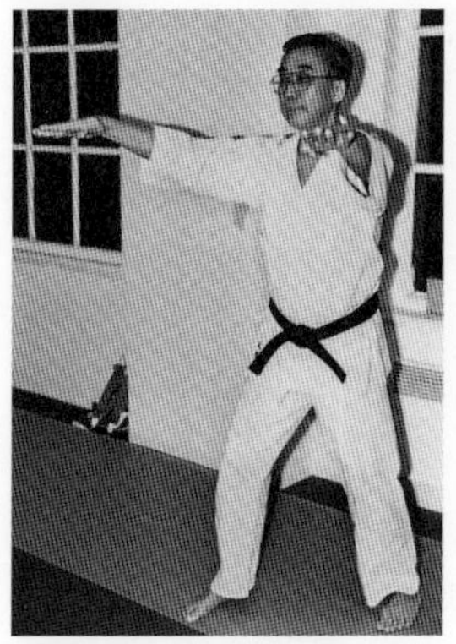

Foto 144

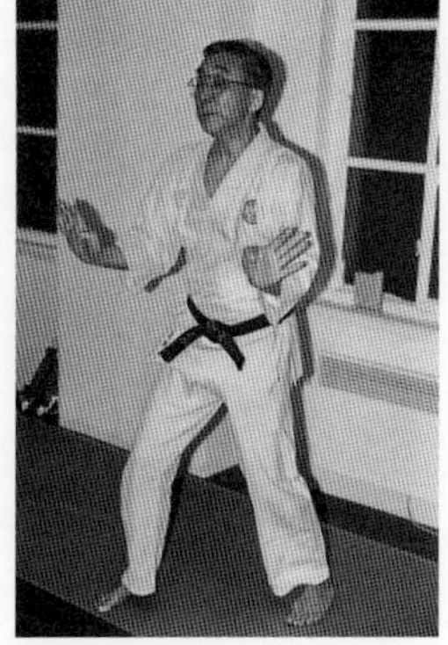

Foto 145

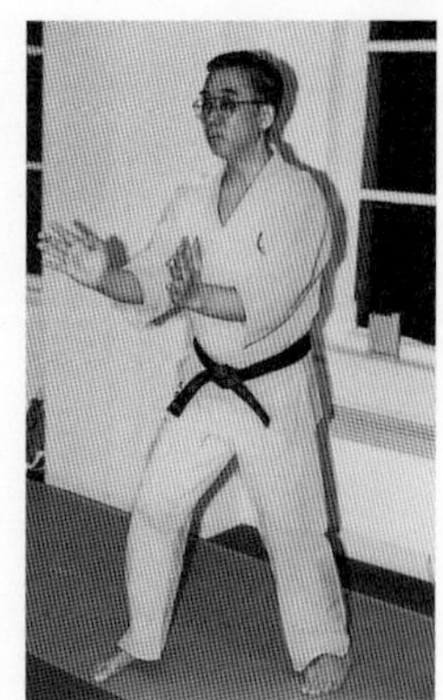

Foto 146

Fotos 144 bis 146: Ôtsuka Tadahiko *Sensei* beim Vorführen der *Happoren no kata*. Foto 142 stellt die Phase der Rückkehr zu ruhiger Atmung dar.

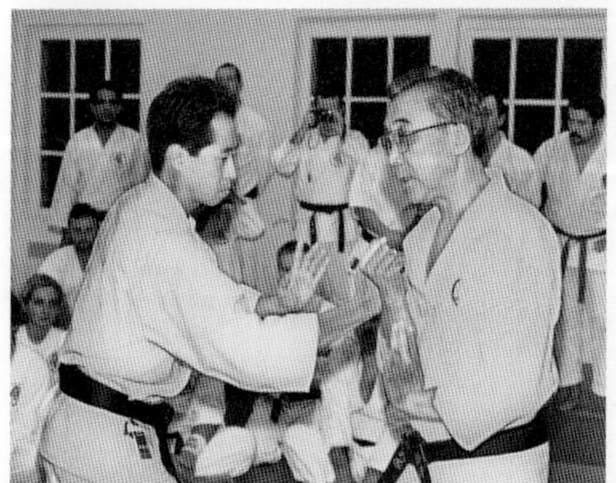

Foto 147

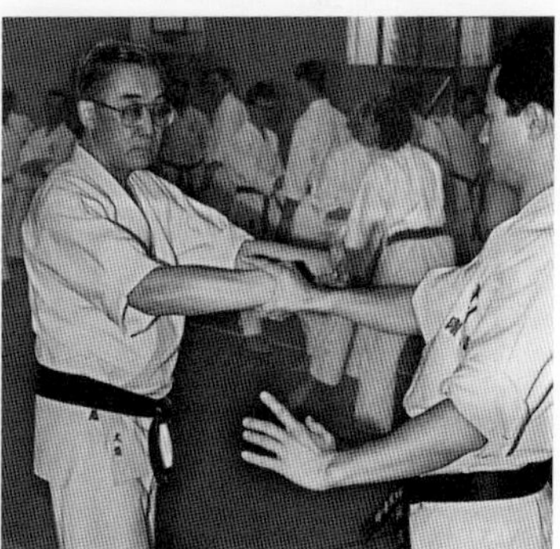

Foto 148

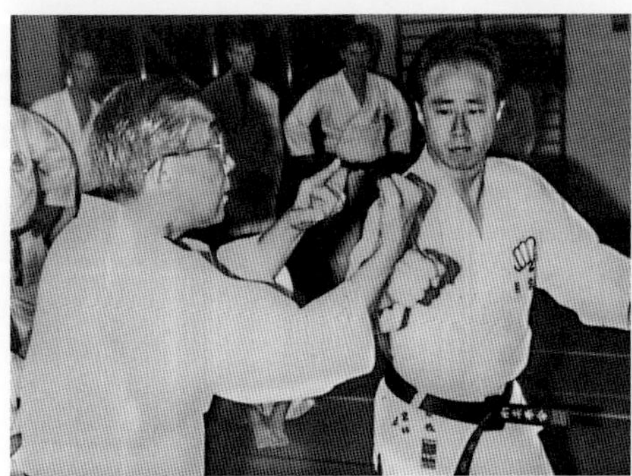

Foto 149

Fotos 147 bis 149: Das Seminar, das Ôtsuka Tadahiko *Sensei*, 9. Dan, im Oktober 1993 am »Centre de Recherche Budo« in Straßburg leitete, stand ganz im Zeichen der *Happoren no kata*. Diese *Kata* wird von einem eindrucksvollen *Bunkai* begleitet, das Techniken enthält, die zunächst simpel erscheinen, jedoch tatsächlich verschiedene Ebenen der Interpretation zulassen.

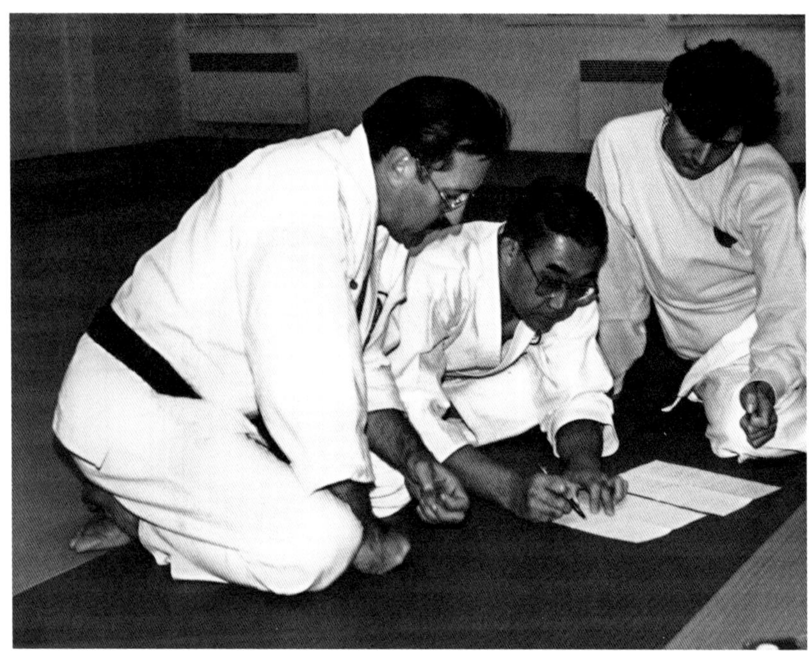

Foto 150: Ôtsuka *Sensei*, der in seiner Person Kompetenz und leidenschaftlichen Willen, sein Wissen zu vermitteln, vereint, unterbrach seine Vorführung, um dem Autor den Stammbaum der *Koshiki Kata* zu erläutern.

4. Sequenz (24 bis 29): Gleitschritt mit dem linken Fuß in einem Winkel von 45° zur Hauptachse der *Kata*, ohne daß dabei die Haltung des Oberkörpers verändert wird (24). Die folgenden Bewegungen werden am Ort ausgeführt. – Die rechte Hand wird umgedreht, so daß die Handfläche nach oben zeigt; die Hand wird nun in einer horizontalen, kreisförmigen Bewegung zum Körper geführt. Die Bewegung endet im *Chûdan uchi uke*. Simultan dazu wird auch die linke Hand im horizontalen Bogen zum Körper geführt, aber die Hand wird zuvor nicht gedreht. Die Bewegung endet im *Chûdan kake dachi* (25). Diese Bewegungen erfolgen sehr schnell (die Details werden im Rahmen C dargestellt), während kurz eingeatmet wird. Während eines langen, zunächst geräuschvollen, dann ruhigen Ausatmens werden die Arme nach außen und oben gestreckt, wie in den Bewegungs-

[121] *San* (chin.): drei.

folgen 8, 14 und 20, nur daß die Ausrichtung der Hände verschieden ist: Die rechte Handfläche weist nach oben und die linke nach unten (26). Es folgt die Sequenz 27 bis 29, die eine Wiederholung der Bewegungsfolgen, wie sie im Rahmen B dargestellt wurden, ist.

5. Sequenz (30 bis 39): Der Körper schwenkt nach rechts, indem der linke Fuß einwärts gedreht wird. Es folgt ein Gleitschritt mit dem rechten Fuß entlang einer Linie, die parallel zur vorherigen Bewegungsachse verläuft (30). Die Sequenz 31 bis 35 stellt eine symmetrische Wiederholung der Bewegungsfolge 25 bis 29 dar.

Nun wird zuerst der linke, dann der rechte Fuß zurückgesetzt, so daß sich die Fersen auf einer Linie befinden. Der Oberkörper beugt sich nach vorn, die Hände hängen nach unten (36). Die Hände werden nach vorn geworfen, während sich der Körper wieder aufrichtet, wobei die Arme sehr entspannt sind – die Bewegung beginnt damit, daß die Schultern gehoben werden und dann die Arme wie ein »Peitschenschlag« geschleudert werden. Mit den Handkanten wird nun ein Schlag nach vorn auf Brusthöhe ausgeführt, während ein *Kiai* ausgestoßen wird. Die Handgelenke sind hierbei stark zurückgebogen (37). Die Bewegungsfolgen 38 und 39 sind Wiederholungen der Sequenz 28 bis 29, wieder nach vorn gerichtet; zuerst wird eingeatmet und dann ausgeatmet.

6. Sequenz (40 bis 44): Gleitschritt mit dem linken Fuß voran nach vorn (40). Die folgenden Bewegungen werden am Ort ausgeführt. – Das linke Handgelenk wird nach links geschleudert, ohne daß dabei jedoch die Position des Ellbogens verändert wird, die Handfläche zeigt zum Körper (41). Kurzes Einatmen. Der linke Unterarm wird in runder Bewegung nach vorn parallel zur Brust abgesenkt, während ausgeatmet wird (42). Während eingeatmet wird, erfolgt ein *Chûdan uchi uke* mit links, die Handfläche weist nach oben (43). Es wird erst stark, dann ruhig ausgeatmet, während die linke Handfläche gewendet und langsam nach vorn geschoben wird (44).

Anmerkung: Während der Sequenz 40 bis 44 stellt der linke Ellbogen einen Fixpunkt dar, und die rechte Hand bewegt sich nicht. Die Bewegungsfolge 44 stellt die Rückkehr in die Position 40 dar.

7. Sequenz (45 bis 49): Schritt mit dem rechten Fuß (dies stellt den einzigen richtigen Schritt, d. h. Wechselschritt, der *Kata* dar); der linke Fuß folgt ein Stück nach (45). Die Zeichnungen 46 bis 49 stellen die symmetrische Wiederholung der Bewegungsfolgen 41 bis 44 dar. Einzelheiten zu diesen Sequenzen finden sich in Rahmen D.

8. Sequenz (50 bis 52): Der linke Fuß wird zurückgesetzt, danach der rechte, so daß die Fersen sich auf einer Linie befinden. Der Oberkörper beugt sich nach vorn wie in Position 200, aber die Hände werden vor der Brust zu Fäusten geschlossen (50). Die nächste Bewegungsfolge (51) setzt sich aus zwei schnell aufeinander folgenden Techniken zusammen, die während eines einzigen Ausatmens und mit einem einzigen *Kiai* ausgeführt werden: Während der Körper sich wieder aufrichtet, erfolgt ein *Yoko morote chûdan tettsui* (die Arme werden nicht ausgestreckt sondern bleiben leicht gebeugt), danach ein nach vorn gerichteter *Shômen morote chûdan tettsui*. Während des Ausatmens werden die Hände nun mit einer schnellen Bewegung nach vorn abgesenkt, die linke Hand über der rechten, Handflächen nach unten (52).

Der linke Fuß wird neben den rechten gestellt, der Körper richtet sich auf und es erfolgt der Gruß.

Das Studium der *Happoren no kata* (in deren Verlauf mit zunehmender Praxis sich einige Details der Bewegungsfolgen durchaus verändern können) wird von einem außerordentlich reichhaltigen *Bunkai* begleitet, das auf dem Einsatz der Fäuste und der Unterarme beruht. Dieses *Bunkai* erinnert zweifelsohne an die chinesische Technik des *Tuishou* (»klebende Hände«, eine Technik, die beispielsweise im *Taijiquan* studiert wird). Es erinnert auch an den Ursprung einer der authentischen *Koshiki Kata*, die Grundlage eines Kampfsystems, das (unvollständig) von China auf die Ryûkyû-Inseln übertragen wurde. Das Studium des *Bunkai* kann unmöglich auf andere Weise als durch direkten Unterricht erfolgen – es würde den Rahmen dieses Werkes sprengen.

Happoren no kata

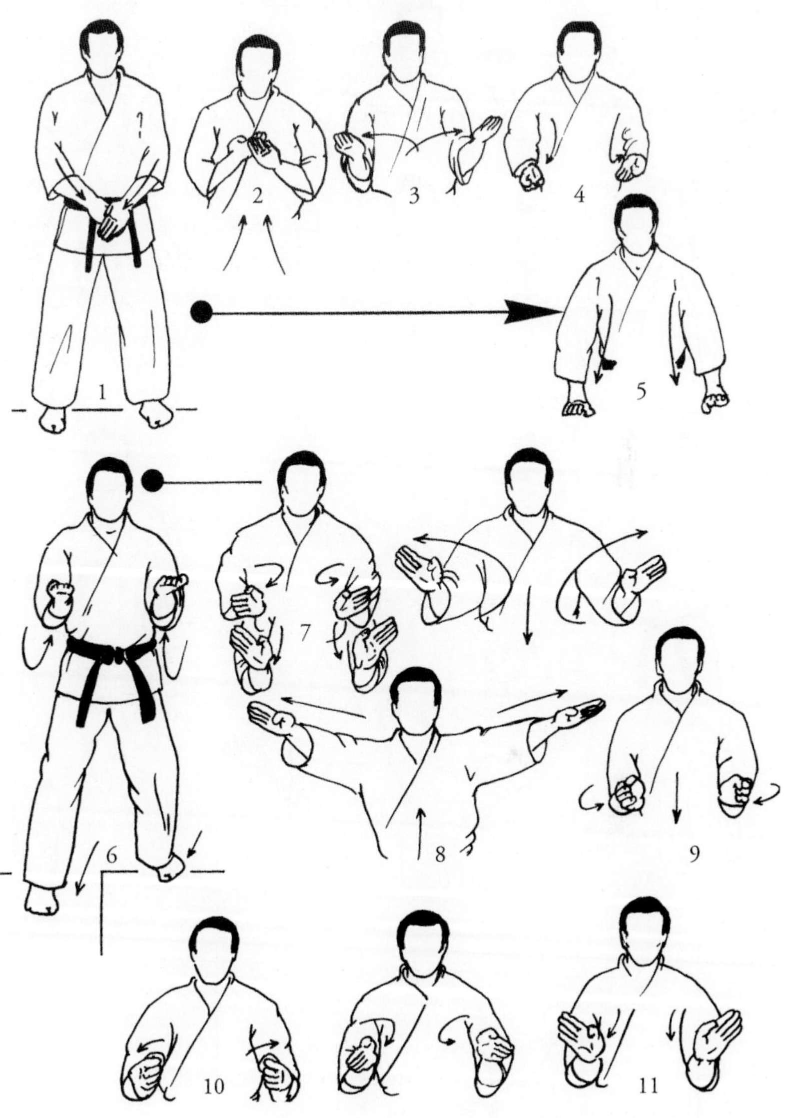

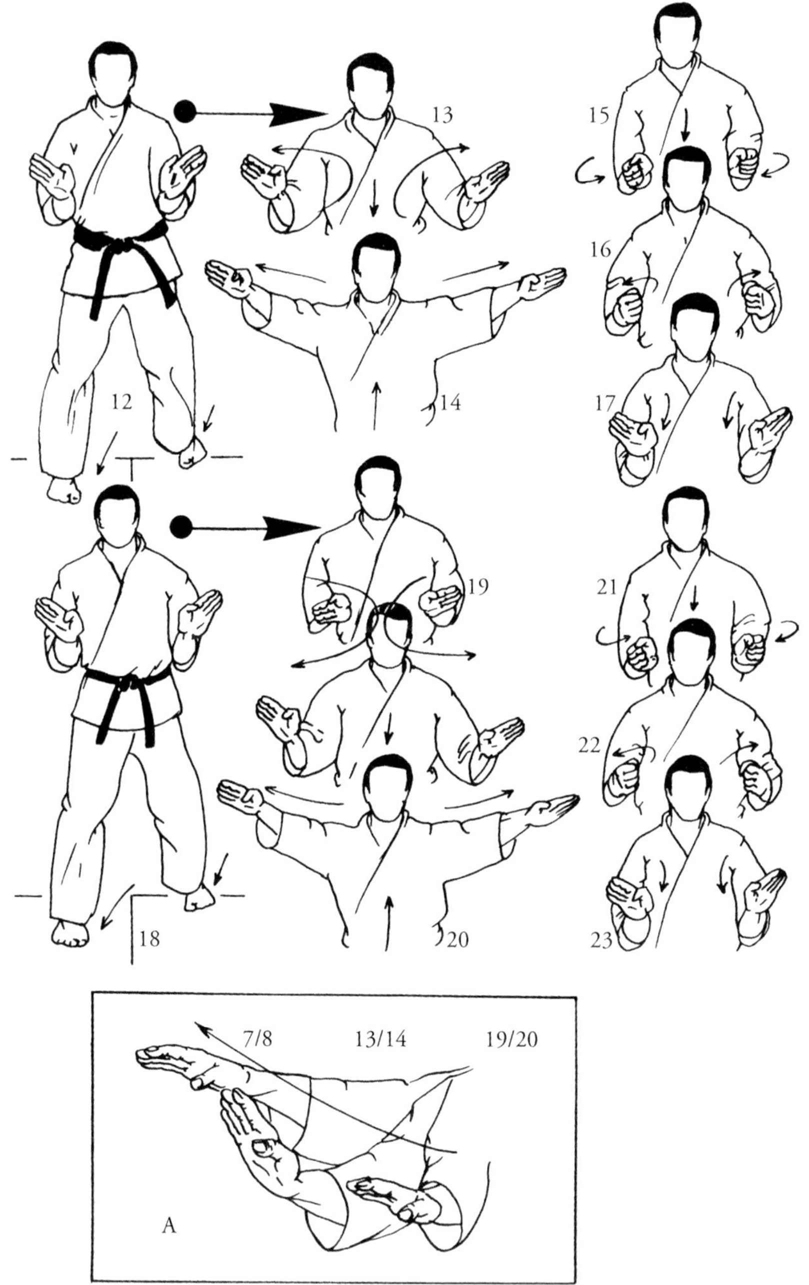
12
13
14
15
16
17
18
19
20
21
22
23
7/8
13/14
19/20
A

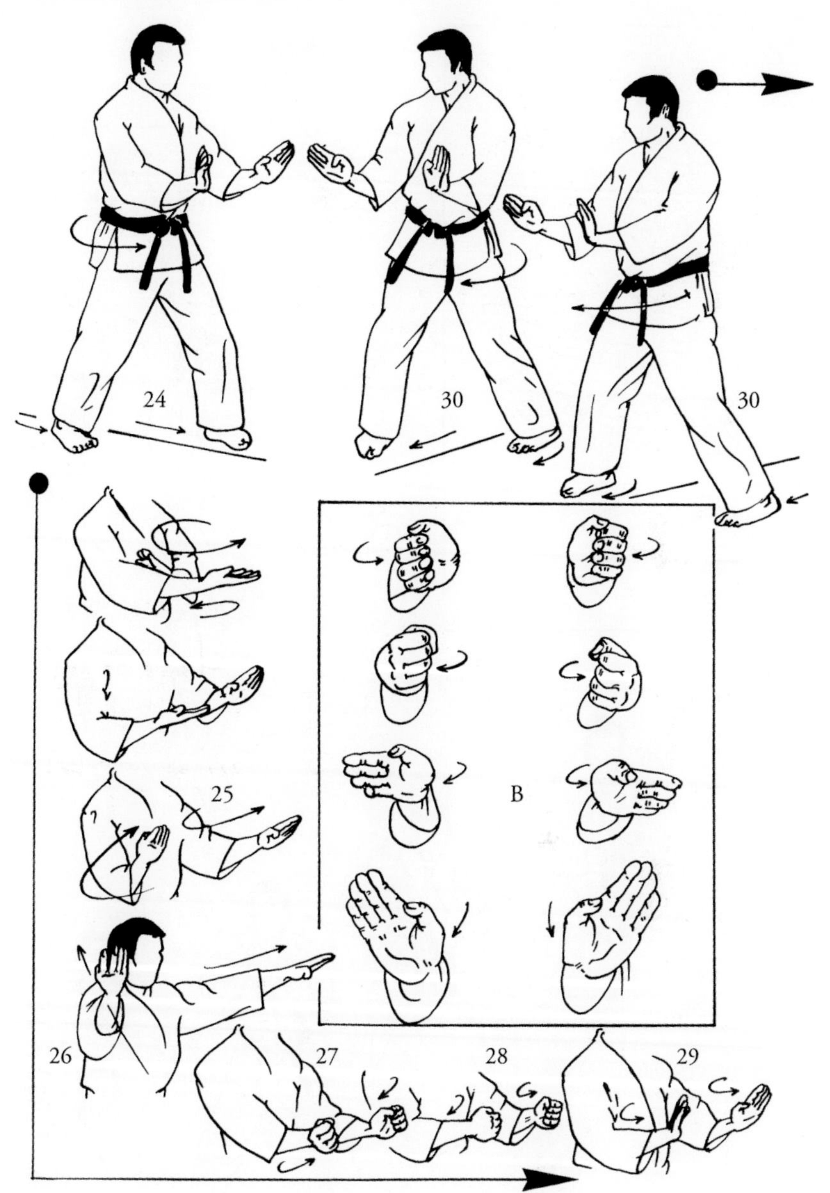
24
30
30
25
B
26
27
28
29

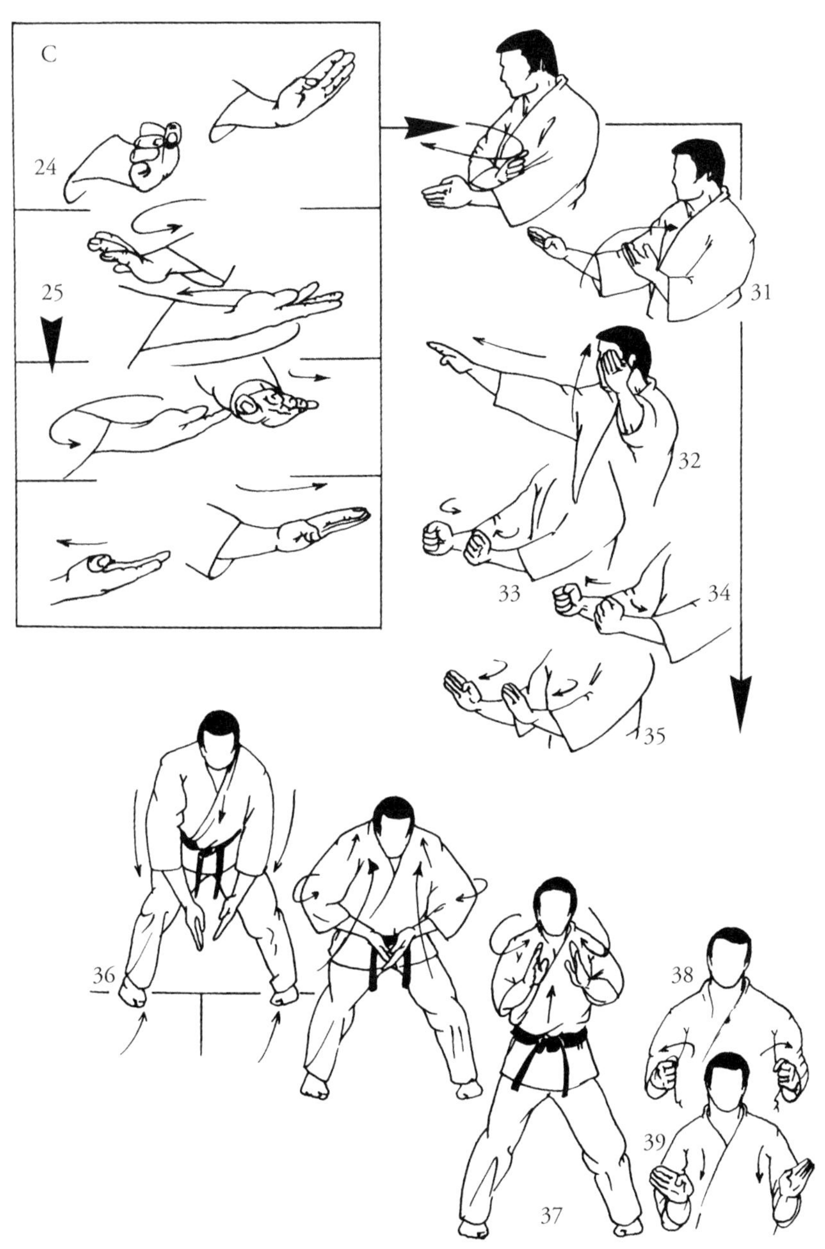

C
24
25
31
32
33
34
35
36
37
38
39

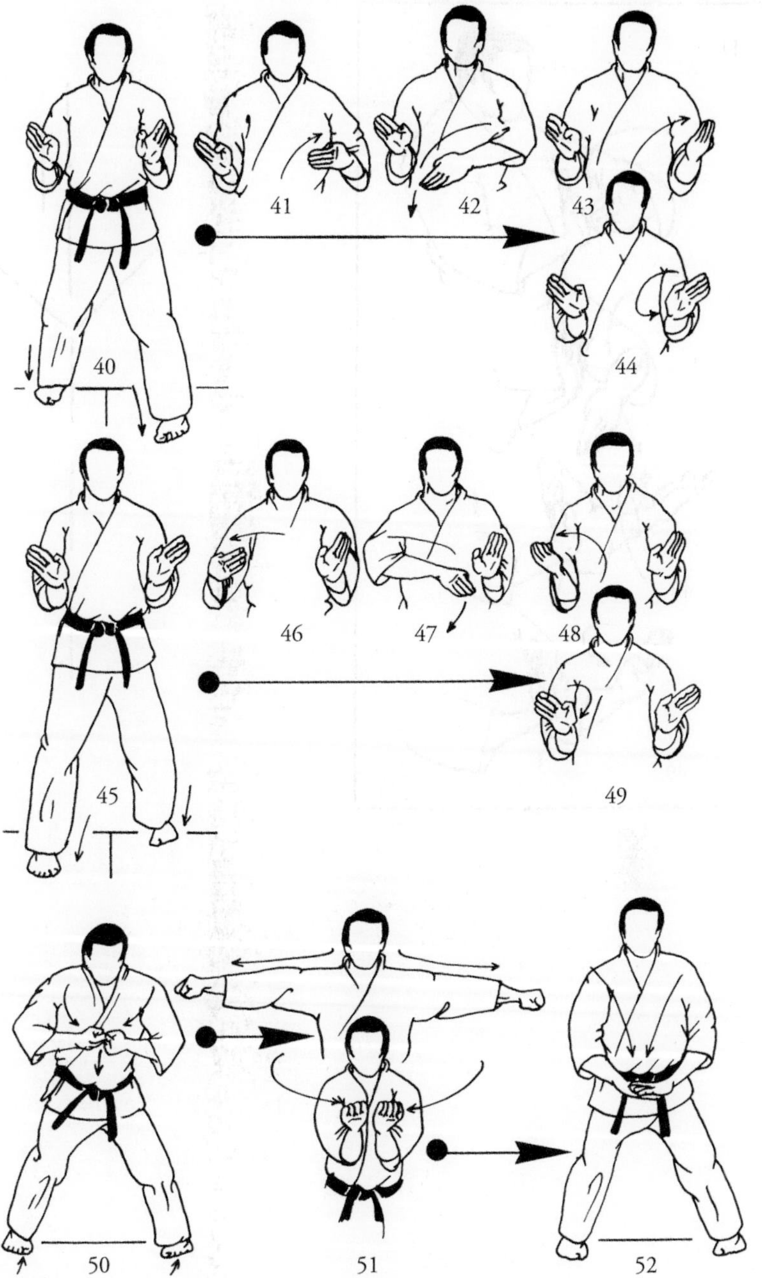

40
41
42
43
44
45
46
47
48
49
50
51
52

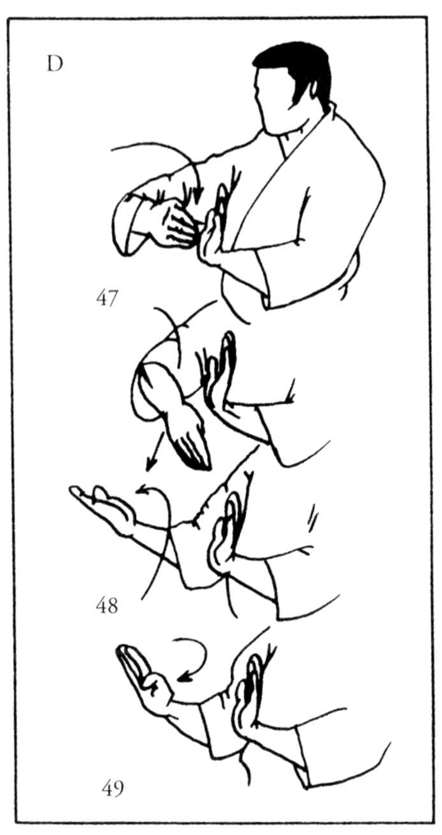
D
47
48
49

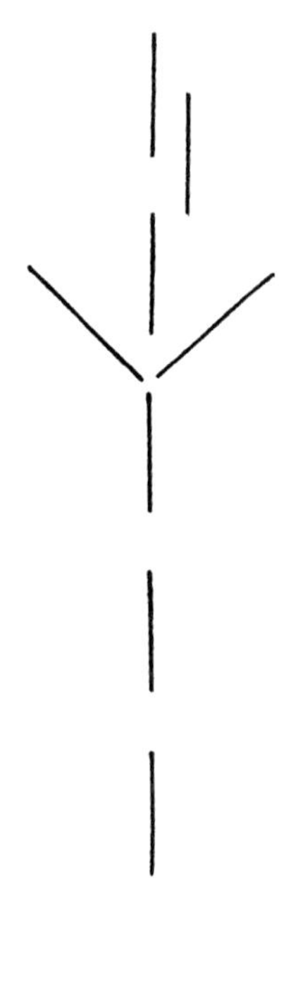

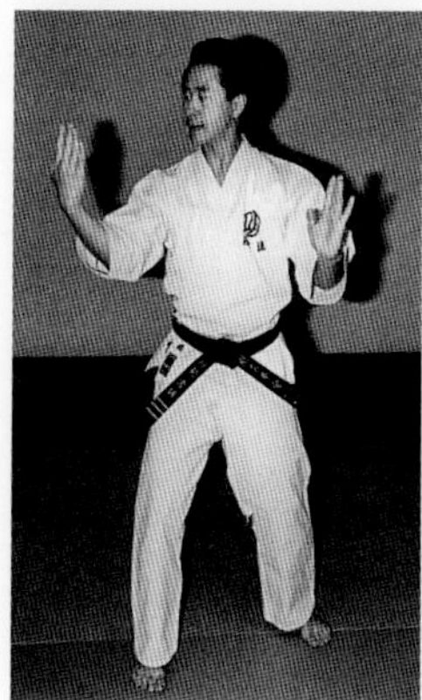

Foto 151

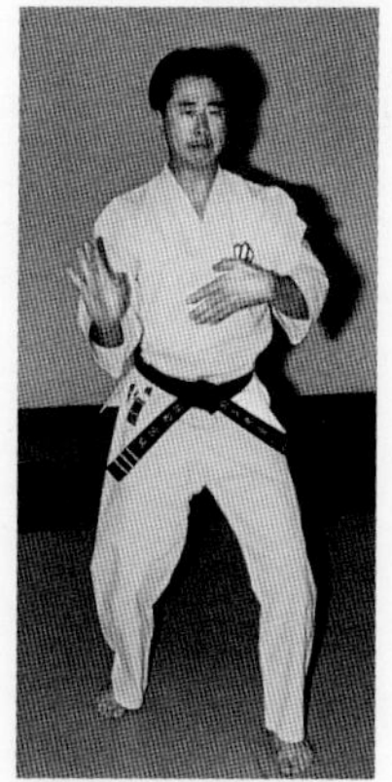

Foto 152

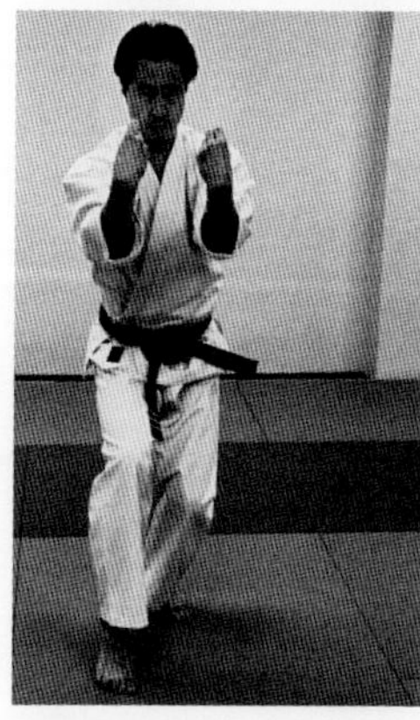

Foto 153

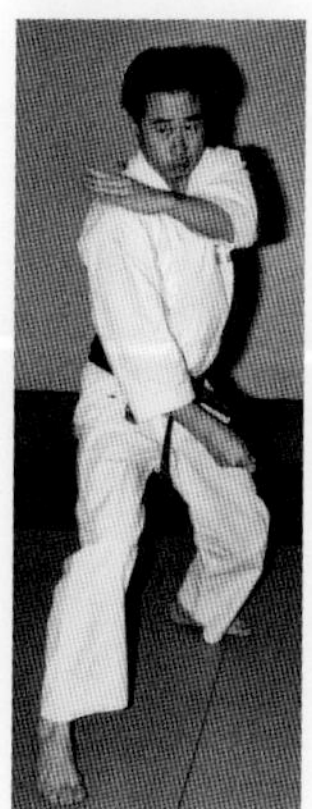

Foto 154

Fotos 151und 152: Miyazaka Shinji (6. Dan) vom *Gôjûkensha*, Schüler von Ôtsuka *Sensei*, bei der Vorführung der *Happoren no kata*.

Fotos 153 und 154: Miyazaka Shinji beim Vorführen der *Koshiki Kata Hakufa*. Der Stil des Kranichs oder des Reihers (*Hakutsuru*) hat einen grundlegenden Einfluß auf die Schulen des *Okinawa te* ausgeübt, wo er noch immer praktiziert wird, vor allem im *Sukunai Hayashi ryû*. Er stammt aus der südchinesischen Provinz Fujian, wo man ihn z. B. unter den Bezeichnungen *Hai Pai, Pao Chuan* oder *Pak ho pai* kennt. Die Gewohnheit, Tiere oder auch Götter zu imitieren, stammt aus China bzw. bereits aus Indien. Indem verschiedene eindrucksvolle Haltungen und Bewegungen dieser Wesen nachgeahmt wurden, wollte man sich ursprünglich vor bösen Geistern schützen oder sich von ihrem Einfluß befreien. Die Kraft und die Effizienz waren um so größer, je vollendeter man diese Gesten zu kopieren verstand.

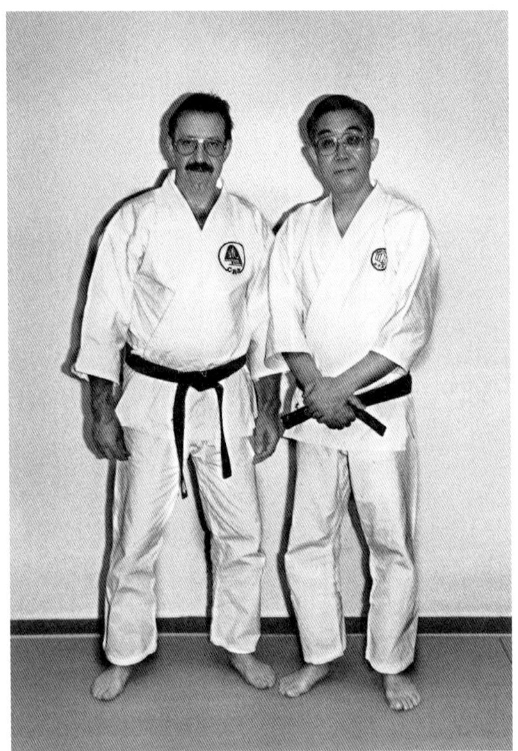

Foto 155: Ôtsuka Tadahiko *Sensei* zur Rechten von Roland Habersetzer *Sensei* in Straßburg im Oktober 1993. Die beiden Kampfkunstexperten verband eine jahrzehntelange Freundschaft, die durch gegenseitige Wertschätzung und Austausch von Wissen geprägt war. Der 2012 verstorbene Leiter des *Gôjûkensha* von Tokio hatte dem Autor die Aufgabe anvertraut, die *Happoren no kata* im Rahmen des »Centre de Recherche Budo« in Europa zu verbreiten.

Nachwort

Ehrfurcht vor den Vorfahren – sie sind unsere Wurzeln.
Ehrfurcht vor der Tradition – sie ist unsere Erfahrung.
Ehrfurcht vor dem Meister – er gibt das Wissen weiter.
Ehrfurcht vor dem, was aus der Vergangenheit stammt –
um nicht allein zu stehen vor dem, was die Zukunft bringt.

Die *Koshiki Kata* zu erforschen ist eine Arbeit, die jener der Archäologen vergleichbar ist. Und ebenso wie in der Archäologie ist es bei der Interpretation der Forschungsergebnisse leicht möglich, sich zu irren oder Zusammenhänge zu übersehen. Denn oft mangelt es an handfesten Beweisen für bestimmte Hypothesen, und manche Bestandteile des alten Wissens scheinen bereits vollständig verloren gegangen zu sein. Gelingt es dennoch, solche Fragmente zu entdecken, so wird der Forscher neue Vergleiche mit den bereits gewonnenen Erkenntnissen anstellen können. Auf diese Weise wird die alte, durch die Zeit fast schon ausgelöschte Botschaft klarer zu erkennen sein.

Doch auch wenn es keinen Grund gibt, jede Hoffnung auf neue Erkenntnisse aufzugeben, so ist die Wahrscheinlichkeit recht gering, in irgendwelchen vergessenen Archiven spektakuläre Aufzeichnungen entdekken zu können, die durch einen bis heute unbekannten Stil eifersüchtig gehütet worden sind. Und die Zahl der vertrauenswürdigen alten Meister schwindet dahin, und ihre Nachfolger sind oft nicht in der Lage, das ihnen überlieferte Wissen zu bewältigen.

Meine Forschungstätigkeit auf dem Gebiet der klassischen *Kata* des *Karatedô* hat sich über viele Jahre erstreckt. Diese Thematik beschäftigt mich seit meinen Anfängen auf dem Gebiet der Kunst der »leeren Hand«. Nachdem ich bereits 1984 ein Buch über die Meister und Schulen des *Okinawa te* veröffentlicht habe[122], stellt das vorliegende Werk einen neuen Versuch dar, ein augenfälliges kulturelles Vakuum zu füllen, das heute bei allzu vielen Praktizierenden des *Karatedô* besteht. Sollte dieses Buch dazu beitragen, neue Generationen von Karateka dazu anzuregen, ihren

[122] Habersetzer, R.: Karaté de la Tradition. Maîtres et Ecoles de l'Okinawa-te. Paris: Amphora 1984.

Blick mit größerer Aufmerksamkeit auf den Weg zu richten, den sie eine Zeitlang oder gar ihr ganzes Leben lang beschreiten wollen, so sind all die Jahre, die ich damit verbracht habe, Wissen zu sammeln, nachzudenken und die gewonnenen Erkenntnisse aufzuarbeiten, nicht umsonst gewesen.

Es scheint, daß die Menschen unserer Zeit oft große Sehnsucht danach verspüren, sich ihrer Herkunft bewußt zu werden. Ich bin überzeugt davon, daß zu den kostbarsten traditionellen Werten, die uns aus der Morgendämmerung der Menschheit überliefert wurden, jene zählen, die uns Ehrfurcht vor den Menschen lehren, die Wegbereiter waren auf all jenen Gebieten, in denen wir uns heute so gut eingerichtet haben. Auf diesen Seiten habe ich versucht, daran zu erinnern, daß es keine echte Zivilisation geben kann ohne Gedächtnis.

Roland Habersetzer, Saint-Nabor, November 1993

Inhaltsverzeichnis

Vorwort zur deutschen Ausgabe der Koshiki Kata 9

Vorbemerkung 11

Die Inkunabeln des Karatedô 11

Zeit der Reife 16

I Die Koshiki Kata des Karate: Grundlage und Gestalt 21

Die klassische Kata und die traditionelle Kata: zwei Ebenen der Erforschung und des Verständnisses 23

Klassische Kata des Karatedô – eine Technik des Erweckens 28

Die klasssische Kata als verschlüsselte Kampfform 34

Die klassische Kata als Arbeit mit der inneren Energie 42

Die klassische Kata als »unendlicher Schatz« 47

Kata: Dô oder Jutsu? 52

Hito kata san nen 59

Kata, der Schlüssel zum Verständnis 60

Tokui-Kata – die Lieblingskata 62

Bunkai 64

II Auf der Spur der unendlichen Schätze 67

1 China – die Enstehung 69

1.1 Die kulturellen Wurzeln 70

1.2 Vom philosophischen Konzept zur Kampfmethode 74

2 Okinawa – die Übertragung 82

2.1 Der Transfer: vom Tôde zum Okinawa te 82

2.2 Der Reifeprozeß: die Individualisierung der Stile 92

3 Japan – die Expansion 102

3.1 Die Entdeckung und die Initiation 102

3.2 Wandlungen und Weiterverbreitung 124

III Lebendige Tradition 133

1 Die letzten Meister der letzten traditionellen Schulen 135

1.1 Okinawa: die letzten Hüter der Tradition 136

1.1.1 Der Zweig des Shôrin ryû 136

1.1.2 Der Zweig des Naha te 151

1.2 Japan: die letzten Erben 160

1.2.1 Shôtôkan 161

1.2.2 Shôtôkai 164

1.2.3 Wadô ryû 165

1.2.4 Shitô ryû 166

1.2.5 Itosu ryû 167

1.2.6 Gôjû ryû 167

1.2.7 Letzte Vertreter einer Tradition 169

1.3 Fazit 170

2 Die Kata: letzte Spuren eines verlorenen Pfades 173

2.1 Passai, Kûshankû, Tekki: die große Trilogie 173

2.1.1 Passai (Patsai, Bassai) 173

2.1.2 Kûshankû (Kankû) 178

2.1.3 Naihanchi (Tekki) 187

2.2 Historische Fragmente 192

2.3 Etymologie der Koshiki Kata 215

IV Zeugen 217

1 Die Kunst, eine Kata im traditionellen Geist auszuführen 219

1.1 Atmung und Rhythmus 219

1.2 Ausrichtung 220

1.3 Inneres Empfinden 221

1.4 Ausführung 222

1.5 Auf der Suche 223

2 Die Koshiki Kata in bildlicher Darstellung 225

2.1 Die 16 Kata der Schule des Matsubayashi Shôrin ryû 226

2.1.1 Die fünf Pinan 227

2.1.2 Die drei Naihanchi-Kata 240

2.1.3 Kûshankû 247

2.1.4 Passai 254

2.1.5 Ananko 259

2.1.6 Wankan 262

2.1.7 Rôhai 266

2.1.8 Wanshu 269

2.1.9 Chintô 272

2.1.10 Gojûshiho 277

2.2 Acht Beispiele personalisierter Kata 282

2.2.1 Itosu no Kûshankû 282

2.2.2 Eine Kata-Passage und ihr Bunkai in verschiedenen Stilen 289

2.2.3 Matsumura no Passai 295

2.2.4 Chibana no Passai 303

2.2.5 Matsumura no Chintô 308

2.2.6 Shiroma no Chintô 315

2.2.7 Bunkai-Möglichkeiten anhand der Chintô (Gankaku) 321

2.2.8 Aragaki no Sôchin 326

2.2.9 Jion 331

2.2.10 Jitte 335

2.3 Ein Beispiel für eine Entwicklung: von der Chibana no Kûshankû (shô) zur Kankû shô 342

2.4 Zwei Beispiele für Kata, die ihrem chinesischen Ursprung nahe geblieben sind 353

2.4.1 Sanchin no kata (Uechi ryû) 353

2.4.2 Seisan no kata (Uechi ryû) 364

2.5 Ein vergessener und wiedergefundener Schatz: die Happoren no kata 374

Nachwort 389

Von der Form einer Kampfkunst

Die Kata als zentrales Übungskonzept des Karate

Die traditionell überlieferten Formen des Karate, die Kata, enthalten sämtliche Facetten des Karatetrainings. Doch dieses Wissen wird nur dann umfassend zugänglich, wenn die Kata auf eine Weise analysiert werden, die das Weltbild der Menschen, die sie vor langer Zeit geschaffen haben, berücksichtigt, das heißt ihre religiösen Anschauungen, ihre Kenntnisse in traditioneller chinesischer Medizin, ihr Wissen über den Fluss des Ki (Qi) und vieles mehr.

Auf der Grundlage von über 40 Jahren eigener Übungs- und Unterrichtspraxis sowie umfangreicher Forschungsarbeit gelingt es dem Autor, anhand zahlreicher praktischer Beispiele und origineller Analysen darzustellen, wie es möglich ist, die Kata so zu entschlüsseln, dass der Karateka daraus vielfältiges anwendbares Wissen gewinnen kann. Erst mit solchem Wissen kann Karate wieder zu der echten und hocheffektiven Kampfkunst werden, als die es einst geschaffen wurde.

Das Werk beginnt mit Erläuterungen zu Aufbau und Struktur der Karate-Kata und zur potentiellen Wirkungsweise der enthaltenen Techniken; die Gesetze der Physik werden hierbei ebenso berücksichtigt wie alternativmedizische Modellbetrachtungen. Im zweiten Teil wird ausführlich auf das Üben der Kata und deren Umsetzung im freien Kampf eingegangen. Im dritten Teil werden einzelne für das heutige Karate besonders bedeutende Kata beschrieben und miteinander verglichen, so z. B. die Kata Naifanchin und Bassai.

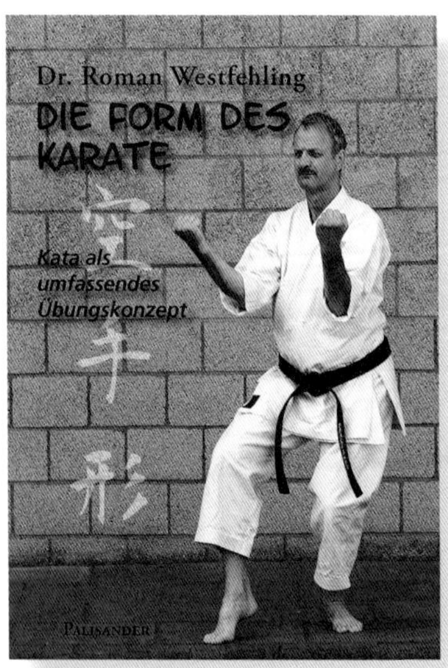

Roman Westfehling, 5. Dan, möchte den Leser ermutigen, immer wieder Altbekanntes in Frage zu stellen, damit er weiterkommt auf dem Weg der leeren Hand, dem Karate-dō. Dieses Buch richtet sich an jeden fortgeschrittenen Karateka – unabhängig von seiner Stilrichtung –, und auch dem interessierten Anfänger kann es als Wegweiser und Wegbegleiter dienen.

Roman Westfehling
Die Form des Karate
Kata als umfassendes Übungskonzept
408 Seiten mit 106 Abbildungen
1. Auflage 2015
ISBN 978-3-938305-84-3
24,80 €

Ein Handbuch der kampfrelevanten Vitalpunkttechniken

Theorie und Praxis einer jahrhundertealten Kunst

Kyusho bezeichnet das Wissen um die vitalen Punkte des menschlichen Körpers. Kyusho-Jitsu ist die Kunst, Angriffe auf diese speziellen Punkte zu richten. Durch die Manipulation dieser Punkte werden energetische bzw. neurologische Vorgänge im menschlichen Körper so beeinflusst, dass dies zu Gleichgewichtsstörungen, Kraftverlust, Schmerz, bis hin zur Ohnmacht oder zum Tod führen kann.

Dieses Werk ist ein echtes Handbuch der traditionellen Vitalpunktmethoden – hier geht es sowohl um die unvergleichlich effektiven Kampftechniken des Kyusho-Jitsu als auch um Wiederbelebung und Heilung nach dem Kampf – das Kuatsu. Für sämtliche kampfrelevanten Vitalpunkte werden die entsprechenden Techniken und ihre Wirkungen detailliert beschrieben.

Das Buch wurde als Nachschlagewerk und Lehrbuch konzipiert. Es soll den Übenden helfen, auch außerhalb des Dojos ihr Wissen über die Vitalpunkttechniken zu vertiefen.

Kyusho-Jitsu ist eine reine *Kampfkunst* und kann wegen seiner gefährlichen Wirkungen nicht als *Kampfsport* eingesetzt werden. Allerdings kann es ohne Probleme ergänzend in jedes Kampfkunstsystem integriert werden.

Damit eignet sich das Werk für Kampfkünstler aller asiatischen Stilrichtungen.

Fritz Oblinger betreibt seit 1968 Karate. Er ist Träger des 7. Dan im Shotokan Karate, des 8. Dan im Stiloffenen Karate und des 5. Dan im Kyusho-Jitsu. Er ist Initiator und Stilrichtungsreferent für Kyusho-Jitsu im Deutschen Karate Verband. Des Weiteren ist er Mitglied in der Europäischen Kyusho Akademie, wo er ebenfalls Stilrichtungsrepräsentant für Shotokan Karate ist.

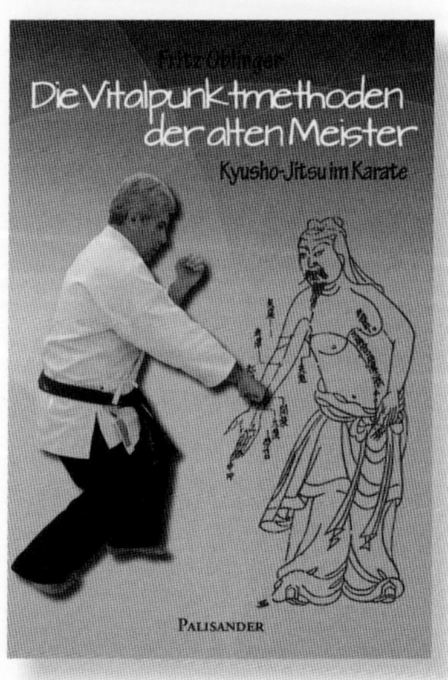

Fritz Oblinger
Die Vitalpunktmethoden der alten Meister
Kyusho-Jitsu im Karate
256 Seiten, 330 Abbildungen
2. Auflage 2019
ISBN 978-3-938305-96-6
21,90 €

Roland Habersetzer: 39 Karate-Kata

Die wichtigsten Kata aus drei Hauptstilen des Karatedô

Es gibt im modernen Karate vier Hauptstilrichtungen. Neben dem von Funakoshi Gichin geschaffenen Shôtôkan-ryû sind dies die Schulen des Gôjû-ryû (Miyagi Chôjun), des Wadô-ryû (Ôtsuka Hironori) und des Shitô-ryû (Mabuni Kenwa). Die Grundlage jedes Karatestils sind seine Kata. In diesen komplexen Bewegungsabläufen ist das gesamte Wissen einer Schule enthalten, ihre Techniken und selbst ihre Philosophie. Die Kata wurden in der Vergangenheit von den großen Meistern des Kampfes mit leerer Hand auf Okinawa, der Wiege des Karatedô, geschaffen. Manche von ihnen haben Wurzeln, die Jahrhunderte zurückreichen. In ihnen sind Einflüsse chinesischer Taolu ebenso zu finden wie die Erfahrungen der Okinawaner im Kampf gegen die Besatzung durch die Samurai aus Satsuma.

Im einzelnen werden anhand von 2540 hochpräzisen Zeichnungen des Autors und ausführlichen technischen Beschreibungen 12 Kata des Gôjû-ryû, 17 Kata des Wadô-ryû und 10 Kata des Shitô-ryû dargestellt. Aus dem Gôjû-ryû werden sämtliche 12 Kata, die der Stilgründer festgelegt hat, vorgestellt, von den beiden Kata Gekisai-dai bis zur Sûpârinpai. Mit Ausnahme der Kata Jitte werden auch sämtliche im Wadô-ryû praktizierten Kata vorgestellt, einschließlich der von Meister Ôtsuka geschaffenen 10 Serien der Kihon kumite kata. Aus dem Shitô-ryû werden die 5 Kata Pinan sowie die Kata Shihôzuki, Bassai, Gojûshiho, Niseishi und Rôhai vorgestellt. Andere Kata dieses Stils sind in ihren Abläufen den entsprechenden Kata aus Gôjû-ryû und Wadô-ryû sehr ähnlich.

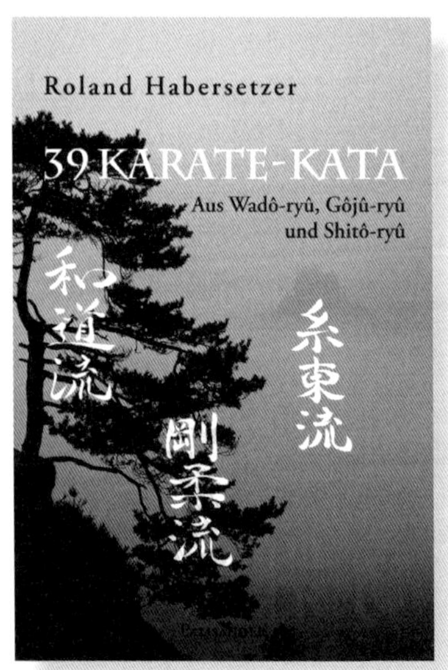

Roland Habersetzer Hanshi, 9. Dan, hatte Gelegenheit, die Kata der verschiedenen Stilrichtungen bei einigen der besten Meister in Japan zu studieren. Er hat dieses Buch sowohl als Handbuch für die Praktizierenden der einzelnen Schulen verfasst, als auch in der Absicht, dass interessierte Karateka durch vergleichendes Studium der Kata verschiedener Stile zu einem tieferen Verständnis ihrer Kunst gelangen können.

Roland Habersetzer
39 Karate-Kata
Aus Wadô-ryû, Gôjû-ryû und Shitô-ryû
432 Seiten mit zahlreichen Abbildungen
1. Auflage 2010
ISBN 978-3-938305-15-7
26,90 €

Karate der Meister – Mit Körper und Geist

Eine harmonisch entwickelte Einheit von Körper und Geist

Dieses Lehrbuch wendet sich an fortgeschrittene Karateka. Es hat den Anspruch, sie tiefer in die Welt des Karatedō zu führen und ihnen dadurch zu ermöglichen, den grundlegenden Dingen ihrer Kampfkunst näherzukommen.

Der französische Karatemeister Roland Habersetzer Hanshi, 9. Dan, möchte mit seinem Werk dem erfahrenen Karateka Perspektiven eröffnen, die es ihm erlauben, Karate als lebenslangen Weg zu betreiben, während er die drei klassischen Entwicklungsstufen (Shu-Ha-Ri) vom Schüler zum Meister durchschreitet. Karatedō heißt für den Autor, »kämpfen zu lernen mit Aktivierung der inneren Energie (Ki), die in jedem Wesen existiert, aber meistens verborgen bleibt«.

Nach einem Abschnitt über Tradition und Karate wird im ersten Teil des Buches auf zentrale Themen wie Aktivierung der Kraft des Hara, Kime und die Beherrschung der Distanz im freien Kampf sowie verschiedene Abwehrtechniken, z. B. die Abwehr mit doppelter Wirkung, eingegangen.

Der zweite Teil behandelt Kampfstrategien. Es wird gezeigt, wie man passives und aktives Verhalten nutzen kann, um dem Angreifer Fallen zu stellen, und welche Mittel der Täuschung es außerdem gibt. Ein weiteres Kapitel beschreibt Techniken von Tiger, Kranich und Drachen.

Den Leser erwarten eine Vielzahl anspruchsvoller Techniken, dargestellt mittels klarer und übersichtlicher Zeichnungen, zahlreicher Fotos und ausführlicher Beschreibungen, eingebettet in den philosophischen und geistigen Hintergrund des Karatedō.

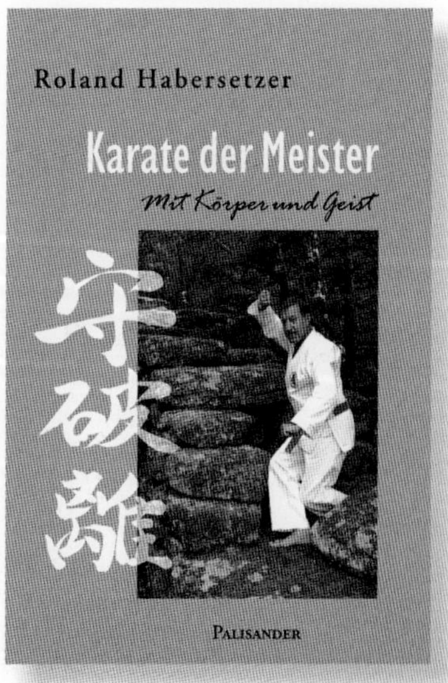

Roland Habersetzer
Karate der Meister
Mit Körper und Geist
264 Seiten, mit zahlreichen Abbildungen
1. Auflage 2010
ISBN 978-3-938305-16-4
24,90 €

Bubishi – Mit den 32 Formen des Kaisers Song Taizu

Die Bibel der Kampfkunst mit leerer Hand

In der südchinesischen Provinz Fujian (Fukien) entstand vor Jahrhunderten der Kampfstil des Weißen Kranichs, als Fang Jin Jang, Tochter eines Shaolinmeisters, die Kampfkunst ihres Vaters mit Haltungen und Bewegungen des Kranichs verknüpfte. Dieser Stil wird im Bubishi beschrieben, einem illustrierten Manuskript, das für jene bestimmt war, die Meister im Kampf ohne Waffen werden wollten. Es zeigt sich, daß die im Bubishi beschriebenen Techniken nichts weniger darstellen als jene Urformen, aus denen sich so unterschiedliche moderne Kampfkünste wie Karate, Jûjutsu, Jûdô, Aikidô oder Wingchun entwickelt haben. Alle Geheimnisse der waffenlosen Kampfkünste sind hier bereits offenbart.
In diesem Werk werden die 48 Nahkampftechniken des Bubishi (ergänzt durch ausführliche Kommentare und detaillierte Zeichnungen des Autors), die Kunst des Dianxue (die geheimnisumwitterten Vitalpunkttechniken der »vergifteten Hand«), die Geschichte des Kampfstils des »Weißen Kranichs« sowie Geschichte und Technik der Kata Hakufa und Happoren vorgestellt.

Die vorliegende Neuauflage des Bubishi enthält zudem eine umfassende Darstellung der »32 Formen des Boxens des Kaisers Song Taizu«. Hierbei handelt es sich um ein vollständiges Kapitel des chinesischen Klassikers Ji Xiao Xin Shu von General Qi Jiguang, der 1564 erschien.

Der japanische Karatemeister Ôtsuka Tadahiko, Lehrer und Freund Roland Habersetzers, analysiert die darin vorgestellten 32 Kampfpositionen. Der Wushu-Experte Maik Albrecht, welcher über zehn Jahre in China lebte, übersetzte und kommentierte die Einleitung des Ji Xiao Xin Shu, das erstmals einer nichtasiatischen Leserschaft zugänglich gemacht wird. Maik Albrecht, der bei einigen der größten lebenden Meister des Wushu (Kungfu) in die Lehre gegangen ist und chinesische Sprache und Kultur studiert hat, hat es vollbracht, den klassischen Text auf eine Weise zu übertragen und zu erläutern, daß der Leser tiefe Einblicke in die faszinierende Welt der waffenlosen Kampfkünste im alten China gewinnt.

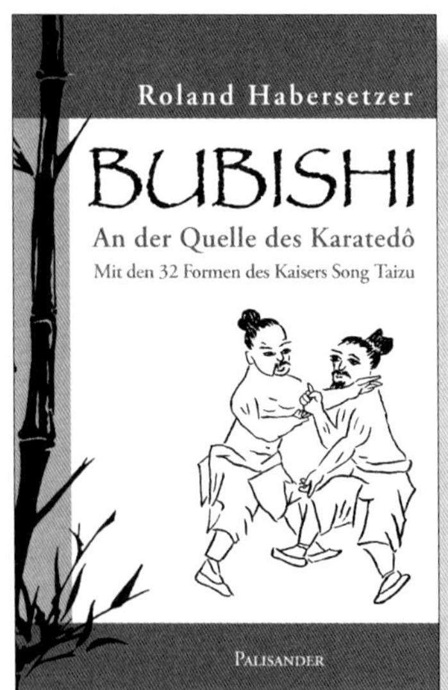

Roland Habersetzer
Bubishi – *An der Quelle des Karatedô*
Mit den 32 Formen des Kaisers Song Taizu
Aus dem Französischen von Frank Elstner
320 Seiten mit zahlreichen Abbildungen
4. Auflage 2014
ISBN 978-3-938305-00-3
25,90 €

Mabuni Kenei: Leere Hand – Vom Wesen des Budô-Karate

Das Vermächtnis eines Großmeisters des Karatedô

Budô ist der Weg der traditionellen japanischen Kampfkünste. Mabuni Kenei ist diesem Weg bis heute durch nahezu acht Jahrzehnte gefolgt. Er gehört zu den letzten Meistern, die bei den Gründervätern des modernen Karatedô in die Lehre gegangen sind. Der Sohn und Erbe Mabuni Kenwas, des Gründers des Shitô ryû, ist im Laufe seines Lebens zu einem tiefen Verständnis vom Wesen des Karate als Budô-Kampfkunst gelangt. Auf lebendige, fesselnde Weise versteht er es, dem Leser dieses außerordentlich komplexe und vielschichtige Wissen nahezubringen. Dies geschieht in Form von Lebenserinnerungen, technischen Erläuterungen, historischen und philosophischen Ausführungen, Legenden und anekdotischen Begebenheiten aus dem Leben berühmter Samurai und Budôka (u. a. Meister des Schwertkampfes, des Aikidô, des Okinawa-te und des Karate).

Mabuni Kenei (1918-2015) wurde auf Okinawa, dem Ursprungsort des Karate, geboren. Als Sohn eines der bedeutendsten Karateexperten in der Geschichte der Kampfkünste lernte er in seiner Jugend viele der großen Meister des Budô kennen, so z. B. Miyagi Chôjun, Motobu Chôki, Konishi Yasuhiro, Fujita Seiko und Funakoshi Gichin. Im Alter von 34 Jahren übernahm er den Vorsitz des Shitô ryû. Er war Inhaber des 10. Dan. Noch mit über 90 Jahren hielt er regelmäßig Lehrgänge in verschiedenen Teilen der Welt ab, in denen er authentisches Karatedô vermittelte.

Dieses Werk, aus dem eine ebenso vergessene wie wertvolle Vergangenheit zu uns spricht, ist eine Einladung, dem Weg des »vollendeten Menschen« zu folgen, welcher der wahre Weg des Karatedô ist. Sôke Mabuni geht sogar über diesen Weg hinaus, indem er Verbindungen zu buddhistischer, daoistischer und konfuzianischer Spiritualität knüpft. Möge seine Botschaft gelesen und verstanden werden.

Roland Habersetzer

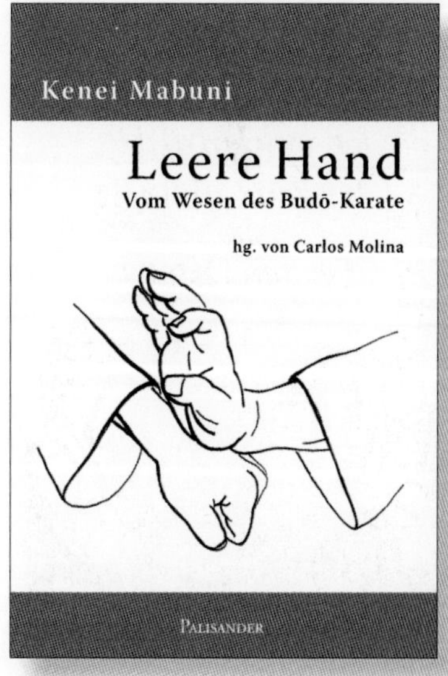

Kenei Mabuni
Leere Hand – *Vom Wesen des Budô-Karate*
Aus dem Japanischen von Bernd Winter
Herausgegeben von Carlos Molina
256 Seiten mit 100 Abbildungen
3. Auflage 2014
ISBN 978-3-938305-05-8
19,80 €

Enzyklopädie der Kampfkünste des Fernen Ostens

Das Lebenswerk eines Großmeisters des Budo

Diese Enzyklopädie ist das Ergebnis von fünf Jahrzehnten des Sammelns und der methodischen Aufarbeitung des Wissens über die traditionellen Kampfkünste, welche seit vielen Jahrhunderten in allen Ländern des Fernen Ostens praktiziert werden. Diese Arbeit hatte im Lauf der Zeit zur Entstehung von insgesamt 80 Werken über die Kampfkünste geführt.

Mit Unterstützung seiner Frau Gabrielle hat Roland Habersetzer es vollbracht, die Quintessenz seiner Forschungen auf dem Gebiet der Kampfkünste in Form von ca. 9 400 Haupteinträgen in einem Werk von etwa 1 200 Seiten zusammenzufassen. Die Einträge beleuchten technische, historische, philosophische, religiöse, kulturelle und biographische Aspekte der Kampfkünste aus Japan, China, Korea, Indien, Malaysia, Vietnam, Kambodscha, Birma, Thailand, Indonesien und den Philippinen. Insbesondere grundlegende Konzepte und herausragende Persönlichkeiten werden mit großer Ausführlichkeit und beispielhafter Tiefgründigkeit dargestellt.

Damit stellt dieses Werk die weltweit umfangreichste und umfassendste Darstellung dieser Thematik war. Die französische Originalausgabe erschien erstmals im Jahr 2000 und wird seither von den Autoren kontinuierlich erweitert und aktualisiert.

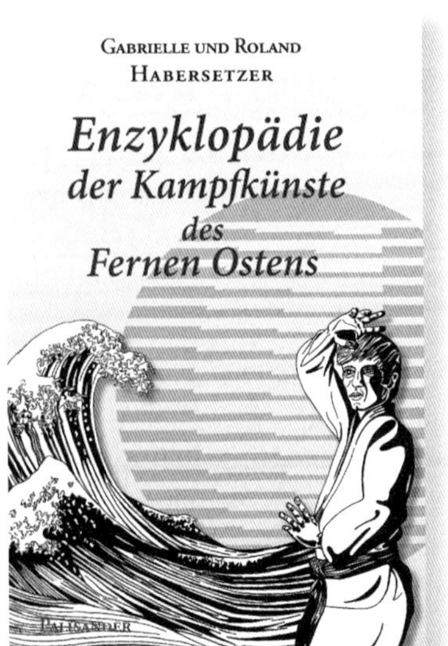

Gabrielle und Roland Habersetzer
Enzyklopädie der Kampfkünste des Fernen Ostens
Aus dem Französischen von Frank Elstner
1 214 Seiten mit über 1 000 Abbildungen
1. Auflage 2019
ISBN 978-3-957840-29-5
69,90 €

www.palisander-verlag.de